Maria Burschel | Katrin Klein-Zimmer | Mike Seckinger
Gute Heime – Möglichkeiten der Sichtbarmachung der Qualitäten stationärer Hilfen zur Erziehung

Beiträge zur Kinder- und Jugendhilfeforschung

Herausgegeben von Thomas Rauschenbach

Das Deutsche Jugendinstitut e. V. (DJI) ist eines der größten sozialwissenschaftlichen Forschungsinstitute Europas. Seit über 50 Jahren erforscht es die Lebenslagen von Kindern, Jugendlichen und Familien, berät Bund, Länder und Gemeinden und liefert wichtige Impulse für die Fachpraxis.

Träger des 1963 gegründeten Instituts ist ein gemeinnütziger Verein mit Mitgliedern aus Politik, Wissenschaft, Verbänden und Einrichtungen der Kinder-, Jugend- und Familienhilfe. Die Finanzierung erfolgt überwiegend aus Mitteln des Bundesministeriums für Familie, Senioren, Frauen und Jugend und den Bundesländern. Weitere Zuwendungen erhält das DJI im Rahmen von Projektförderungen vom Bundesministerium für Bildung und Forschung, der Europäischen Kommission, Stiftungen und anderen Institutionen der Wissenschaftsförderung.

Aktuell arbeiten und forschen ca. 500 Mitarbeiterinnen und Mitarbeiter (davon ca. 260 Wissenschaftlerinnen und Wissenschaftler) an den beiden Standorten München und Halle (Saale).

Maria Burschel | Katrin Klein-Zimmer |
Mike Seckinger

Gute Heime – Möglichkeiten der Sichtbarmachung der Qualitäten stationärer Hilfen zur Erziehung

Hinweise zu den Autor_innen finden Sie auf Seite 312.

Gefördert durch

| BertelsmannStiftung

Mit finanzieller Unterstützung des Landes Nordrhein-Westfalen und des Europäischen Sozialfonds

EUROPÄISCHE UNION

Europäischer Sozialfonds

Ministerium für Arbeit,
Integration und Soziales
des Landes Nordrhein-Westfalen

Dieses Buch ist erhältlich als:
ISBN 978-3-7799-6879-5 Print
ISBN 978-3-7799-6880-1 E-Book (PDF)

1. Auflage 2022

Herstellung: Ulrike Poppel
Satz: Datagrafix, Berlin
Druck und Bindung: Beltz Grafische Betriebe, Bad Langensalza
Beltz Grafische Betriebe ist ein klimaneutrales Unternehmen (ID 15985-2104-100)
Printed in Germany

Weitere Informationen zu unseren Autor_innen und Titeln finden Sie unter: www.beltz.de

Inhalt

Dank

Diese Studie wäre nicht möglich gewesen, ohne die große Bereitschaft von Heranwachsenden in stationären Einrichtungen und ihrer Eltern, von Fachkräften der Kinder- und Jugendhilfe in Einrichtungen der Hilfen zur Erziehung, bei Trägern, in Jugendämtern und Landesjugendämtern sich auf die Studie einzulassen und gemeinsam mit uns darüber nachzudenken, was Qualität stationärer Erziehungshilfen kennzeichnet. Für diese Bereitschaft, ihre Zeit und für das Vertrauen, das uns entgegenbracht wurde, bedanken wir uns.

Unser Dank gilt auch der Bertelsmann Stiftung und dort insbesondere dem gesamten Team des Projektbereichs „Kein Kind zurücklassen". Diese hatten immer ein offenes Ohr für das Projekt gehabt und dieses auch bei der Dissemination der Ergebnisse unterstützt. Die Bertelsmann Stiftung hat das Projekt gemeinsam mit dem ESF und dem Land Nordrhein-Westfalen finanziert.

Bei den Mitgliedern unseres wissenschaftlichen Beirats, die in mehreren Sitzungen mit uns intensiv diskutiert haben, uns in methodischen und inhaltlichen Fragen kompetent beraten und an der einen oder anderen Stelle auch gefordert haben, bedanken wir uns herzlich.

Die konstruktiv-kritische Begleitung des Projekts durch Fachverbände und Fachöffentlichkeit haben wir ebenfalls als einen wichtigen Faktor für das Erreichen unserer Projektziele wahrgenommen. Danke Hierfür!

Wir bedanken uns auch, bei den Kolleginnen, die das Projekt vorzeitig verlassen haben, für ihr Engagement und ihre Ideen, die auch Eingang in diesen Bericht gefunden haben. Dies sind Annina Thiller, die in der ersten Hälfte der Projektlaufzeit wichtige Impulse für die Konzeptionierung und empirische Umsetzung des Projekts gesetzt hat sowie bei Judith Frey und Denis Fleckenstein, die in ihrer Funktion als Projektassistenz das organisatorische Rückgrat des Projekts gebildet haben und so dafür sorgten, dass trotz der Komplexität des gewählten Vorgehens das Projekt nicht aus der Bahn getragen wurde.

1 Von der stetigen Herausforderung, Qualität stationärer Hilfen zu bestimmen – eine Einleitung

1.1 Die Notwendigkeit, sich mit Qualität zu befassen

Stationäre Hilfen der Kinder- und Jugendhilfe haben, so scheint es, einen schlechten Ruf. National ist die Diskussion geprägt von der Aufarbeitung der Heimgeschichte, der endlich stattfindenden Auseinandersetzung mit dem Unrecht, das Kindern, Jugendlichen und Familien angetan wurde. Gewalt, sexueller Missbrauch, Ausbeutung als preiswerte Arbeitskräfte und andere Formen menschenverachtenden Verhaltens werden öffentlich diskutiert (z. B. Runder Tisch Heimerziehung 2010; Entschädigungsfonds, Wensierski 2007). Auch der Missbrauch staatlicher Erziehungseinrichtungen für ideologische Zwecke, wie er am Beispiel der Jugendwerkhöfe in besonders drastischer Weise sichtbar wird (Laudien/Sachse 2012; Sachse 2013), schürt grundsätzliches Misstrauen gegen Formen stationärer Jugendhilfe.

Gleichzeitig werden auch in Internaten Formen menschenverachtenden Verhaltens aufgedeckt und in breiter Öffentlichkeit diskutiert. Prominente Beispiele sind: die Odenwaldschule, Kloster Ettal, das Canisius-Kolleg in Berlin oder die Regensburger Domspatzen. Derartige Beispiele verschärfen die Frage nach dem Sinn und der Berechtigung institutionalisierter Orte des Aufwachsens.

Auch international zeigt sich, dass scheinbar unabhängig von der Trägerschaft institutionalisierte Formen der Erziehung mit inhumanen Verhaltensweisen einhergehen und zu systematischem Machtmissbrauch verleiten: In Irland und Wales waren es kirchliche, in Osteuropa staatliche Träger, in Österreich sowohl als auch. In diesem Zusammenhang ist beispielsweise auch die unheilvolle Geschichte heilpädagogischer Diagnostik und wissenschaftlicher Reputation interessant, auf die Elezovic u. a. (2017) in Bezug auf die Auseinandersetzung mit der gewaltvollen Heimgeschichte verweisen. Denn es lässt sich zeigen, wie ein diagnostischer und pathologisierender Blick dazu beigetragen hat, Gewalt gegen Kinder zu rechtfertigen. Die Aufarbeitung des Machtmissbrauchs ist eine seit über einem Jahrhundert immer wiederkehrende Notwendigkeit in der gesellschaftlichen Auseinandersetzung mit der Heimerziehung (Kuhlmann/Schrapper 2001 in DJI 2011).

Zusätzlich zu der Aufdeckung der Missachtung grundlegender Rechte von Kindern, Jugendlichen und ihren Eltern, die für sich genommen ausreichen, um ernsthafte Zweifel an der Qualität stationärer Jugendhilfe zu rechtfertigen, gibt es immer wieder fachliche, aber auch mit finanziellen oder ideologisch geprägten

Aspekten begründete Zweifel an der Sinnhaftigkeit stationärer Jugendhilfe (z. B. Petrowski/Cappa/Gross2017; Sherr/Roberts/Gandhi 2017). Nicole Petrowski, Claudia Cappa und Peter Gross (2018, S. 389) fassen die Studienlage so zusammen: „Research has provided strong and consistent evidence indicating that nearly all domains of development are profoundly affected when children experience institutional care, with impacts ranging from impaired social and interpersonal development, including difficulties with forming secure attachments to caregivers, to delayed cognitive and language development".

Die national wie international geäußerten und durch empirische Studien immer wieder gestützten Argumentationen lassen sich auf die Aussage zuspitzen: Stationäre Hilfen schaden im besten Falle nicht und zudem kosten sie sehr viel Geld. Es wäre für die Adressatinnen und Adressaten und die Gesellschaft besser, man würde den Kindern auf anderem Wege helfen. Vor diesem Hintergrund verwundert es nicht, dass die Heimerziehung international in die Kritik geraten ist und in der Stockholm Deklaration (2003[1]) ihre Berechtigung auf ganz wenige Ausnahmefälle eingeschränkt wird, von Heimerziehung als „last resort" (Frensch/Cameron 2002) Intervention gesprochen wird. Demgegenüber stehen jedoch auch Studien, national (z. B. Schmidt u. a. 2002; Thiersch u. a. 2002; Tornow 2009) wie international (z. B. Rodriguez u. a. 2014; Daly 2018), die positive Effekte stationärer Hilfen beschreiben.

Diese Debatten zeigen auf eindrückliche Weise, wie sehr es erforderlich ist, dass in dem Handlungsfeld stationärer Jugendhilfe die Gruppe der dort Tätigen, „Auskunft darüber geben [soll, Anmerkung d. A.], was sie tut, warum sie es tut und welchen Nutzen ihr Handeln erzeugen soll" (Merchel 2013, S. 34). Eine systematische, wissenschaftlich fundierte Auseinandersetzung mit der Frage, was denn Qualität stationärer Einrichtungen ausmacht und durch was sie zu erreichen oder gar zu steigern ist, erscheint vor dem hier nur knapp skizzierten Hintergrund mehr als erforderlich.

1.2 Qualitäten stationärer Hilfen

Die Auseinandersetzung über das, was Qualität stationärer Einrichtungen kennzeichnet, wird nie beendet sein. Zu sehr ist das, was als gute Qualität eingeschätzt wird, abhängig von aktuellen gesellschaftlichen Einflüssen. Vor dem Hintergrund der jeweils aktuellen Vorstellungen guter Erziehung wird immer wieder aufs Neue darum gerungen werden müssen, welche Anforderungen Erziehung in öffentlicher Verantwortung, insbesondere stationäre Formen – seien es nun Einrichtungen der Kinder- und Jugendhilfe, der Eingliederungshilfe oder des Bildungswesens (Internate) –, erfüllen müssen.

---

1 http://www.cyc-net.org/cyc-online/cycol-0903-stockholm.html

Die Beantwortung der Frage, was eine gute Heimerziehung ausmacht, um es wieder auf den Gegenstand der hier vorliegenden Studie einzugrenzen, wird also niemals losgelöst von einer Reflektion aktueller gesellschaftlicher Entwicklungen und Überzeugungen (z.B. Herrmann 2016, S. 21ff) sowie dem Einbezug rechtlicher Bestimmungen zu beantworten sein. Qualität in der Erziehung ist nicht nur eine rein fachliche Fragestellung, sondern immer auch eine gesellschaftliche.[2] An den folgenden drei Beispielen lässt sich dies anschaulich zeigen.

Erstes Beispiel: Einhaltung und Verwirklichung von Menschenrechten sind eine Grundvoraussetzung für gute Qualität. Bereits bei der Bearbeitung der Heimskandale der 1970er-Jahre stand die Missachtung von Menschenrechten im Zentrum der Kritik. „Die Hintergründe dieser Skandale zeigen, dass es in allen Fällen immer um zentrale Grundrechtseingriffe und Menschenrechtsverletzungen gegenüber den betroffenen Jugendlichen geht. Die Verantwortlichen für diese von Menschenverachtung und Ignoranz gezeichneten Unterdrückungspraktiken finden wir sowohl in den Spitzenverbänden der ‚freien' und privaten Wohlfahrtspflege (vor allem Caritasverband, Diakonisches Werk) als auch den aufsichtführenden Landesjugendbehörden. Die konfliktlose Zusammenarbeit zwischen den Landesjugendämtern und den großen Heimträgern ist ein System für das gemeinsame Interesse von Staat und Kirche an der Aufrechterhaltung eines Erziehungszustandes in Fürsorge-Erziehungsheimen, der die Kinder und Jugendlichen zur Unterordnung unter Hausordnungen, Anweisungen, Befehle, Verbote und Strafe zwingen will" (Damm/Fiege u.a. 1978; S. 153, zitiert nach Kappeler 2009, S. 2).

Nach heutigem Verständnis ist jede Praxis, die gegen die UN-Kinderrechtskonvention (UN-KRK) verstößt, eine Praxis, der schlechte Qualität bescheinigt werden muss. Gleichzeitig zeigen die Diskussionen über die Umsetzung von Art. 12 UN-KRK (Beteiligung) jedoch, dass es hinsichtlich der Interpretation dessen, wie die Rechte im Alltag konkretisiert werden, bei weitem noch keine Verständigung über die inhaltliche und strukturelle Ausgestaltung von Beteiligung und damit auch keinen Konsens darüber gibt, was denn eine Orientierung an der UN-KRK meint. Der Blick auf die rechtliche Verankerung und die UN-Kinderrechte verlagert die Zielorientierung der „Hilfe": weg von einer humanitären Hilfe (junge Menschen sind hilfebedürftig), hin zu einer Hilfe dabei, (Menschen-) Rechte einzufordern (junge Menschen sind hilfeberechtigt). Eine solche Haltung findet sich auch im SGB VIII wieder, wenn dort das Recht auf Förderung und Unterstützung betont wird.

Zweites Beispiel: Die jeweilige Sozialstaatskonzeption beeinflusst die Erwartungen an die Kinder- und Jugendhilfe und setzt einen Rahmen für das Handeln in stationären Einrichtungen. Die Frage, welche Ziele mit stationären

2 Zumal der Fachdiskurs selbstverständlich nicht losgelöst von gesellschaftlichen Entwicklungen ist.

Angeboten der Kinder- und Jugendhilfe verfolgt werden und als Maßstab für gute Qualität herangezogen werden, lässt sich nur unter Berücksichtigung der jeweils aktuellen, gesellschaftlich geteilten Vorstellungen sozialstaatlicher Aufgaben beantworten. Die sozialstaatlichen Aufgaben sind jedoch keinesfalls immer fachlich begründet, wie sich am Umgang mit Kindern aus indigenen Völker in Nordamerika (z. B. Unger 1977; Harper 2008; Bombay u. a. 2011), Australien und Neuseeland (Armitage 1995)[3], mit Kindern der Jenischen in der Schweiz (Galle 2016) oder an der Verschiebung von Begründungsmustern für Heimerziehung (z. B. die Diskussion um sexuelle Verwahrlosung junger Frauen sowie die Frage, ob Kontrollbedürfnisse oder Förderung von Entwicklung im Vordergrund stehen) erkennen lässt.

Auch die für das Handlungsfeld Hilfen zur Erziehung bereitgestellten Ressourcen sind Ausdruck des sozialstaatlichen Konsenses und beeinflussen die Qualität sozialer Arbeit. Wie stark die gesellschaftlich geteilten Vorstellungen darüber, was ein Staat an Sozialem leisten soll, Qualitätserwartungen verändert, zeigt sich auch in den Diskussionen darüber, welchen Sozialstaat wir uns als Gesellschaft leisten wollen. Es hat eben Auswirkungen, ob es eine Orientierung an dem Prinzip der Menschenwürde oder an anderen Konzeptionen von Sozialstaat gibt.

Stephan Lessenich (2008) beschreibt in seiner These der Neuerfindung des Sozialen eine dieser anderen Konzeptionen von einem Sozialstaat. Eine Seite dieser Konzeption lässt sich mit der Formulierung „Sozial ist, wer die Hilfe anderer nicht in Anspruch nimmt" auf den Punkt bringen. Die andere Seite wird durch das Verständnis sozialpolitischer Intervention als gezielte Verhaltenssteuerung charakterisiert. Je nachdem, welchem sozialstaatlichen Paradigma man folgt, wird man zu anderen Qualitätserwartungen kommen. Solche grundsätzlichen sozialstaatlichen Konzeptideen spiegeln sich auch in der unmittelbaren praktischen Arbeit wider, z. B. in der Intensität und Dauer von Hilfeleistungen, in der Diskussion darüber, ob es neben stationären Hilfen gleichzeitig auch ambulante geben darf oder in der Frage, wie viele Chancen jemand erhält, sein Leben gesellschaftskonformer zu gestalten (z. B. wie oft eine Ausbildung abgebrochen werden kann, ohne das Recht auf Ausbildung zu verlieren).

Drittes Beispiel: Die gesellschaftlichen Vorstellungen über die Funktion der Jugendphase verändern die Aufträge der Kinder- und Jugendhilfe und damit auch die an sie gestellten Qualitätsanforderungen. Dies gilt selbstverständlich auch für stationäre Angebote. Übernimmt man die Beschreibungen der Jugendphase aus dem 15. Kinder- und Jugendbericht, der auf die drei jugendtypischen Aufgaben und Herausforderungen Qualifizierung, Verselbstständigung, Selbstpositionierung

---

3 Diese wurden von ihren Eltern getrennt und in stationären Einrichtungen zwangsweise untergebracht, damit sie von ihren kulturellen und familiären Wurzeln und Beziehungen getrennt werden, da diese für ihre weitere Entwicklung schädlich seien.

hinweist, so ergeben sich daraus andere Anforderungen an die Ausgestaltung erzieherischer Hilfen, als wenn man sich an einem Jugendbild wie in Frankreich orientiert, wo man junge Menschen im Wesentlichen als Wesen begreift, die zu guten Staatsbürgern zu entwickeln sind (Seckinger 2018). Ein Verständnis von Jugend als Experimentierphase setzt auch die Freiheit zu experimentieren voraus. Im Unterschied dazu steht ein Verständnis von Jugend als einem riskanten Lebensalter, in dem Kontrollen von außen erforderlich sind, weil der junge Mensch selbst hierzu noch nicht in der Lage ist, und Freiräume daher eingeschränkt werden müssen.

Ohne den Anspruch zu haben, mit diesen drei Beispielen alle wesentlichen Kontextbedingungen aufgelistet zu haben, sollen diese dennoch verdeutlichen, dass sich Qualität von Jugendhilfeleistungen nicht allein aus einer fachlichen Perspektive mit scheinbar objektivierbaren Indikatoren beschreiben lässt. Die Beantwortung der Frage, woran sich eine gute Heimerziehung erkennen lässt, wird also immer auch sehr stark von allgemeinen gesellschaftlichen Werten, von Vorurteilen und Zuschreibungen gegenüber bestimmten Bevölkerungsgruppen und auch von den Konstruktionen von Kindheit und Jugend beeinflusst. Dies befreit jedoch nicht von den Aufgaben, zu reflektieren, ob die aus solchen Perspektiven abgeleiteten Kriterien sich in einen Widerspruch zu Merkmalen begeben, die sich aus der Forschung und dem Fachdiskurs ableiten lassen, und zugleich Wege zu suchen, die Qualität in stationären Einrichtungen sichtbar und einer kritischen (fach)öffentlichen Auseinandersetzung zugänglich zu machen.

In der Fachdiskussion über Qualität stationärer Einrichtungen gibt es einige Aspekte, insbesondere in Bezug auf Struktur-, Prozess- und Ergebnisqualität, die allgemein als relevant erachtet werden. Hierzu gehört eine Mindestausstattung an fachlich qualifiziertem Personal ebenso wie Minimalanforderungen an Räumlichkeiten, an die Gestaltung von Prozessen, an Einhaltungen der Bestimmungen zum Kinderschutz und sogenannte reflektorische Standards.[4] Ergebnisqualität wird vor allem von außen als ein scheinbar objektivierbares Kriterium an die stationäre Jugendhilfe herangetragen.

Die Ergebnisqualität soll einerseits bestimmt werden aus dem Verhältnis der im Hilfeplan festgelegten zu den tatsächlich erreichten Zielen, und sie sollte andererseits aus den impliziten Erwartungen abgeleitet werden, die Kinder und Jugendlichen möglichst gut an die vorherrschenden Normalitätsvorstellungen anzupassen und den Grad der individuellen Abweichung hiervon zu minimieren. Hinter den Vorstellungen, welche Ziele bzw. welche Ergebnisse zu erreichen sind,

---

4 Genauere Informationen enthalten die jeweiligen Veröffentlichungen der Landesjugendhilfeausschüsse, z. B. unter https://ljrt.de/downloads/LJHA/FachlicheEmpfehlungen/Hilfen-Erziehung/91-13_Fachliche-Empfehlungen-fuer-den-Betrieb-erlaubnispflichtiger-Einrichtungen.pdf, https://soziales.hessen.de/sites/default/files/media/hsm/heimrichtlinien_24.2.2014.pdf oder https://www.lvr.de/de/nav_main/jugend_2/hilfezurerziehung/aufsichtberstationreeinrichtungen/arbeitshilfen_2/aufsichtberstationreeinrichtungen_3.jsp

stehen unterschiedliche Interessenlagen. Dies sind u. a.: Eröffnung von Entwicklungschancen, Abbau von Benachteiligungen, Kinderschutz, sinnvoller und transparenter Einsatz von Ressourcen, Schutz der Adressatinnen und Adressaten vor unnötiger „Behandlung“, Steuerungsfragen.

Es zeigt sich somit, Qualität als Bewertungsmaßstab ist etwas, das nicht objektiv gegeben ist, sondern es ist etwas, was an das zu Beurteilende herangetragen wird (Merchel 2013, S. 42). „Psychosoziale Praxis lässt sich nicht in Kategorien von Widerspruchsfreiheit oder im Funktionskreis instrumentellen Denkens adäquat erfassen. Anstelle eines Diskurses, der von der Unterstellung eines hehren Allgemeinwohls ausgeht, ist es notwendig, Widersprüche, Interessenunterschiede und unterschiedliche Bedürfnisse zum Thema zu machen“ (Keupp 2005, S. 40). Mit anderen Worten: Eine Vorstellung von Qualität, die für sich beansprucht, außerhalb eines solche Ringens zu sein, wird weder den Anforderungen des Arbeitsfeldes gerecht, noch wird es damit möglich sein, Antworten auf die Frage zu finden, ob das, was in der Realität in den Einrichtungen vor Ort gemacht wird, guter Praxis entspricht.

Der bisher eher an Beispielen plausibilisierte Zugang zu dem Thema Qualität lässt sich auch systematischer beschreiben (Merchel 2013) und führt zu dem Ergebnis, dass Qualitätszuschreibungen oder Qualitätserwartungen unvermeidbar eine Konstruktion sind. Das Ergebnis dieser Konstruktion ändert sich in Abhängigkeit von Perspektiven, Normen, historischen Kontexten (z. B. Merchel 2013; Seckinger 2015). „Die elementare Normengebundenheit, die Relativität und die Prozesshaftigkeit des Qualitätsbegriffs verweisen darauf, dass Qualität immer eine in der Kommunikation zugeschriebene Eigenschaft darstellt und nicht unmittelbar aus dem Gegenstand resultiert“ (Merchel 2013, S. 43). Eine der Herausforderungen bei dem Versuch, Antworten auf die Frage zu finden, „Was um alles in der Welt ist Qualität?“ (Balls 1985, zitiert nach Harvey/Green 2000, S. 17), besteht also darin, dass „»Qualität« (…) für verschiedene Personen unterschiedliches [meint], und auch ein und dieselbe Person (…) den Begriff womöglich zu verschiedenen Zeiten unterschiedlich [verwendet]“ (Harvey/Green 2000, S. 16). Es ist also nicht zu erwarten, dass im Rahmen dieser Studie einfache Antworten auf die Frage gefunden werden, worin Qualität stationärer Jugendhilfe besteht.

1.3 Der Anspruch, unterschiedlichen Bedarfen gerecht zu werden

Das Feld der stationären Hilfen zur Erziehung zeichnet sich durch ein trägerplurales und ausdifferenziertes Angebot aus (vgl. Gadow u. a. 2013, S. 175). Stationäre Einrichtungen variieren nicht nur hinsichtlich ihrer Größe, auch ihre jeweilige konzeptionelle Ausrichtung ist vielfältig. Es gibt bundesweit eine große

Bandbreite von stationären Einrichtungen der Kinder- und Jugendhilfe, die von eher traditionellen Formen, d. h. abgeschlossenes Heimgelände mit einem oder mehreren Gebäuden mit Wohngruppen, über dezentrale Wohngruppen bis hin zu 5-Tage-Heimen reicht (Seckinger 2015, S. 76). Auch eine Kombination aus verschiedenen Wohnarrangements findet sich in der Heimlandschaft.

Weitere Unterscheidungsmerkmale sind die Geschlossenheit einzelner Einrichtungen sowie ihre Funktionen als Ort der Inobhutnahme, des Clearings oder des längerfristigen Verbleibs. Je nach konzeptioneller Ausrichtung und pädagogischer Schwerpunktsetzung unterscheiden sich auch die Zielgruppen der Einrichtungen deutlich. Familien mit Säuglingen und Kleinkindern erhalten weniger häufig eine erzieherische Hilfe in Form einer stationären Unterbringung der Kinder als Familien mit Kindern in anderen Altersgruppen (Statistisches Bundesamt 2018). Je nach Alter und Entwicklungsstand der Kinder und Jugendlichen, stehen die Einrichtungen vor unterschiedlichen Herausforderungen und Zielsetzungen. Für Babys und Kleinkinder müssen verlässliche Bindungspersonen vorhanden sein, Jugendliche hingegen sollen auf ein eigenständiges Leben vorbereitet werden, weshalb bei ihnen weniger Wert auf enge Bindungen gelegt wird (z. B. Höfer u. a. 2017, S. 97).

Stationäre Einrichtungen nehmen aber nicht nur Kinder, Jugendliche und junge Erwachsene unterschiedlichen Alters auf, sondern sie unterscheiden sich auch hinsichtlich der Lebenslagen der Familien – bezogen auf die familialen Konstellationen, die sozioökonomische Situation oder den Migrationsstatus – erheblich. Heime haben es mit vielfältigen Lebensgeschichten und Schicksalen zu tun, die dazu geführt haben, dass ein junger Mensch zumindest vorübergehend nicht bei seinen leiblichen Eltern leben kann. Neben den Kindern und Jugendlichen, die keine Eltern mehr haben bzw. deren Eltern unbekannt sind, kommen die jungen Menschen aus Familien, die aus unterschiedlichen Gründen von ihrer Lebenssituation überfordert sind. Viele junge Heimbewohnerinnen und -bewohner kommen aus Familien mit einem erhöhten Armutsrisiko (Fendrich u. a. 2018, S. 19 ff). Knapp 40 Prozent der Eltern von Heimkindern beziehen Transferleistungen. Bei alleinerziehenden Elternteilen liegt der Anteil sogar bei über 67 Prozent (ebd., S. 21 ff). Armut wirkt sich negativ auf Gesundheit und psychische Stabilität von Betroffenen aus und stellt ein erhebliches Risiko für ein gesundes Aufwachsen von Kindern dar (ebd.[5]).

Antworten auf die Frage, was denn mit Qualität stationärer Erziehungshilfe gemeint sein könnte, lassen sich vor diesem Hintergrund nur finden, wenn man die Zielsetzungen, die mit diesem Angebot verbunden sind, benennen kann und sie zu einem Orientierungspunkt für die Qualitätsbeurteilung macht. Da es sich bei den stationären Hilfen erstens um ein heterogenes Feld handelt, an das

---

5 https://www.caritas.de/kampagne2012/fakten/fakten.aspx

zweitens durchaus sich widersprechende Anforderungen gestellt werden (siehe auch Kap. 4.5), ist diese Aufgabe nicht einfach zu erfüllen. Offen bleibt daher, ob alle, die Interesse an der Bestimmung dessen haben, was Qualität in diesem Handlungsfeld meint, mit den jeweiligen Zielbestimmungen mitgehen können.

Es ist Auftrag und gesetzliche Bestimmung der Kinder- und Jugendhilfe, soziale Ungleichheiten zu kompensieren, Teilhabechancen zu garantieren sowie Heranwachsende zu schützen. Soziale Dienste und somit auch stationäre Einrichtungen der Hilfen zur Erziehung sollen dazu beitragen, so die Sachverständigenkommission des 15. KJB, dass junge Menschen, die in prekären Lebenskonstellationen leben, „eine gleichberechtigte Chance haben, die Kernherausforderungen im Jugendalter in den Qualifizierungs-, Selbstpositionierungs-, und Verselbständigungsprozessen zu gestalten und zu bewältigen" (BMFSFJ 2017, S. 427).

Dieses übergeordnete Ziel der stationären Hilfen ist angesichts der Vielfalt der Angebotsformen und Zielgruppen sowie der Vielzahl an Hilfeanlässen, den Unterschieden in der Hilfedauer oder auch der Hilfeintensität selbstverständlich nicht auf einem Wege erreichbar. Es macht eben einen Unterschied, ob ein Kind auf Dauer in einer Einrichtung aufwächst, oder nur solange, bis die Eltern wieder in der Lage sind, ihren Erziehungsaufgaben nachzukommen oder eine neue Familie gefunden wurde. Je nachdem, wie alt ein Kind ist, und in welcher Situation es und seine Herkunftsfamilie sich befinden, werden andere pädagogische Ansätze und Settings erforderlich sein, um Veränderungen zu erreichen und dabei die Kernherausforderungen in dem Entwicklungsprozess von Kindern und Jugendlichen gut zu bewältigen.

Abgesehen davon, dass sich Vorstellungen über eine gelungene Erziehung historisch verändern – bis in die 1970er-Jahre stand noch die Disziplinierung der jungen Menschen im Vordergrund, heute dagegen gelten Vorstellungen von Pädagogik, die die Stärkung und Förderung der jungen Menschen durch ressourcen- und beteiligungsorientierte Ansätze betonen –, muss sich die pädagogische Praxis mit den ihr inhärenten und nicht auflösbaren Ambivalenzen auseinandersetzen. Sie will durch (sanften) Zwang zur Freiheit führen, sie will Selbstbildung durch Bildungsprogramme anregen. Sie hat – ganz wie es im Begriff des „doppelten Mandats sozialer Arbeit" zusammengefasst ist – den Interessen der Gesellschaft und denen des Individuums zu dienen. Diese Widersprüche spiegeln sich auch in ihren Zielsetzungen wider.

Ein besonderes Spannungsfeld, in dem sich stationäre Hilfen zur Erziehung befinden, ist, dass sie aus der Perspektive der Kinder und ihrer Familien einen Teil des privaten Raumes darstellen, während es sich aus der Sicht der Fachkräfte, der Einrichtung und deren Träger sowie der öffentlichen Jugendhilfe und der Öffentlichkeit bei dem Angebot um einen Bereich in öffentlicher Verantwortung handelt, der auch einer öffentlichen Kontrolle zugänglich sein muss. Transparenz und Offenheit der Heime ist daher sowohl eine Bedingung für Qualität als auch ein Weg, Qualität der Heimerziehung überhaupt sichtbar zu machen.

Zugleich ist ein Heim auch ein Zuhause. Privatheit und Rückzug sind ebenso berechtigte Bedürfnisse der jungen Menschen und der Fachkräfte, die teilweise in familienähnlichen Settings zusammenleben. Die Gewissheit, dass der eigene Alltag jederzeit von außen beurteilt wird, verändert die Art der Beziehungen zu den anderen Akteuren in diesem Kontext. Die Beziehung zu den Fachkräften wird immer eine bleiben, die zwischen fremd und vertraut oszilliert, eine Beziehung, deren man sich nie ganz sicher sein kann. Auch dies ist eine Rahmenbedingung, die Einfluss auf die Möglichkeiten nimmt, gute Qualität zu erreichen.

1.4 Qualitätsdefinitionen bleiben notwendigerweise unscharf

Vor diesem Hintergrund verwundert es nicht, dass bis heute eine gemeinsame Verständigung darüber, auf welcher Basis Qualität beschrieben und fassbar gemacht werden soll, fehlt. Dies liegt weder daran, dass die Akteure im Feld grundsätzlich die Aufgaben Qualitätsdefinitionen zu formulieren und Qualitätsprüfungen vermeiden möchten, noch daran, dass das Feld zu wenig über das Thema wüsste und es nicht reflektiert hätte. Das Gegenteil ist der Fall: Die Auseinandersetzung mit dem Thema zeigt, dass es keine einfachen und keine eindeutigen Antworten geben kann.

Auch in unserer Empirie ist die Schwierigkeit, sprachlich zu fassen, was den Kern von Qualität ausmacht, zu beobachten. In den Interviews und Gruppendiskussionen wurde sichtbar, wie qualifizierte Fachkräfte aus unterschiedlichen Institutionen beim Reden über das Thema Qualität ins Stottern geraten. Das war mit Blick auf die Diskussion darüber, dass eine Diskrepanz zwischen „Können" und dem Explizieren, worin das Können besteht, unvermeidbar scheint (Neuweg 2015a), zu erwarten. Ein Grund für diese Diskrepanz ist: „Expertise zeichnet sich durch hohe Kontextsensitivität aus; das aus der Sicht des Experten Richtige ist hochgradig von der Fallkonstellation abhängig. Daher ist zu erwarten, dass kompetente Personen auf die Frage, was sie in einer (verbal oder videografisch repräsentierten) Situation täten, bisweilen antworten, dies komme darauf an" (Neuweg 2015b, S. 381).

Trotz aller grundsätzlichen Probleme bleibt aber die Anstrengung notwendig, expliziter zu beschreiben, worin die Qualität liegt, liegen könnte, und zugleich plausibler darzulegen, warum sich dies abstrakt nicht hinreichend genau beschreiben lässt. Es bleibt also nichts anderes, als sich den Mühen auszusetzen, Qualität immer wieder neu vor dem Hintergrund der konkreten Umstände und im Zusammenwirken der verschiedenen Akteure (Adressaten, Fachpraxis, Wissenschaft, Politik, Gesellschaft) zu definieren und zu begründen.

1.5 Der Wunsch, Klarheit zu schaffen: Projekt und Projektziele

Das Forschungsprojekt „Gute Heime – Möglichkeiten zur Sichtbarmachung der Qualitäten stationärer Hilfen zur Erziehung" fragt danach, woran aus Sicht der verschiedenen Akteure im Feld stationärer Jugendhilfeeinrichtungen Qualität festgemacht werden kann, wie es gelingen kann, Antworten auf die Frage zu geben, „was denn Qualität sei", wohlwissend, dass es keine kontextfreie Antwort dafür geben kann. Im Kooperationsverbund zwischen dem Deutschen Verein, der Bertelsmann Stiftung und dem Deutschen Jugendinstitut wurde das Forschungsprojekt ins Leben gerufen. Das Projekt entwickelte sich aus dem Modellvorhaben „Kein Kind zurücklassen!" und wurde durch das Land Nordrhein-Westfalen, den Europäischen Sozialfond und die Bertelsmann Stiftung finanziert.

Ziel des Projektes ist es, wissenschaftlich fundierte und der Vielschichtigkeit der stationären Hilfen angemessene Dimensionen zur Beschreibung von Qualität zu erarbeiten. Was also ist eine „gute" Heimerziehung? Was sind Kennzeichen eines guten Heimes? Was ist wichtig und was findet bei der Diskussion um Qualität zu wenig Beachtung? Diesen und weiteren Fragen geht das Forschungsprojekt „Gute Heime – Möglichkeiten zur Sichtbarmachung der Qualitäten stationärer Hilfen zur Erziehung" nach. Hierzu wurden neben einer Analyse des Fachdiskurses Befragungen der unterschiedlichen Akteure im Feld der stationären Einrichtungen zu ihrer Perspektive auf Qualität durchgeführt. Denn Qualität lässt sich in diesem Feld am ehesten im intersubjektiven Diskurs bestimmen (Schmidt 2018, S. 23).

Es wurde sowohl die Perspektive der Kinder und Jugendlichen, der Eltern, der Fachkräfte in Einrichtungen, in Jugendämtern und Landesjugendämtern untersucht. Im Fokus des Forschungsvorhabens stehen die Analyse der Perspektiven der zentralen Akteure in der Heimerziehung und deren Kontrastierung. Das Projekt ist somit kein Versuch, stationäre Hilfen zu evaluieren, sondern mit Hilfe empirischer Zugänge herauszuarbeiten, welche Anforderungen an die Beschreibung von Qualität aus unterschiedlichen Perspektiven zu stellen sind und wie sie sich zueinander verhalten.

Es soll aus der Praxis herausdestilliert werden, zu welchen Themen in Qualitätsbeschreibungen bzw. Qualitätsprofilen Informationen enthalten sein sollten, so dass diejenigen, die sich daran orientieren, Informationen erhalten, die ihnen helfen sich einen Eindruck von der Qualität der Einrichtung zu machen. Auch geht es in dem Projekt darum zu verdeutlichen, welche Orientierung Qualitätsdimensionen für Einrichtungen, Jugendämter und Adressatinnen und Adressaten bieten können. Das Forschungsvorhaben hat somit zum Ziel, wesentliche Dimensionen zur Beschreibung von Qualität stationärer Einrichtungen der Kinder- und Jugendhilfe herauszuarbeiten.

Nimmt man die Kontextabhängigkeit von Qualität ernst, dann ist zu erwarten, dass am Ende des Projekts nicht ein Idealmodell guter Heimerziehung stehen wird. Vielmehr werden die Ergebnisse Hilfestellungen dafür geben können, zu beurteilen, ob Qualitätsprofile von Einrichtungen angemessene Lösungen für das Ausbalancieren unterschiedlicher, sich in Teilen auch widersprechender Anforderungen und den unvermeidbaren Widersprüchen und Ambivalenzen sozialpädagogischen Handelns in diesem Feld geben. Die Anforderungen an Qualität werden aus den Interviews mit Akteuren, die für die genannten Perspektiven stehen, rekonstruiert und verdichtet. Es soll Orientierung gegeben werden, auf welche Fragestellungen in Qualitätsbeschreibungen mindestens eingegangen werden sollte. Das Ziel des Projekts ist es also nicht, ein weiteres Qualitätsmanagementsystem zu entwickeln.

Damit ist ein grundsätzlicher anderer Zugang gewählt als zum Beispiel in Studien, die darauf ausgerichtet sind Qualität anhand von Veränderungsbeobachtungen bei den Adressatinnen und Adressaten der Kinder- und Jugendhilfe zu bewerten (z. B. JES, WIMES). Oder in denen versucht wird, standardisierte Skalen zur Messung der Qualität eines Angebots zu entwickeln, wie dies beispielsweise im Feld der Kindertagesbetreuung gemacht wurde (Tietze, u. a. 2007).

1.6 Aufbau des Berichts

Im Kapitel 2 werden das Forschungsdesign hinsichtlich des konzeptionellen Herangehens (2.1) und das Sensitizing Concept (2.2), dessen Erarbeitung wesentlich zur Klärung der theoretischen und konzeptionellen Perspektiven beigetragen hat, beschrieben. Es werden die vier unterschiedlichen Perspektiven (Fachdiskurs, Fachkräfte in Einrichtungen, Fachkräfte außerhalb von Einrichtungen, Adressatinnen und Adressaten) vorgestellt (2.3), die für die Bearbeitung der Fragestellung des Projekts eingenommen wurden. Abschließend werden in diesem Kapitel (2.4) das der Empirie zugrunde gelegte Sample sowie die methodischen Aspekte sowohl bei der Datengewinnung als auch der Datenauswertung dargelegt.

Ab Kapitel 3 werden die Ergebnisse der Befragung ausführlich dargestellt. Zunächst steht die Perspektive der Adressatinnen und Adressaten im Vordergrund: Kinder und Jugendliche wurden danach gefragt, woran sie ein „gutes Heim“ erkennen, was für sie für die Beurteilung der Qualität wichtig ist. Die älteren Kinder und die Jugendlichen haben sich auf diese Diskussion offen und in einem hohen Maße selbstreflexiv eingelassen. Entgegen mancher skeptischen Erwartung, die uns gegenüber von Fachkräften formuliert wurde, zeichnen die Kinder und Jugendlichen ein differenziertes Bild von dem, was die Qualität stationärer Jugendhilfe in ihren Augen kennzeichnet.

In Kapitel 4 werden die Ergebnisse der Rekonstruktion der Innenperspektive, also des Blicks der Fachkräfte in stationären Einrichtungen auf das, was die Qualität stationärer Einrichtungen bestimmt, dargestellt. Es zeigt sich, dass in der Praxis verschiedene Annahmen darüber zu finden sind, wie es gelingen kann, die Entwicklung von jungen Menschen zu beeinflussen. Diese gilt es so zu beschreiben, dass sie sowohl in Bezug auf ihre theoretische Plausibilität als auch in Bezug auf ihre konkrete Zielgruppe hin nachvollziehbar werden und so als eine Grundlage für die Qualitätsbeurteilung taugen. In diesen Beschreibungen sollte auch auf die mit jedem dieser einzelnen Modelle unweigerlich verbundenen Widersprüche und Ambivalenzen eingegangen werden. Obwohl es nicht möglich sein wird, unabhängig vom Einzelfall zu beschreiben, wie damit konkret umgegangen wird, ist es erforderlich, in Qualitätsprofilen Hinweise darauf zu geben, wie im Alltag einseitige Auflösungen von Widersprüchen oder das Ausblenden von Ambivalenzen vermieden werden.

Zentrale Ergebnisse aus der Perspektive von Jugendämtern und Landesjugendämtern werden in Kapitel 5 vorgestellt. Der Perspektivenunterschied wird in der Hervorhebung anderer Dimensionen, anhand derer Aussagen über die Qualität einer Einrichtung möglich erscheinen, offensichtlich.

Abschließend findet sich in Kapitel 6 eine Gegenüberstellung und ein Vergleich der drei Perspektiven. Zentrale Qualitätsdimensionen, die in allen Perspektiven (und Unterperspektiven) zu finden sind, wenn auch mit unterschiedlicher Ausrichtung, werden hier bilanzierend beschrieben.

Mit den im weiteren vorgestellten Projektergebnissen und den sich daraus ergebenden Fragestellungen wird stationären Einrichtungen ein Modell angeboten, anhand systematisierter Dimensionen zur Beschreibung von Qualität ihre Potenziale sichtbarer zu machen.

2 Forschungsdesign

Ziel dieses Forschungsprojekts ist es, die vielfältigen Aspekte und Dimensionen von Qualität in stationären Einrichtungen[6] der Kinder- und Jugendhilfe aus unterschiedlichen Perspektiven empirisch zu rekonstruieren und so aufzuzeigen, wie Qualität konzeptionell in diesem Handlungsfeld gefasst ist oder gefasst sein könnte. Es werden die im Feld vorhandenen Vorstellungen und Deutungen von Qualität multiperspektivisch beschrieben und miteinander in Beziehung gesetzt. Im Zentrum der Studie stehen somit verdichtete Beschreibungen dessen, was aus der jeweiligen Perspektive (Fachkräfte in Einrichtungen – von uns Innenperspektive genannt, Fachkräfte bei Landesjugendämtern, Jugendämtern und Trägern – von uns Außenperspektive genannt sowie Adressatinnen und Adressaten) als wesentlich für die Qualität stationärer Einrichtungen zu erkennen ist, sowie die Zusammenführung der unterschiedlichen Akteurs-Perspektiven auf Qualität in stationären Einrichtungen.

Es werden mithin keine von außen gesetzten Vorstellungen über Qualität an das Feld herangetragen, mit deren Hilfe beurteilt werden soll, ob die Fachpraxis abstrakten Qualitätsansprüchen genügt. Ein theoretischer Hintergrund für diese Herangehensweise ist die Differenz von Theorie und Praxis, von Wissen und Können (vgl. Neuweg 2015a). Denn Qualität pädagogischer Handlungen lässt sich aufgrund der „Nicht-Algorithmizität" (Terhart 2000, S. 88) pädagogischen Handelns nicht kontext- und damit auch nicht praxisfrei bestimmen. Es geht vielmehr um den Versuch, ausgehend von praktischen Erfahrungen und implizitem Wissen zu rekonstruieren, was einen wichtigen Beitrag zur Qualität stationärer Hilfen leistet.

2.1 Konzeptioneller Zugang

Um der Vielzahl an Kriterien und Perspektiven auf das Thema Qualität gerecht zu werden, wurde ein qualitatives Forschungsdesign gewählt, das sich an der Grundannahme des interpretativen Paradigmas orientiert. Man geht davon aus, dass das Handeln von Menschen auf deren Deutungen von Situationen beruht

6 Es wird hier der Begriff „stationäre Einrichtungen" verwendet, um zu verdeutlichen, dass es in dieser Studie nicht um einen Typus stationärer Einrichtung, dem klassischen Heim als Großeinrichtung, geht, sondern unterschiedliche Formen stationärer Angebote in den Blick genommen werden

(Keller 2012).[7] Für diese Studie bedeutet das, dass in konkreten Situationen im Alltag der stationären Kinder- und Jugendhilfe die Akteurinnen und Akteure bestimmte – wenn auch häufig implizite – Ideen vom Sinn und Zweck einer stationären Jugendhilfeeinrichtung ihrem Handeln zugrunde legen. Diese Vorstellungen sind einerseits historisch und kulturell geprägt, andererseits aber auch abhängig von der individuellen Geschichte und Erfahrung der handelnden Fachkraft und ihren subjektiven Deutungen. In konkreten Situationen und Interaktionen handeln Expertinnen und Experten überwiegend geleitet von ihrer Intuition und von in Handlungsroutinen gegossenen Erfahrungen. Dabei „lösen Experten weder Probleme noch treffen sie Entscheidungen; sie machen einfach das, was normalerweise funktioniert" (Dreyfus/Dreyfus 1987; S. 55 zitiert nach Neuweg 2002, S. 12).

Aus der Interpretation dieser Handlungen, in erster Linie durch die Handelnden selbst, lassen sich, so die Hoffnung des Projektteams, Hinweise auf den Kern dessen rekonstruieren, was mit Qualität stationärer Hilfen gemeint sein könnte. Das multiperspektivische Design der Studie erlaubt es, die Vorstellungen der Fachkräfte mit denen der Kinder und Jugendlichen zu kontrastieren, die möglicherweise ein anderes Bild von einem guten Heim bzw. von gutem Handeln im Kontext stationärer Einrichtungen haben. Erkenntnisinteresse dieser Studie ist es, die Ideen und Deutungen davon, was in Einrichtungen der stationären Hilfen zur Erziehung gutes und richtiges Handeln ist, herauszuarbeiten. Es werden also sowohl explizite als auch implizite Vorstellungen davon, was Qualität für Akteure im Feld (Fachkräfte sowie Kinder und Jugendliche) bedeutet, aus dem empirischen Material herausgearbeitet und miteinander in Beziehung gesetzt.

Dazu bedarf es einer Offenheit für das Feld. Ein „offenes" Vorgehen meint hier nicht, dass das Feld völlig unvoreingenommen exploriert wird. Die Forschenden bringen theoretisches als auch alltagspraktisches Vorwissen mit. Dies ist in Anbetracht des Themas auch sinnvoll, denn ansonsten gingen die Forschenden wie Laien in ein hochkomplexes Feld und liefen so Gefahr, sich zu verlieren und von den Befragten nicht ernst genommen zu werden. Die Forschenden verstehen sich als „theoretisch sensibilisiert" (ebd., S. 28), d. h. sie reflektieren ihr Vorwissen und nutzen es dazu, Datenerhebung und Auswertung sinnvoll zu strukturieren und durchzuführen. Die Reflektion des eigenen Vorwissens dient dazu, Offenheit für die Deutungen der Befragten zu wahren.

---

7 Mit dem pragmatischen Handlungsmodell der Soziologen der Chicago School, William Thomas und Florian Znaniecki gesprochen, bedeutet dies: „Jede konkrete Handlung ist die Lösung einer Situation". Das Handeln hängt in diesem Modell von der „Definition der Situation" ab. Die Situation wird definiert einmal in Bezug auf die objektiven Faktoren und Bedingungen, die die Situation rahmen und konstituieren; zum anderen im Hinblick auf die Motive und Einstellungen der Beteiligten und drittens auf die subjektive Wahrnehmung dieser Faktoren. Diese drei Aspekte tragen zur „Definition der Situation" bei (Keller 2012, S. 42 ff).

Vor Beginn der Datenerhebung wurde das Vorwissen, u. a. gespeist von der jahrzehntelangen Diskussion über Qualität sozialer Arbeit und insbesondere in den Hilfen zur Erziehung (z. B. Albus u. a. 2010; AWO-Bundesverband 2013; Baur u. a. 2002; Boeßenecker u. a. 2003; Der Paritätische Gesamtverband 2015; Gerull 2001; Jugendamt der Stadt Dormagen; Reinhart Wolff 2011; Knorr/Halfar 2000; Landes 2015; Macsenaere 2006; Maurus u. a. 2016; Merchel 2000, 2013; Moen/Clifford 2009; Thiersch/Baur 2002; Wolff u. a. 2012) zu einer eigenen Konzeption von Qualitätsdimensionen und deren Interdependenzen entwickelt und im Fachbeirat des Projekts sowie auch im Kollegenkreis kritisch diskutiert.

Es entstand so ein sechs-dimensionales Modell, wobei jede einzelne Dimension, ganz in Anlehnung an mathematische Fraktale sich wiederum aus weiteren Unterdimensionen zusammensetzt. Die sechs Dimensionen, die sich auch als Einflussebenen auf Qualität fassen lassen, wurden grafisch in Anlehnung an das Spielzeug als „Zauberwürfel" dargestellt (vgl. Abb. 1). Das Bild des in sich verschiebbaren Würfels sollte die Interdependenzen der sechs Einflussebenen veranschaulichen. Jede Veränderung auf der einen Einflussebene führt zu Veränderungen auf allen anderen Einflussebenen. Damit sollte auch zum Ausdruck gebracht werden, dass Qualitätskonzepte, die einseitig einzelne Dimensionen hervorheben und dabei Interdependenzen ignorieren, zu kurz springen. Die Kritik an der Bewertung von Pflegeeinrichtungen hat in den letzten Jahren für solche Effekte sensibilisiert. So kommt Klaus Wingenfeld zu dem Fazit: „Zudem kommt der Pflegedokumentation eine übermäßig wichtige Funktion bei Qualitätsbeurteilungen zu, wodurch reine Dokumentationsmängel zu der Feststellung führen konnten, dass erhebliche Versorgungsdefizite vorliegen. Umgekehrt ließen sich mit guter Dokumentationsqualität auch gute Prüfergebnisse erreichen. Diese und andere Probleme traten mit der Einführung der sog. Pflegenoten und der Veröffentlichungen der Qualitätsbeurteilungen nach den Vorgaben des Pflege-Weiterentwicklungsgesetzes aus dem Jahr 2008 besonders deutlich hervor. Die Pflegenoten standen in eklatantem Widerspruch zu tatsächlichen Versorgungsdefiziten, was unter anderem daran ablesbar war, dass selbst Einrichtungen mit offensichtlichen, schwerwiegenden Mängeln die Note ‚sehr gut' erhielten" (Wingenfeld 2019, S. 183).

Die Diskussion über die Veranschaulichung der verschiedenen Einflussebenen auf die Qualität als Qualitätswürfel zeigte allerdings auch, dass mit dem „Zauberwürfel" die Idee einer idealen Lösung verbunden wird – alle Felder auf einer Würfelseite sind gleichfarbig –, was wiederum angesichts der Unterschiedlichkeit stationärer Einrichtungen nicht als sinnvolle Perspektive für das Feld der stationären Jugendhilfe angesehen wurde. Der Qualitätswürfel kann daher als Visualisierung der Sensitizing Concepts verstanden werden und wird im folgenden Kapitel vorgestellt.

Abb. 1: Der Qualitätswürfel

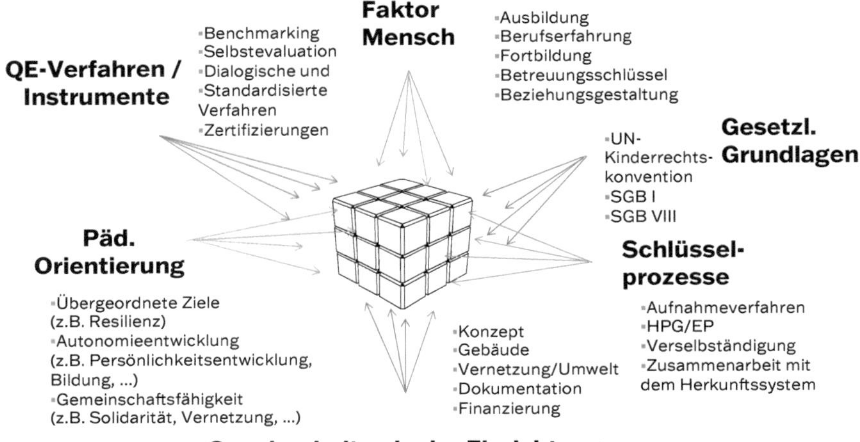

Quelle: DJI eigene Darstellung

2.2 Sensitizing Concept: Der Qualitätswürfel

Die Forschenden gehen mit Kelle und Kluge (2010) davon aus, dass sie eine bestimmte theoretische Perspektive benötigen, um „relevante Daten“ überhaupt „sehen“ zu können (ebd., S. 28). Theoretisches Vorwissen und theoretische Sensibilität sind nötig, um über „empirisch gegebenes Material in theoretischen Begriffen zu reflektieren“. Das Vorwissen soll nicht dazu genutzt werden, Hypothesen zu formulieren und zu prüfen, sondern um das Vorwissen in strukturierter Form zu reflektieren und in die Analyse einfließen zu lassen.

Zu Projektbeginn wurden daher die Vorstellungen der Forschenden über Qualität in den stationären Erziehungshilfen reflektiert und – gekoppelt an eine Literaturrecherche zum Thema Qualität – einer Vorsortierung unterzogen. Es handelt sich um eine Zuordnung bestimmter Aspekte und vager theoretischer Konzepte[8] (z. B. Beteiligung) zu übergeordneten Themenfeldern. Am Beispiel

8 Herbert Blumer beschreibt die „Vagheit“ theoretischer Konzepte nicht als Nachteil, sondern als Voraussetzung für die qualitative Forschungsarbeit, denn erst im Handlungskontext lässt sich die individuelle (Be-)Deutung bestimmter Konzepte sinnhaft rekonstruieren (vgl. ebd., S. 29). Blumer spricht hier von „Sensibilisierenden Konzepten“, die keinesfalls vor der Forschungsarbeit präzisiert werden sollen, sondern vielmehr dazu dienen, das Feld zu erschließen. Sensibilisierende Konzepte sind daher als Überschriften für relevante Themenfelder zu verstehen. Die Beschreibung der Konzepte soll dann in der Auseinandersetzung mit dem erhobenen Datenmaterial möglichst facettenreich erfolgen und in „definitive Konzepte“ umgewandelt werden (vgl. ebd., S. 30).

von Beteiligung in der Kinder- und Jugendhilfe lässt sich gut zeigen, wie komplex der Zusammenhang von theoretischen Konzepten und Qualitätsbeschreibungen ist. Denn Beteiligung ist sowohl aus rechtlichen Gründen eine Notwendigkeit als auch aus fachlich-pädagogischen Überlegungen heraus (z. B. Pluto 2007) ein zentrales Konzept guten Handelns. Es ist nichtsdestotrotz notwendigerweise vage, da Beteiligung je nach Alter der Kinder, Situation und den verschiedenen Lebensbereichen (persönlich im engeren Sinne, bezogen auf Gestaltung des Lebensorts, strukturelle und politische Aspekte) Unterschiedliches bedeutet. Diese notwendige Unschärfe dessen, wie Beteiligung im konkreten ausgestaltet werden kann und soll, entzieht die Ausgestaltung von Beteiligung auch einer standardisierten Beschreibung bzw. Qualitätskontrolle.

Das Schaubild (Abb. 1) zeigt den Systematisierungsvorschlag des theoretischen Vorwissens zu den stationären Hilfen zur Erziehung, zum Fachdiskurs und zur Fachliteratur. Er umfasst sechs Einflussebenen auf Qualität. Es wurde eine dreidimensionale Visualisierung der Einflussebenen gewählt, um die Verwobenheit und das Aufeinander-Bezogen-Sein der sechs Ebenen (Würfelseiten) zu veranschaulichen. Das Modell kann durch die „Vagheit" der Oberbegriffe (i. S. v. theoretischen Konzepten) eine Vielzahl von Aspekten und Unterpunkten subsummieren. Der „Qualitätswürfel" soll verbildlichen, dass eine Veränderung auf einer Seite des Würfels alle anderen Würfelseiten beeinflusst.

Im Folgenden werden die sechs, in dem Würfelmodell dargestellten Einflussebenen auf Qualität etwas genauer dargestellt.

2.2.1 Gesetzliche Grundlagen

Der Qualitätswürfel ist ein Versuch, von der Heterogenität des Feldes abstrahierend, bedeutsame Faktorenbündel, die in die theoretische Konstruktion sowie in die praktische Herstellung von Qualität in Einrichtungen sowie in die Kommunikation über Qualität einfließen, darzustellen und ihre Interdependenzen zu signalisieren. Auch dienen diese Faktorenbündel, so die Annahme, als Legitimationsfolien, vor denen sich Einrichtungen im Hinblick auf die durch sie erreichte Qualität rechtfertigen müssen. Wobei davon auszugehen ist, dass je nach Kontext unterschiedliche Faktorenbündel priorisiert werden.

Unterschiedliche Gesetze, insbesondere das SGB VIII und dazugehörige Landesausführungsgesetze sowie weitere Gesetze, z. B. die UN-Kinderrechtskonvention, definieren Anforderungen an stationäre Einrichtungen der Kinder- und Jugendhilfe, die nicht zu erfüllen sowohl ein Verstoß gegen geltendes Recht wäre als auch mit einer unzureichenden Qualität einherginge. Aus diesem Grund werden die gesetzlichen Bestimmungen in einer Einflussebene zusammengefasst. Beispiele für solche gesetzlichen Vorschriften betreffen die Rechte der Kinder selbst (UN-KRK Art 12 Beteiligung, oder § 1631 BGB (2) Recht auf Gewaltfreie

Erziehung), das Elternrecht (Art. 6 GG) oder formulieren Anforderungen an die Kinder- und Jugendhilfe wie der § 1 SGB VIII, in dem zum Ausdruck gebracht wird, dass jeder junge Mensch ein Recht auf Erziehung zu einer „selbstbestimmten, eigenverantwortlichen und gemeinschaftsfähigen Persönlichkeit" hat. Die rechtlichen Regelungen spiegeln auch die Wertvorstellungen unserer heutigen Gesellschaft wider.

2.2.2 Schlüsselprozesse

Schlüsselprozesse wurden in einer weiteren Einflussebene gebündelt. Schlüsselprozesse sind pädagogische Handlungen, die im Alltag der stationären Einrichtungen immer wieder vorkommen und den gesamten Hilfeverlauf strukturieren und steuern (Maurus u. a. 2016; Merchel 2015). Beispiele für Schlüsselprozesse in den stationären Hilfen sind zum Beispiel das Aufnahmeverfahren oder die Zusammenarbeit mit dem Herkunftssystem. Schlüsselprozesse lassen sich dadurch kennzeichnen, dass in ihnen alle oder doch wesentliche Teile der Qualitätsfragen sichtbar werden und die in den Schlüsselprozessen gestellten Weichen sich auch auf weitere Aspekte der Alltagsgestaltung in den stationären Einrichtungen auswirken.

Vor dem Hintergrund der Vielfalt an Aufgaben und Zielgruppen stationärer Einrichtungen lassen sich für Schlüsselprozesse nicht über mehrere oder gar alle Einrichtungen hinweg genaue Handlungsprogramme definieren (hierzu auch Merchel 2015). Welche Abläufe und pädagogischen Handlungen als Schlüsselprozesse betrachtet werden müssen und mit welchen Zielen diese zu verbinden sind, ist vor dem Hintergrund der Besonderheiten der Einrichtungen, ihrer Zielgruppen und des Umfelds zu entwickeln. Einrichtungen können sich also auch hinsichtlich ihrer Schlüsselprozesse, an denen sich die spezifischen Qualitäten ihrer pädagogischen Arbeit besonders gut erkennen lassen, erheblich unterscheiden.

2.2.3 Gegebenheiten der Einrichtung

Außerdem beeinflussen auch bestimmte Gegebenheiten einer Einrichtung die pädagogische Arbeit. Hier sind etwa bauliche und konzeptionelle Aspekte zu nennen. Die architektonische Gestaltung kann beispielsweise Respekt vor dem Kind und seiner Familie ausdrücken oder auch eine strukturelle Ohnmacht auf Seiten der Adressatinnen und Adressaten signalisieren. Auch die räumliche Lage der Einrichtung hat Einfluss darauf, welche Qualität eine Einrichtung realisieren kann, wobei Qualitätsunterschiede hier eher eine inhaltliche Differenz als ein Ranking darstellen. Ein ländliches Kinderdorf am Waldrand hat andere

Möglichkeiten, erlebnispädagogische Erfahrungen zu bieten, als eine städtische Einrichtung, die wiederum eine bessere infrastrukturelle Anbindung bietet, was wiederum den Erhalt und Ausbau sozialer Netzwerke unterstützen kann.

2.2.4 Pädagogische Themen und Orientierung

Mit der Einflussebene „pädagogische Orientierung" wird die Ebene bezeichnet, auf der pädagogische Querschnittsthemen und Konzepte, die im alltäglichen Handeln der Einrichtung wirksam werden, zusammengefasst sind. Dazu gehören auch übergeordnete Zielvorstellungen vom Sinn und Zweck der Heim-Erziehung insgesamt. Renate Höfer u.a. (2017) untersuchen beispielsweise die Möglichkeiten in stationären Einrichtungen, Handlungsbefähigung und Verwirklichung der jungen Menschen zu befördern, Roland Schleiffer (2009) befasst sich mit der Bindungsfähigkeit von Kindern und Jugendlichen in Heimen (z.B. auch Drieschner 2011), Menno Baumann (2015) und Marc Witzel (2018) befassen sich mit der pädagogische Haltung der Erziehenden, um auf das Verhalten von Kindern und Jugendlichen bestmöglich reagieren zu können.

Des Weiteren werden Resilienzförderung (z.B. Welter-Enderlin/Hildenbrand 2016; Höfer u.a. 2017), Liebe und liebevolle Beziehungsgestaltung (z.B. Drieschner/Gaus 2011; Brazelton/Greenspan 2002; Hünersdorf/Studer 2011; Korczak 1967), die Entwicklung zu Autonomie und Selbstständigkeit (Faltermeier/Schäfer 2017), Bildung, Befähigung, Beziehung und Beteiligung[9] als zentrale Ziele der Heimerziehung genannt. Dies sind nur einige übergeordnete Themen, die in der Pädagogik der Heimerziehung eine Rolle spielen und teilweise die spezielle Pädagogik von Trägern und Einrichtungen prägen.

2.2.5 Qualitätsmanagement und -entwicklungsverfahren (QM und QE)

In einer weiteren die Qualität einer stationären Einrichtung beeinflussenden Ebene wurden die unterschiedlichen Qualitätsmanagement und -entwicklungsverfahren zusammengefasst. Joachim Merchel (2015) beschreibt Qualitätsmanagement als eine Form der systematischen Reflektion und der Reflektion der eigenen Arbeit mit Hilfe von Qualitätskriterien und -zielen. So sollen „Schritte auf dem Weg des Verbesserns der eigenen Arbeit" (ebd., S. 194) erkannt und realisiert werden. Qualitätsmanagement hat also die Aufgabe, durch interne Prozesse ein gemeinsames Verständnis von guter Arbeit zu etablieren und die Möglichkeiten eröffnen, diese umzusetzen. Diese Aufgabe der systematischen

9 https://www.sos-kinderdorf.de/portal/paedagogik/fachthemen/bildung-und-befaehigung

Reflektion und Bewertung ist eine kontinuierliche Aufgabe, die zwar von allen Mitarbeitenden geleistet werden muss, die aber von Leitungsebenen zu organisieren ist (Merchel 2015).

In den letzten Jahrzehnten haben sich verschiedene Ansätze herausgebildet, um die Qualität innerhalb einer Organisation weiterzuentwickeln und die erreichte Qualität auch auf plausible Weise darstellen zu können. Joachim Merchel (2015) ordnet sie zwei Mustern zu: zum einem dem Muster der Verfahrensstandardisierung und zum anderen dem einer an Kriterien ausgerichteten Evaluation. Zu den ersteren gehören Verfahren, die sich z. B. strikt an Qualitätshandbüchern, Ableitungen der ISO-Norm-Vorgaben, formalen Zertifizierungen orientieren; zu den letzteren gehören so unterschiedliche Modelle wie das Konzept der „wirkungsorientierten Jugendhilfe", dialogische Verfahren der Qualitätsentwicklung oder Formen der Selbstevaluation.

Matthias Schwabe und Karlheinz Thimm (2019) sortieren verschiedene Ausgestaltungen von QM und QE vier Modellen zu, die sie auf der Basis der Arbeit der Qualitätsagentur Brandenburg entwickelt haben. Modell 1 nennen sie „Herstellung über Montage". Damit ist ein Modell gemeint, das Qualität als eine Art additives Produkt vieler Einzelleistungen versteht und in dem sich Qualität steigern lässt, indem einzelne Prozesse optimiert werden. Modell 2 wird mit dem Begriff „Kultur" charakterisiert und fasst solche Modelle zusammen, die „Qualität als ein Produkt der Selbstorganisation einer bestimmten psychosozialen Kultur [sieht, Anmerkung d. A.], die auf ihre Weise für sie passende Qualitätsschwerpunkte gesetzt und andere Qualitätsdimensionen ausgeschlossen hat" (Schwabe/Thimm 2019, S. 447). Im Modell 3 (personenbasiert) werden solchen Strategien zusammengefasst, die darauf aufbauen, dass die erreichbare Qualität in erster Linie an Personen gebunden ist. Die Aufgabe der Qualitätsentwicklung besteht also darin, die richtigen Personen an den richten Stellen einzusetzen. Das Modell 4, Koproduktion genannt, fokussiert darauf, dass Qualität abhängig „von Verständigungsprozessen zwischen professionellen Helfer_innen und Klient_innen" ist. Weshalb auch QE und QM nicht ohne eine intensive Beteiligung der Zielgruppen möglich ist.

2.2.6 Faktor Fachkraft

Mit Faktor Fachkraft ist eine bedeutungsvolle und schwer fassbare Einflussebene auf Qualität gemeint. Denn Heimerziehung ist nicht ohne eine vertrauensvolle Beziehung denkbar, die sich stets zwischen menschlicher Wärme und Nähe sowie fachlich reflektierter Distanz bewegt (z. B. Domes 2016; Hansbauer 2003). Unter dieser Dimension werden neben faktischen Kriterien, wie z. B. die Ausbildung der Fachkräfte, ihre berufliche Erfahrung und absolvierte Fortbildungen, auch die Individualität und der Charakter jeder/-s einzelnen Betreuers/-in zusammengefasst. Insbesondere diese Einflussebene macht deutlich, wie sehr Qualität von den Menschen abhängt, die in einer Einrichtung leben und arbeiten.

2.2.7 Einordnung der Bedeutung des Qualitätswürfels für die Untersuchung

Der Qualitätswürfel stellt die Grundlage für die Erstellung der Leitfäden und die Gesprächsführung dar. Er dient als Sensitizing Concept (Blumer 1954) für die Forscher/-innen und als Rahmen für das offene und deduktive Forschungsdesign.

Für die Auswertung des Materials hatten die in die Konstruktion des Qualitätswürfels eingeflossenen Überlegungen insofern eine geringere Bedeutung, als dass ganz im Sinne eines zirkulären Vorgehens in der qualitativen Forschung neue deduktiv gewonnene Erkenntnisse mit bereits vorhandenen Erkenntnissen und mit theoretischem Vorwissen abgeglichen und weiterentwickelt werden. Auf diese Weise konnten aus dem Material Kategorien generiert werden, die im Würfel nicht vorkamen und sich teilweise kaum oder nur sperrig in die Würfelebenen einsortieren ließen, z. B. Gerechtigkeit (Adressatinnen- und Adressatenperspektive) oder Normalität (Innenperspektive, s. u.). Das Vorgehen bei der Auswertung wird im Abschnitt 2.6 ausführlich dargestellt.

Dennoch wird der Würfel an dieser Stelle vorgestellt, da er sich in mehreren Gesprächen mit Fachkräften und mit dem wissenschaftlichen Beirat als fruchtbare und inspirierende Diskussionsgrundlage erwies. Die Visualisierung von Qualität als drehbarer Würfel eröffnet die Möglichkeit, die Gewichtung der unterschiedlichen Dimensionen und ihre Wirkung auf die anderen Bereiche vorstellbar zu machen. Insbesondere die Fachkräfte, die in Einrichtungen interviewt wurden und nach dem Interview zu dem Modell Qualitätswürfel befragt wurden, begriffen den Qualitätswürfel teilweise als Möglichkeit, die Stärken und Schwächen ihrer eigenen Einrichtung im Gesamtkontext zu sehen. Manche erkannten eigene blinde Flecken, also qualitätsrelevante Themen, die sie selbst bisher kaum thematisiert hatten oder die in ihrer Einrichtung seit längerer Zeit brachlagen. Andere sahen darin eine Möglichkeit einen individuellen „Einrichtungswürfel" zu entwerfen, der die Spezifika ihrer Einrichtung in den sechs Einflussebenen benennt. Der Würfel hat also eine gewisse Anregungsfunktion übernommen.

Die Diskussionen zu dem Qualitätswürfel offenbarten neben der bereits angesprochenen Verlockung, ihn normativ zu interpretieren, also in dem Sinne, dass es genau eine richtige Kombination der Faktorenbündel, der Einflussebenen gäbe, um gute Qualität zu erreichen, auch die Problematik, dass das Modell des Würfels stark im Denken eines Qualitätsmanagements verhaftet scheint und deshalb für die empirische Bearbeitung der Frage, worin denn nun aus den unterschiedlichen, in dieser Studie berücksichtigten Perspektiven die Qualität stationärer Einrichtungen liegt, nur eingeschränkt nutzbar erscheint. Oder anders ausgedrückt: Der Würfel ist schon zu sehr auf der Ebene der Operationalisierung dessen, was Qualität sein könnte, um ihn zum alleinigen Ausgangspunkt für die Frage zu machen, worin genau die Qualität liegt.

Es wurden im Rahmen dieser Untersuchung vier Perspektiven auf das Thema Qualität in stationären Kinder- und Jugendhilfeeinrichtungen eingenommen: Die fachlich-wissenschaftliche Perspektive mittels einer Literaturrecherche, und die drei Akteursperspektiven (Innenperspektive, Außenperspektive, Adressatinnen und Adressatenperspektive) mittels qualitativen Forschungszugängen. Die vier Perspektiven werden im folgenden Kapitel vorgestellt.

2.3 Vier eingenommene Perspektiven auf das Thema Qualität

Vor der Frage stehend, wie es denn gelingen kann, das, was die Qualität stationärer erzieherischen Hilfen im Kern ausmacht, empirisch herauszuarbeiten, wohlwissend, dass es sich dabei nicht um ein standardisierbares Handlungsprogramm handeln kann, sondern um etwas, was in wesentlichen Teilen durch spontane Interaktionen in alltagsweltlichen Situationen hergestellt werden muss und das zwar auf erlernbarem und lehrbarem Können beruht, das selbst jedoch nur unzureichend und nur von außen in explizites Handlungswissen transformiert werden kann[10], haben wir uns entschieden, dies zu tun, indem wir uns dem Thema aus vier unterschiedlichen Perspektiven nähern.

2.3.1 Die fachlich-wissenschaftliche Perspektive

Die Auseinandersetzung mit dem Thema Qualität stationärer Hilfen zur Erziehung wird seit langer Zeit geführt. Insofern ist es kein Wunder, dass es eine Vielzahl an fachwissenschaftlichen und konzeptionellen Veröffentlichungen gibt, die sich mit Fragen der Qualität beschäftigen. Während der gesamten Projektlaufzeit wurde parallel zur empirischen Forschung eine Literaturdatenbank angelegt, in der im Laufe des Projekts 638 Titeln gespeichert wurden. Das folgende

10 Siehe hierzu auch die Überlegungen von Neuweg, der dies im „Das Schweigen der Könner" umschreibt: „In vielen Fällen sind Könner recht sprachlos, wenn sie ausformulieren sollen, welches Wissen in ihrem Kopf die Ausführung ihrer Handlungen angeleitet hat" (2015, S. 8).

Schaubild zeigt die verwendeten Suchstrategien und die Kategorisierung der in der Literaturdatenbank archivierten Texte:

Tab. 1: Suchstrategie und Aufbau der Datenbank

Suchstrategien	Themenbezogene Recherche der wissenschaftlichen und praxisorientierten Literatur: Monographien, Sammelbände und Fachzeitschriften	Delphi-Verfahren unter Einbeziehung der wissenschaftlichen Kollegen/-innen am DJI und deren Netzwerke	Internetrecherche auf sozialwissenschaftlichen Plattformen und Homepages von Verbänden, Instituten, Organisationen, Einrichtungen, Trägern etc.	Suchmaschinenrecherche mit folgenden Suchbegriffen (beispielhaft): Qualität, Qualitätsmanagement, ISO 9001, Heimaufsicht, Mindeststandards, Careleaver, Qualitätsentwicklung, Bindung, Beziehung, Heimerziehung u. v. a. m.
	Weiterverfolgung der Quellen anhand der Literaturverweise Aufbau einer Citavi-Datenbank mit 624 Dokumenten			
Literaturdatenbank	Bildung von 5 Kategorien:			
	Wissenschaftliche Literatur aus Psychologie, Soziologie, Pädagogik, Erziehungswissenschaften, Handbücher, Lexika und methodische Literatur			49
	Praxisliteratur und Praxisforschung - Jugendamt und Landesjugendamt - Profession und Ausbildung - Organisation, Aufbau der KJH und Funktionen der einzelnen Akteure - Spezielle Praxisthemen, z. B. Medienerziehung, Sexualerziehung, Strafen, geschlechtssensible Erziehung u. v. m. - Verwandte Praxis, z. B. Kitas, Altenheime - Internationale Forschung			369
	Konzeptionen, Leitbilder und Handlungsanweisungen			30
	Rechtsfragen, Kommentare, Stellungnahmen			44
	Texte zu Qualität, Qualitätsmanagement und Qualitätsentwicklung			152

Die Literaturrecherche stellt die Grundlage für die Entwicklung des Qualitätswürfels dar (Sensitizing Concept) und dient dem Forscherteam dazu, die empirischen Ergebnisse vor dem Hintergrund des Fachdiskurses zu reflektieren.

2.3.2 Drei Akteursperspektiven

Zur Analyse dessen, was Qualität in stationären Einrichtungen der Kinder- und Jugendhilfe ist, wurden Erhebungen aus drei Perspektiven durchgeführt. Jede dieser Perspektiven wird aufgrund der jeweils spezifischen Rollen und Funktionen von unterschiedlichen Akteuren eingenommen und alle tragen sie gemeinsam zur Herstellung der jeweiligen Qualität der Einrichtungen bei. Es wurden folgende drei Perspektiven unterschieden:

Tab. 2: Die drei Akteursperspektiven

Die Außenperspektive	Fachkräfte in Jugendämtern, Landesjugendämtern und Trägern
Die Innenperspektive	Fachkräfte in stationären Einrichtungen
Die Adressaten/-innenperspektive	Kinder und Jugendliche in den stationären Einrichtungen und deren Eltern

Die Rolle und die Aufgaben der einzelnen Befragten sollen hier kurz vorgestellt werden:

2.3.2.1 Außenperspektive

Das Jugendamt trägt die Gesamtverantwortung für die Planung, die Qualität aller Jugendhilfeleistungen in seinem Zuständigkeitsbereich, die Steuerung und die Finanzierung der stationären Hilfen zur Erziehung. Das Jugendamt nimmt auf drei Ebenen steuernd Einfluss auf die Ausgestaltung der Hilfen zur Erziehung und zwar auf individueller (z. B. durch die Hilfeplanung), auf einrichtungsbezogener (z. B. Leistungs-, Entgelt- und Qualitätsentwicklungsvereinbarungen oder Fortbildungsangeboten und Fachtagungen) und auf infrastruktureller (z. B. durch Jugendhilfeplanung oder der Wahrnehmung ihrer Qualitätsverantwortung nach § 79a SGB VIII) Ebene (Otto u. a. 2011, S. 810). Für diese Studie wurden Mitarbeitende aus Jugendämtern einbezogen, die zumindest auf einer dieser Ebenen Einfluss auf die Ausgestaltung der stationären Hilfen haben.

Die Landesjugendämter nehmen die Aufgabe des überörtlichen Trägers der Jugendhilfe nach dem SGB VIII wahr. Sie unterstützen und beraten die örtliche Jugendhilfe (Jugendämter, freie Träger) und dienen den Interessen von Kindern, Jugendlichen und ihrer Familien.[11] Bei den meisten Landesjugendämtern[12] ist auch die Aufgabe der Betriebserlaubniserteilung nach § 45 SGB VIII angesiedelt. Befragt wurden Personen mit Leitungsaufgaben (Teamleiter-, Abteilungsleiter-, Sachgebietsleiter/-innen), in deren Zuständigkeit auch die stationäre Jugendhilfe fällt.

Die Träger der Einrichtungen tragen letztendlich die Organisationsverantwortung dafür, dass die Einrichtungen der stationären Jugendhilfe in der Lage sind, die Qualitätsanforderungen zu erfüllen. Sie schaffen den strukturellen und finanziellen Rahmen für die Einrichtungen, definieren trägerinterne Standards oder doch zumindest Erwartungshaltungen und sind an den Verhandlungen

11 http://bagljae.de/content/landesjugendaemter/

12 Eine Ausnahme davon ist Bayern. Dort ist diese Aufgabe an die Bezirksregierungen delegiert.

mit Jugendämtern und Landesjugendämtern zumindest maßgeblich, wenn nicht gar ausschließlich beteiligt. Sie haben in der Regel – Ausnahmen sind zum Beispiel Einrichtungen, in denen die Trägerleitung gleichzeitig die Einrichtungsleitung ist – jedoch nur einen geringen Einfluss auf die konkrete Ausgestaltung des operativen Handelns in der Einrichtung. Im Rahmen dieses Projekts wurden Referentinnen und Referenten und Mitarbeiterinnen und Mitarbeiter der Arbeitseinheiten befragt, die für den Bereich der stationären Jugendhilfe zuständig sind.

2.3.2.2 Innenperspektive

Zur Innenperspektive zählen Fachkräfte verschiedener Hierarchieebenen, die in den Einrichtungen der stationären Hilfe zur Erziehung tätig sind. Es wurden Leitungspersonen, Bereichsleitungen, Qualitätsbeauftragte und Fachkräfte im Gruppendienst befragt.

Die Leitungspersonen verantworten Entscheidungen in personellen, pädagogischen und fachlichen Bereichen. Sie sind meist zusammen mit Bereichsleitungen dafür zuständig, Neuaufnahmen zu koordinieren und den Kontakt mit den Jugendämtern zu pflegen. Sie sind je nach Größe und Konzept der Einrichtung mehr oder weniger eng in den Alltag mit den jungen Menschen eingebunden. Bereichsleitungen sind meist zuständig für einen bestimmten Bereich innerhalb einer größeren Einrichtung, z. B. für Familienwohngruppen, Außenwohngruppen oder eine altersbezogene oder stadtteilbezogene bzw. regionale Aufteilung. Für bestimmte pädagogisch-therapeutische Bereiche (z. B. die Elternarbeit) sind in manchen Einrichtungen zusätzlich spezialisierte Fachdienste zuständig.

In manchen, meist größeren Einrichtungen gibt es Qualitätsbeauftragte bzw. Qualitätskoordinatoren/-innen. Häufig ist diese Aufgabe nur mit einem Teil ihrer regelmäßigen Arbeitszeit hinterlegt. Sie nehmen – in Abhängigkeit vom jeweiligen Qualitätskonzept der Einrichtungen – eine Vielzahl von Aufgaben wahr: Hierzu gehört es, interne Lern- und Reflektionsprozesse anzuregen, für fachlichen Input zu sorgen, Zertifizierungen zu organisieren, Befragungen bei den Fachkräften und den Adressatinnen und Adressaten durchzuführen, das interne Qualitätshandbuch weiter zu entwickeln etc.

Fachkräfte im Gruppendienst arbeiten als Bezugsbetreuer/-in, als innewohnende Fachkraft (z. B. Kinderdorfmutter) oder als Gruppenleitung in einer Wohngruppe einer stationären Einrichtung. Je nach Einrichtung und Konzept arbeiten die Betreuerinnen und Betreuer in unterschiedlichen Schichtmodellen.

Die Befragten repräsentieren ein großes Spektrum an einschlägigen beruflichen Ausbildungen: sozialpädagogische Ausbildungen vom Fachschulniveau bis zum universitären Abschluss, heilpädagogische Ausbildungen, Studium der Psychologie. Ein nennenswerter Anteil der Befragten hat darüber hinaus noch Zusatzausbildungen und Weiterbildungen absolviert, die für beratende, medizinische und therapeutische Aufgaben qualifizieren.

2.3.2.3 Adressatinnen und Adressatenperspektive

Die Adressatinnen und Adressatenperspektive umfasst Kinder und Jugendliche, die einer stationären Einrichtung leben bzw. gelebt haben, sowie ihre Eltern bzw. Elternteile. Die in Interviews und Gruppendiskussionen einbezogenen jungen Menschen unterscheiden sich im Alter (von 9 Jahren bis 18 Jahren) und der Zeit, die sie in der stationären Kinder- und Jugendhilfe verbracht haben (von weniger als einem Jahr bis zu 16 Jahren). Ein Teil der interviewten Jugendlichen hat also den größten Teil seiner Kindheit und Jugend in stationären Einrichtungen verbracht. Der Großteil der befragten Kinder und Jugendlichen lebt(e) zwischen zwei und acht Jahren in Einrichtungen der stationären Kinder- und Jugendhilfe. Ein großer Anteil dieser jungen Menschen hat bereits Vorerfahrungen aus anderen Jugendhilfeeinrichtungen. Ein Anteil der Kinder und Jugendlichen war vor der Aufnahme in der Einrichtung, in der wir sie befragt haben, bereits in Pflegefamilien, in anderen Heimen (eine Jugendliche in einem Heim in einem anderen Land), in der stationären Kinder- und Jugendpsychiatrie, in Notunterkünften oder auch im Jugendgefängnis. In der Regel gibt es Erfahrungen mit einem weiteren Jugendhilfesetting.[13]

2.4 Sample

2.4.1 Zusammenstellung des Samples und Zugänge

Die Auswahl der Studienteilnehmenden fand über eine kriteriengeleitete Auswahl von Einrichtungen statt, an die das Team der Forscherinnen mit der Bitte herangetreten ist, sich an der Studie „Gute Heime – Sichtbarmachung der Qualitäten stationärer Jugendhilfe“ zu beteiligen. Um das Ziel zu erreichen, bei der Auswahl möglichst viele unterschiedliche Facetten stationärer Erziehungshilfe berücksichtigen zu können, wurden vorab Unterscheidungsmerkmale für die Auswahl der Einrichtungen festgelegt. Als ein wichtiges Kriterium wurde die regionale Verteilung festgelegt. Interviewte Einrichtungen sollten sich in West-, Ost-, Nord- und Süddeutschland, auf dem Land und in der Stadt befinden. Ein weiteres Kriterium stellt die Größe der Einrichtung dar: Es wurden Interviews in großen, mittelgroßen und Kleinsteinrichtungen durchgeführt. Eine Varianz

13 Da aufgrund personeller Entwicklungen im Projekt auf eine Auswertung der Elternperspektive leider verzichtet werden musste, wird die Stichprobe der interviewten Eltern hier nicht beschrieben. (vgl. auch Kap. 2.4.5)

in der Trägerschaft der Einrichtungen wurde zum dritten Kriterium erhoben. Hintergrund für die Auswahl dieser einfach zu bestimmenden Kriterien zur Erzeugung von auch inhaltlicher, auch für die Fragstellung relevanter Differenz stellen die Ergebnisse verschiedener Studien zu stationären Hilfen dar (z. B. „Jugendhilfe und sozialer Wandel", Gadow u. a. 2013), die immer wieder aufzeigen, dass es korrelative Zusammenhänge zwischen diesen Kriterien und solchen gibt, von denen angenommen werden kann, dass sie die Vorstellung von Qualität beeinflussen.

Die Einrichtungen wurden aufgrund der genannten Merkmale (Region, Größe, Träger, Ausrichtung) per Internetrecherche ausgewählt und kontaktiert. Kontaktaufnahme und Terminfindung für ein oder mehrere Interviews gestalteten sich unkompliziert. Die kontaktierten Fachkräfte waren an der Fragestellung des Projekts interessiert und waren gerne bereit, kooperativ mitzuwirken. Diese Offenheit kann als ein erster Hinweis darauf gelesen werden, dass eine Auseinandersetzung mit der Frage, worin die Qualität stationärer Jugendhilfe liegt, für die Einrichtungen Relevanz besitzt und sie Gelegenheiten nutzen, ihre Antworten auf diese Fragen weiterzuentwickeln.

Kontakt zu Eltern und jungen Menschen wurde ebenfalls über Einrichtungen hergestellt. Die meisten Interviews mit Jugendlichen und Kindern fanden in Einrichtungen statt, in denen keine Fachkräfte interviewt wurden. In einigen Fällen wurde der Kontakt über die bereits bestehenden Kontakte zu den Fachkräften in den Einrichtungen hergestellt. Die Interviews mit Fachkräften in Einrichtungen und mit jungen Menschen und Eltern fanden in Räumen der Einrichtung statt. Dies gilt auch für die beiden Gruppendiskussionen mit Kindern und Jugendlichen.

Landesjugendämter, Jugendämter und Träger wurden ebenfalls direkt per E-Mail oder Telefon kontaktiert. Auch hier waren die Fachkräfte gerne zur Teilnahme an der Studie bereit, und es wurden schnell Interviewpartnerinnen und -partner gefunden. Die Interviews fanden in den Büros der Fachkräfte statt.

Die Interviews dauerten zwischen 30 und 90 Minuten, je nachdem wie ausführlich die Befragten Auskunft geben konnten und wollten. Alle Interviewpartnerinnen und -partner wurden detailliert über das Thema und die Ziele des Projekts informiert und waren einverstanden damit, dass die Interviews aufgenommen und transkribiert wurden.

2.4.2 Innenperspektive

Es wurden acht Einrichtungen in ganz Deutschland besucht und dort mit 14 Fachkräften Interviews geführt. Fünf der Interviewten leiten eine Einrichtung, zwei haben interne Führungsaufgaben inne, z. B. als Bereichsleitung oder pädagogische Leitung, weitere drei Interviewte füllten neben anderen Tätigkeiten auch die Aufgabe eines/r „Qualitätsbeauftragte/n" aus (in einem Fall wurde von

„Qualitätskoordinator/-in“ gesprochen). Fünf der Befragten sind als Fachkräfte im Gruppendienst, teils auch als Gruppenleitung tätig.

Bei den acht Einrichtungen handelt es sich um Einrichtungen unterschiedlicher Größe und Ausrichtung. Wie Tabelle 1 zeigt, wurden Interviews in einer Kleinsteinrichtung mit 10 Jugendlichen, in Außenwohngruppen, in mehreren größeren und sehr großen Einrichtungen mit bis zu 200 Plätzen durchgeführt. Es handelt sich um städtische oder ländliche Einrichtungen, darunter eine therapeutische Einrichtung, zwei Kinderdörfer, eine geschlossene Unterbringung und eine Inobhutnahmestelle. Neben den stationären Plätzen finden sich in vielen der Einrichtungen auch weitere Angebote für Kinder, Jugendliche und Familien. Hierzu gehört zum Beispiel eine Schule, Kindertagesstätten, Familienzentren, Mutter-Kind-Einrichtungen, Ausbildungsstellen, Werkstätten, Beratungsangebote oder Angebote für junge Menschen mit einer körperlichen und/oder geistigen Beeinträchtigung. Zwei Einrichtungen befinden sich im Süden Deutschlands, drei im Osten und drei im Nord-Westen. Bei der Auswahl der Einrichtungen wurde auch darauf geachtet, möglichst unterschiedliche Träger einzubeziehen: Drei Einrichtungen befinden sich in freier Trägerschaft einer Stiftung oder eines Vereins, zwei werden von Wohlfahrtsverbänden getragen, zwei Einrichtungen befinden sich in privater und eine in öffentlicher Trägerschaft.

Die Zusammenstellung eines heterogenen Samples, entlang der von uns ausgewählten Kategorien Region, Größe und Trägerschaft, konnte somit verwirklicht werden.

Tab. 3: Sample Innenperspektive

Einrichtungsnummer	Interviewnummer	Befragte/r	Einrichtungsdaten	Stadtgröße
I	1	Leitung	Heilpädagogische Einrichtung mit ca. 50 Kindern und Jugendlichen	Kleine Kleinstadt
II	2	Bereichsleitung	Einrichtung mit ca. 80 Kindern und Jugendlichen	Große Großstadt
	3	Qualitätsbeauftragte/r		
III	6	Leitung	Kleinsteinrichtung mit ca. 10 Kindern	Landstadt
	12	Betreuer/in		
IV	13/1 (GD)	Leitung	Einrichtung mit vielfältigem Angebot mit ca. 50 Kindern und Jugendlichen	Kleine Mittelstadt
	13/2 (GD)	Pädagogische Leitung		
	7	Betreuer/in (GD und Interview)		
V	9	Qualitätsbeauftragte/r	Kinderdorf mit ca. 100 Kindern und Jugendlichen	Große Mittelstadt

Einrichtungs-nummer	Interview-nummer	Befragte/r	Einrichtungsdaten	Stadtgröße
VI	14	Betreuer/in (GI)	Kinderdorf mit vielfältigem Angebot mit ca. 100 Kindern und Jugendlichen	Große Kleinstadt
	14	Qualitätsbeauftragte/r (GI)		
VII	18	Betreuer/in	Mehrere kleine Einrichtungen mit ca. 80 Kindern und Jugendlichen und große Inobhutnahmestelle mit ca. 200 Plätzen	Große Großstadt
	23	Leitung		
VIII	24	Geschäfts-führung	Geschlossene Unterbringung mit ca. 20 Kindern und Jugendlichen	Große Kleinstadt
	25	Betreuer/in		

Legende:

Großstadt:
ab 100.000 bis 500.000 Einwohner: kleinere Großstadt
ab 500.000 Einwohner: große Großstadt

Mittelstadt
ab 20.000 bis 50.000 Einwohner: kleine Mittelstadt
ab 50.000 Einwohner: große Mittelstadt
kreisangehörige oder kreisfreie Oberzentren und Mittelzentren städtischer Prägung

Kleinstadt
ab 5.000 Einwohner bis 10.000 Einwohner: kleine Kleinstadt
ab 10.000 Einwohner bis 20.000 Einwohner: große Kleinstadt
Mittelzentren und Grundzentren, städtisch geprägte Gemeinden

Landstadt/Landgemeinde
alle anderen Städte und Gemeinden unter 5.000 Einwohnern
GD: Gruppendiskussion
GI: Gruppeninterview

Die Befragten wurden in ihren Einrichtungen in Einzelinterviews befragt. Bei Interview 14 handelt es sich um ein Interview mit zwei Fachkräften, einer Betreuerin und einer Qualitätsbeauftragten. Themen und Struktur des Leitfadens konnten hier beibehalten werden, wobei die beiden Fachkräfte ihre teilweise unterschiedlichen Schwerpunkte benannten und auch stellenweise diskutierten.

Drei Fachkräfte einer Einrichtung (Leitung, pädagogische Leitung und Betreuer, Interview 13) wurden im Rahmen einer Gruppendiskussion zusammen mit vier Fachkräften der Außenperspektive (Leitung, Teamleitung und ASD-Mitarbeiterinnen und Mitarbeiter) befragt. Die Gruppendiskussion wurde von der zuständigen Jugendamtsleitung organisiert, mit der Idee eine AG 78 nachzuempfinden.[14] Im Verlauf der Gruppendiskussion wurden sowohl Einzel-

14 § 78 SGB VIII: Bildung von Arbeitsgemeinschaften: „Die Träger der öffentlichen Jugendhilfe sollen die Bildung von Arbeitsgemeinschaften anstreben, in denen neben ihnen die anerkannten Träger der freien Jugendhilfe sowie die Träger geförderter Maßnahmen

perspektiven geschildert als auch kam es zu fachlichem Austausch über einzelne Qualitätsthemen.

2.4.3 Außenperspektive

Die Außenperspektive wird von Fachkräften aus Jugendämtern, Landesjugendämtern und freien Trägern vertreten. Da aufgrund des bereits angesprochenen Personalengpasses die Auswertung der Perspektive der freien Träger für den Bericht nicht erfolgte, wird im Folgenden auf diese Gruppe nicht weiter eingegangen.

2.4.3.1 Jugendamtsperspektive

Für diese Befragung wurden solche Mitarbeiterinnen und Mitarbeiter ausgesucht, die von Jugendamtsseite das Hilfeplanverfahren gestalten und Inobhutnahmen veranlassen. Sie bearbeiten zudem Anfragen nach offenen Heimplätzen, prüfen das Platzangebot und stehen in Kontakt mit den Einrichtungen. Es fällt somit in den Aufgabenbereich der Fachkräfte, eine Heimunterbringung zu veranlassen und nach der Hilfeplanung den passenden Platz für einen jungen Menschen zu finden.

Insgesamt wurden zehn Jugendamts-Mitarbeiterinnen und -Mitarbeiter befragt, darunter eine Jugendamtsleitung, drei Teamleitungen bzw. Sachgebietsleitungen, vier operative Mitarbeiterinnen und Mitarbeiter und eine Sachbearbeitung. Eine Fachkraft ist zuständig für die Steuerung der Erziehungs- und Eingliederungshilfen. Vier der Befragten wurden im Rahmen einer Gruppendiskussion zusammen mit Fachkräften aus einer stationären Einrichtung befragt, zwei weitere wurden zusammen interviewt. Da es in den Doppelinterviews eine Hierarchie gab (Teamleitung und Mitarbeiter bzw. Abteilungsleitung und Sachbereichsleitung), kann dies eventuell dazu geführt haben, dass eine Interviewpartnerin oder ein Interviewpartner nicht völlig frei geredet hat. Zugleich hatten die Doppelinterviews den Vorteil, dass sich die Befragten auch voreinander im besten Licht darstellen wollten, sie also Qualitätsaspekte besonders deutlich beschrieben haben. Die gemeinsame Konstruktion von Qualität brachte einige Qualitätsaspekte besonders deutlich zum Vorschein. Ansonsten wurden Einzelinterviews durchgeführt, die meist eine Stunde dauerten und in den Büros der Befragten durchgeführt werden konnten. Auch hier lässt sich sagen, dass die Zusammenstellung eines heterogenen Samples hinsichtlich Lage und Größe der Institution gelungen ist.

---

vertreten sind. In den Arbeitsgemeinschaften soll darauf hingewirkt werden, dass die geplanten Maßnahmen aufeinander abgestimmt werden und sich gegenseitig ergänzen."

Tab. 4: Übersicht zu Interviews Außenperspektive Jugendamt

Interview-Nummer	Befragte/r	Gebietskörperschaft
4	ASD Sachbereichsleitung	Großer Landkreis
5	Steuerung HzE	Großstadt
8	ASD Sachbearbeitung	Mittelstadt
10	ASD Teamleitung	Großstadt
11	ASD Mitarbeiter/in	
13/1	Jugendamtsleiter	Landkreis
13/2	ASD Mitarbeiter oder Mitarbeiterin	
13/3	ASD Mitarbeiter oder Mitarbeiterin	
13/4	ASD Teamleitung	
22	ASD Mitarbeiter oder Mitarbeiterin	Großstadt

2.4.3.2 Perspektive Landesjugendamt

Es wurden in vier Betriebserlaubnis erteilenden Stellen mit Fachkräften Interviews durchgeführt. Die Auswahl wurde so vorgenommen, dass hinsichtlich verschiedener Kategorien eine möglichst große Unterschiedlichkeit erreicht wurde. Leitend waren dabei Fragen der Organisation der Aufgabenwahrnehmung und regionale Unterschiede, die neben Ost-West auch weitere regionale Aspekte einbeziehen (z. B. wirtschaftliche Bedingungen, Haushaltslage der öffentlichen Hand). Die für diese Studie interviewten Mitarbeiterinnen und Mitarbeiter waren als Teamleiter/-in, als Referent/-in, Abteilungs- bzw. Sachgebietsleiter/-in oder Referatsleiter/-in tätig und haben teilweise jahrzehntelange Berufserfahrung im Feld der Kinder- und Jugendhilfe.

Insgesamt wurden vier Interviews mit sechs Mitarbeiterinnen und Mitarbeitern durchgeführt, zwei davon als Gruppeninterview (GI). Alle Interviews fanden in den Büros der Befragten statt und dauerten zwischen einer und zwei Stunden.

Tab. 5: Übersicht zu Interviews Außenperspektive Landesjugendamt

Interviewnummer	Befragte/r
15	Teamleitung
16	Referent/-in (GI)
16	Referent/-in (GI)
17	Sachbereichsleitung (GI)
17	Abteilungsleitung (GI)
27	Referatsleitung

2.4.4 Adressatinnen und Adressatenperspektive

Um die Perspektive der Adressatinnen und Adressaten aufzuzeigen, wurden acht Einrichtungen in ganz Deutschland besucht und insgesamt sieben Kinder, 17 Jugendliche, vier Elternpaare, acht Elternteile und sogar ein Großelternteil interviewt.

Bei den acht Einrichtungen handelte es sich teilweise um die Einrichtungen, die auch zur Abbildung der Innenperspektive besucht wurden, es wurden aber auch Adressatinnen und Adressaten in weiteren Einrichtungen interviewt. Wie auch bei der Innenperspektive zeichnet sich ein breites Spektrum bezüglich der Größe und Ausrichtung der jeweiligen Einrichtung ab. Wie Tabelle 2 zeigt, wurden Interviews in kleinen Wohngruppen mit ca. 10 Kindern und Jugendlichen, in Heimen mit 20 bis 30 Kindern und in mehreren größeren und großen Einrichtungen mit bis zu 80 Plätzen durchgeführt. Es handelt sich um städtische oder ländliche Einrichtungen, darunter eine therapeutische Einrichtung, eine heilpädagogische Einrichtung und eine geschlossene Unterbringung. Neben den stationären Plätzen finden sich auch hier bei einem Teil der Einrichtungen weitere Angebote für Kinder, Jugendliche und Familien. Drei der Einrichtungen befinden sich im Süden Deutschlands, eine im Südosten, eine im Westen und zwei im Nordwesten. Bei der Auswahl der Einrichtungen wurde wieder darauf geachtet, Einrichtungen unterschiedlicher Träger einzubeziehen: Fünf Einrichtungen befinden sich in freier Trägerschaft einer Stiftung oder eines Vereins, eine Einrichtung befindet sich in privatwirtschaftlicher, eine weitere in öffentlicher Trägerschaft. Die in die Studie einbezogenen Adressatinnen und Adressaten repräsentieren mit ihren Erfahrungen also auch eine große Heterogenität an Einrichtungen.

Tab. 6: Übersicht Interviews Adressatinnen und Adressatenperspektive

Einrichtungsnummer	Interviewnummer	Befragte/r	Einrichtungsdaten	Stadtgröße
II	30	Jugendliche/r	Einrichtung mit ca. 80 Kindern und Jugendlichen	Große Großstadt
	31	Jugendliche/r		
	32	Elternteil		
	33	Elternpaar		
VII	19	Jugendliche/r	Wohngruppe mit ca. 10 Kindern und Jugendlichen	Große Großstadt
VIII	26	Jugendliche/r	Geschlossene Unterbringung mit ca. 20 Kindern und Jugendlichen	Große Kleinstadt
IX	34	Elternteil	Einrichtung mit ca. 25 Kindern und Jugendlichen	Große Mittelstadt
	35	Elternteil		
X	36	Kind	Einrichtung mit ca. 50 Kindern und Jugendlichen	Kleine Kleinstadt
	37	Kind		

Einrichtungs-nummer	Interview-nummer	Befragte/r	Einrichtungsdaten	Stadtgröße
XI	38	Kind	Heilpädagogische Einrichtung mit ca. 30 Kindern und Jugendlichen	Landstadt
	39	Kind		
XII	40 (GD)	3 Elternpaare	Therapeutische Einrichtung mit ca. 60 Kindern und Jugendlichen	Kleine Großstadt
		5 Elternteile		
		1 Großelternteil		
XIII	41 (GD)	7 Jugendliche	Die in der Gruppendiskussion interviewten Jugendlichen leben in unterschiedlichen Einrichtungen	–
XIV	42 (GD)	6 Jugendliche	Einrichtung mit ca. 80 Kindern und Jugendlichen	Landstadt
		3 Kinder		

Die Adressatinnen und Adressaten wurden sowohl in Einzelinterviews als auch in Gruppendiskussionen befragt. Die Gruppendiskussionen wurden u.a. vor oder nach einrichtungsinternen Veranstaltungen (z.B. Sommerfest mit Eltern) organisiert, im Rahmen eines einrichtungsübergreifenden Regionaltreffens der Heimräte und innerhalb einer Einrichtung in einem gruppenübergreifenden Setting. Bei dieser Gruppendiskussion, die von der Einrichtungsleitung organisiert wurde, haben sich interessierte Kinder und Jugendliche aus unterschiedlichen Wohngruppen (zentral und dezentral) im Verwaltungsgebäude der Einrichtung zu einem Gruppengespräch zusammengefunden. Zuvor wurde an alle Gruppen der Einrichtung eine E-Mail mit einer Einladung zu diesem Gruppengespräch und der Bitte um Weiterleitung an die jeweiligen Bewohnerinnen und Bewohner gesandt.

Gruppendiskussionen bieten sich in Anbetracht der Fragestellung durchaus an, da es in dieser Subgruppe nicht nur darum geht, Einzelmeinungen aneinanderzureihen, sondern ein kollektiv geteiltes Verständnis davon, was ein „gutes Heim“ ausmacht, zu rekonstruieren (Bohnsack u.a. 2006). Bei den Kindern und Jugendlichen – und dasselbe gilt für die Subgruppe der Eltern – gibt es keine institutionellen oder professionellen Hierarchien, die eventuell, wie bei den Fachkräfteinterviews, ein freies Sprechen verhindern. Ebenso wenig haben die Kinder und Jugendlichen spezielle Funktionen und Aufgaben innerhalb des Heims inne, die separat typisiert und rekonstruiert werden müssten. Bei den Adressatinnen und Adressaten kann man daher davon ausgehen, dass ein gemeinsamer Erfahrungs- und Erlebnishorizont vorhanden ist, und sich dieser gerade in der Interaktion der Befragten deutlich und besonders facettenreich zeigt. Auf diese Weise tritt zwar der Einzelfall in den Hintergrund, es lässt sich aber die kollektive Deutung von Qualität dicht rekonstruieren.

2.4.5 Auswertung der Interviews mit Eltern und Trägern

Leider konnte im Rahmen dieses Forschungsprojekts die Perspektive der Eltern (Innenperspektive) und die der freien Träger der Kinder-und Jugendhilfe (Außenperspektive) nicht ausgewertet werden, so wie es ursprünglich geplant war. Da auch die sozialwissenschaftliche Forschung zunehmend mit einem Fachkräftemangel zu kämpfen hat, konnte eine Projektstelle über mehrere Monate nicht nachbesetzt werden, was zu einer Verzögerung im Projektablauf führte und das Forscherinnen- und Forscherteam dazu zwang, auf die Auswertung der Elternperspektive innerhalb der Adressatinnen- und Adressatenperspektive und der Trägerperspektive innerhalb der Außenperspektive verzichten zu müssen. Auf diese Weise können zu allen drei Perspektiven Ergebnisse vorgestellt werden, wenn auch in der Außen- wie in der Adressatinnen- und Adressatenperspektive eine Untergruppe unberücksichtigt bleiben muss. Dies ist allein dem personellen Engpass und forschungspragmatischen Überlegungen geschuldet und soll keinesfalls den Anschein erwecken, die Perspektive der Eltern bzw. die der freien Träger sei zu vernachlässigen. Da die Interviews und Gruppendiskussionen mit Eltern und Trägern in transkribierter Form vorliegen, hoffen die Autorinnen und Autoren, diese zu einem späteren Zeitpunkt auswerten zu können, um das multiperspektivische Gesamtbild von Qualität in Heimen noch zu vervollständigen.

2.5 Interviewstrategie und Ausgestaltung der Gruppendiskussionen

Im Folgenden werden die Interviewstrategie und die Inhalte der Leitfäden für die jeweiligen Gruppen an interviewten Personen beschrieben. Die Leitfäden wurden gemäß dem qualitativen Paradigma situationsabhängig leicht modifiziert eingesetzt. Auf Konzeption und Durchführung der Gruppendiskussion wird ebenso eingegangen.

2.5.1 Experteninterviews der Innen- und Außenperspektive

Als Interviewform wurde die Vorgehensweise des Experteninterviews nach Bogner u. a. (2014) gewählt. Bestimmte Aspekte des Problemzentrierten Interviews wurden für dieses Forschungsprojekt, insbesondere für die Interviews der Adressatinnen und Adressaten adaptiert (Witzel/Reiter 2012).

Die Forscherinnen gehen davon aus, dass Qualitätsverständnisse durch Fachwissen und -diskurse geprägt sind und gleichzeitig in Interaktionsprozessen konstruiert werden (vgl. Kelle/Kluge 2010, S. 16 ff). Das Forscherinnenteam orientiert sich daher an der von Bogner u. a. (2014) vorgeschlagenen Definition einer Expertin/eines Experten: „Experten lassen sich als Personen verstehen, die sich – ausgehend von einem spezifischen Praxis- oder Erfahrungswissen, das sich auf einen klar begrenzbaren Problemkreis bezieht – die Möglichkeit geschaffen haben, mit ihren Deutungen das konkrete Handlungsfeld sinnhaft und handlungsleitend für Andere zu strukturieren“ (ebd., S. 13).

Es wurden Expertinnen und Experten also deshalb befragt, weil sie das Feld der stationären Kinder- und Jugendhilfe durch ihr spezifisches Wissen über das Feld, über Handlungsabläufe und Routinen und durch ihre Fachkompetenz maßgeblich gestalten. Ihr spezifisches Praxis- und Erfahrungswissen und daraus resultierende Handlungen strukturieren die stationären Hilfen zur Erziehung und beeinflussen damit in besonderer Weise die Lebenswelten der Adressatinnen und Adressaten.

Die Befragten wurden in ihrer professionellen Rolle nach ihrem technischen Wissen, ihrem Prozess- und Deutungswissen befragt (ebd., S. 17 f). Von besonderem Interesse für die Forschungsfrage sind dabei subjektive Erklärungsmuster, Relevanzsysteme, Handlungsorientierungen und Einschätzungen. Vor diesem Hintergrund wurde ein Leitfaden mit einem offenen Einstieg, der Frage nach konkreten Beispielen, um auch die Handlungsebene nachzufragen, sowie mit einer Nachfrage- und Gesprächsphase generiert. In dieser Interviewphase hielten sich die Interviewerinnen stark zurück, um die Entwicklung und Erklärung der eigenen Deutungen und Relevanzsysteme der/des Befragten nicht zu lenken. In der Nachfragephase, die im Durchschnitt ca. ein Drittel der Interviewzeit beanspruchte, wurden einzelne qualitätsrelevante Aspekte vertieft bzw. noch nicht erwähnte Aspekte angesprochen. Hierbei diente der „Qualitätswürfel“ als eine Art Liste, mit deren Hilfe sichergestellt wurde, dass alle im Sensitizing Concept systematisierten Einflussebenen in den Interviews angesprochen wurden. Damit sollte sichergestellt werden, dass nicht nur aus zufälligen Gründen heraus einzelne Qualitätsdimensionen keine Erwähnung finden. Dies hätte möglicherweise zu einer verzerrten Wahrnehmung der Relevanz einzelner Qualitätsaspekte geführt. Des Weiteren wurden widersprüchlich wirkende Aussagen aus der ersten Phase des Interviews angesprochen und somit sichergestellt, dass die Aussagen im Interview ausreichend expliziert wurden, um damit die Gefahr von Fehlinterpretationen zu verringern.

Die Interviews mit Fachkräften dauerten im Durchschnitt ungefähr eine Stunde. und beinhalteten folgende Themen:

Vorstellung und Rolle der Interviewerin: Projekt und Interviewerin wurden meist schon bei der telefonischen Absprache und Terminfindung vorgestellt. Forschungsziel und methodisches Vorgehen (Interviewstudie) wurden besprochen und alle Nachfragen der Interviewten beantwortet. Zudem wurde auf die Projekthomepage hingewiesen, die weitere Informationen zu dem Projekt enthält bzw. die Möglichkeit eröffnet, sich noch einmal ein eigenes Bild von dem Projekt zu machen. Insbesondere die Frage nach Qualität, die immer auch eine Anmutung von Fremdbeurteilung der eigenen Person oder zumindest der eigenen Kompetenzen beinhaltet, erfordert es, als faire und verständnisvolle Gesprächspartnerin wahrgenommen zu werden. Ansonsten ist das Risiko groß, dass bei der Datenerhebung als sozial erwünscht vermutete Antworten die eigenen Reflektionen zu dem Thema überdecken. Die Rolle der Interviewerin als Co-Expertin entstand, da zwar gemeinsames Fachwissen, aber auf Seiten der Interviewerinnen keine praktische Erfahrung vorhanden waren, was die Fragesituation glaubwürdig machte. Es besteht somit die begründete Hoffnung, dass sich die Befragten in ihrer Expertenrolle ernst genommen, aber nicht kontrolliert oder bewertet, fühlten (ebd., S. 52 ff).

Beschreibung des Arbeitsumfelds und der Aufgaben der interviewten Person: Zunächst wurde die befragte Fachkraft gebeten, die Einrichtung bzw. Institution sowie die eigene Rolle darin, die eigene Funktion und Aufgabe zu beschreiben. Ein Teil der Befragten skizzierte in diesem Abschnitt des Interviews auch ihren beruflichen Werdegang. Es wurde Fakten- und Prozesswissen über die jeweilige Arbeitsumgebung generiert.

Zentrale Frage: Die Aufforderung zu beschreiben, was für die interviewte Person Qualität bedeute, stand im Zentrum des Interviews. Diese Aufforderung wurde offen und als Frage formuliert. Es wurden dabei Formulierungen verwendet wie: „Vielleicht, wenn Sie jetzt einfach mal sagen, was ist für Sie Qualität, was verstehen Sie darunter, wie leben Sie das in Ihrem Haus, in Ihrer Einrichtung?". Andere Formulierungen waren „(...) das Thema Qualität, welche Rolle spielt das bei Ihnen in der Einrichtung? Wie wird das behandelt? Was ist das?", „Sie haben jetzt schon ganz viel über die Einrichtung erzählt, ein bisschen über Ihr Konzept – jetzt würde mich interessieren, wie sieht bei Ihnen die Qualitätsarbeit aus oder wie definieren Sie in Ihrer Einrichtung Qualität oder Qualitätskriterien?" oder „Wenn Sie mir jetzt einfach mal sagen, was ist für Sie Qualität in stationären Einrichtungen, was verstehen Sie darunter?".

Die Befragten wurden gebeten, aus ihrer individuellen Perspektive als Expertin bzw. Experte, also geleitet von ihren beruflichen Funktionen und ihrem Arbeitsalltag heraus zu antworten. Ziel dieser Formulierung war es, den Befragten die Möglichkeit zu geben, einen eigenen, ihrem Relevanzsystem entsprechenden Einstieg zu finden. Auch wurde zum Einstieg bewusst nach „Qualität" gefragt. In Anbetracht des Qualitätsdiskurses in der Fachwelt sollte insbesondere das Verständnis von Qualität erfragt und zunächst keine bildlichen oder situativen Assoziationen evoziert werden. Es ist anzunehmen, dass eine Befragte/ein Befragter eines Jugendamts andere relevante Situationen und Fälle für qualitätsrelevant beschreibt, als eine Fachkraft, die im Gruppendienst in einer Einrichtung arbeitet. Den Fachkräften wurde hier zwar eine gewisse Abstraktionsleistung abverlangt, dies erschien aber gerechtfertigt, da das Thema der Untersuchung bekannt und die Befragten über Sinn und Ziel der Studie informiert waren.

Erzählgenerierende Fragen: Auf die zentrale Frage folgten in der Regel erzählgenerierende Fragen, wie „Bitte erinnern Sie sich mal an eine konkrete Situation, die wirklich gut verlaufen ist, wo die Qualität der Arbeit in der stationären Einrichtung sehr deutlich geworden ist. Wo Sie dachten, das haben wir/ habe ich jetzt gut hingekriegt, das war wirklich gute Arbeit". Die Befragten wurden so angeregt, konkrete Fälle, Hilfeverläufe, „spezifische Episoden" (Bogner u. a. 2014, S. 62) oder Beispiele von Interaktionen, anhand derer sie gelungene Qualität zeigen möchten, zu schildern. Ziel war es, das subjektive Verständnis von guter Qualität im Handeln zu erfassen. Die Frage wurde zur Kontrastierung auch negativ formuliert: „Bitte schildern Sie mir auch eine konkrete Situation oder ein Beispiel, wo Sie nicht zufrieden waren, wo eine eher mangelhafte Qualität der stationären Einrichtung deutlich geworden ist. Hier haben wir oder habe ich keine gute Arbeit hingekriegt. Das ist jetzt leider nicht so gut verlaufen". Die Erzählungen wurden – wenn notwendig – im weiteren Gesprächsverlauf exploriert und die subjektiv wahrgenommen Gründe für das gute bzw. nicht so gute Gelingen und die damit verbundenen Qualitätsaspekte erfragt.

Konkrete Nachfragen zu einzelnen Themen, die in den Interviews genannt, aber nicht hinreichend ausgeführt wurden: In den Interviews sind, wie dies üblich ist, immer wieder einzelne Aspekte angesprochen worden, ohne dass die interviewte Person diese vertieft hätte. Wenn aus Sicht der Interviewerin im Gespräch der Eindruck entstand, dass es für das bessere Verständnis dessen, was die interviewte Person als gute Qualität beschreibt, erforderlich ist, wurden entsprechende Nachfragen gestellt.

Es zeigt sich bereits bei einem ersten Blick auf die Interviews, dass es systematische Unterschiede bezüglich der konkreten Inhalte und damit auch der Themen in der Nachfragephase in Abhängigkeit davon gibt, ob die interviewte Person der Innen- oder der Außenperspektive zuzurechnen ist.

Der Ablauf der Gespräche mit den Fachkräften verschiedener Funktionen, Hierarchieebenen und Institutionen macht deutlich, dass die Fachkräfte je nach Institution unterschiedliche Qualitätsebenen im Blick haben. Befragte der Innenperspektive fokussieren Qualitätsaspekte ihrer konkreten Arbeit in der Einrichtung und der Einrichtung als Ganzes. Die Befragten aus der Steuerungsebene der Jugendämter, des ASD und der Landesjugendämter hingegen antworten auf zwei Ebenen: Zum einen beschreiben sie Qualitätsaspekte, die eine gute stationäre Einrichtung aus ihrer Sicht kennzeichnen. Zum anderen beschreiben sie Aspekte einer stationären Einrichtung, die sie für ihre Arbeit in der Steuerung der Hilfen (Jugendamt), bei die Suche eines geeigneten Platzes (ASD) oder für die Beratung und Förderung der Qualität in Heimen (Landesjugendamt) für besonders relevant halten, die die Schnittstellenarbeit zwischen Einrichtung und außenstehender Institution verbessern.

2.5.2 Interviews und Gruppendiskussionen mit jungen Menschen und Eltern

Die Gespräche mit den Kindern, Jugendlichen und Eltern verliefen nach einem ähnlichen Muster wie mit den Fachkräften und orientierten sich an dem „diskursiv-dialogischen" Ablauf eines problemzentrierten Interviews mit Erzählungen, Nachfragen und reflektierenden Phasen (Witzel 2000).

Das problemzentrierte Interview ist dem Experteninterview schon allein durch seine Themenspezifik ähnlich. Im problemzentrierten Interview wird zudem durch die Kombination aus erzählgenerierenden und verständnisgenerierenden Interviewteilen die Möglichkeit der Selbstreflektion betont (Witzel 2000). Auf diesen Aspekt wurde in den für diese Studie durchgeführten Interviews besonders Wert gelegt. Konkrete Handlungen, Beispiele, Erlebnisse und subjektive Wahrnehmungen sollten von den Befragten selbst erklärt, eingeordnet und in Bezug zueinander gestellt werden. Die Befragten wurden immer wieder durch Verständnisfragen gebeten, ihre Einschätzung zu erläutern und die für sie relevanten Qualitätsaspekte in ihren Schilderungen zu reflektieren.

Da es sich bei der Reflektion dessen, was Qualität kennzeichnet, um eine auch für Fachkräfte nicht triviale Aufgabe handelt, wurden Adressatinnen und Adressaten zusätzlich in Gruppendiskussionen gebeten, ihre Beurteilungskriterien für die Qualität von Einrichtungen zu entwickeln (vgl. 1.5.2.3). Durch diesen erweiterten methodischen Zugang sollte sichergestellt werden, dass möglichst viele Vorstellungen von Qualität erzieherischer Hilfen expliziert werden.

2.5.2.1 Leitfäden für Kinder/Jugendliche

Die jungen Menschen wurden nach ihren für den Heimalltag relevanten Erfahrungen gefragt. Sie verfügen über eine Expertise für ihre Lebenswelt in einer stationären Jugendhilfeeinrichtung. Den jungen Heimbewohnerinnen und -bewohnern wurden das Projekt und die Interviewerin vorgestellt, die Inhalte, die Datenschutzfragen erläutert und eventuell von den Kindern und Jugendlichen formulierte Fragen beantwortet. Auch die Gesprächssituation und die Art der Fragestellungen wurde vorab mit den jungen Menschen besprochen.

Eingangsfrage: Für den Einstieg wurde auch hier eine allgemeine und weit gefasste Frage gewählt: „Wie ist es hier im Heim zu leben? Seit wann bist Du hier und wie sieht Dein Alltag hier im Heim aus? Wie geht es dir hier, warum?" Die Eingangsfragen waren bewusst in alle Richtungen offen interpretierbar. Die Kinder und Jugendlichen konnten so ihrer eigenen Logik und ihren subjektiven Relevanzen folgend, von ihrem Leben im Heim allgemein berichten. Schon hier klangen meist qualitätsrelevante Aspekte an, die von den Befragten auch teilweise als solche benannt und bewertet wurden („hier ist es cool", „also, es war sehr schön am Anfang").

Darauf folgten auf konkrete Beispiele abzielende erzählgenerierende Fragen: „Was findest du an deinem Heim besonders gut? Was ist dir besonders wichtig? Kannst du mir von einem besonders schönen Tag/Erlebnis im Heim erzählen? Warum war das denn gut, warum hat dir das gut gefallen?“ Die Befragten schilderten hier konkrete Situationen und Interaktionen. Die Frage wurde dann auch negativ formuliert: „Und jetzt nochmal umgekehrt: Was war nicht so gut oder wann ging es dir mal nicht so gut? Fällt dir eine Situation, eine Geschichte oder ein Tag ein, die du nicht so gut fandst? Und warum?“ Die Erzählungen wurden dann in gesprächsartigen Sequenzen weiter exploriert und die subjektiv wahrgenommen Gründe für das gute bzw. nicht so gute Gelingen erfragt. Kinder und Jugendliche, die schon in mehreren Einrichtungen waren, verglichen ihre Erfahrungen und konnten so, bessere von weniger guter Praxis unterscheiden.

Im Nachfrageteil wurden einzelne Aspekte der geschilderten Situationen nochmal bzw. noch nicht angesprochene Aspekte nachgefragt, z. B. die Beziehung zu den Betreuerinnen und Betreuern, die Art und Weise der erlebten Beteiligung, Fragen der Gerechtigkeit, der Peer-Beziehungen, Schule, Ausbildung, Heimbeirat etc. Besonderes Augenmerk wurde auch auf die Situation des Ankommens im Heim gelegt, da die Kinder oft selbst von diesem so prägenden Ereignis berichteten. Ebenso wurden die Kinder gebeten zu erzählen, welche Rolle ihre Eltern für ihr Leben im Heim und für bestimmte Entscheidungen spielen, wie die Hilfeplangespräche verlaufen sind und wie sie sich dort fühlten und warum?

2.5.2.2 Leitfaden für Eltern

Die Interviews mit Eltern fanden ebenfalls in Räumen der Einrichtungen statt. Die Eltern wurden nach ihrem Erfahrungswissen im Umgang mit einer stationären Einrichtung der Kinder- und Jugendhilfe gefragt. Der hier verwendete Leitfaden umfasst die folgenden Teilbereiche:

Eingangsfrage: Für den Einstieg und das bessere Verständnis der Lebenssituation der Befragten, wurde mit einer offenen Frage nach der eigenen Lebenssituation begonnen: „Bitte erzählen Sie mir doch ein wenig über sich selbst. Wie viele Kinder haben Sie und wo leben sie? Seit wann lebt ihr Sohn/ihre Tochter hier in dieser Einrichtung? Wie kam es denn dazu und wie ging es dann weiter? “

Dieser erste Erzählimpuls enthält bewusst mehrere Fragen, so dass die Befragten diejenige auswählen können, die sie beantworten möchten. Sie werden somit eingeladen den ersten Schwerpunkt in dem gemeinsamen Gespräch zu setzen, das zu fokussieren, was ihnen für den Beginn des Interviews am wichtigsten erscheint. Da auch den Eltern das Thema der Studie bekannt war, betten einige Eltern hier bereits Qualitätsaspekte in ihre Antwort ein, die im weiteren Interviewverlauf weiter ausgeführt werden.

Die erzählgenerierenden Fragen beziehen sich auch im Elterninterview auf das subjektive Erleben der Befragten anhand konkreter Beispiele: „Bitte erinnern

Sie sich an die ganze Zeit, die Ihr Kind in dieser bzw. in einer Einrichtung der stationären Jugendhilfe ist. Bitte erzählen Sie mir davon, wie es Ihnen in dieser Zeit ging. Beginnen Sie bei der Aufnahme bis jetzt. Was war gut, was war weniger gut? Wie ging es Ihnen dabei? Wie ging es Ihrem Kind dabei? Warum, wie erklären Sie sich das?"

Die Befragten schilderten hier konkrete Situationen und Interaktionen. Auch Veränderungen, Fortschritte, Verbesserungen oder Verschlechterungen ihrer Lebenssituation oder familiären Situation wurden hier geschildert und nachgefragt.

Im Nachfrageteil wurden bereits angesprochene und auch die bisher nicht angesprochenen Qualitätsthemen vertieft bzw. thematisiert. Zum Beispiel wurden Fragen gestellt, wie „Wie erleben Sie die Zusammenarbeit mit den Eltern?", „Was finden Sie daran gut, weniger gut?", „Bei welchen Entscheidungen werden Sie miteinbezogen?", „Wie sind Sie in das Leben ihres Kindes einbezogen?", „Wie ist Ihr Eindruck wie werden Sie und ihr Kind an der Lebensgestaltung, am Heimalltag beteiligt?".

Die Erzählungen wurden in gesprächsartigen Sequenzen weiter exploriert und die subjektiv wahrgenommen Gründe für das gute bzw. nicht so gute Erleben bestimmter Situationen erfragt. In den Erzählungen der Eltern wurde eine Vielzahl an Qualitätsaspekten und -kriterien genannt und konnte exploriert werden. Insbesondere wenn das Kind bereits in mehreren stationären Einrichtungen war, konnten die Eltern sowohl die Konzepte und Realisierungen der Zusammenarbeit zwischen Einrichtung und Eltern als auch den Alltag der jungen Menschen zwischen den Einrichtungen vergleichen und für sie wichtige Qualitätsaspekte beschreiben.

2.5.2.3 Gruppendiskussionen

Es wurden mit Adressatinnen und Adressaten der Hilfen zur Erziehung drei Gruppendiskussionen durchgeführt. Eine Gruppendiskussion mit Eltern, Elternteilen und einem Großelternteil (zwölf Personen) und zwei Gruppendiskussionen, die zum einen aus Jugendlichen zwischen 16 und 18 Jahren, die in einem überregionalen Heimbeirat vertreten sind (sieben Personen) und zum anderen aus Kindern und Jugendlichen zwischen 9 und 18 Jahren (neun Personen), die in unterschiedlichen Gruppen einer Einrichtung leben. Die Gruppendiskussionen hatten jeweils eine Länge von etwas mehr als zwei Stunden und fanden in den Räumlichkeiten der stationären Einrichtungen der Kinder- und Jugendhilfe statt. Sie wurden von mindestens einer Forscherin des Projektteams eingeführt und moderiert.

Bezogen auf die Fragestellung des Forschungsprojektes hatten die Gruppendiskussionen das Ziel, die „kollektiven Orientierungen" der jungen Menschen und Eltern zu rekonstruieren (z. B. Bohnsack 2008; Bohnsack u. a. 2006). Das heißt, mit dem Erhebungsverfahren der Gruppendiskussionen stehen die Erkenntnisse aus der Interaktion von Gruppen im Vordergrund und die Herausarbeitung der gemeinsam geteilten biographischen Erfahrungshorizonte der Teilnehmerinnen und Teilnehmer. Es wird bei diesem Verfahren davon ausgegangen, dass die Teilnehmerinnen und Teilnehmer gemeinsame Erlebniszusammenhänge teilen und dass diese gerade im diskursiven Austausch sichtbar und damit in der Auswertung auch rekonstruiert werden können. Die methodische Anlage sieht es nicht vor, Einzelmeinungen zu addieren, sondern kollektiv geteilte Gruppenorientierungen herauszuarbeiten. Die jeweiligen Verläufe der Gruppendiskussionen zeigen sehr gut, wie die jungen Menschen und auch die Eltern durch das arrangierte Gruppensetting in einen gemeinsamen Austausch und eine gemeinsame Diskussion um die Qualität in stationären Jugendhilfeeinrichtungen – sowohl einrichtungsintern als auch einrichtungsübergreifend – kommen und das Thema gemeinsam aushandeln. Um dies zu erreichen, war es wichtig, einen offenen Diskussionsanreiz zu setzen. So wurden die Teilnehmenden an der Gruppendiskussion zu einem gegenseitigen Austausch ihrer Erfahrungen, ihrer Bedürfnisse und Wünsche in Bezug auf Qualität angeregt. In den Gruppendiskussionen mit den Kindern und Jugendlichen wurde mit folgendem Erzählstimulus gearbeitet:

> „In unserem kleinen Workshop möchte ich euch bitten, euch vorzustellen, dass wir zusammen einen Ratgeber schreiben, in dem steht, auf was man achten soll, wenn man ein Heim aussucht. Ihr habt die Erfahrung und das Wissen andere Jugendliche und deren Familien, die in einer ähnlichen Situation sind, bei der Auswahl vielleicht beraten zu können".

Die Kinder und Jugendlichen wurden durch diesen Stimulus als Expertinnen und Experten adressiert, ihnen wurde ein Raum gegeben, um einerseits ihre Erfahrungen mitzuteilen und zu diskutieren und andererseits konkrete Vorstellungen und Bedürfnisse, die sie mit guten Heimen in Verbindung bringen, zu artikulieren und in Form eines Ratgebers in Stichworten auch schriftlich zu fixieren. Im Verlauf der Gruppendiskussionen hatten die jungen Menschen somit ein Ziel vor Augen – die Erstellung eines Ratgebers. Nach einer kurzen Vorstellungsrunde, in der die Kinder und Jugendlichen ihren Namen nennen, ihr Alter und die Dauer ihres aktuellen Heimaufenthaltes, diskutieren die jungen Menschen intensiv und anregend auf unterschiedlichen Ebenen und zu sehr unterschiedlichen Themen Merkmale eines guten Heimes, und berichten dabei von individuellen, aber auch gruppen- und einrichtungsinternen Erfahrungen.

Neben thematischen Nachfragen und Verständigungsfragen wurde versucht, eine eher zurückhaltende Diskussionsleitung einzunehmen, um den Teilnehmenden Raum für eigene Relevanzsetzungen zu geben. Leitende Fragen orientierten sich vor allem nach dem „Wie" der Qualität in Heimen und auf die Artikulation von Beispielen zu „guter“ bzw. „schlechter“ Praxis. In der Gruppendiskussion mit den Kindern bzw. Jugendlichen wurden Fragen diskutiert wie: „Stellt euch vor, jemand kommt ins Heim und fragt euch: Worauf soll ich achten? Welche Fragen soll ich stellen?“; „Was ist wichtig, wenn man im Heim aufwächst. Was sollte da auf jeden Fall sein, damit ihr sagt, das ist ein schöner Ort, ein toller Ort, ein richtig gutes Heim zu leben?“; „Wie sollte ein Heim mit dem Thema XY umgehen?“. In der Gruppendiskussion mit den Eltern waren die Diskussionsimpulse an den Erfahrungsbereichen der Eltern bzw. Großeltern ausgerichtet: „Wovon hängt das ab, dass Sie sagen: Das ist eine gute Einrichtung. Da fühle ich mich wohl. Da habe ich ein gutes Gefühl für mein Kind? Worauf achten Sie da?“. Am Ende der Gruppendiskussion wurden jeweils Stichpunkte festgehalten, die die Qualität in stationären Einrichtungen der Kinder- und Jugendhilfe aus der Sicht der Kinder und Jugendlichen bzw. Eltern besonders stark beeinflussen.

Wie in der Gruppendiskussion mit den Jugendlichen aus dem Heimbeirat (41) diskutierten auch die Teilnehmenden der zweiten Gruppendiskussion (42) ihre individuellen Erfahrungen einrichtungsübergreifend. In der zweiten Gruppendiskussion verhandelten die Jugendlichen das Thema „Gute Heime“ aber zusätzlich vor ihrem gemeinsamen Erfahrungshintergrund in der Einrichtung, in der sie alle lebten, wenn auch in unterschiedlichen Gruppen. Dabei war interessant, dass die Kinder und Jugendlichen ihre jeweiligen gruppeninternen Erfahrungen einbrachten, diese zum Teil auch sehr unterschiedlich und vor allem auch nicht immer allen Anwesenden transparent waren. Dies führte auch auf Seiten der Teilnehmenden zu interessanten Erkenntnissen über die Einrichtung, in der sie lebten und vor der sie dachten, sie zu kennen.

Die Gruppendiskussionen verliefen sehr lebhaft, anregend und zum Teil auch sehr kontrovers. Die teilnehmenden Kinder, Jugendlichen und Eltern hatten klare Vorstellungen von der Art und Weise, wie ein Heim „aussehen“ soll, um von einem „guten Heim“ sprechen zu können. Dabei zeigte sich, dass die Vorstellungen von einer guten Einrichtung keineswegs übereinstimmen, sondern sich in vielen Punkten unterscheiden, in Teilen sogar widersprechen. In der diskursiven Aushandlung des Themas „Qualität in stationären Einrichtungen der Kinder- und Jugendhilfe“ dokumentiert sich ein enger Zusammenhang zwischen Qualitätskriterien und biographischen Erfahrungen.

2.6 Auswertung der Interviews

Im Zuge der Reflektion des eigenen Alltags- und fachlichen Vorwissens stellten die Forscherinnen eigene gewohnte Deutungen bei der Interviewanalyse infrage, um entsprechend dem interpretativen Paradigma mit größtmöglicher Offenheit an die Analysearbeit zu gehen. Die Auswertung der Interviews und der

Gruppendiskussionen erfolgte in einem mehrstufigen und zirkulären Prozess, der an das von Strauss und Corbin (1996) beschriebene Vorgehen (offenes, axiales und selektives Codieren) angelehnt ist.

Konkret bedeutet dies, dass zunächst alle Interviews und Gruppendiskussionen gelesen und thematisch vorsortiert wurden. Parallel hierzu wurden Memos verfasst, in denen erste Interpretationsmöglichkeiten, Ideen, Vergleichs- und Kontrastierungsvorschläge, Themensammlungen und Vorstrukturierungen festgehalten wurden. Im Zuge des ersten Analysedurchlaufs wurden Vorinterpretationen verschriftlich und erste Codes vergeben. Um die Arbeit im Team zu erleichtern und den Überblick über das umfangreiche empirische Material zu erhalten, wurde dabei auf die Software MAXQDA zurückgegriffen, die nicht nur zum Codieren genutzt werden kann, sondern auch um Memos zu verwalten und z. B. Analyseschemata und Verschriftlichungen zu archivieren. Das Forscherinnenteam teilte sich zum Zwecke der Auswertung auf, so dass die verschiedenen Perspektiven nicht von derselben Wissenschaftlerin ausgewertet wurden. Auf diese Weise entstanden verschiedene, voneinander unabhängige Codes und Codebäume. In vielen informellen Reflektionsgesprächen innerhalb des Teams sowie in drei internen Workshops mit Kolleginnen und Kollegen der Fachgruppe[15], die Expertinnen und Experten in verwandten Themenfeldern der Kinder- und Jugendhilfe mit qualitativer Forschungserfahrung sind, wurden zur Qualitätssicherung die Codes und Kategorien zur Diskussion gestellt, reflektiert, aufeinander bezogen, verändert und weiterentwickelt. Aufgrund der Fülle an Codes und deren Vernetzungen erwies sich insbesondere die zweite Beiratssitzung am 2. und 3. Juli 2018 als überaus hilfreich, um bestimmte Passagen gemeinsam zu interpretieren und Kategorien zu benennen.

Mithilfe des Codierparadigmas wurden während des gesamten Auswertungsprozesses Fragen an den Text gestellt, die die ursächlichen Bedingungen, Interaktionen, Kontexte, Strategien und Konsequenzen von Handlungen systematisch erfassen helfen (Strauss/Hildenbrand 1994, S. 57).

Zudem wurden Einzelfallanalysen im Sinne einer Einzeltypisierung durchgeführt, d. h. die zentralen im Interview genannten Qualitätsaspekte wurden kategorisiert und mittels Unterkategorien differenziert. Es entstanden sowohl verschriftliche Einzelfalltypisierungen als auch sog. „Qualitätsprofile“, die eine Reduzierungen der Typisierungen in schematischen Darstellungen darstellen. Insbesondere in den Qualitätsprofilen konnten relevante Kategorien benannt, mit Subkategorien und In-vivo-Codes (Codes, die mittels eines besonders treffenden Wortes oder Satzes aus den Interviews benannt werden, z. B. „eine richtige Familie“) verdeutlicht und ihre Beziehungen untereinander „auf einen Blick“ visualisiert werden. Dieses Vorgehen erwies sich als hilfreich, da es die

15 Fachgruppe J2 am DJI: Strukturen der Kinder- und Jugendhilfe in der Abteilung Jugend des Deutschen Jugendinstituts

Gegenüberstellung der Fülle an Qualitätsprofilen und Qualitätsaspekten ermöglichte.

Das konkrete Vorgehen wird anhand des folgenden Beispiels verdeutlicht. Es handelt sich dabei um die Auswertung eines Interviews mit einer Qualitätsbeauftragten/ einem Qualitätsbeauftragten. Zuerst wird die zu diesem Interview angefertigt Einzeltypisierung dargestellt und anschließend das Qualitätsprofil, dass aus dem Interview erarbeitet wurde. Allen Falltypisierungen wurde ein Zitat vorangestellt, das den Kern der jeweiligen Qualitätsvorstellung widerspiegelt.

Beispiel: Qualitätsprofil – Familialität und stete Entwicklung

> „Wir wollen nicht zu viel Institutionalisierung (...), es ist wirklich ein Zuhause. Der Alltag ist wie in einer normalen Familie."
>
> **Qualitätsbeauftragte 9, 120–128**

Qualitätsbeauftragte 9 arbeitet in einem Kinderdorf mit 14 Kinderdorffamilienhäusern. Außerdem bietet die Einrichtung eine Kindertagesstätte, ein Familienzentrum und mehrere Verselbständigungsgruppen außerhalb des Geländes des Kinderdorfs an.

Die interviewte Person ist seit sechs Jahren für den Träger tätig und seit einem Jahr in diesem Kinderdorf. Zu ihren Aufgaben gehört es, Hilfen zu koordinieren, die Familiengruppen sowie auch Kinder und Jugendliche zu beraten. Besonderen Wert legt sie auf ihre Aufgabe, den Träger weiterzuentwickeln. Dazu initiiert sie interne Projekte und optimiert Verfahrensabläufe. Außerdem arbeitet die Einrichtung nach ihrer Einschätzung mit einem „sehr gut strukturierten" Qualitätshandbuch. Sie koordiniert eine Steuerungsgruppe, die sich mit der Evaluation, Prüfung und Weiterentwicklung des Qualitätshandbuchs beschäftigt. Aus dieser Arbeit ergeben sich neue Projektgruppen und es ist der Befragten ein großes Anliegen, dass möglichst alle Mitarbeiterinnen und Mitarbeiter an diesem Prozess teilnehmen und in Projektgruppen engagiert sind. Im Qualitätshandbuch sind neben dem Leitbild der Einrichtung alle Verfahrensabläufe beschrieben, von der „Krankmeldung bis zur Fortbildung". Außerdem gibt es dort Leitfäden, Hinweise zur Berichtserstellung und bestimmte Zuständigkeiten Als den wichtigsten Teil bezeichnet sie alle die Pädagogik betreffenden Kapitel. Hier geht sie mit den Mitarbeitenden immer wieder in Reflektionsprozesse, damit pädagogische Themen wie „Beteiligung, (...) Verselbständigung" auch „mit Leben gefüllt werden". In verschiedenen Steuerungsgruppen und Projektgruppen werden Themen mit allen Mitarbeitenden aus allen Hierarchiestufen bewegt. Ergebnisse dieser Gruppen werden in Dienstbesprechungen an alle weitergegeben und weiter zur Diskussion gestellt. Die Mitarbeitenden werden dazu aufgefordert, sich selbst Fragen zu stellen und ihre eigene Arbeit mit konzeptionellen Ideen und Theorien abzugleichen.

Die stete Weiterentwicklung innerhalb der Einrichtung und das gegenseitige Anstoßen dazu, eigenes Verhalten zu hinterfragen, wird als ein zentraler

Qualitätsaspekt der Einrichtung gesehen. Auch die Kinder sollen in diese Entwicklungen und Reflektionen einbezogen werden, dabei soll aber Familienähnlichkeit beibehalten werden, was als ein Balanceakt wahrgenommen wird. Die kaum zu überbrückende Widersprüchlichkeit zwischen Familialität und Institution zieht sich als Grundthema durch das gesamte Interview. Die Kinder und Jugendlichen sollen einerseits über Themen wie Beteiligung, Kinderrechte oder „Umgang mit grenzüberschreitendem Verhalten" informiert werden und man möchte diese Themen gemeinsam reflektieren – gleichzeitig soll dies nicht institutionell vorgegeben, sondern familiär und individuell wirken. Man möchte möglichst wenig Kinderheim-typische Plakate und Merktafeln aufhängen und Flyer auslegen, sondern eher in Projektnachmittagen mit den Kindern zu Themen beteiligungsorientiert arbeiten, um den Alltag der jungen Menschen nicht mit Themen zu überfrachten, die für Heime typisch sind und den familiären Charakter zu überschatten drohen.

Reflektionsprozesse sollen familien[16]-, einrichtungs- und trägerintern geführt werden, um bestimmte Themen trägerweit zu bewegen und im besten Fall zu einem einheitlichen Verständnis zu kommen. Sie dienen auch dazu, sich immer wieder in Bezug zu Familie als Orientierungsbild, als Ausdruck wünschenswerter Normalität zu setzen, da es das Hauptziel der Einrichtung ist, keine Institution zu sein. Die Kinder, Jugendlichen und die betreuenden Fachkräfte sollen sich „wirklich" Zuhause fühlen. Jede Familienwohngruppe ist ganz individuell und wird gemeinsam von den Mitgliedern der Familienwohngruppe gestaltet. Die Familiengruppen gestalten nicht nur ihre Räume, sondern auch ihre Alltagsroutinen und Regeln individuell. Die Beziehungen untereinander sind nicht starr, sondern fluide und flexibel.

Ob die „Hauseltern", meist ein verheiratetes Paar, von den Kindern als Mutter und Vater bezeichnet werden oder nicht, wird individuell ausgehandelt und kann von Kind zu Kind variieren. Diese Individualität und Eigensinnigkeit der Familienwohngruppen wird als Zeichen von Qualität gesehen, da Familien an sich nicht gleich sind. Es wird auch darauf Wert gelegt, dass die Kinder und Jugendlichen nicht nur in „diesem engen System der Kinderdorffamilie" großwerden, sondern auch viele Kontakte nach außen pflegen, z. B. Freunde haben oder Sportvereine besuchen und falls erforderlich therapeutische Angebote und Fördermaßnahmen außerhalb des Kinderdorfs wahrnehmen.

Als zentrale Qualitätskriterien nennt die Befragte die stete Weiterentwicklung innerhalb der Einrichtung, die Orientierung an einer normalen Familie mit all ihrer Individualität und Eigensinnigkeit und den dort vorhandenen engen Bindungen. Die Einrichtung soll sich wie ein Zuhause anfühlen, nicht wie eine Institution mit Regeln und streng strukturierten Abläufen. Kinder und Jugendliche sollen sich der Familienwohngruppe zugehörig fühlen. Es soll aber auch

16 Damit ist die Kinderdorffamilie gemeint

Zugehörigkeit zur Einrichtung insgesamt gefördert werden. Dies erfolgt durch gruppenübergreifende Beteiligung, z. B. an bestimmten Arbeitsgruppen.

Abb. 2: Beispiel eines Qualitätsprofils (Qualitätsbeauftragte 9)

Qualitätsfaktoren

- Familialität
- Entwicklung

Familialität

„Leben wie in Familie"

- *Kein* Regelposter im Wohnzimmer
- *Keine* Therapeuten vor Ort
- Übernachtungsbesuche, Vereinsmitgliedschaften
- Innewohnende hat *keinen* eigenen Bereich, lebt dort wirklich, „fühlt sich wohl"
- Identifikation mit Einrichtung
- *Alle* schaffen das Klima/Atmosphäre
- *Wertschätzung,* Sehen der jeweiligen Kompetenzen, Gleichwertigkeit aller
- *Individualität:* Ausgestaltung der „Mutterrolle, Hausleitung, Vorname"
- Individuelle Ausstattung

Entwicklung

„Qualität ist nie fertig"

- „Bewegung"
- Eigene Position reflektieren
- Prozesse initiieren
- „Haltung entwickeln"
- Beteiligung aller Mitarbeiter
- Beteiligung der jungen Menschen
- Qualitätshandbuch „mit Leben füllen"

Die so entstandenen Qualitätsprofile werden in einem nächsten Schritt miteinander verglichen und kontrastiert. Auf diese Weise verdichten sich die gefundenen Kategorien und lassen sich in ihren Details und Ambivalenzen beschreiben. Schlussendlich wird eine Typisierung der Deutungsmuster vorgenommen (Kelle/Kluge 2010, S. 83 ff). Verschiedene Deutungen von Qualität bzw. Qualitätsaspekten werden auf dieser Basis vergleichend beschrieben.

Dieses Vorgehen wird für jede der drei Perspektiven durchgeführt. In einem letzten Schritt werden die Ergebnisse pro Perspektive miteinander verglichen. Auf diese Weise können Kongruenzen, Ergänzungen und Widersprüche zwischen den Perspektiven gezeigt werden, so dass ein übergreifender Blick auf Qualität geworfen werden kann.

2.7 Zusammenfassung

Ziel des Projekts „Gute Heime" ist die Sichtbarmachung der spezifischen Qualitäten stationärer Einrichtungen in ihrer Vielfalt und Unterschiedlichkeit. Dazu werden neben der Literaturrecherche, die den Fachdiskurs bzw. die den

Blick von Forschung, Wissenschaft und Öffentlichkeit abbildet, drei relevante Akteursperspektiven auf Qualität in den Mittelpunkt der Rekonstruktion der impliziten und expliziten Einflussebenen auf Qualität gerückt. Diese Perspektiven sind in sich selbst wiederum inhomogen, was aufgrund der großen Diversität von stationären Angeboten und ihrer Zielgruppen nicht anders zu erwarten ist. Der konzeptionelle Zugang basiert auf der Annahme, dass Wirklichkeit in Interaktionsprozessen konstruiert wird und durch Sinnverstehen sichtbar werden kann. Handlungen und Entscheidungen im Alltag stationärer Jugendhilfeeinrichtungen basieren auf den individuellen Vorstellungen von Qualität und guter Praxis. Die Erhebung erfolgt durch nicht-standardisierte Leitfadeninterviews und gewährleistet so eine dem Gegenstand angemessene größtmögliche Offenheit. Bei der Stichprobenauswahl wurde auf eine möglichst große Kontrastierung und auf Perspektivenvielfalt geachtet (Theoretical sampling: Strauss/Hildenbrand 1994, 70 ff). Die Interviews werden mittels interpretativer Verfahren ausgewertet (vgl. ebd.).

Die Studie verfolgt sowohl bei der Interviewführung, der Gestaltung der Gruppendiskussionen als auch bei der Auswertung der Daten einen konsequent qualitativen Forschungsansatz. Den Befragten wird viel Raum gegeben, sich dem Thema entlang ihrer eigenen Relevanzsysteme zu nähern. Konkrete Beispiele aus der Praxis ermöglichen die jeweiligen Deutungen von Qualität auf der Handlungsebene zu konkretisieren. Die Auswertung erfolgt gemäß der Grounded Theory-Methodologie, wobei dem Aspekt der Kontrastierung möglichst unterschiedlicher Sichtweisen besondere Bedeutung zukommt. Es werden drei Perspektiven auf Qualität (von innen, von außen und von den Adressaten/-innen) detailliert analysiert und miteinander verglichen. Ein wesentliches Ziel dabei ist es, zu rekonstruieren und durch Einbezug von Theorien und Forschungsbefunden zu plausibilisieren, entlang welcher Dimensionen die Qualität stationärer Angebote beschrieben und erkannt werden kann.

3 Qualität aus Sicht der Kinder und Jugendlichen (Adressatinnen- und Adressatenperspektive)

3.1 Der Lebens- und Alltagsort Heim – Einleitung

Die Interviews und Gruppendiskussionen mit den Kindern und Jugendlichen zeigen, dass die Bewohnerinnen und Bewohner der Einrichtungen genaue Vorstellungen davon haben, wie sie gerne leben möchten. Sie sind Expertinnen und Experten für ihre Lebenssituation und das Leben und Wohnen in stationären Einrichtungen der Kinder- und Jugendhilfe. Sowohl in den Einzelinterviews als auch in den Gruppendiskussionen benennen sie selbstbewusst und pointiert vielfältige Punkte, wie ein „gutes Heim" aussehen sollte, über welche Ausstattung (räumlich, medial, personell) es verfügen sollte, wie die Beziehung zu den Betreuenden und der Einrichtungsleitung, aber auch der Kontakt mit dem Jugendamt im Idealfall auszusehen hat.

Dabei handelt es sich keinesfalls um utopische oder nicht-realisierbare Vorstellungen der Kinder und Jugendlichen, vielmehr beziehen sie ihre Aussagen auf ihr konkretes Alltagsleben im Heim und orientieren sich an ihren zentralen Bedürfnissen im alltäglichen Miteinander. Das Wohnen an sich ist dabei ein konstitutives Element des sozialpädagogischen Heimsettings und der Wohnraum bzw. Lebensort stellt einen Raum dar, innerhalb dessen situative und kulturelle Aspekte der Handlungsebene zusammentreffen (Keitsch/Pooch 2017).

Die jungen Menschen greifen in den Gesprächen auf ihre je individuellen Erfahrungshorizonte zurück und führen Beispiele aus ihrem Heimalltag an. Insgesamt konstruieren die jungen Menschen ein positives Bild von der Einrichtung, in der sie leben. Am Lebensort Heim fühlen sie sich größtenteils wohl. Anhand vielfältiger Beispiele aus ihrem Alltag zeigen sie, warum das so ist, was dazu führt, dass sie sich wohlfühlen, aber auch wodurch ein „Wohlfühlen" und ein Gefühl des „Zugehörig-Seins" verhindert wird. Die Gespräche beinhalten somit auch deutliche Kritikpunkte und konstruktive Vorschläge zur Verbesserung und Weiterentwicklung des sozialen Arrangements in stationären Einrichtungen der Kinder- und Jugendhilfe.

Die befragten Kinder und Jugendlichen leben in sehr unterschiedlichen Heimen, was die Größe, die lokale Verortung und die spezifische Ausrichtung der Einrichtungen anbelangt. Zudem ist die Gruppe der Kinder und Jugendlichen selbst heterogen. Es wurden Mädchen/junge Frauen und Jungen/junge

Männer im Alter von 9 bis18 Jahren interviewt[17], die unterschiedlich lang in den jeweiligen Heimen leben bzw. auch zuvor bereits in anderen Einrichtungen gelebt haben. Zudem kommen die Kinder und Jugendlichen aus sehr unterschiedlichen familiären Kontexten bzw. leben seit ihrer frühen Kindheit in stationären Einrichtungen. So nehmen die Kinder und Jugendlichen zum einen eine sehr subjektive Sicht auf IHR Leben im Heim und zwar vor ihrem je individuellen Erfahrungshorizont ein. Zum anderen beziehen sie sich in den Gruppendiskussionen aufeinander und auf ihre geteilten Erfahrungen am Lebensort Heim.

In den Einzelinterviews ging es zentral um die Frage, was für die Kinder und Jugendlichen ein gutes Heim ausmacht. Um dies herauszufinden, wurden folgende Erzählstimuli verwendet:

> „Erzähl doch mal, was für dich hier besonders wichtig ist", „was findest du besonders gut hier" „Kannst du dich erinnern, was so ein ganz besonderer Tag für dich hier war", „oder was war denn mal nicht so toll", „was würdest du dir noch gerne wünschen", „was würdest du gerne verändern", „was macht für dich ein gutes Heim aus", …

In den Gruppendiskussionen wurde mit folgendem Erzählstimulus gearbeitet, um die Kinder und Jugendlichen zu einem gegenseitigen Austausch ihrer Erfahrungen und ihrer Bedürfnisse/Wünsche anzuregen:

> „In unserem kleinen Workshop möchte ich euch bitten, euch vorzustellen, dass wir zusammen einen Ratgeber/eine Broschüre/ein Plakat schreiben/entwerfen, in dem steht, auf was man achten soll, wenn man ein Kinderheim aussucht. Ihr habt die Erfahrung und das Wissen andere Jugendliche und deren Familien, die in einer ähnlichen Situation sind, bei der Auswahl vielleicht beraten zu können", …

Im Folgenden werden nunmehr die Aussagen der Kinder und Jugendlichen analysiert und in Form eines peer-to-peer-Ratgebers wiedergegeben. Was würden Kinder und Jugendliche anderen Kindern und Jugendlichen raten, erzählen, beschreiben, aufzeigen, wenn es darum geht, ein „Gutes Heim" als einen neuen Lebensort zu finden. Worauf sollte man bei einer stationären Einrichtung achten, wenn man vor einem geplanten Heimaufenthalt steht. Kinder und Jugendliche geben Antworten auf die Frage, was ein „gutes Heim" kennzeichnet, was wichtige Merkmale eines „guten Heims" sind, was für sie zentrale Punkte sind, um sich in einem Heim, an dem Ort, an dem man für eine begrenzte Zeit lebt, wohlzufühlen.

---

17 Aus Gründen der besseren Lesbarkeit sind in der Formulierung „interviewt" auch die Beteiligung an Gruppendiskussionen eingeschlossen, obwohl dies selbstverständlich zwei methodisch sehr unterschiedliche Herangehensweisen sind (vgl. Methodenkapitel).

Die Kinder und Jugendlichen benennen Punkte auf sehr unterschiedlichen Ebenen, bzw. sprechen verschiedene Themen an oder diskutieren diese. So geht es um einrichtungsbezogene Aspekte, wie die Mediatisierung des Heimalltags und den Zugang zu digitalen Medien und den für deren Nutzung notwendigen Geräten, um die architektonische Qualität der Einrichtung in Bezug auf die Helligkeit von Räumen und die Verfügbarkeit über ein eigenes Zimmer. Es geht weiterhin um soziale Qualitäten, wie die Erfahrung, als Person wahrgenommen zu werden, die Berücksichtigung der jeweiligen Lebenssituation der jungen Menschen und der Wunsch nach Entwicklungs- und Entfaltungsmöglichkeiten. Hierbei spielt die Beziehungsarbeit zwischen Betreuerinnen/Betreuern und jungen Menschen eine wichtige Rolle für die Beurteilung von Qualität. Dem Thema „erlebte Gerechtigkeit" messen die Kinder und Jugendlichen ebenfalls einen hohen Stellenwert zu; sie sprechen dabei insbesondere die Themen „erlebte Willkür" oder auch „Sinnlosigkeit von Regeln" an.

In ihrer Qualitätsbeurteilung, anhand der verschiedenen thematischen Aspekte, kann dabei insgesamt ein Verflechtungszusammenhang rekonstruiert werden, der im Folgenden als „Frei-Sein/Ich-Sein und Da-Sein[18]" bezeichnet wird. Der Lebensort Heim ist dann von einer guten Qualität, wenn die jungen Menschen dieses Zusammenspiel der Dimensionen „Frei-Sein" und „Da-Sein" gut ausbalancieren können. Das heißt, wenn ihnen einerseits Selbstverwirklichungs- und freie Entfaltungsräume zur Verfügung gestellt werden, in denen sie selbstständig, selbstbestimmt und autonom handeln können. Und wenn sie andererseits eine soziale Zugehörigkeit zum Lebensort Heim, zu den Räumlichkeiten, zu den Fachkräften und zu ihren Mitbewohnerinnen und Mitbewohnern entwickeln können.

Das „Da-Sein" ist aus der Perspektive der Kinder und Jugendlichen rekonstruiert als ein „Da-Sein" am Ort Heim, ein „Vorort-Sein" in Verbindung mit einem Zugehörigkeitsgefühl zu diesem Ort des Aufwachsens. Damit geht einher, dass sie am Lebensort Heim soziale Unterstützung in unterschiedlichen Lebens- und Alltagssituationen erfahren, ihnen Halt, Geborgenheit und Schutz angeboten wird und sie zugleich Möglichkeiten der Subjektbildung haben, d. h. freie individuelle Entscheidungen treffen können, eigene Räume besetzen können und Zeiten zur freien Gestaltung zur Verfügung haben. „Sich kennenlernen, sich mit sich selbst arrangieren, ja vielleicht versöhnen, ist unmöglich, wenn dem Heranwachsenden kein individuelles Lebensfeld, kein eigener Raum, kaum Besitz, keine eigene Zeit, keine Einsamkeit zugemutet wird" (Thiersch 1973, S. 362).

Die Verflechtung eines Frei-Seins und Da-Seins ist charakteristisch für das Jugendalter. Der 15. Kinder- und Jugendbericht arbeitet, neben Qualifikation

---

18 Anne Frommann spricht in der Sammlung „Ausgewählte Aufsätze zur Heimerziehung von 1960–1986", veröffentlicht von der IGFH, von einem „Da-Sein in Stellvertretung" als Hauptaufgabe der Heimerziehung und der dort tätigen pädagogischen Fachkräfte (vgl. IGFH 1987).

und Verselbständigung, die (Selbst-)Positionierung als Kernherausforderung des Jugendalters heraus (BMFSFJ 2017). Damit verknüpft ist die Erwartung, „dass junge Menschen eine Integritätsbalance zwischen subjektiver Freiheit und sozialer Zugehörigkeit ausbilden sollen" (ebd., S. 96). Sich „die Welt" anzueignen und sich darin zu positionieren, gilt seit Langem als eine alterstypische Aufgabe des Jugendalters. Wenn es also darum geht, jungen Menschen Jugend zu ermöglichen, so die Formel, die der 15. Kinder- und Jugendbericht entwickelt hat, dann geht es auch darum, jungen Menschen Gelegenheiten bereitzustellen, dieses Zusammenspiel und das damit verbundene Spannungsfeld von Selbstbestimmung und Zugehörigkeit, welches sie selbst einfordern, ausbalancieren zu können.

„Gut für Kinder sind Menschen und Häuser, die sie freundlich aufnehmen, die ihnen etwas anbieten, sie informieren über die Welt und ihnen zur Selbstständigkeit helfen" (Frommann 1987, S. 135). Böhnisch beschreibt dieses Spannungsmoment im Kontext der Jugendarbeit auch als jugendpädagogische Orientierungen zwischen Offenheit und Halt. Bei dem Verflechtungszusammenhang aus Da-Sein und Frei-Sein handelt es sich somit um Gleichzeitigkeiten, die in den unterschiedlichen Lebens- und Alltagssituationen von den jungen Menschen mitgestaltet und ausgehandelt werden.

Im Folgenden werden anhand der Interview- und Gruppendiskussionsbeiträge diese Aspekte ausgearbeitet und die Ratschläge, Vorstellungen, Forderungen der Kinder und Jugendlichen in den Mittelpunkt gestellt.

3.2 Ein gutes Heim hat WLAN: Ermöglichung digitaler Teilhabe = lebensweltorientiert = Qualität

Der Ausstattung und Ausgestaltung ihrer Wohnsituation messen die Kinder und Jugendlichen eine hohe Wichtigkeit als Qualitätskriterium bei Zur Ausgestaltung und Ausstattung zählen für sie neben der räumlichen Ausstattung (Ästhetik des räumlichen Umfeldes, eigenes Zimmer, Gemeinschaftsräume), die für eine Atmosphäre des „Wohlfühlens", des „Sich-Zuhause-Fühlens" von großer Bedeutung ist, auch die digital-vernetzte Infrastruktur der jeweiligen Einrichtung.

Dieses Themenfeld wird von Kindern und Jugendlichen gleich welchen Alters in den Einzelinterviews und Gruppendiskussionen prominent gesetzt. Dies verwundert nicht, so ist doch das Leben von allen Kindern und Jugendlichen digital vernetzt, d.h. „Alltagsleben, Ausdrucksformen und Handlungsräume Jugendlicher sind heute von digitalen Medien und Technologien durchdrungen" (BMFSFJ 2017, S. 296). Junge Menschen gehen mit Hilfe digitaler Medien ihren Interessen nach, pflegen Peer-Kontakte und positionieren sich politisch, kulturell und religiös (ebd.). Laut der 2018er JIM-Studie verbringen Jugendliche die meiste Zeit bei der Verwendung von digitalen Medien mit dem Kommunizieren (35 %, z.B. mit Freunden), dem Konsumieren von Musik, Videos und Bildern (31 %), dem Spielen (24 %) und zu einem geringen Teil auch mit der Suche nach Informationen (10 %; MPFS 2018). Medienhandeln ist alltäglich. 91 Prozent der Zwölf- bis 19-jährigen sind täglich im Netz unterwegs. Dabei wird am häufigsten mit dem Smartphone online gegangen. 97 Prozent der jungen Menschen verfügen über ein Smartphone, so dass die JIM-Studie an dieser Stelle von einer Vollversorgung spricht (ebd.).

Als „digitale Grenzbearbeiter und Grenzbearbeiterinnen" nutzen sie die digital-vernetzte Infrastruktur zur Selbstpositionierung und Verselbständigung (BMFSFJ 2017, S. 276). Angela Tillmann hält dabei in ihren Ausführungen fest, dass das Internet einen zentralen Ort der Identitätsarbeit junger Menschen darstellt. Insbesondere im Austausch mit ihren Peers, bietet das Internet vielfältige Möglichkeiten, sich selbst darzustellen und sich dabei als selbstwirksam und handlungsmächtig zu erleben (Tillmann 2018).

Medienhandeln ist also nicht nur alltäglicher Bestandteil der Lebenswelt junger Menschen, sondern auch in vielfältiger Weise identitätsstiftend und sollte – so auch die Forderung der interviewten jungen Menschen – im Heimalltag unterstützt und nicht durch unangemessene Regeln eingeschränkt oder gar verhindert werden. Gesellschaftliche Teilhabe ist eng mit digitaler Teilhabe verbunden. Junge Menschen, die nicht oder nur eingeschränkt an der digital-vernetzten Welt teilhaben können, sind benachteiligt und riskieren exkludiert zu werden. Haben sie keinen Zugang oder ist dieser durch erzieherische Reglementierungen, wie z. B. Handyverbot, eingeschränkt, kann den jungen Menschen auch die Möglichkeit des Medienkompetenzerwerbs verwehrt werden (Tillmann 2018, S. 136).

Orientierungspunkte für die Beurteilung der Qualität aus der Perspektive der interviewten jungen Menschen sind dabei Fragen wie: Ist ein Zugang zum Internet gegeben? Kann ich auf ein freies WLAN-Netz der Einrichtung zugreifen? Gibt es die Möglichkeit, einen PC in der Gruppe zu nutzen? Wenn ja, wie (un-) eingeschränkt ist der Zugang möglich? In welcher Weise kann ich frei über mein Handy verfügen? Welche Internet- bzw. Handyregeln sind für mich bindend?

In den Aussagen der interviewten jungen Menschen zeigt sich, dass das bisherige (im Sinne vorheriger Jugendgenerationen) Hauptmedium der Zwölf- bis 19-jährigen, nämlich das Fernsehen, mittlerweile vom Internet abgelöst wurde (z. B. BMFSFJ 2017, S. 274). Der alltägliche Gebrauch digitaler und insbesondere mobiler digitaler Medien stellt heute eine Selbstverständlichkeit für Kinder und Jugendliche dar. Demzufolge fordern auch junge Menschen in stationären Einrichtungen einen Zugang zu dieser digital-vernetzten Infrastruktur ein.[19]

---

19 Aktuelle Studien verweisen auf eine eher geringe technische Ausstattung in stationären Heimen. „In vielen Wohngruppen teilen sich Mitarbeitende, Kinder und Jugendliche ein (Festnetz-)Telefon; ein WLAN-Zugang ist in den Einrichtungen häufig nicht vorhanden, der einzige vernetzte Computer steht mitunter im Büro der Fachkraft" (Tillmann 2018: 137).

Im Bund-Länder-Eckpunktpapier der Jugend- und Familienministerkonferenz betonen die Verantwortlichen der Länder und des Bundes das Recht „aller Kinder und Jugendlichen auf ein gutes Aufwachsen mit Medien" (AFET 2017, S. 11). Dabei ist es für die Kinder und Jugendlichen nicht nur wichtig, auf die Bedeutung und Notwendigkeit einer digitalen Grundausstattung der Heime für die Lebenswelten der Kinder und Jugendlichen aufmerksam zu machen, sondern zugleich auch einen reflexiven Umgang mit (digitalen) Medien anzustreben. Sie sind sich durchaus bewusst, dass virtuelle Welten, digitale Räume nicht frei von Gefahren und Risiken sind und benennen explizit Vorschläge zur Nutzung (digitaler) Medien in stationären Einrichtungen der Kinder- und Jugendhilfe.

Im Folgenden werden die Argumentationslinien der Kinder und Jugendlichen in Bezug auf eine ideale Ausgestaltung ihrer digitalen Teilhabechancen entlang der Themen Verfügbarkeit eines WLAN (Kap. 3.2.1), die Bedeutung sozialer Netzwerke (Kap. 3.2.2., 3.2.3), die Risiken der digitalen Welt und den Umgang damit (Kap. 3.2.5) sowie die stark kritisierte Verwendung von digitalen Medien als Machtmittel (Kap. 3.2.5) rekonstruiert und ihr Bezug zum Thema Qualität stationärer Einrichtungen eingeordnet.

3.2.1 „Also heutzutage ist eigentlich WLAN wichtig" – Bedingungen für eine digitale Teilhabe

Auf die Frage, worauf in einem Heim geachtet werden sollte, damit es ein guter Ort zum Leben ist, stellt einer der Jugendlichen gleich zu Beginn der Gruppendiskussion den hohen Stellenwert des WLANs heraus.

> „WLAN. Find ich schon. Also heutzutage ist eigentlich WLAN wichtig. Für die Älteren zumindest. //Mehrere: Ja. Ja. // So ab 14, weil jeder ab 14 hat schon ein Handy. Und wenn man da halt alles über sein Datenvolumen machen muss, das ist auch echt nicht so toll."
>
> **Jugendlicher 42 (GD), 131–135**

Die Antwort erfolgt unmittelbar mit einem einzigen Wort, ohne nähere Erklärung, ohne Zusatz und wird dadurch in seiner Bedeutung verstärkt. Im Weiteren verweist der Jugendliche zunächst darauf, dass es sich hier um seinen Standpunkt handelt („find ich schon") und nimmt sodann zwei Verallgemeinerungen vor. Zum einen wird die Wichtigkeit des WLAN-Zugangs von ihm im Weiteren auf ein größeres Ganzes bezogen, möglicherweise auf die Gesellschaft insgesamt, zumindest aber auf junge Menschen insgesamt. Hiermit nimmt er also auch eine Perspektive ein, die über die Einrichtung hinausgeht. Zum anderen bezieht er die Relevanz des WLANs auf einen gegenwärtigen Zeithorizont („heutzutage").

Somit erhält die Bedeutung des WLANs einen aktuellen Bezug im Vergleich zu einer früheren Zeit.

Es lässt sich als Affirmation der Aussage, dass WLAN wichtig sei, lesen, insbesondere gegenüber Erwachsenen, die vielleicht noch in der vordigitalen Zeit feststecken. Er orientiert sich hier an der Tatsache, dass die Welt eine Digitale ist, in der gerade junge Menschen als ‚digital natives', und somit als medienkompetent und medienaffin konstruiert werden (BMFSFJ 2017). Damit hebt er zugleich den allgemeingültigen Charakter seiner Aussage hervor. Die von ihm vorgenommene Bedeutungszuschreibung gilt für alle ‚digital natives' und lässt sich nicht als unangemessene Forderung von Heimkindern abtun.

Der Jugendliche weist die Wichtigkeit des WLAN-Zugangs zudem einer bestimmten Altersgruppe zu. Es gibt „die Älteren", für die „zumindest" WLAN wichtig ist. Welche konkrete Altersgruppe sich hinter der Kategorie „Ältere" verbirgt, konkretisiert der Jugendliche in einer Anschlussäußerung. So unterscheidet er zunächst in Jüngere und Ältere und legt dann die Altersgrenze von 14 Jahren fest, an der er die verstärkte Bedeutungszuschreibung für einen WLAN-Zugang festmacht. Mit 14 Jahren, so seine weitere Begründungsfolie, besitzt „jeder" ein Handy und braucht damit – auch wenn dies nicht explizit ausgesprochen wird – Zugang zum Internet. Verfügt die Einrichtung nicht über WLAN bzw. haben die Bewohnerinnen und Bewohner keinen Zugang zu diesem Netz, müssen die Kinder und Jugendlichen, wenn sie das Internet aufrufen möchten, selbst für die Kosten aufkommen. Sie müssen ihr begrenztes „Datenvolumen" nutzen und werden somit schnell aus finanziellen Gründen von einer altersspezifischen Teilhabe an sozialen Netzen ausgeschlossen.

Diese Praktik betrachtet der Jugendliche kritisch, sie dient ihm als Begründung dafür, warum ein WLAN-Zugang gerade für Ältere (er gehört aufgrund seines Alters zu den Älteren) eine Notwendigkeit darstellt. Während seiner Ausführung erhält der Jugendliche Zustimmung durch einige andere Teilnehmenden der Gruppendiskussion („ja, ja"), sowohl von Jüngeren als auch von Älteren. Durch das nicht kostenlos zur Verfügung gestellte WLAN reproduzieren sich zudem bereits bestehende soziale Ungleichheiten für diese jungen Menschen (Witzel 2015, S. 125 ff.). Zwar ist das Problem finanzieller Engpässe aufgrund der Umstellung auf Flatrates kleiner geworden, dennoch ist das Thema Schulden und Smartphone nicht zu vernachlässigen. So liegt der wesentlichste Bereich der Überschuldung bei jungen Menschen im Bereich der Aufwendungen für mobile Kommunikation (Handynutzung) (BMFSFJ 2017, S. 188).

Auch in Interviews mit Jugendlichen zeigt sich der hohe Stellenwert eines WLAN-Zugangs. So findet man Formulierungen wie:

> „das Einzige, was noch wäre, wäre jetzt WLAN für das Haus hier"
>
> **Jugendlicher 31, 306–307**

„Also ich finde, das einzig Negative >lacht< ist echt, dass wir kein WLAN haben, dass da viele Sachen auch eingeschränkt sind. Aber sonst finde ich das eigentlich hier sehr gut"

Jugendlicher 19, 178–180

„Ja! Also ich finde ja jetzt, WLAN ist jetzt nicht das Wichtigste, aber ist schon wichtig"

Jugendlicher 19, 852–853

„Gerade für die Jugendlichen ist auf jeden Fall WLAN wichtig"

Jugendlicher 19, 468–469

„Jetzt in unserem Heim, was viel jetzt sich viel gewünscht wurde, dennoch nicht eingeführt wurde, war das Internet fürs Handy."

41(GD), 1178–1179

Die Interviewauszüge zeigen, dass das WLAN, welches an dieser Stelle für einen mobilen und kostenlosen Zugang zum Internet steht, von den Jugendlichen als zentraler Bestandteil einer digitalen Infrastruktur in der Einrichtung konstruiert wird. Der Begriff WLAN steht hier für die Teilhabe an einer digital-vernetzten Welt, die heute für alle Kinder und Jugendlichen einen Teil ihrer Lebenswelt darstellt (z. B. MPFS 2018; Hajok 2018). Die Teilhabe an sozialen Medien wird von Jugendlichen vor allem über das Smartphone hergestellt. Hierfür ist eine freie und kostenlose Nutzung des Internets überaus wichtig[20], d. h. der zeitlich und räumlich unbegrenzte Zugang zur Online-Datenwelt.

Der freie Zugang zu einem einrichtungsinternen WLAN ist vor allem aus finanziellen Gründen für die Kinder und Jugendlichen wichtig, denn ohne diesen Zugang müssten sie die Kosten für die Mobilfunknutzung selbst tragen, was ihre finanziellen Möglichkeiten jedoch überfordern würde. Die große Bedeutung, die die Möglichkeit zur Teilhabe an der digitalen Welt hat, wird auch dadurch unterstrichen, dass für mehrere der interviewten Jugendlichen der fehlende kostenlose Zugang zum Internet der einzige oder zumindest wichtigste Kritikpunkt an der Einrichtung, in der sie leben, darstellt.

Auch auf die Frage nach möglichen Verbesserungen für die Einrichtung steht das WLAN ganz weit oben auf der Wunschliste. Der fehlende Zugang zum WLAN ist mit zum Teil erheblichen Einschränkungen für die jungen Menschen verbunden. Neben dem Einsatz der eigenen beschränkten Finanzmittel für den Internetzugang, besteht in der Regel auch die Möglichkeit, einen PC der Einrichtung zu nutzen. Dies ist allerdings mit einer Reihe von Einschränkungen

---

20 „89 % der Jugendlichen sind täglich online – je älter sie sind desto häufiger. Am häufigsten gehen Jugendliche per Smartphone online" (Tillmann 2018, S. 135 f).

verbunden, z. B. muss ein Nutzungswunsch vorher angemeldet werden, gibt es eine beschränkte Nutzungsdauer, da andere ebenfalls den Rechner verwenden wollen, sind bestimmte Programme und Apps gesperrt, existieren spezifische Nutzungsregeln, findet eine Beobachtung durch Betreuende statt, die dem Bedürfnis der Jugendlichen nach Privatsphäre und im Kontakt mit den Peers zu bleiben entgegenstehen.

> „Ja, wir gehen halt zum Betreuer zum Beispiel, in der Hausaufgabenzeit sagen wir dann ‚Ja, ich muss ein Referat machen', dann machen wir das Referat. Oder halt nach dem Abendessen, gehen wir halt, also, während dem Abendessen wird halt dann gefragt ‚Was macht ihr noch so?', und dann sage ich halt zum Beispiel ‚Ja, ich muss später noch an den PC, ist das ok?'. Dann sagen die Ja. Dann machen wir eine Uhrzeit aus, und dann gehe ich an den PC."
>
> **Jugendlicher 31, 332–339**

Zwar scheint eine Nutzung des PCs der Betreuenden/der Gruppe ohne Schwierigkeiten möglich zu sein, jedoch ist der PC nicht frei zugänglich. In der Regel steht der PC im Büro der Betreuerinnen und Betreuer, d. h. allein die Türschwelle zum Büro stellt hier eine (Zugangs)Barriere dar. Die zitierte Passage, mit der Begründung „ich muss ein Referat machen", erweckt zudem den Eindruck, dass je nach Ziel der Nutzung der Wunsch, Zugang zum Internet oder PC zu bekommen, unterschiedlich beantwortet wird. Schulische Verpflichtungen zu erfüllen, scheint eine legitime Begründungsfolie darzustellen. Fraglich ist, ob die Kinder und Jugendlichen in dieser Einrichtung auch andere Möglichkeiten der Nutzung, die z. B. stärker freizeitorientiert sind, durchsetzen könnten. In dieser Passage manifestiert sich auch die „machtvolle Gatekeeper-Position" der betreuenden Person die der Nutzung des PCs und auch der Art der Nutzung entweder zustimmen oder diese verweigern können (z. B. Witzel 2015, S. 126). Der Jugendliche ist an dieser Stelle dem Wohlwollen der betreuenden Person ausgeliefert (vgl. Kap. 4.3.3).

Ist kein freier Zugang zum WLAN in der Einrichtung vorhanden, geht dies, so zeigen es die Aussagen der Jugendlichen, mit zum Teil erheblichen Einschränkungen einher, so dass die digitale Teilhabe als erheblich eingeschränkt erlebt wird und es auch de facto ist.

Neben der Benutzung des PCs der Betreuenden/der Gruppe verfolgen die Jugendlichen auch die Strategie, andere kostenlose Internetzugänge zu nutzen. So verweisen sie auf öffentliche Hotspots oder aber den Internetzugang der Schule. Auch das Aufsuchen dieser „freien WLAN-Orte" bringt wiederum Beeinträchtigungen mit sich und stellt für die Jugendlichen nur eine mangelhafte Alternative zu einem freien WLAN innerhalb der Einrichtung dar, an dem Ort, an dem sie leben und ihren Alltag verbringen. Ein Alltag, an dem auch – so die interviewten Jugendlichen – ein kostenloser Internetzugang ermöglicht werden sollte.

Ein weiteres wichtiges Qualitätsmerkmal, neben einem freien WLAN-Zugang in stationären Einrichtungen, sind die Reglementierungen in Bezug auf die Nutzung von Mobilfunkgeräten wie Handys und Smartphones. Gegenüber dem Mobiltelefon, das aus der Perspektive von Jugendlichen schon lange zu den wichtigen Alltagsgegenständen gehört (z. B. Tully/Zerle 2005), nehmen die jungen Menschen in den meisten Fällen ebenfalls eine befürwortende Position ein.[21] Das heißt, sie stellen in den Interviews deren Wichtigkeit für das alltägliche, insbesondere kommunikative Handeln der Kinder und Jugendlichen in Heimen heraus und argumentieren auch hier zunächst mit einer gesellschaftlichen Notwendigkeit bzw. einem gesellschaftlichen Erwartungsdruck, um teilhaben zu können. Interessant ist dabei, dass als Begründungshorizont wiederum (siehe Passage Computernutzung für Referatsvorbereitung) der schulische Kontext und somit ein weiterer wichtiger Bereich ihres Alltagslebens herangezogen wird:

> „Und ich mein, heutzutage erwarten die Schulen auch, dass man irgendwie so ein Handy hat und dass man dann auch in WhatsApp Gruppen ist. Und wenn man dann was nicht weiß, dann muss man halt sich untereinander per Handy oder sonst was besorgen. Das zählt jetzt nicht mehr, ich hab' kein Handy. Dann sagen die, ja – //JM[22]: Pech gehabt. //JW: Pech gehabt. //K: Pech gehabt."
>
> **Jugendliche 42 (GD), 136–142**

Im Gruppengespräch mit Kindern und Jugendlichen einer ländlichen Einrichtung wird der Stellenwert des Handys (in der Regel handelt es sich hierbei um ein Smartphone[23]) als selbstverständliches Hilfsmittel der Bildungsinstitution Schule thematisiert. Dabei wird die Erwartungshaltung seitens der Schule betont, die das Handy/ Smartphone sozusagen als Kommunikations- und Arbeitsmittel für die Bearbeitung von Schulaufgaben in Gruppen voraussetzt. Im Erfahrungshorizont der Kinder und Jugendlichen ist das Handy/Smartphone notwendig, um am schulischen Kontext teilhaben und den Ansprüchen des Lehrpersonals entsprechen zu können. Verfügt man nicht über ein Handy/Smartphone, hat man „Pech gehabt" und kann die geforderte Aufgabe oder die dafür notwendige Kommunikation mit Mitschülerinnen und -schülern nicht erfüllen. Durch die mehrmalige Wiederholung von jeweils anderen Jugendlichen und Kindern wird diese potentielle von den Jugendlichen so wahrgenommene Exklusion verstärkt.

Die Kinder und Jugendlichen argumentieren an dieser Stelle nicht in erster Linie mit ihren eigenen Interessen in Bezug auf Freizeit (Handy zum Spielen,

21 In der Studie von Behnisch/Gerner (2014) geben 77 % der Jugendlichen an, dass ihnen das Handy in der Wohngruppe (sehr wichtig) ist. Die Fachkräfte schätzen diese Bedeutung der Handynutzung noch höher ein (ebd., S. 3).

22 JM steht für Jugendlicher männlich und JW für Jugendliche weiblich

23 Im Jahr 2018 sind in 99 % der Haushalte, in denen 12- bis 19-jährige Jugendliche aufwachsen, Smartphones vorhanden (MPFS 2018).

Video anschauen etc.) und Kommunikation (z.B. Teilhabe in sozialen Netzwerken), sondern stellen den Erwartungshorizont von Dritten (Schule/Gesellschaft) als zentral für die Notwendigkeit von Handys/Smartphones und deren kostenlose Nutzung heraus. Hier kann angenommen werden, dass diese Argumentationsweise im Aushandlungsprozess mit den Betreuenden/mit der Einrichtung auch als erfolgreicher bewertet wird, als die eigenen individuellen Interessen und Vorlieben in den Vordergrund zu stellen.

Zur Medienausstattung in Heimen, gehört für die Kinder und Jugendlichen ein kostenloses WLAN ganz klar dazu. Dies wird nicht nur als Selbstverständlichkeit in einer digital-vernetzten Welt formuliert, sondern es werden auch deutliche Risiken der Exklusion benannt, wenn ein Zugang zum WLAN nicht kostenlos bzw. nur eingeschränkt zur Verfügung gestellt wird. Risiken werden in Bezug auf die Selbstbestimmung der jungen Menschen thematisiert (z.B. Kontrolle durch die Betreuenden bei WLAN-Zugang nur am PC im Büro), hinsichtlich finanzieller Beeinträchtigungen sowie in Bezug auf die gleichberechtigte Teilhabe an Bildungssettings, die auch Recherchen im Internet und eine Kommunikation über Online-Gruppen einfordern.

3.2.2 „aber es ist ja eh mittlerweile Standard" – Normalität versus Spezifika in Einrichtungen

Eine weitere Perspektive, die sich in den Interviews und Gruppendiskussionen zeigt, schließt an das bereits unter Kapitel 3.1 herausgearbeitete Bild einer auch für Jugendliche in Heimen erforderliche selbstverständliche alltägliche digitale Teilhabe an. Dabei werden, wie in Kapitel 3.1 gezeigt, die spezifischen gesellschaftlichen Erwartungen an junge Menschen in Bezug auf ihre digitale Teilhabe in den Vordergrund der Argumentation gestellt – wie sie auch in der Zuschreibung als „digital natives" mitschwingen (Tillmann 2018).

Im folgenden Abschnitt wird damit argumentiert, dass WLAN in Wohnungen, also dem Lebensort von Familien inzwischen selbstverständlich ist, dass auch die betreuenden Fachkräfte in ihrem privaten Umfeld selbstverständlich die Vorteile eines WLAN nutzen und dieses gerne auch in der Arbeit wahrnehmen würden.

> „Aber es ist ja eh mittlerweile Standard, dass jede Familie so ein WLAN zusammen hat, auch fürs Handy und so. Und da müssen sich ja Heime eigentlich auch offen zeigen, dass sie dem entgegenwirken und auch sagen, das ist schon eine coole Sache. Weil unsere Erzieher bestimmt nutzen ja auch ihr WLAN daheim und würden es bestimmt auch nicht schlecht finden, wenn auf ihrer Arbeit das auch noch so wäre. Aber das ist halt immer nur wegen diesen rechtlichen Konsequenzen, die dadurch folgen würden. Das schreckt die dann immer nochmal ab. Und das, und dann muss, das muss

halt irgendwie gesichert sein für die//Für die Erzieher?//Ja, aber die haben ja, oder ich würde so sagen, die haben ja die Aufsichtspflicht für uns und müssen ja (I1: Ja.) somit auch sehen, was wir machen. (I1: Ja.) Und das ist ja dann auch ihr Aufgabenbereich. Und nicht, dass die dann da irgendwie mit reingezogen werden."

41 (GD), 1321–1334

Der Jugendliche in der Gruppendiskussion des Landesheimbeirats betont, dass „WLAN auch fürs Handy" in jeder Familie zur Standardausstattung der familialen digitalen Infrastruktur gehört. Gerade vor diesem Hintergrund einer digitalen Normalität in Familien, „müssen" – der Argumentation des Jugendlichen folgend – auch Heime sich in diese Richtung weiterentwickeln und der digital-vernetzten Welt „offen" und positiv und nicht abwehrend gegenübertreten. Hier werden die Institutionen Heim und Familie gegenübergestellt und den stationären Einrichtungen eine rückständige Entwicklung in Bezug auf die Möglichkeiten einer digitalen Teilhabe für Jugendliche attestiert.

Nicht nur im Vergleich zur Gesamtgesellschaft (vgl. Kap. 3.1), sondern auch im Vergleich zur Familie ist die digitale Infrastruktur in Heimen demnach weniger stark ausgeprägt. Eine Brücke zwischen Heim als Ort des Aufwachsens in öffentlicher Verantwortung und dem privaten Raum schlägt der Jugendliche mit einer direkt anschließenden Argumentationsfigur, in der er auf das private Medienhandeln der „Erzieher" verweist. „Bestimmt" würden auch die Betreuerinnen und Betreuer zu Hause WLAN nutzen und – so die Unterstellung – würden diese Praxis auch in der Einrichtung gerne fortsetzen. Der Jugendliche schreibt den betreuenden Fachkräften somit eine medienaffine Haltung zu, die zugleich hier als eine Gemeinsamkeit zwischen Fachkraft und Jugendlichen konstruiert wird.

Bemerkenswert ist, dass in demselben Diskussionsbeitrag, in dem der Qualitätsmangel einer zu restriktiven Ermöglichung einer Teilhabe an sozialen Medien und der damit verbundenen Benachteiligung betont wird, entschuldigende Erklärungen für das Handeln der Institution angeführt werden. Der Unterschied zwischen privaten und öffentlich verantworteten Räumen erscheint in diesen Äußerungen sehr präsent. Der Jugendliche rechtfertigt an dieser Stelle die ablehnende Haltung gegenüber einem freien WLAN in der Einrichtung, indem er auf die potentiellen rechtlichen Konsequenzen bei nicht regelkonformem Medienhandeln durch die Jugendlichen verweist. Er bezieht sich an dieser Stelle auf die Aufsichtspflicht der Betreuerinnen und Betreuer und ihren jeweiligen Aufgabenbereich am sozialpädagogischen Ort Heim (die Aufsichtspflicht der Eltern wird nicht thematisiert).

Die „Aufsichtspflicht" und die möglichen Folgen bei deren Verletzung stellen für ihn eine scheinbar akzeptable Begründung für die Einschränkungen in Heimen dar. Der Jugendliche signalisiert Verständnis für die Position der Betreuerinnen und Betreuer und begründet diese mit ihrem beruflichen Status und den entsprechenden Pflichten gegenüber den Jugendlichen, den Eltern und dem

Staat. Indirekt schlägt er „Schutzvorkehrungen“ für die Betreuerinnen und Betreuer vor, damit diese aufgrund eines widerrechtlichen Handelns von Jugendlichen eben nicht „irgendwie mit reingezogen werden“. An dieser Stelle müssen Jugendliche und Betreuerinnen und Betreuer mit einer von außen gesetzten Regel umgehen, wobei der Jugendliche dabei erstaunlich viel Verständnis für die Haltung der Betreuenden entwickelt.

Auch in der nächsten Passage dokumentiert sich das Wissen um mögliche Gefahren im Umgang mit dem Internet und die Unterstützung potentieller Sicherheitsvorkehrungen. Eine Jugendliche in der Gruppendiskussion mit dem Landesheimbeirat spricht sich deutlich für den Erwerb eines Internetführerscheins als quasi ‚Kompetenzzertifikat‘ und ‚Sicherheitsschulung‘ aus:

> „Wir haben bei& bei uns noch so einen Internetführerschein, der ([F?]: Hatten wir auch.) (…)wurde. (I1: Ja.) Da musste das jeder machen, bevor er sein Handy kriegt und, oder (I1: Ja.) an den PC geht. Und da war es echt sinnvoll. Weil man halt eben auch eine Einweisung bekommen hat, wie genau alles funktioniert. Also auch mit Schreiben und E-Mail verfassen, das weiß man ja als Zehnjähriger noch nicht. Und jetzt ist halt nur noch so mit (…) und, ja, also so was ist eigentlich prinzipiell immer sinnvoll, dass man eben die Gefahren eindämmt und sagt, das sollte man halt nicht machen und das, das könnten Folgen sein.“
>
> **41 (GD), 1353–1360**

In dem vom Landesheimrat intensiv geführten Diskurs um das Thema Zugang zum WLAN/Internet in stationären Einrichtungen, hebt die Jugendliche die spezifische Praxis in ihrer Einrichtung hervor und betont deren Sinnhaftigkeit („echt sinnvoll“). In diesem Heim muss zunächst ein so genannter „Internetführerschein“ erworben werden, bevor man „sein Handy kriegt und/oder an den PC geht“. Bei dem Internetführschein handelt es sich um eine Einweisung, die vermutlich durch Dritte (z. B. die Betreuenden) vorgenommen wird und in der man erklärt bekommt, „wie genau alles funktioniert“. Welche konkreten Punkte diese Einweisung umfasst, führt die Jugendliche nicht weiter aus. Jedoch handelt es sich z. B. auch um Funktionen, wie „E-Mail verfassen“, die „man ja als Zehnjähriger noch nicht“ weiß.

Die Einweisung richtet sich, aus der Sicht der Jugendlichen, somit vor allem auch an jüngere Jugendliche und Kinder, von denen sie ausgeht, dass diese über weniger Wissen in Bezug auf das Internet und seine Funktionen verfügen. Wiederum wird hier auf die Altersdifferenz verwiesen und das damit einhergehende unterschiedliche Knowhow im Umgang mit dem Internet. Die Jugendliche unterstützt die Praxis des Internetführerscheins auch vor dem Hintergrund, dass man „die Gefahren eindämmt“ und die Kinder und Jugendlichen über die möglichen Folgen ihres Medienhandelns aufklärt. Das Bildungs- und Sicherheitszertifikat Internetführerschein wird hier positiv konnotiert und als bewährtes Werkzeug im Umgang mit dem Internet im Heim dargestellt.

Ähnlich wie in der Passage zuvor, bringen die Jugendlichen Verständnis für das Problem der Einhaltung von Regelungen für öffentlich verantwortete Einrichtungen auf und unterstützen die jeweils vorgenommenen Sicherheitspraktiken. Ein Merkmal von Qualität ist es hier, einen guten Umgang mit dem Spannungsverhältnis von maximaler Selbstbestimmung in Bezug auf das Agieren in digitalen Welten vs. der Wahrnehmung des Erziehungs- und Schutzauftrags zu etablieren. Ein Instrument hierfür könnte dann aus Sicht der Jugendlichen zum Beispiel ein Internetführerschein darstellen (vgl. hierzu auch Abschnitt 3.2.4).

3.2.3 Digitale Medien als „Verknüpfung nach Außen" – gute Heime ermöglichen Gleichzeitigkeiten von innen und außen im virtuellen Raum

Als eine weitere Begründungsfolie für die Bedeutung eines Internetzugangs, der frei zugänglich über das eigene Handy ermöglicht werden sollte, wird von den Jugendlichen eine zeit- und raumunabhängige Kontaktaufnahme und Kommunikation mit den Eltern, Geschwistern, Freunden, die außerhalb der Einrichtung leben, herangezogen. So beschreibt es eine 18-jährige Jugendliche:

> „Also ich würd' das generell unter Verknüpfung nach außen zählen, weil es nicht nur das WLAN, sondern auch der Computer. Es ist – sei es eine E-Mail schreiben."
>
> **Jugendliche 42 (GD), 143–144**

Die Jugendliche fasst an dieser Stelle eine Diskussion der Gruppe um das WLAN abschließend zusammen und nimmt eine reflexive Haltung ein. Für sie hält die digitale Infrastruktur einer Einrichtung, hier festgemacht am Zugang zum WLAN und zum Computer, Möglichkeiten bereit, mit einem „außen" Kontakt aufzunehmen und diesen Kontakt zu halten, d. h. eine Verbindungslinie mit Menschen außerhalb der Einrichtung einzugehen. Digitale Medien dienen der Kommunikation mit für sie wichtigen Bezugspersonen, mit der Herkunftsfamilie, vor allem aber auch mit Freundinnen und Freunden, die nicht in der Einrichtung leben (Behnisch/Gerner 2014). Diese Aussage aus der Gruppendiskussion, nämlich, dass digitale Medien ein wichtiges Mittel sind, um mit der Welt in Verbindung zu bleiben, verdeutlicht auch, warum Internet und Mobilfunk eine so große Bedeutung für die Kinder und Jugendlichen haben.

Wie alltäglich und selbstverständlich der Gebrauch mobiler Kommunikation ist, zeigt auch exemplarisch die folgende kleine Episode rund um das Interview einer Jugendlichen. Vor, während und nach dem Interview legt die Jugendliche ihr Handy nicht aus der Hand. Sie hatte sich mit einer Schulfreundin verabredet. Gemeinsam wollten sie ein Referat vorbereiten und dann kam das Interview dazwischen. Sie gibt der Schulfreundin diese Info weiter, wartet auf ihre Reaktion und beide verabreden einen neuen Zeitpunkt. Das heißt, obwohl die Freundin physisch/körperlich nicht anwesend ist, nimmt sie über das Handy in gewisser Weise am Interviewsetting teil.

Auch dieses Beispiel zeigt, ein Beziehungsaufbau und die Aufrechterhaltung von Beziehungen jenseits der stationären Einrichtung werden über die verschiedenen Praktiken der Mediennutzung der Jugendlichen erleichtert. Über die peer-to-peer-Kommunikation wird die Möglichkeit gegeben „den sozialpädagogischen Ort virtuell zu verlassen" (Witzel 2015, S. 127) bzw. andere virtuell zu sich einzuladen. Auf diese Weise kann das soziale Umfeld der Kinder und Jugendlichen ohne physischen Kontakt an ihrem Lebensort teilhaben. Über die „Online-Kommunikation" wird hier eine Brücke zwischen dem sozialpädagogischen Ort der Einrichtung und dem sozialen Umfeld außerhalb des institutionellen Kontextes aufgebaut.

In der oben zitierten Passage aus einer der beiden Gruppendiskussionen wird die Differenz zwischen einem „innen" – der Einrichtung, dem derzeitigen Lebensort der Jugendlichen – und einem „außen" – der Umwelt außerhalb des Einrichtungsgeländes – betont und es wird die potentielle Scharnierfunktion digitaler Medien aufgezeigt. Das heißt, mitunter wird über die alltägliche Kommunikation, über den regelmäßigen, auch beiläufigen Austausch auf der peer-to-peer-Ebene, aber auch mit der Herkunftsfamilie eine stärkere Verwobenheit des Innen und Außen ermöglicht (Termine werden koordiniert, es wird Alltag gestaltet, der physische Kontakt vorbereitet). Kritisch zu fragen ist, ob dieser Austausch von Seiten des institutionellen Kontextes unterstützt wird oder ob auch Argumente gegen eine intensivere Verwobenheit diskutiert werden.

Die über die digitalen Medien ermöglichte Außenkommunikation macht zugleich einen wichtigen Teil des Verselbständigungsprozesses der Jugendlichen aus. Sie verknüpfen sich selbstständig mit einem „außen", bauen soziale Netzwerke auf, intensivieren diese und schaffen sich dadurch mögliche soziale Unterstützungsstrukturen über die Einrichtung, in der sie leben, hinaus. Somit steht die freie Verfügbarkeit von WLAN und die nicht kontrollierte Nutzung von Handys auch für einen Autonomiegewinn der jungen Menschen und für die Möglichkeit, eigene Freiräume auszuhandeln und zu gestalten.

Ein Jugendlicher macht an dieser Stelle auch darauf aufmerksam, dass gerade in Bezug auf den Übergang von der stationären Unterbringung in ein selbstständig geführtes Leben, die zuvor bereits gelebte digitale Teilhabe von großer Bedeutung ist.

> „Ja! Also ich finde ja jetzt, WLAN ist jetzt nicht das Wichtigste, aber ist schon wichtig, weil man jetzt bis 18 kein WLAN hat, und dann, mit 18 wird man ja jetzt wirklich selbstständig und man plötzlich dann WLAN hat, dann wird man sich nicht mehr auf das eigene Leben konzentrieren. //Ja.//Das ist halt nicht wirklich dann, glaube ich, fördernd."
>
> **Jugendlicher 19, 852–858**

Auch für diesen Jugendlichen stellt das WLAN und ein freier Zugang dazu einen wichtigen, wenngleich auch nicht den wichtigsten Bestandteil des Aufwachsens in Heimen dar. Er begründet den Stellenwert des WLANs an dieser Stelle mit Blick auf das 18. Lebensjahr, dem Jahr, in dem man „wirklich selbstständig" wird und möglicherweise die Hilfen der Erziehung beendet sind. So wäre es seiner Argumentationslinie folgend, „nicht wirklich dann, glaube ich, fördernd" für den Prozess der Verselbstständigung, wenn man den Jugendlichen/jungen Erwachsenen den Zugang zum WLAN in der Einrichtung vorenthalten würde. Für den Jugendlichen ist es demnach wichtig, dass der Umgang mit digitalen Medien geübt und gelernt werden muss und man nicht unvorbereitet auf die Welt trifft, wenn man die Einrichtung wieder verlässt. Für den Jugendlichen dürften also, was die digitale Teilhabe betrifft, keine großen Unterschiede zwischen einem Zeitpunkt vor und nach dem 18. Lebensjahr bzw. zwischen einem Leben in und außerhalb der Einrichtung bestehen. Wäre kein WLAN-Zugang vorhanden, würden die jungen Menschen erst mit 18 „plötzlich" mit den Möglichkeiten des WLANs in Berührung kommen und könnten sich „nicht mehr auf das eigene Leben konzentrieren".

Unvorbereitet die Einrichtung zu verlassen würde demnach mit weitaus mehr Risiken einhergehen (z. B. suchtähnliches Verhalten). Aus Sicht des Jugendlichen sollten vergleichbare lebensweltliche Bedingungen vorliegen, um Jugendlichen den Übergang in die „Selbstständigkeit", in ein Leben außerhalb der stationären Einrichtung zu erleichtern. Eine Einrichtung, die den Zugang zum Internet verwehrt, würde – so die Meinung des Jugendlichen – ihrer Kernfunktion, auf das Leben der Erwachsenen vorzubereiten, nicht gerecht werden. Es wird hier ein Qualitätsmangel attestiert.

Das heißt, für eine erfolgreiche Bewältigung der Statuspassage „Leaving Care" (Köngeter u. a. 2012) sollten Jugendliche und junge Erwachsene, die in stationären Einrichtungen leben, auch in dieser prägenden Zeit an der digitalvernetzten Welt, und dies ist für die hier interviewten Jugendlichen vor allem mit einem freien und kostenlosen WLAN-Zugang verknüpft, teilhaben können. Erst durch ein an der Lebenswelt der Jugendlichen orientiertes Aufwachsen und die Schaffung gleichberechtigter Bedingungen des Aufwachsens, werden auch die Startchancen in die Selbstständigkeit sichergestellt.

3.2.4 „Ich meine, ja. Mit den passenden Vorkehrungen natürlich" – Sicherheitsaspekt kein Argument gegen digitale Teilhabe

In den Interviews und Gruppendiskussionen wird deutlich, dass zu dem Qualitätsmerkmal freier Zugang zum WLAN, und damit die Möglichkeit des Internetempfangs über das Mobiltelefon, auch angemessene Maßnahmen zur Reduktion von Sicherheitsrisiken gehören. Sie weisen auf bereits etablierte und praktizierte Sicherheitsvorkehrungen hin, die eine unproblematische digitale Teilhabe ermöglichen könnten. Sicherheitsbedenken, die sie durchaus teilen, sind für sie somit keine überzeugenden Argumente den Internetzugang zu blockieren oder stark einzuschränken.

Auf die Frage, warum die Einrichtung nicht über ein eigenes WLAN-Netz verfügt, zu dem die Jugendlichen Zugriff haben könnten, formuliert ein Jugendlicher:

> „Äh, gute Frage >lacht<. Nee, ich glaube einfach, weil es halt einfach auch viel zu unsicher ist, weil, man muss alle möglichen Seiten sperren und ja, es ist halt einfach, es läuft halt auch alles über die XYZ (Träger seiner Einrichtung), und die geben da halt nicht das Ok."
>
> **Jugendlicher 31, 320–323**

In der Beantwortung der Frage, lässt sich der Jugendliche zunächst ein wenig Zeit, indem er der interviewenden Person signalisiert, dass es sich hierbei um eine berechtigte Frage handelt, eine Frage, die er sich womöglich auch schon öfters gestellt hat, bzw. auch an die Betreuenden und die Leitung der Einrichtung gestellt hat. Indem er diese Frage nach dem Warum eines fehlenden WLANs belächelt, zeigt er zudem, dass es sich hierbei um ein bekanntes, vielleicht auch vielfach diskutiertes Thema handelt.

Nach dem anfänglichen Zögern und Abwarten hat er auch eine Antwort parat. Mit dem Argument „halt einfach auch viel zu unsicher" kann er zunächst den fehlenden Zugang begründen. Mit dem Argument der Unsicherheit geht zugleich die dann notwenige Praxis einher, dass „alle möglichen Seiten" gesperrt werden müssten, um einen vermeintlich sicheren Umgang für die Jugendlichen zu gewährleisten. Diese Sicherheitsvorkehrung könnte die Einrichtung treffen, aber hierfür bräuchte es die Genehmigung des Trägers und dieser gibt „halt nicht das OK". Inwieweit der Jugendliche mit dem Argument der Unsicherheit den Diskurs innerhalb seiner Gruppe und seiner Einrichtung insgesamt widerspiegelt, bleibt offen, jedoch weiß er, dass schlussendlich die Entscheidungsgewalt über den WLAN-Zugang bei „Dritten" liegt, in diesem Fall dem Träger der Einrichtung.

Auch scheinen die Sicherheitsbedenken nicht das alleinige Argument („auch") zu sein, jedoch ein sehr weitreichendes. In der Art und Weise seiner Formulierung teilt der Jugendliche hier das Argument einer fehlenden Sicherheit und das damit einhergehende Erfordernis, bestimmte Seiten zu sperren. Diese Argumentation schließt jedoch einen über ein WLAN ermöglichten Zugang zum Internet nicht aus, sondern könnte mit einem eingeschränkten WLAN-Zugang gewährleistet werden. Es sind jedoch mit Macht ausgestattete Positionen, die den freien WLAN-Zugang in seiner Einrichtung verhindern.

Die Reflektion möglicher Gefahren durch das Internet ist kein singuläres Phänomen. Insbesondere in der Gruppendiskussion mit Jugendlichen des

Landesheimrates zeigt sich, dass die Jugendlichen um potentielle Unsicherheiten/Gefahren rund um die digitalen Medien wissen, dass sie sich auch der Notwendigkeit von Jugendschutzvorkehrungen bewusst sind und diesbezüglich ganz konkrete Praktiken des Medienhandelns in stationären Einrichtungen benennen. Dabei berufen sie sich auf Praktiken aus anderen Heimen oder auch auf Praktiken innerhalb der Herkunftsfamilie bzw. des weiteren sozialen Umfeldes („Nachbarn").

Zum einen machen die Jugendlichen den Vorschlag, eine „Zeitbeschränkung" (Interview 41 (GD)) insbesondere für „jüngere Kinder" einzurichten:

> „Und die zum Beispiel könnten drei Stunden am Tag ins WLAN, aber aufgeteilt, zum Beispiel erst in der Früh eine Stunde, nachmittags vielleicht eine Stunde und abends noch eine Stunde. Aber sonst halt, du kannst genauso wie einen Computer kannst du auch da ein Passwort reinmachen, wenn nach einer Stunde halt, wenn du dich nicht ausgeloggt hast, wirst du automatisch ausgeloggt und du dich dann nicht mehr einloggen kannst."
>
> **41 (GD), 1296–1301)**

Der Jugendliche wird an dieser Stelle ganz konkret, sowohl was die genauen Zeitangaben bzw. potentiellen Zeiteinteilungen in Bezug auf die Nutzung des WLANs in einer Einrichtung betrifft, als auch auf die konkrete technische Umsetzung. An dieser Stelle wird klar, dass der Jugendliche sich mit dieser Thematik bereits auseinandergesetzt hat, dass er sich an anderer Stelle bereits über die technische Umsetzung der vorgeschlagenen Zeitbeschränkungen informiert hat und ein realitätsnahes und realistisches Anwendungsbeispiel anführt.

Es wird hier also nicht ins Blaue argumentiert, sondern es werden konkrete Möglichkeiten der Umsetzung eines freien WLANs mit Tools zur Zeitbeschränkung aufgezeigt. Dass es eine Zeitbeschränkung geben sollte, wird in diesem Abschnitt in der Gruppendiskussion nicht in Frage gestellt. Es wird jedoch herausgearbeitet, dass diese potentielle Regel je nach Altersgruppe (Jugendliche/Kinder) differenziert gehandhabt werden sollte. Die Jugendlichen machen an dieser Stelle also Lösungsvorschläge, die von den Betreuerinnen und Betreuern und der Einrichtungsleitung bei der Diskussion dieses Themas berücksichtigt werden könnten.

An dieser Passage der Gruppendiskussion zeigt sich, dass die Jugendlichen ein großes Interesse daran haben, bei dem Thema digitale Teilhabe mitzureden und mitzubestimmen. Es handelt sich um ein für sie sehr wichtiges Thema. Zudem verfügen sie an dieser Stelle über eine fachliche Kompetenz und können konstruktive Vorschläge in der Diskussion um die Handhabung des Umgangs mit digitalen Medien in Einrichtungen der Kinder- und Jugendhilfe beisteuern. Zum anderen wird die Möglichkeit diskutiert, bestimmte Seiten mit Blick auf Jugendschutzbestimmungen zu sperren.

„Ja, du kannst aber auf Handys machen, was du willst. Du kannst auch über das WLAN, könntest du da machen, was du willst, außer sie laden dir die K- so eine, wir haben zum Beispiel bei uns im Heim, wir haben so eine App für Kinder, also eine Kindersicherungsapp, so dass die Jugendlichen, die jetzt noch zu jung sind, gar nicht erst auf solche Sachen zugreifen können. Die Großen, bei uns haben die schon von Anfang an gesagt, das brauchen wir nicht."

41 (GD), 1341–1346

Im Austausch mit den anderen Jugendlichen im Landesheimrat, führt der Jugendliche ein Beispiel aus seinem Heim an („bei uns im Heim") und verweist auf die Vorrichtung einer „Kindersicherungsapp", die es Kindern und jüngeren Jugendlichen unmöglich macht „auf solche Sachen zugreifen" zu können. Auch hier wird der Jugendliche ganz konkret und legt handhabbare Möglichkeiten von Sicherheitsvorkehrungen vor, die in der Medienpraxis seiner Einrichtung umgesetzt werden. Wiederholt wird von den Jugendlichen eine Altersdifferenzierung vorgenommen. Die „Kindersicherungsapp" wird in seiner Einrichtung bei Jugendlichen verwendet, „die jetzt noch zu jung sind", währenddessen „die Großen" keinen Bedarf für eine solche App angemeldet haben. Es könnte sein, dass das Kollektiv der „Großen", wobei das Alter unbestimmt bleibt, keinen Bedarf hat, da es reflektiert mit dem Medium Internet umgeht und über das Wissen verfügt, welche Seiten es aufrufen darf oder nicht.

Den Großen wird somit ein gewisser Selbstständigkeitsgrad zugeschrieben, der sie von den jüngeren Jugendlichen unterscheidet, weshalb ihnen ein uneingeschränkter Zugang zur Verfügung gestellt werden sollte. Es scheint, dass in diesem Heim zum einen eine Sensibilisierung in Bezug auf das Alter der Bewohner und Bewohnerinnen besteht und dementsprechend das Medienhandeln ‚altersgerecht' reflektiert und geregelt wird. Zum anderen scheinen die Jugendlichen am Prozess der Aushandlung von Sicherheitsvorkehrungen und der Installation entsprechender Vorrichtungen beteiligt zu sein. Es besteht ein Mitsprache- und Mitentscheidungsrecht und eine individuelle Ausdifferenzierung, was jeweils als positiv bewertet wird.

Insgesamt dokumentiert sich in der Gruppendiskussion mit Jugendlichen des Landesheimbeirates zum Medienhandeln in den jeweiligen Einrichtungen, dass für die Jugendlichen ein freier WLAN-Zugang zur Ausstattung eines Heimes selbstverständlich dazugehören sollte. Zugleich wird jedoch nicht in Frage gestellt, dass bestimmte Sicherheitsvorkehrungen in Bezug auf Kinder-, Jugend- und Datenschutz integraler Bestandteil des Medienhandelns sein sollten. Dabei bedarf es unterschiedlicher Praxen hinsichtlich des jeweiligen Alters der Jugendlichen. Es wird unterschieden zwischen „jüngeren Kindern", „Jugendlichen, die noch zu jung sind" und „die Großen". Das heißt, ohne eine bestimmte Altersangabe zu machen, verweisen die Jugendlichen auf altersdifferente Handhabungen in Bezug auf einen mehr oder weniger eingeschränkten Zugang zum

WLAN (Zeitbeschränkungen; Seitensperrungen) in ihren Einrichtungen und stellen diese Praxis auch nicht in Frage.

Gute Einrichtungen agieren also aus der Perspektive der Heranwachsenden auch beim Thema Zugang zum WLAN altersspezifisch und entwickeln Regeln, die dem jeweiligen Entwicklungsstand der Kinder und Jugendlichen gerecht werden. Die Jugendlichen benennen weiterhin ganz konkrete Maßnahmen in Bezug auf das Thema Sicherheit und Datenschutz, womit sie einer grundsätzlichen Sperrung des Internetzugangs argumentativ die Basis entziehen.[24]

3.2.5 „Ich hab 'ne Handy-Regel" – digitale Alltäglichkeit ist verregelt und dient der Sanktionierung

In Interviewpassagen, in denen das Thema Handy verhandelt wird, zeigt sich, dass die Jugendlichen dieses in erster Linie vor einer Verregelungs- und Sanktionierungsfolie thematisieren. Sophie Domman u. a. (2015) halten in ihrer Studie sogar fest, dass der Entzug von Mobiltelefonen, welches von den Erziehenden als Erziehungsmittel eingesetzt wurde, von den Jugendlichen als Gewalthandeln empfunden wird (siehe auch Behnisch/Gerner 2014). Es geht also nicht (im Unterschied zur Thematisierung des WLAN) um die Frage der Verfügbarkeit eines Handys. Ein Handy zählt zum Privatbesitz der meisten Kinder und Jugendlichen. So besitzen 97 Prozent aller Jugendlichen (MPFS 2018, S. 8) und im Jahr 2016 51 Prozent aller Kinder zwischen 6 und 13 Jahren (MPFS 2016, S. 8) ein eigenes Mobiltelefon, wobei der Anteil bei den Kindern inzwischen weiter angestiegen sein dürfte. In einer Schweizer Studie wird berichtet, dass 90 Prozent der Heimbewohnerinnen und Bewohner über ein eigenes Smartphone verfügen (Steiner u. a. 2017, S. 45).

Es rücken vielmehr die Art und Weise von Handynutzungsformen und damit einhergehende Sanktionierungen in den Fokus der Qualitätsbeurteilung. Welche Handyregeln als gut oder schlecht bewertet werden, hängt sehr stark von der jeweiligen individuellen Situation der jungen Menschen ab, so dass ihnen vor allem wichtig ist, dass es keine für alle Heimbewohnerinnen und -bewohner in gleicher Weise geltende Handynutzungsbedingungen gibt und auch keine generellen Handyverbote ausgesprochen werden. Ein Kriterium zur Beurteilung der Qualität von Einrichtungen ist das Ausmaß, mit dem Reglementierungen der Nutzung mobiler Telefone zielgruppenbezogen differenziert und Sanktionierungen verhältnismäßig eingesetzt werden.

So gibt es einige wenige Einrichtungen, in denen Handys generell verboten sind, d. h. hier können die Kinder und Jugendlichen nur an den Wochenenden,

24 Zu möglichen Handlungsstrategien in Bezug auf Internetzugänge, Jugendschutzsoftware und Mediennutzungsverträgen vgl. auch Hudenborn/Sussenburger 2018.

an denen sie bei ihrer Herkunftsfamilie sind, frei über ihr eigenes Handy verfügen. Befinden sie sich in der Einrichtung, müssen sie ihr Handy abgeben und sie haben keinen Zugang dazu. Über die Festnetztelefone der jeweiligen Gruppen können sie telefonieren. Es handelt sich hierbei um eine Einrichtung für männliche Kinder und Jugendliche mit heilpädagogischem und therapeutischem Förderbedarf. In diesem konkreten Fall, wird das durchgängige Handyverbot von dem interviewten Jugendlichen als „gut“ befunden, es wird akzeptiert, „weil wir, die könnten auch andere Drohbriefe verschicken oder – ja, Scheiße halt bauen damit“ (Kind 39, 825–826).

Hier wird das generelle Verbot für Handys mit einer potentiell möglichen nicht sachgemäßen Nutzung der Handys begründet, die wiederum mit rechtlichen Konsequenzen für den Jugendlichen und für die Einrichtung einhergehen könnten. Da das Handyverbot in dieser Einrichtung scheinbar nicht zu verhandeln ist, hat der Jugendliche einen sich selbst schützenden Umgang damit gefunden, indem er das Handyverbot unterstützt. Es wird von dem Jungen weder kritisiert, in Frage gestellt noch um eine andere Handhabung gebeten, vielmehr stimmt er dem Verbot und der dahinterstehenden in der Einrichtung kommunizierten Begründung zu. Er hat hier das in der Einrichtung kommunizierte implizite Wissen übernommen. „Scheiße halt bauen“ ist die gemeinsam geteilte Begründungsfolie, die der Jugendliche selbst verinnerlicht hat und nach außen weiterkommuniziert.

Auch wenn er hier der Begründungslogik der Einrichtung folgt, ist doch zu hinterfragen, ob die Einrichtung an dieser Stelle ihren Erziehungsauftrag erfüllt und die Kinder und Jugendlichen nicht von der Teilhabe an der digitalen Welt ausgeschlossen werden. Bezieht man diese Stelle auf die Thematik der Überforderung, wie sie in Abschnitt 3.2.3 herausgearbeitet wurde, so würde viel dafürsprechen, dass die jungen Menschen dieser Einrichtung mit der Alltäglichkeit des Digitalen nach Beendigung der Hilfe überfordert wären. Es stellt sich also die Frage, ob für die Einrichtung keine anderen Umgangsweisen in Betracht kommen, jenseits eines restriktiven Handyverbots.

In anderen Einrichtungen berichten die Kinder und Jugendlichen von unterschiedlichen Ausprägungen von Handy-Nutzungsregeln. Dabei sprechen auch sie sich ganz generell für einen reflektierten Einsatz von Handy-Regeln aus. Das heißt, in einem guten Heim sollten Handys grundsätzlich erlaubt sein, jedoch verbunden mit bestimmten Regeln, diese wiederum differenziert nach dem jeweiligen Alter der Kinder und Jugendlichen. Die Kinder und Jugendlichen in einem Heim in einem ländlichen Umfeld schildern ihre Nutzungspraxis wie folgt:

> „Auch z. B., in den meisten Gruppen ist das mit dem Handy z. B. auch so, ja, okay, ab 14 darfst du jeden Tag eine Stunde oder so, keine Ahnung, (Kind stört und lacht und Hintergrund) wie das in den anderen Gruppen ist. // Unterschiedlich. // Oder halt

irgendwie ab 16 oder 17 darfst du es halt immer haben oder so. Und das find ich halt in meiner Gruppe auch gut, bei denen ist das so an die Leute angepasst“

Jugendliche 42 (GD), 1452–1457

Die Jugendliche beginnt die Darstellung des Medienhandelns in Bezug auf die Handynutzung in ihrer Einrichtung mit einer bestimmten Praxis, die für die „meisten Gruppen“ in ihrer Einrichtung zutreffend scheint. Dieser allgemeingültige Anspruch wird jedoch im weiteren Verlauf des Diskussionsstrangs wieder relativiert. Die Jugendliche macht zunächst eine Unterteilung in Jugendliche ab 14, die „jeden Tag eine Stunde oder so, keine Ahnung“ ihr Handy benutzen dürfen und Jugendliche „irgendwie ab 16 oder 17“, die das Handy immer benutzen dürfen. Mit der Art und Weise ihrer Formulierung möchte sich die Jugendliche nicht so genau festlegen.

Es scheint jedoch eine bestimmte Praxis in ihrer Gruppe, womöglich auch in anderen Gruppen zu geben, die zwischen jüngeren und älteren Jugendlichen und der Zeit, die sie ihr Handy benutzen dürfen, unterscheiden. Wie es sich letztlich ganz konkret ausgestaltet, scheint ihr nicht genau bekannt zu sein, zumindest wird die Jugendliche durch den Einwand einer anderen Jugendlichen irritiert, die darauf verweist, dass es in anderen Gruppen unterschiedlich gehandhabt wird. Sie signalisiert hiermit auch, dass es sich um kein großes Thema zwischen den Gruppen handelt und dass es auch keine größeren Konflikte innerhalb der Einrichtung hinsichtlich dieses Themas zu geben scheint. Wichtig ist ihr jedoch zu betonen, dass es eine altersdifferente Handhabung gibt. Eine Praxis, die sie positiv bewertet.

Die Handyregeln sind an „die Leute angepasst“, d. h. in der Gruppe wird auf die individuellen Eigenschaften einer Person, hier das Alter, Rücksicht genommen und entsprechende Regeln formuliert. Während Jugendliche mit 16 oder 17 frei über ihr Handy verfügen können, dürfen Jugendliche bis zu diesem Alter das Handy nur mit einem begrenzten zeitlichen Umfang verwenden. Da die Jugendliche selbst 18 Jahre alt ist, ist sie von diesen Regeln nicht mehr betroffen und nimmt eine rückblickende, reflektierende, evaluierende Perspektive auf diese Art der Handyregeln ein. Zugleich spricht sie hier aus einer privilegierten Position, da sie entsprechend ihrem Alter frei über ihr Handy verfügen kann. Kinder und Jugendliche unter 16 Jahren werden die Handyregel vermutlich als weniger berechtigt und sinnvoll betrachten (vgl. auch weiter unten in diesem Abschnitt).

Während es an dieser Stelle Zustimmung zur Art und Weise der Handynutzung gibt, werfen die Jugendlichen einen sehr kritischen Blick auf Handyverbote und üben vor allem Kritik an der vorherrschenden Willkür der angewandten Verbote:

„Du bist zu spät gekommen, also darfst du jetzt dein Handy nicht mehr haben heute und morgen auch nicht, denk ich mir nur so, was hat das damit zu tun?“

Jugendliche 42 (GD), 1678–1679

Oder:

> „ich war an einem Abend nicht duschen, und dann sagen sie, ja, okay, dann kriegst du dein Handy jetzt immer erst später und so."
>
> **Jugendliche 42 (GD), 884–885**

An mehreren Stellen in den Interviews wird deutlich, dass das Handy von den Erzieherinnen und Erziehern entzogen wird, um die Jugendlichen für ein bestimmtes nicht regelkonformes Verhalten („zu spät gekommen") zu bestrafen, zu sanktionieren. Aus jugendlicher Sicht wird dabei kritisiert, dass die Strafe „Handyverbot" vielfach willkürlich eingesetzt wird, das heißt ohne erkennbaren Zusammenhang zum nicht regelkonformen Verhalten („was hat das damit zu tun"). Der Jugendliche bezeichnet das willkürlich eingesetzte Handyverbot als Strafe (im Unterschied zu einer Konsequenz) und drückt in der Gruppendiskussion sein großes Unbehagen gegenüber willkürlichen Handyverboten aus.

Für viele der Jugendlichen stellt das Handy ein wichtiges Werkzeug zur Entwicklung der eigenen Identität dar, das für sie auch Selbstbestimmung und Selbstständigkeit markiert. Wie bereits herausgearbeitet ist das Handy die Kommunikationsbasis auf der peer-to-peer-Ebene und mit der Herkunftsfamilie, über das Handy werden individuelle Interessen verfolgt, es werden Zugehörigkeiten zu unterschiedlichen, auch virtuellen Räumen aufgebaut, das Handy bietet Halt, es steht für Selbstbestimmung, Teilhabe am gesellschaftlichen Leben, insbesondere am Leben außerhalb der Einrichtung.

Vor diesem Hintergrund stellt aus jugendlicher Sicht die Wegnahme dieses Gegenstandes einen massiven Eingriff in ihre persönliche Autonomie dar. Sophie Domann u. a. (2015) bezeichnen es in ihrer Studie als Gewalthandeln aus der Sicht der Jugendlichen. Mit dem Handyverbot werden die Jugendlichen auf ihre untergeordnete Position in den Machtbeziehungen in Heimen verwiesen, und dies insbesondere in Situationen, in denen das Handyverbot für die Jugendlichen als der Situation nicht angemessen bewertet wird. Über diese Sanktionspraxis erleben sie sich den Entscheidungen der Erwachsenen ausgeliefert. Die möglicherweise in ihrer bisherigen Entwicklung dominante Erfahrung des Machtmissbrauchs durch Erwachsene wird hier fortgesetzt.

Auch Handynutzungsregeln, die den Kindern und Jugendlichen nur ein bestimmtes Zeitkontingent zur Verfügung stellen, werden von jungen Menschen als „Verbote" wahrgenommen:

> „Das Blöde ist nur bei mir, ich hab' alle, ich hab' jetzt mit meinem Handy eineinhalb, eineinhalb Handy-Stunden, und dann muss ich's wieder zurück, dann darf ich keinen Computer und kein Fernsehen schauen, weil meine Handy-Zeit verbraucht jetzt ist, und die Verbote find ich nicht cool."
>
> **Kind 37, 44–48**

Der hier Interviewte ist 10 Jahre alt, und er kritisiert die bei ihm angewandte Handyregel, die für ihn auf gleicher Stufe mit einem Verbot steht und für ihn einen Eingriff in seine Handlungsmöglichkeiten darstellt. Das heißt, seiner Begründungsfolie folgend, sieht er sich, aufgrund der Tatsache, dass er über sein Handy täglich nur für 1,5 Stunden frei verfügen kann, einem dauerhaften Verbot ausgesetzt. Indem der Junge innerhalb dieser Interviewpassage mehrmals besitzanzeigende Fürwörter einsetzt, markiert er das Handy ganz deutlich als seinen Privatbesitz. Vor diesem Hintergrund rückt die Handyregel als Eingriff in seine Privatsphäre in den Fokus. Zugleich umfasst die Handyregel und deren Nicht-Einhaltung weitere Medien (wie Computer und Fernsehen) und schränkt auch deren Nutzungsmöglichkeiten ein.

Anhand beider Interviewpassagen zeigt sich, dass trotz der Tatsache, dass die Handys im Privatbesitz der Kinder und Jugendlichen sind, sie keinesfalls zu jeder Tageszeit über sie verfügen können. Hinzukommt, dass sie ihren privaten Besitz zum Teil „abgeben" müssen, z. B. über Nacht. Und Abgeben heißt in diesem Fall, einen zum Teil sehr persönlichen Gegenstand, der auch sehr sensible Daten der Kinder und Jugendlichen enthalten kann (vgl. in früheren Zeiten das Tagebuch) in die Hände Dritter geben müssen.[25] Die Kinder und Jugendlichen empfinden dies als einen unangemessenen Eingriff in ihren persönlichen Bereich und kritisieren ein solches Vorgehen.

Insgesamt kann an dieser Stelle die Frage aufgeworfen werden, inwieweit der Einsatz von Handyverboten überhaupt sinnvoll ist. Von Seiten der Kinder und Jugendlichen gibt es eine große Kritik an Handyverboten, so dass man an dieser Stelle als Fachkraft im Aushandlungsprozess auf eine große Gegenwehr stößt. Möglicherweise könnte ein aktives pädagogisches Handeln, das das Handy insgesamt weniger attraktiv werden lässt, entlastender wirken, so dass ein restriktives Vorgehen in Bezug auf die Handynutzung nicht mehr nötig wäre.

Zugleich kann es sinnvoll sein, gemeinsam Regeln zur Handynutzung auszuhandeln bzw. auch den Kindern und Jugendlichen einen Raum zu geben, in denen sie bestimmte Bereiche ihres Lebens selbst regulieren können. In Bezug auf das digitale Handeln der jungen Menschen sollten stationäre Einrichtungen Voraussetzungen schaffen, die selbstgesteuerte Bildungs- und Erziehungsprozesse unter den Kindern und Jugendlichen ermöglichen (Freigang u. a. 2018, S. 146).

---

25 Hierbei handelt es sich um eine gängige Handlungspraktik in Heimen. In der Studie von Behnisch und Gerner (2014) wird diese Handlungspraktik von Seiten der Fachkräfte als Wunsch nach Kontrolle und Verantwortung beschrieben. Dort geben die Fachkräfte an, dass Jugendliche zu 70 % ihr Handy zu bestimmten Zeiten abgeben müssen und in 50 % der Wohngruppen das Abgeben auch als Strafe eingesetzt wird (ebd. 2014, S. 5).

3.2.6 Ermöglichung digitaler Teilhabe steht ganz weit oben – eine Zusammenfassung

Die Interviews und Gruppendiskussionen mit den jungen Menschen, die in stationären Einrichtungen der Kinder- und Jugendhilfe wohnen, zeigen sehr deutlich, welchen bedeutsamen Platz das Medienhandeln in den Lebens- und Alltagswelten der Kinder und Jugendlichen – wie für alle jungen Menschen insgesamt – eingenommen hat und wie die digitalen Werkzeuge wie WLAN, Handy und Computer ein wichtiger Bestandteil ihrer Lebens- und Alltagswelt sind. In der Analyse zeigt sich demzufolge, dass mit dem Thema digitale Medien und Zugang zu Endgeräten viele Unterthemen mitverhandelt werden und digitale Medien somit ein wichtiges Qualitätskriterium für die jungen Menschen darstellen. Themen, die mit dem Umgang und der Bereitstellung digitaler Medien verhandelt werden, sind, als verantwortungsvolle Person wahrgenommen zu werden, Zugang zu wichtigen Lebensbereichen zu haben, Abbau von Exklusionserfahrung und damit Stärkung des Selbstbewusstseins, Erleben von Gerechtigkeit und Berechenbarkeit der Welt, durch ein nachvollziehbares Handeln der Erwachsenen, Anerkennung von Entwicklungsschritten, Orientierungshilfe und Möglichkeiten der gemeinsamen Aushandlung von Regeln.

In der Verhandlung dieser unterschiedlichen Unterthemen zum digitalen Alltag zeigt sich auch der bereits in der Einleitung beschriebene Verflechtungszusammenhang des Frei-Seins und Da-Seins. Die Jugendlichen beschreiben zum einen die digitale Infrastruktur als Lebens-Qualität. Das heißt: Ist ein digitaler Alltag in Heimen uneingeschränkt möglich, so steigert diese insgesamt die Lebens- und Wohnqualität in den Heimen. Zum anderen verbinden die jungen Menschen mit der digitalen Teilhabe und den damit einhergehenden Möglichkeitsräumen (alltägliche Kommunikation mit Peers, mit Eltern und Geschwistern, Mitgliedschaft in sozialen Netzwerken, Online-Freizeitinteressen, Informationsbeschaffung) Freiräume, freie Entfaltungsräume, in denen sie sich selbst positionieren und ihre Persönlichkeit als Kind, als Jugendlicher entwickeln können.

Die digitalen Medien stellen, wie das eigene Zimmer, einen Raum bereit, in den ich mich zurückziehen kann, in dem ich handeln kann, ohne dass dieses Handeln gleich pädagogisch bearbeitet wird. Es geht dabei also nicht nur um die Verfügbarkeit über digitalen Medien in Bezug auf die digitale räumliche Ausstattung von Heimen, sondern auch wie der digitale Alltag in der Einrichtung gelebt und ausgehandelt wird und welche Entscheidungsbefugnisse und Selbstbestimmungsrechte hier auch die jungen Menschen haben. Ist eine digitale Ausstattung in den Heimen gegeben, z. B. durch die Bereitstellung von WLAN, durch den Zugang zu Computern/Laptops jenseits des Büros der Betreuer und Betreuerinnen, durch die Nutzung privater Handys, und wird nicht durch rigide Regeln (Stundenkontingent für Mediennutzung; Medienverbote) verhindert bzw. eingeschränkt, so wird es den Kindern und Jugendlichen ermöglicht, ihren Kommunikations- und Freizeitinteressen nachzugehen und damit ein Gefühl des Wohlfühlens und Zugehörig-Seins an ihrem derzeitigen Wohnort aufzubauen (Da-Sein am Lebensort Heim). Zugleich verbinden die jungen Menschen mit einem ressourcenorientierten, von den Akteuren positiv bewerteten, digitalen Alltag die Möglichkeit, eigene Entscheidungen zu treffen, selbständig zu werden und am gesellschaftlichen Leben außerhalb der Einrichtung partizipieren zu können (Frei-Sein am Lebensort Heim).

Für die Einrichtung und ihre Ansprüche an Qualität bedeuten die Aussagen der jungen Menschen, dass diese auf den Umgang mit digitalen Medien als ein Qualitätskriterium guter Heime eingehen müssen. Es müssen den Jugendlichen WLAN-Zugänge bereitgestellt werden und das Medienhandeln sollte immer wieder pädagogisch thematisiert werden. Es muss, gerade was das Medienhandeln angeht, darum gehen, „Heranwachsende frühzeitig für einen souveränen, kritisch-reflexiven Umgang mit digitalen Medien stark zu machen. Sie beim Erwerb der Fähigkeit zu unterstützen, sich die Grenzen selbst setzen zu können“ (Hajok 2018).

Folgt man der Formel des 15. Kinder- und Jugendberichts „Jugend ermöglichen“, so stellt die digitale Teilhabe hierbei eine zentrale Größe dar. In Einrichtungen der stationären Kinder- und Jugendhilfe kann Jugend ermöglicht werden, wenn den Kindern und Jugendlichen eine digitale Infrastruktur zur Verfügung gestellt wird, über die sie relativ frei und vor allem ohne finanzielle Einschränkungen verfügen können. Einrichtungen müssen also, auch aus pädagogischen Gründen, mit technischen Entwicklungen mitgehen, die Digitalisierung annehmen und die digitale Infrastruktur, den digitalen Ermöglichungsraum gestalten. Auf diese Weise können sie einer digitalen Exklusion von Kindern und Jugendlichen in Heimen entgegenwirken.

Das heißt, wenn man den bildungspolitischen Forderungen folgt (keine Bildung ohne Medien, …) und den Schlüsselbegriffen wie Medienerziehung/-bildung, Medienkompetenz, einen zentralen Stellenwert zuschreibt, dann bedarf es zum einen auch einer entsprechenden digitalen infrastrukturellen Ausstattung der Einrichtungen. Zum anderen dürfen Kinder und Jugendliche nicht ausschließlich als gefährdete oder gefährdende Mediennutzerinnen und Mediennutzer betrachtet werden. Vielmehr gilt es, den Jugendlichen einen selbstbestimmten, sachgerechten und kritischen Umgang mit Medien zu ermöglichen.

3.3 Anforderungen an die architektonische Qualität und räumliche Gestaltungsmöglichkeiten

In der Diskussion über die Qualität stationärer Einrichtungen wird immer wieder beklagt, dass dabei eine zu geringe Aufmerksamkeit auf die räumliche

Ausgestaltung gelegt wird, obwohl deren Bedeutung unbestritten sei (z. B. Günder 2011; Peters/ Jäger 2014; Meuth 2017). In ihrem mehrdimensionalen Wohnbegriff hält Miriam Meuth folgende Dimensionen fest, die durch das Wohnen in semi-öffentlichen Räumen pädagogischer Einrichtungen wie auch stationärer Einrichtungen der Kinder- und Jugendhilfe hergestellt wird: „Die physisch-materielle, sozialstrukturelle, handlungsbezogene, emotional-kognitive und kulturgeschichtlich-gesellschaftliche Dimension von Wohnen. Im Gesamten stellt das Wechselspiel aus diesen Aspekten und den abstrahierten Dimensionen das dar, was als Wohnen gefasst werden kann" (Meuth 2017).

Vor allem die physisch-materielle und emotional-kognitive Dimension, folgt man dieser Heuristik, werden von den Jugendlichen in der Beurteilung von Wohnqualitäten in Heimen angesprochen (siehe auch Mangold/ Rein 2017). Daniela Wohlfart und Gottfried Schilling (o. J.) haben ein Raumkonzept veröffentlicht, in dem insbesondere auf die drei Aspekte Atmosphäre, Konzeption und Funktion eingegangen wird und für eine sorgsame Gestaltung stationärer Einrichtungen plädiert wird. Joachim Bensel u. a. (2015) gehen in ihrer Expertise zur Raumgestaltung in Kitas so weit, dass sie in der Raumgestaltung neben der Fachkraft-Kind-Relation die zentrale Qualitätsdimension erkennen und dies auch empirisch für begründbar halten. Die Notwendigkeit sich mit der architektonischen Qualität auseinanderzusetzen wird auch aus einer raumtheoretischen Perspektive gestützt, aus der u. a. mit Verweis auf Bruno Latour (2007) hervorgehoben wird, dass Räume nicht nur Container sind, in denen Handlungen stattfinden, sondern vielfältig in die Handlungen eingreifen (Lingg 2018, S. 71).

Auch aus der Perspektive einer Soziologie des Wohnens gibt es gute Gründe sich mit der Frage zu befassen, wie die architektonische Ausgestaltung des Lebensorts Heim und die Einflussmöglichkeiten der Bewohnerinnen und Bewohner sich auf die Qualität einer Einrichtung auswirken (Knabe 2019). Vor diesem Hintergrund erstaunt es nicht, dass die Kinder und Jugendlichen in dieser Studie bei der Frage danach, auf was Kinder und Jugendliche bei der Auswahl einer Einrichtung achten sollen, auch das Thema architektonische Qualität ansprechen. Für sie ist dabei von besonderer Bedeutung, wie sehr die räumliche Gestaltung der Einrichtung ihr Ankommen in der Einrichtung, ihre Möglichkeiten der Aneignung und Mitgestaltung als eigenen Lebensort und ein Wohlbefinden befördern.

3.3.1 „Helle Räume" zum Glücklich-Sein – zur Betonung der architektonischen Qualität für das Well-Being

Für die Kinder und Jugendlichen in stationären Einrichtungen spielt vor allem der Aspekt von Atmosphäre, wie er auch im Raumkonzept von Daniela Wohlfart und Gottfried Schilling (o. J.) herausgearbeitet wird, eine große Rolle. Es geht um den Charakter des Wohlfühlens, den ein Heim für die jungen Menschen bereitstellen sollte. Die Wohlfühlqualität verbindet dabei die räumlich-ästhetische mit der emotionalen Dimension. Für den Lebensort Heim, ein Ort also, an dem ein Teil ihres Lebens, ihres Aufwachsens stattfindet, wünschen sich die jungen Menschen u. a. „helle Räume“:

> „Es war auch so, es sah, da gab's, es war auch so düster irgendwie in den Räumen, das war nicht wirklich schön.“
>
> **Jugendlicher 19, 425–426**

> „Ja. Wenn das Haus jetzt, wie gesagt, es ist da so eine leicht depressive Stimmung, und da wird man ja auch, glaube ich, eher depressiv, als wenn das jetzt plötzlich hell ist und so – dann ist man glücklicher. Und wenn dann draußen die Sonne noch scheint – zum Beispiel, das macht generell glücklicher, glaube ich.“
>
> **Jugendlicher 19, 773–777**

Der zitierte Jugendliche geht an zwei Stellen im Interview auf die räumliche Ausstattung von Einrichtungen der stationären Kinder- und Jugendhilfe ein. Dabei blickt er auf zwei Erfahrungshorizonte zurück, die er in Bezug zueinander setzt. Auf ein Heim, in dem er ein Probewohnen absolviert hat, und das derzeitige Heim, in dem er lebt. Im ersten Fall nimmt er eine negative Sichtweise auf die Einrichtung ein, was er auch mit der dort wahrgenommenen Dunkelheit der Räume verbindet. Dass es so „düster irgendwie in den Räumen“ war, bewertet er in der Rückschau als „nicht wirklich schön“. Im weiteren Verlauf des Interviews schreibt er der Dunkelheit der Räume zugleich eine „leicht depressive Stimmung“ zu. Vor dem Hintergrund seiner Erfahrungen verbindet er dunkle Räume mit Depressivität und auch der Möglichkeit überhaupt depressiv zu werden und helle Räume mit dem Gefühl „glücklicher“ zu sein.

Er macht an dieser Stelle eine ganz deutliche schwarz-weiß-Perspektive auf und hebt die hohe Bedeutung heller und damit lichtdurchfluteter Räume für das individuelle Wohlbefinden hervor. Verstärkt wird dieses Gefühl, wenn „draußen die Sonne“ scheint. Die Helligkeit der Räume, die Belichtung mit Tageslicht stellt für diesen Jugendlichen somit ein wichtiges Kriterium für die Qualität in Räumen dar, und somit insgesamt für die Qualität von Heimen. Der Jugendliche greift hier auf ein wichtiges architektonisches Qualitätskriterium zurück. Es ist hinlänglich bekannt, dass helle gut beleuchtete Räume eine Wohlfühlatmosphäre schaffen und für die Gesundheit von Menschen eine große Bedeutung haben (siehe hierzu Studien zu Raumqualitäten und der Einfluss von Lichtqualität, Klima und Geruch oder Raumproportionen auf die Bewertung der Wohlbefindlichkeit in Räumen, z. B. Willi Schneider u. a. (2003) für Raumqualität in Büros).

Neben hellen Räumen, ist es für die Wohlfühlatmosphäre in Heimen wichtig, dass man sich auch mit den Räumen in der Einrichtung identifizieren kann. In der Gruppendiskussion (41) geht es in der Aushandlung der Thematik „eigenes Zimmer" (vgl. nächster Abschnitt) darum, wie die Einrichtung selbst einen „persönlichen Touch" erhalten kann, um damit auch die Zugehörigkeit zum Heim - auch als „Zuhause" - deutlich zu machen.

> „Halt wirklich so eine [] persönlichen Touch hat, sag ich jetzt mal. Ich mein jetzt nicht nur so - sogar nicht nur in den Zimmern, sondern auch in jeder normalen Wohnung, in jedem normalen Haus von der Familie hängt auch mal ein Bild an der Wand oder so. Und wenn das dann irgendwie so kalt ist und dann noch nicht mal - das ist jetzt bei uns auch erst seit zwei Jahren oder so, dass bei uns jetzt so ein paar Bilder an den Wänden hängen. Auch das auch nur im Esszimmer. Das ist dann aber auch wieder so - ich find, sowas braucht man um sich auch wieder so ein bisschen mehr zu Hause zu fühlen. Weil wenn das dann irgendwie so kalt ist, dann kommt man da so - dann kommt ein Fremder da so rein, sieht so oberflächlich, ja, okay, schönes Haus, aber wenn man dann - ja."
>
> **Jugendliche 42 (GD), 1318–1327**

Die Jugendliche entwickelt hier ein Bild von den Räumlichkeiten im Heim vor dem Vergleichshorizont „in jedem normalen Haus von der Familie". Die Qualität der Räumlichkeiten in ihrer Einrichtung wird hier mittels des Vergleichens konstruiert, wobei sie sich an einem Normalitätskonstrukt orientiert („normalen Haus"), das durch „ein Bild an der Wand" gekennzeichnet wird. Von diesem Normalitätskonstrukt, welches hier positiv und die Raumqualität steigernd bewertet wird, sollten Heime nicht abweichen (zur Konstruktion des Wohnens in Wohngruppen siehe auch Mangold/Rein 2017). Bilder an der Wand würden auch im Heim einen „persönlichen Touch" symbolisieren und damit für eine höhere Wohnqualität stehen. Erst durch das Aufhängen von Bildern, was in ihrer Einrichtung seit zwei Jahren möglich ist, erhält der Wohnort Heim einen persönlichen Charakter. Ohne Bilder wirken die Innenräume des Heimes „kalt". Mit Bildern hingegen kann man sich „ein bisschen mehr zu Hause" fühlen. Bilder an den Wänden als eine Möglichkeit der räumlichen Ausstattung stehen für die Interviewte für die Möglichkeit der Aneignung der Räume und erzeugen hierdurch Wärme, Geborgenheit und Wohlfühlen.

Diese sichtbare Inbesitznahme des Raumes gibt der stationären Einrichtung einen persönlichen und somit individuellen Anstrich, erzeugt Wärme. Gute Heime zeichnen sich somit auch durch einen persönlichen Charakter aus, der z. B. über Bilder an den Wänden hergestellt werden kann, und nähern sich auf diese Weise, so die Deutung der Interviewten, der Wohnumgebung eines „jeden normalen Haus von der Familie" an. Eine Annäherung, die von der Interviewten positiv konnotiert ist und mit der kognitiv-emotionalen Dimension eines

Zuhauses verknüpft wird (zur Konstruktion von Familie in der Heimerziehung siehe Eßer/Köngeter 2015).

Neben der Helligkeit und der individuellen Gestaltung der Räume und der damit verbundenen freundlichen Architektur, die für gute Heime von den Jugendlichen als Qualität gedeutet wird rücken für die Kinder und Jugendlichen auch die Anzahl der Räume, die die Einrichtung zur Verfügung hat, in den Mittelpunkt.

3.3.2 „Auf jeden Fall jeder ein eigenes Zimmer" – Gute Heime haben Rückzugsorte

Das eigene Zimmer, die „eigenen vier Wände", in dem die Kinder und Jugendlichen schlafen, spielen, ihre Hausaufgaben machen, Musik hören, lesen, entspannen, telefonieren, etc. können, ist ein sehr wichtiger Ort, der im Alltagsleben aller jungen Menschen – nicht nur was die Quantität an Zeit betrifft, die dort verbracht wird, – eine große Bedeutung einnimmt. Ihr Zimmer ist für die Kinder und Jugendlichen „seine Zuflucht erster Ordnung und der von ihm meist genutzte Ort in der Familie und auch im Heim" (Müller 1991, S. 20). Gerade in semi-öffentlichen Wohnräumen pädagogischer Einrichtungen, wo Öffentlichkeit und Privatheit gleichzeitig stattfinden und eng miteinander verwoben sind, nimmt ein wenig Privatheit in Form eines eigenen Zimmers einen hohen Stellenwert ein (Meuth 2017).

Die vom 15. Kinder- und Jugendbericht (2017) beschriebene Figur des „Ringens um Freiräume" junger Menschen manifestiert sich vor allem innerhalb des institutionellen Gefüges des Aufwachsens. Dabei besteht der Wunsch – sei es in der Familie oder in Wohngruppen – „einen eigenen Raum, im konkreten wie im übertragenen Sinne, zur Verfügung haben zu wollen" (BMFSFJ 2017, S. 111). In den vorliegenden Interviews betonen vor allem die Jugendlichen und jungen Erwachsenen, wie wichtig es ist, dass jedem jungen Menschen im Heim ein eigenes persönliches Zimmer zur Verfügung steht. Das eigene Zimmer, und sei es auch, dass man es mit einem anderen Kind oder Jugendlichen teilt, ist in vielen Fällen einer ihrer Lieblingsorte. Welche Deutungen verstecken sich hinter dem „eigenen Zimmer", was verbinden die jungen Menschen mit diesem Ort, warum markieren die jungen Menschen das eigene Zimmer als Qualitätsmerkmal guter Heime?

> „Also auf jeden Fall jeder ein eigenes Zimmer. Das ist schon wichtig, dass sich auch jeder mal zurückziehen kann".
>
> **Jugendlicher 19, 467–468**

Für den Jugendlichen in dem Interviewausschnitt 19 hat „ein eigenes Zimmer" eine sehr hohe Priorität. Der unbedingte Wunsch nach einem persönlichen

Zimmer, so kann man die Formulierung „auf jeden Fall" deuten, wird von ihm betont. Ohne Zweifel und selbstverständlich sollte die Verfügbarkeit über ein eigenes Zimmer den Regelfall darstellen. Das „eigene Zimmer" drückt zugleich einen Besitz aus, es gibt ein Zimmer, über das kann der Jugendliche jederzeit verfügen, es ist in seinem ‚Privatbesitz'[26] und steht für seine ‚Privatsphäre'. Die unmittelbar angeführte Erklärung, „dass sich auch jeder mal zurückziehen kann", verweist auf die Bedeutung des eigenen Zimmers als Rückzugs- oder auch Zufluchtsort. Die Möglichkeit des Zurückziehens ist „auch" wichtig im Alltagsleben der jungen Menschen, und diese Möglichkeit wird ihnen in erster Linie durch ein eigenes Zimmer bereitgestellt. Auch andere Jugendlichen äußern sich in ähnlicher Weise:

> „Ja, also, jeder hat halt sein eigenes Zimmer und kann halt auch reingehen, einfach die Tür zu machen, dann hat man auch seine Ruhe."
>
> **Jugendlicher 26, 475–476**

> „Dass man sich dann zurückziehen kann, wenn halt, wenn wirklich was ist oder so. Oder wenn es jetzt mal eine Streiterei gibt oder keine Ahnung was, dann zieht man sich da halt einfach zurück und macht halt die Tür zu, und dann war's das halt."
>
> **Jugendlicher 31, 437–440**

Die Jugendlichen berichten hier aus ihrer eigenen Erfahrung heraus, und zeigen entlang der jeweiligen Praktiken, welche Rolle das eigene Zimmer in ihrem Alltagsleben einnimmt. Das eigene Zimmer als Rückzugsort zeichnet sich auch dadurch aus, dass man hinter sich „die Tür zu machen" kann. Man kann an einem Ort sein, der nicht einsehbar ist von Dritten, in dem man alleine ist, in dem man „auch seine Ruhe" haben kann. Das Zumachen der Zimmertür steht hier auch für einen Schutzraum – man muss sich jetzt nicht mehr mit einem bestimmten Thema, das evtl. auch zu einem Streit geführt hat, auseinandersetzen, zumindest nicht interaktiv mit anderen Kindern und Jugendlichen oder mit dem Betreuer/der Betreuerin.

Die Tür zum eigenen Zimmer markiert die Grenze. „Einfach die Tür zumachen" signalisiert, dass jetzt zunächst kein weiterer Austausch gewünscht ist, dass man jetzt für sich und mit sich sein möchte, und zwar in seinen eigenen vier Wänden. Die gehäuft auftretende Verwendung des Wortes „einfach" kann auf zwei Lesarten hin interpretiert werden. Einfach im Sinne von leicht, ohne Mühe durchführbar. Das heißt, es müssen keine großen Anstrengungen dafür unternommen werden, in sein Zimmer zu gehen und die Tür zuzumachen. Diese Praxis ist „einfach" so möglich. Einfach kann aber auch als Verstärkung und

26 Vgl. auch Woolf, Virginia (1929)

Betonung der Aussage verstanden werden, im Sinne von „das ist wirklich so“, „da muss man niemanden fragen“.

Wie in den obigen Interviewpassagen schon angedeutet wurde, stellt das Zurückziehen ins eigene Zimmer aus der Sicht der jungen Menschen zudem eine Bewältigungsstrategie bei Konflikten dar. Bei Auseinandersetzungen in der Gruppe oder mit den Betreuern und Betreuerinnen ist das eigene Zimmer ein Zufluchtsort, ein Ort, um „runterzukommen“ und die Auseinandersetzung zunächst mit sich selbst auszuhandeln. Diese Bewältigungsstrategie kann sowohl von Fachkräften erwünscht und gefordert („geh auf dein Zimmer“) als auch eine selbst gewählte Deeskalationsmaßnahme sein.

> „Dann rede ich eigentlich mit niemandem. Dann bin ich halt einfach in meinem Zimmer und schau irgendwo hin.“
>
> **Kind 36, 402–403**

> „Das ist halt, ich bin, weil ich total fertig bin, dann rase ich sofort hoch. Aber das hat jetzt nicht viel mit meinen Betreuern in dem Sinne zu tun, sondern auch mit mir, woran ich arbeite oder schon gearbeitet habe. Das ist jetzt nicht mehr so, ich habe, sie haben sich auch verändert, weil ich das gesagt habe. Und ich habe auch gemerkt, ja, es bringt nichts, an die Decke zu gehen, einfach chillen, gehe in dein Zimmer rein, dann Tür zu, dann kommst du wieder raus, wenn du normal bist.“
>
> **Jugendliche 30, 847–854**

Insgesamt lässt sich entlang dieser Interviewpassagen die Frage diskutieren, welche Bedingungen erfüllt sein müssen, damit ein Raum zu einem eigenen Raum für die Kinder und Jugendlichen werden kann, der auch als solcher von den Betreuenden und von den Peers anerkannt wird. Wie müssen Räume gestaltet sein, welche Möglichkeiten sollten sie bereitstellen, damit sich junge Menschen damit identifizieren können, damit sie sich diese Räume als ihre eigenen Orte zum Chillen, zum Zurückziehen, zum eigenen Gedanken nachhängen, zum Träumen, zum Lesen, zum Musikhören, zum Wütend sein, zum Runterkommen, etc. aneignen können? Welcher Ausstattung bedarf es (Möbel, Medien), welcher Anordnung der Gegenstände, welche Zugänglichkeiten zum Zimmer, welche Möglichkeiten zur freien ästhetischen Gestaltung (Bilder/Poster aufhängen; Wände bemalen)?

Zum Wohlfühlen – und das zeichnet gute Heime aus – bedarf es also nicht nur einer ansprechenden Raumatmosphäre, sondern es bedarf auch eines Ortes, an dem die jungen Menschen für sich sein können. In Einrichtungen der stationären Kinder- und Jugendhilfe in denen eine Wohngruppe auch mal 8 bis 10 Kinder und Jugendliche umfassen kann, sind solche Orte der Ruhe, des Rückzugs, des Alleinseins, des Intim-Seins, des Ich-Seins, des Abschalten-Könnens, des Tür-zumachen-Könnens, des Nicht-Gestört-werdens, des Nicht-pädagogisiert-Werdens, des mit dem/der besten Freund/in Zusammenseins von großer Wichtigkeit für die Entwicklung der eigenen Persönlichkeit.

In diesem Zusammenhang wird in den Interviews und Gruppendiskussionen auch die Frage diskutiert, wer Zugang zu diesem eigenen Raum hat und wer über die Zugangsmöglichkeiten entscheidet. Wenn es um die Aushandlung der Schlüsselkompetenz geht, wird das bereits angedeutete Spannungsverhältnis aus Öffentlichkeit und Privatheit virulent. Die Frage der Schlüsselkompetenz oder auch ‚Schlüsselgewalt' ist dabei eng mit der emotionalen Dimension von Raumqualitäten verflochten. So fällt es womöglich leichter, sich mit einem Raum zu identifizieren, wenn man auch die Möglichkeit hat, diesen vor dem Zutritt anderer Personen zu schützen.

In einer Gruppendiskussion wird angesprochen, dass die Praxis des ‚Türe Zumachens' allein nicht ausreicht. Es wird von Situationen berichtet, in denen Mitbewohnerinnen und Mitbewohner trotz geschlossener Tür, das eigene Zimmer betreten und den Rückzugswunsch ignorieren. Vor diesem Hintergrund, wird der Wunsch geäußert, einen Zimmerschlüssel für das eigene Zimmer zu besitzen:

> „Und was ich noch gut finden würde, wenn Leute, die alleine ein Zimmer besitzen, einen Zimmerschlüssel bekommen"
>
> **Jugendlicher 42 (GD), 197–198**

> „Ich habe mich hier halt wohl gefühlt. Hier gab es halt – das einzige, was mich vielleicht am Anfang gestört hatte, war, dass ich von innen nicht abschließen kann, weil ich wurde halt zu Hause oft, es wurde ja alles kontrolliert, und da hatte ich hier, wurde ich ein bisschen, sage ich jetzt mal, paranoid. Aber nach einer Zeit habe ich mich dann, ich habe mich darüber dann beschwert, weil es war für mich halt schlimm, nachdem ich eingezogen bin. Und danach wurde auch die Regel gemacht „Ich darf mich auf jeden Fall einschließen", die anderen dürfen auch, aber es ist gewünscht, dass ich es nicht tue."
>
> **Jugendlicher 19, 440–449**

Für einige der jungen Menschen, gerade für Jugendliche, ist das bloße Zimmertürschließen nicht ausreichend, um sich dieses als eigenes Zimmer aneignen zu können und um sich darin wohlzufühlen. In den oben aufgeführten Fällen wird die Möglichkeit eines Zimmerabschließens[27] erwünscht. Mit dieser Möglichkeit verbinden die Jugendlichen einen noch größeren Schutzraum vor unbeliebten

---

27 „Kinder brauchen ein Türchen zum Abschließen. Entweder am Schreibtisch, im Schrank oder am Nachtkästchen. Wenn keines vorhanden, dann bauen wir eines. Das Kind braucht ein Türchen, in das es seine Schätze und Geheimnisse legen und darin verwahren kann, um es vor neugierigen Blicken anderer zu schützen. Dies ist was ganz Wichtiges für ein Kind, zu wissen: da kann ich viel zurückbehalten, von dem ich meine, dass es die anderen nicht angeht. Mag dies ein langersehnter Brief der Mutter sein, das Taschengeld, seine Süßigkeiten oder sonstige Utensilien" (Müller 1991, S. 23).

‚Eindringlingen' oder auch vor Kontrollen durch Dritte. Greifen wir den oben bereits geäußerten Gedanken des Privatbesitzes auf, so würde die Deutung des Privatbesitzes in Verbindung mit einem Schlüssel zusätzlich verstärkt werden. Der vermeintlich ‚private Besitz' könnte durch das „Abschließen" gesichert werden, die Privatsphäre gewahrt werden.

Im Interview mit dem oben zitierten Jugendlichen zeigt sich, inwieweit für ihn allein die potentielle Möglichkeit des Abschließens von Bedeutung ist. Das heißt, er hat jederzeit die Möglichkeit sich „einzuschließen", ihm wird jedoch nahegelegt, dies nicht zu tun. In diesem Aushandlungsraum fühlt der Jugendliche sich angemessen berücksichtigt und seine Bedürfnisse, die er an dieser Stelle aus biographischen Erfahrungen heraus begründet, anerkannt. Mit dem Besitz des Schlüssels verbinden sie die Möglichkeit selbst entscheiden zu können, wer und wann ihren Rückzugsort des eigenen Zimmers betreten, wer ihre Privatsphäre stören darf. Zudem haben/ hätten sie dadurch die Möglichkeit, ihr Zimmer als nicht-pädagogisierten Raum, als Raum, der nicht von den Betreuenden kontrolliert wird zu deklarieren (Günder 2011; Mangold/Rein 2017). Gerade die Macht- und Hierarchieverhältnisse in Heimen, die zudem nicht unbedingt förderlich sind für ein Identifizieren mit dem Lebensort Heim, könnten mit einer den Jugendlichen zugesprochenen Schlüsselkompetenz relativiert werden.

3.3.3 „Ja, ich bin sozusagen in meinen vier Wänden" – Möglichkeiten der freien Zimmergestaltung

Ähnlich wie die gesamte Einrichtung von den jungen Menschen auch auf ihre architektonische Qualität hin überprüft wird, dokumentiert sich auch in den Abschnitten zum eigenen Zimmer der Wunsch, dass dieses über eine gute Qualität, auch im Sinne der räumlichen Anordnung, verfügt und vor allem Möglichkeiten eröffnet, die Gestaltung des Zimmers individuell vornehmen zu können.

> „Nicht jetzt eins, wo du reinkommst, du hast rechts eine Tür fürs Bad, die du nicht aufmachen kannst, wenn du die Zimmertür offen hast. (I1: Ach so.) Dann ein Bad oder halt, also wir haben, wo ich jetzt bin, haben wir halt in jedem Zimmer direkt ein Bad mit Dusche, WC, Waschbecken".
>
> **41 (GD), 2477–2480**

In der Gruppendiskussion des regionalen Heimrates stellt ein Jugendlicher klar, dass es nicht nur darum gehen kann, Zimmer für die jungen Menschen zur Verfügung zu stellen, sondern diese sollten auch einer gewissen Funktionalität entsprechen. In seinem Heim sind die Schlafzimmer der Kinder und Jugendlichen zusätzlich mit einem „Bad mit Dusche, WC, Waschbecken" ausgestattet. Diese Ausstattung wird in der Gruppendiskussion als Besonderheit festgehalten, da die meisten Einrichtungen eher über Gemeinschaftsbäder verfügen. Die gehobene Ausstattung mit einem eigenen Bad, darf jedoch nicht die Funktionalität des gesamten Zimmers in Frage stellen. Der Jugendliche berichtet hier von sich gegenseitig behindernden Eingangstüren, ins Zimmer und ins Bad. Für den Jugendlichen steht diese Dysfunktionalität für eine in der Praxis nicht geeignete räumliche Anordnung der Zimmer, die verhindert werden müsste.

In Bezug auf die räumliche Ausstattung der Zimmer ist es den jungen Menschen ein besonderes Anliegen, dass sie die Möglichkeit haben, ihr Zimmer selbst einzurichten und zu gestalten. In mehreren Einzelinterviews sowie in den Gruppendiskussionen wird dieser Aspekt als wichtiges Qualitätsmerkmal guter Heime thematisiert.

> „Ja. Dass man halt auch wirklich sein Zimmer so gestalten kann, wie man möchte, damit man sich auch ganz wohl fühlt, damit das nicht wirklich dann, damit man nicht wirklich direkt daran denkt, wenn man aufsteht „Ach Scheiße, ich bin ja noch in dieser blöden Gruppe hier", sondern dass man auch dann denkt „Ja, ich bin sozusagen in meinen vier Wänden" und „Der Raum gefällt mir, so wie es mir gefällt". Und wenn ich halt einen Rückzugsort brauche, dann weiß ich halt „Ja, ich kann in mein Zimmer gehen, da gefällt es mir" und „Da fühle ich mich wohl, da kann ich mich zurückziehen". Und deswegen finde ich das schon wichtig, dass man sein Zimmer so gestalten darf, wie man will".
>
> **Jugendlicher 26, 615–625**

Für den Jugendlichen wird das eigene Zimmer vor allem dann zu einem auch emotional positiv besetzten Rückzugsort, mit dem man sich identifizieren kann, wenn man diesen Ort, diesen Raum auch „so gestalten kann, wie man möchte". Erst durch die Möglichkeit der Aneignung durch Gestaltung (z. B. in Bezug auf die Stellung der Möbel, des Mitbringens persönlicher Gegenstände, der Gestaltung der Wände) wird das von der Einrichtung zur Verfügung gestellte Zimmer zu „meinen vier Wänden". Dieses Gefühl zu haben, verbindet er zugleich mit einem Zugehörigkeitsgefühl zum Wohnort Heim und einer positiven Einstellung gegenüber diesem Ort. Das heißt, die alleinige Bereitstellung eines Zimmers ist für den Jugendlichen nicht ausreichend. Er muss auch eine Zugehörigkeit zu diesem Zimmer entwickeln können – er muss sich dort wohlfühlen können, es muss ihm dort gefallen. An dieser Stelle greift der Verflechtungszusammenhang des Da-Seins und Frei-Seins, wie er in der Einleitung zur Adressatinnen und Adressatenperspektive dargestellt wurde. Für den Jugendlichen trägt ganz entscheidend zum Gefühl des Geborgen-Seins[28] im Heim bei, dass er frei über seine unmittelbare Wohnumgebung, seine eigenen vier Wände entscheiden kann. Er kann für sich diesen Raum einrichten, nach seinen Bedürfnissen und Vorlieben. Durch

28 Anne Frommann spricht auch von der „Insel der Geborgenheit" (in Müller 1991: 10).

diesen Möglichkeitsraum, der ihm von der Einrichtung gegeben wird, kann er sich stärker mit der Einrichtung identifizieren – ein Da-Sein entwickeln, und zugleich seinen eigenen Freiraum im Sinne eines Rückzugsortes gestalten und einrichten – ein Frei-Sein verspüren.

Eine etwas andere Erfahrung mit den Möglichkeiten sein Zimmer zu gestalten, diskutieren Kinder und Jugendliche in einer Gruppendiskussion. Hier wird deutlich, welches Unbehagen mit fehlenden Freiheiten bei der Zimmergestaltung einhergehen kann:

> „JW: Und dann, was Zimmergestaltung anbelangt, wir dürfen z. B. nichts aufhängen. Und bei einem Kind, was sehr kreativ ist oder so oder was das auch ausleben möchte, ist es wichtig, dann –
> JW: Ihr dürft nichts aufhängen?
> JW: Wir durften nichts aufhängen, wir durften keine Löcher in die Wand machen.
> JW: Wir durften ein Bild aufhängen, also bei uns –
> JW: Und dann sah es aber auch in diesem Haus so aus. Keine Spielsachen, keine Schuhe sonst nichts, also das war ein perfektes nach außen Möbelhaus (Name eines bekannten Möbeleinrichtungshauses in der Umgebung) so, auch die Einrichtung so.
> I: Aber das wär' euch sozusagen wichtig, dass man sagt, man hat –
> JW: Ja.
> I: Man darf selber entscheiden –
> Mehrere: Ja.
> JW: Also Kinder, die lassen auch mal was liegen, Kinder haben kein ordentliches Zimmer. Muss jetzt nicht ein Saustall sein, aber dass die Spielsachen da liegenbleiben können.
>
> **Jugendliche 42 (GD), 1296–1315**

In diesem Abschnitt in der Gruppendiskussion kommen die Kinder und Jugendlichen übereinstimmend („mehrere: ja") zu dem Schluss, dass es ein wichtiges Merkmal von Qualität in Heimen ist, wenn man „selber entscheiden" kann, wie man sein Zimmer einrichtet. Interessant ist hier, dass die Jugendlichen, die in unterschiedlichen Wohngruppen in der Einrichtung wohnen, auch auf unterschiedliche Erfahrungen in Bezug auf ihre Autonomie bei der Zimmergestaltung zurückgreifen. So moniert eine Jugendliche, dass sie in ihren Zimmern „nichts aufhängen dürfen" und auch „keine Löcher in die Wände machen dürfen".

Zur Entfaltung und Auslebung der Kreativität von Kindern, so die Argumentation der Jugendlichen, wäre eine freie Zimmergestaltung jedoch von großer Bedeutung. Andere Jugendliche aus dem Heim sind über diese Praxis in der Wohngruppe überrascht, da in ihrer Wohngruppe sehr wohl die Möglichkeit besteht „etwas aufzuhängen". Neben der fehlenden Möglichkeit „etwas aufzuhängen", bemängelt die Jugendliche zudem, dass die Wohngruppe, in der sie aufgewachsen ist, insgesamt eher steril, wie ein „nach außen perfektes Möbelhaus" gehalten wurde. So durften z. B. keine Spielsachen der Kinder rumliegen. Diese Praxis erfährt die Jugendliche als Einschränkung ihrer eigenen individuellen Entfaltung und steht ihrer Deutung nach auch im Gegensatz zur Lebenswelt von Kindern. Diese „lassen auch mal was liegen" und haben auch mal „kein ordentliches Zimmer". Diese Praxis war jedoch in ihrer Wohngruppe so nicht vorgesehen, womit sie einen elementaren Unterschied zur kindlichen Lebenswelt anderer Kinder aufmacht. Auch in der Gruppendiskussion (42) wird somit die freie Entfaltung bei der Zimmergestaltung als Merkmal guter Heime konstruiert, obgleich einzelne Teilnehmerinnen und Teilnehmer diese Praxis in ihrer Wohngruppe nicht erleben konnten.

Einhergehend mit der Möglichkeit, sein Zimmer selbst nach seinen Bedürfnissen einzurichten und räumlich zu gestalten, ist zudem wichtig, dass die Zimmergestaltung „veränderbar" ist.

> „Und ich habe auch alles so, wie ich es haben möchte eigentlich, so wie es mir gefällt, wenn es gemütlich ist, lasse ich es so, wenn es ungemütlich ist, wenn ich es nicht mehr sehen kann, stelle ich einfach um, und dann"
>
> **Jugendlicher 26, 592–595**

Bedürfnisse und Stile von jungen Menschen sind (noch) nicht zeitlich stabil – sie passen sich aktuellen Moden und Trends, eigenen Stimmungen an. Kinder und Jugendliche sind noch auf der Suche nach ihrem Stil. Vor diesem Hintergrund ist es für den Jugendlichen wichtig, dass er die Möglichkeit hat, auch sein Zimmer dementsprechend zu verändern. „Wenn ich es nicht mehr sehen kann, stelle ich einfach um" – auch hier drückt die Formulierung „einfach" die problemlose Umsetzung der Zimmerumgestaltung aus. Für den Jugendlichen wird ihm diese Möglichkeit in seinem Heim eingeräumt und er kann ohne Umstände selbst entscheiden, wann es an der Zeit ist, sein Zimmer umzustellen, neu zu gestalten. Nämlich genau dann, „wenn es ungemütlich ist".

Auch Karl Heinz Müller schreibt der Veränderbarkeit der räumlichen Umgebung in Heimen eine große Bedeutung zu: „Soll sich aber das Kind sein Zimmer nach seinen Vorstellungen einrichten können, ist es eine wichtige Voraussetzung, dass das Zimmer des Kindes veränderbar ist. Ein Zimmer, das kein Umstellen, kein Umgestalten zulässt, verliert seine Lebendigkeit, seine Wohnlichkeit schnell und wirkt endgültig" (Müller 1991, S. 21). „Das Zimmer kann nur mitgehen, wenn es veränderbar bleibt und somit den jeweiligen Bedürfnissen des Kindes nach Geborgenheit, vor allem was es darunter versteht, gerecht werden kann" (ebd.).

Junge Menschen brauchen also auch Möglichkeiten, ihr Zimmer immer wieder neu gestalten zu können, neue Poster aufhängen zu können, die Möbel umstellen zu können, Möbel austauschen zu können. Der Jugendliche (Interview 26) fordert dahingehend eine flexible Praxis in der freien Gestaltung der eigenen Zimmer der Kinder und Jugendlichen in Heimen ein. Der Jugendliche entscheidet selbstständig, wann das eigene Zimmer wieder eines ‚neuen Anstrich' bedarf, damit er sich auch weiterhin darin wohlfühlen kann, damit es auch weiterhin ein Lieblingsort bleibt.

3.3.4 „Aber nur, wenn sie möchten halt" – Freiheiten in der Zimmerwahl

In den bislang aufgeführten Interviewausschnitten aus den Einzelinterviews und Gruppendiskussionen, hat das eigene Zimmer oberste Priorität und wird als zentrales Merkmal guter Heime konstruiert. Die Verfügbarkeit über ein Einzelzimmer ist jedoch nicht in allen Heimen vorgesehen, und so ist es keinesfalls unüblich, dass Kinder und Jugendliche in Heimen sich das Schlafzimmer mit einer weiteren Mitbewohnerin oder einem weiteren Mitbewohner teilen. In den Kinderinterviews wird dabei deutlich, wie unterschiedlich hier die Bedürfnisse sein können und inwieweit die nicht erfüllte Zimmerwahl zu Konflikten und Einschränkungen führen kann.

> „Hm (–), wenn ich in ein anderes Zimmer will. Und halt nicht in dem. Weil ich ein Einzelzimmer möchte. Aber im Moment geht's halt grad nicht, weil wir viele haben."
>
> **Kind 36, 429–430**

Als es im Interview um die Frage ging, wann das Gespräch mit den Betreuerinnen und Betreuern gesucht wird, verweist das Mädchen nach kurzer Überlegung auf das Thema „ein anderes Zimmer" zu wollen. Zum Hintergrund: Das Mädchen (12 Jahre) teilt sich zum Zeitpunkt des Interviews ein Zimmer mit einem anderen 15-jährigen Mädchen. Diese Zimmergemeinschaft möchte sie jedoch gerne auflösen und in ein „Einzelzimmer" wechseln. Diesen Wunsch scheint sie immer wieder gegenüber ihrer Betreuerin zu äußern. Jedoch kann ein Wechsel derzeit, „weil wir viele haben", so die kommunizierte Begründung in der Einrichtung, die auch das Mädchen verinnerlicht hat, nicht erfolgen. Das Mädchen akzeptiert diese Nicht-Ermöglichung eines Wechsels zunächst („im Moment geht's halt grad nicht"). Für sie scheint das Thema jedoch noch keineswegs abgehakt zu sein. An dieser Stelle sind es also strukturelle Gründe – eine hohe Anzahl an Kindern und Jugendlichen in der Gruppe und eine dementsprechend geringe Anzahl an Einzelzimmern –, die hier angeführt werden. Das Mädchen weiß jedoch um die Möglichkeit, dass sie ein Einzelzimmer bekommen könnte.

Anders stellt sich die Situation eines 10-jährigen Jungen dar, der in einem Einzelzimmer wohnt, der jedoch anders als die eben zitierte 12-jährige das Einzelzimmer nicht favorisiert.

„Ja. Und hier ist es eigentlich cool. Mit Ausnahme dem Zimmer. Weil ich hasse es, im Einzelzimmer zu sein und nicht zu zweit im Zimmer sein, weil allein bekomm ich immer am Abend Angst."

Kind 37, 19–21

Gleich zu Beginn des Interviews nimmt der Junge zunächst eine positive Haltung gegenüber der Einrichtung ein, in der er derzeit lebt. So ist es für ihn „hier eigentlich cool". Das Wort „eigentlich" weist hier jedoch bereits auf eine Einschränkung hin und diese führt er dann im Weiteren aus. Es gibt für ihn eine „Ausnahme" und das ist sein Zimmer. Der Junge verfügt über ein eigenes Zimmer, dies entspricht jedoch nicht seinem momentanen Bedürfnis. So möchte er gerne ein Zimmer mit einer weiteren Person teilen, weil das Alleinsein für ihn mit Ängsten vor allem in den Abendstunden und zur Schlafenszeit einhergeht. Das heißt, während in der vorherigen Beschreibung der Qualitätsdimension „eigenes Zimmer", dieses vor allem als Ruhe- und Rückzugsort konstruiert wurde, sucht der Junge eher die Gemeinschaft und kann sich einen Mitbewohner sehr gut vorstellen. Im weiteren Verlauf des Interviews benennt er auch das Wohnzimmer als seinen Lieblingsort und nicht sein Zimmer, wie es in anderen Interviews der Fall ist. Interessant ist, dass es sich bei dem Mädchen und dem Jungen um Geschwister handelt, die in einer Wohngruppe leben.

Insgesamt zeigt sich, und dies wird durch die nachstehende Passage aus der Gruppendiskussion (42) nochmals bestätigt, dass die Frage der Zimmerwahl eine sehr individuelle ist und es sehr unterschiedliche Bedürfnisse in Bezug auf das eigene Zimmer gibt. In dieser Passage werden die unterschiedlichen Bedürfnisse an das jeweilige Alter der Kinder und Jugendlichen gekoppelt:

„Oder man hat erst gar keinen. Ich mein, für kleinere Kinder find ich das noch okay. Aber nur, wenn sie möchten halt. Ich mein, ich find das auch – z. B. als ich neun Jahre alt war, fand ich's auch total cool, dass ich noch mit Jessica in einem Zimmer war, weil die war so alt wie ich (Gelächter), und ich mein, wenn ich morgens aufgewacht bin, konnte ich mit ihr spielen. Das ist dann aber auch wieder was Anderes. Aber es ist dann halt, wenn man älter wird und so, und leider Gottes ist es auch in den meisten Gruppen, auch hier so, dass die Älteren dann einfach mit den Jüngeren ins Zimmer gesteckt werden, irgendwie keine Ahnung, der Älteste mit dem Jüngsten oder so, damit das – keine Ahnung, für mich kommt das dann halt auch so an, ja, okay, du bist jetzt das älteste Kind, du bist mit dem – du bist jetzt das ältere Kind, du bist mit dem Kleinen da, hab' das da mal so unter Kontrolle. So kommt's bei mir so an."

Jugendliche 42 (GD), 687–697

Die Interviewte folgt zunächst dem von vielen jungen Menschen geäußertem Interesse, ein eigenes Zimmer, und somit „erst gar keinen" Mitbewohner/in zu haben. Dann jedoch relativiert sie ihre Aussagen, indem sie es für jüngere Kinder

„noch okay“ findet, wenn diese sich das Zimmer mit einer anderen Person teilen. Aber auch hier sollte der Wunsch der Kinder im Vordergrund stehen und nicht ausschließlich das jüngere Alter als Begründungsfolie herangezogen werden. Die Interviewte verweist dabei auf eigene biographische Erfahrungen, wonach sie es im Alter von neun Jahren auch „total cool“ fand, dass sie eine Mitbewohnerin hatte. Das gemeinsame Aufwachen am Morgen und das gemeinsame Spielen sind ihr dabei positiv in Erinnerung. Dieses Interesse schreibt sie jedoch in erster Linie einem jüngeren Alter zu.

Wird man dann „älter“, hat man andere Bedürfnisse und möchte vielleicht keiner Zimmergemeinschaft mehr angehören. Dieses gewandelte Interesse begründet die Interviewte auch vor der in ihrer Einrichtung wahrgenommenen spezifischen Praxis der Zimmereinteilung. Sie kritisiert hier nicht, dass jüngere und ältere Kinder in ein Zimmer „gesteckt werden“, sondern dass diese Zusammensetzung zugleich mit der Aufforderung an das „ältere Kind“ einhergeht, dass es das „mal so unter Kontrolle“ hat. Diese Funktionalisierung ihrer Rolle als „Älteste“ lehnt sie ab. Das heißt, während sie einer peer-to-peer-Zimmergemeinschaft im Kindesalter noch positiv gegenübersteht, kritisiert sie eine Zimmergemeinschaft aus Kindern und Jugendlichen unterschiedlichen Alters, wenn damit bestimmte Betreuungsaufgaben übertragen werden sollen. Inwieweit sie einer peer-to-peer-Zimmergemeinschaft im Jugendalter zustimmen könnte, bleibt an dieser Stelle offen.

3.3.5 Der Lieblingsort „Gebüsch“ – Rückzugsorte auf dem Außengelände

Die architektonische Qualität der Einrichtungen ist nicht allein auf bauliche Qualitäten wie eine gute Belichtung, den räumlichen Zuschnitt in den Wohngruppen und die Inneneinrichtung zu beziehen. Auf die Antwort nach ihren Lieblingsorten im Heim haben die Kinder und Jugendlichen neben ihrem eigenen Zimmer vor allem auf Orte auf dem Außengelände der Einrichtung verwiesen. Draußen zu sein („also, wenn man draußen spielt, dann ist das sehr toll, find ich“ (Kind 36, 270)) und dort seine (freie) Zeit verbringen zu können, stellt für die hier interviewten Kinder und Jugendlichen einen sehr wichtigen Ort in ihrem Alltagsleben dar. Was verbinden sie mit dem Draußen-Sein? Welche Orte sind dabei interessant? Was macht diese Orte auf dem Außengelände aus? Von welcher Beschaffenheit sollten diese Orte sein?

Vor allem in den Interviews mit den Kindern werden ganz bestimmte Orte auf dem Außengelände benannt, die für sie einen bedeutsamen Platz einnehmen. Es handelt sich dabei um Orte, an denen sie sich verstecken können, die ihre Phantasie anregen, an denen sie sich austoben und ausprobieren können, die etwas Geheimnisvolles haben, die ihrem Bedürfnis nach Spiel und Spaß gerecht werden und vor allem mit einem Unbeobachtet-Sein einhergehen. Nachstehend finden sich einige Beispiele von solchen speziellen Orten des Abenteuers, die von den Kindern auch als Lieblingsorte aufgeführt werden:

> „Ich bin immer auf der Burg oder halt auf der Burg//Mhm//Ja//Das ist dann eine Ruine, oder was ist die Burg, kannst du das erklären, was das ist?//Ja, das ist halt, da kann man halt nicht (durchsehen?), aber das ist halt so eine Holzburg, und das ist wie eine ganz normale Burg wie halt aus Stein, halt nur aus Holz. (Nur klein?).//Okay… Und da kann man klettern drauf, oder-…//Ja, und da gibt's ganz viele Wege."
>
> **Kind 36, 278–292**

> „Ja, nur aufm Trampolin. Ist mein Allerlieblings-."
>
> **Kind 37, 499**

> „Aufm Trampolin, mach Saltos… Ja. Also ich liebe Trampolin richtig. Also ich mag richtig gern Trampolin."
>
> **Kind 37, 236–237**

> „Hmm ja… Auf der Wiese gibt's so eine kleine Insel, da bin ich halt meistens.//Was heißt das, Insel, wie sieht das da aus?//Da ist so ein Hügel, da sind so Bäume gewachsen und Gras."
>
> **Kind 39, 490–496**

> „Ja, dass wir endlich mal wieder ins Gebüsch dürfen.//Wohin dürfen?//Ins Gebüsch. Weil wir dürfen da nicht mehr hin.//Das ist hier um den Spielplatz drum rum, oder-// Das ist das (ganz kurze?) Gebüsch beim Maisfeld. (31:25)//Okay; und was, was, warum würdet ihr gern wieder da hin? Oder du?//Weil das da richtig geil ist.//Und was ist da geil?// Da kann man spielen, was man will. Ohne dass die Erzieher das sehen.//Okay.…"
>
> **Kind 38, 586–604**

Die „Burg", „das Trampolin", die „Insel" und das „Gebüsch" sind nicht nur Orte, die alle auf dem Außengelände der jeweiligen Einrichtungen zu finden sind. Es sind auch Orte, die die Kinder sehr oft in ihrem Alltag aufsuchen, mit denen sie bestimmte Spiel- und Spaßmöglichkeiten verbinden, die sie gemeinsam mit anderen Kindern aufsuchen, mit denen sie sich identifizieren, die ein bedeutsamer Teil ihrer Alltagswelt im Heim sind. Jedes der interviewten Kinder hat einen solchen Lieblingsort genannt. Bis auf das Trampolin haben alle Orte zudem die Eigenschaft, dass man sich dort auch verstecken kann, vor anderen Kindern und insbesondere vor den Augen der Betreuerinnen und Betreuer. Sei es hinter den Brettern der Holzburg, durch die man nicht „durchsehen" kann, auf der Insel, wo man sich hinter den Bäumen und dem Gras verstecken kann oder das Gebüsch, wo „man spielen [kann], was man will. Ohne dass die Erzieher das sehen". Die Orte sind zudem relativ frei und niedrigschwellig zugänglich. Das heißt, wenn die Kinder und Jugendlichen ‚raus' dürfen, können sie ohne große Hürden (kein Eintritt (z.B. Schwimmbad, Indoor-Spielplatz), ohne über besondere Fähigkeiten/Kenntnisse zu verfügen (z.B. schwimmen, Radfahren) und ohne die Unterstützung von Erwachsenen (z.B. Fahrdienst zum Fußballverein) diese Orte aufsuchen.

Dies sind entscheidende Merkmale, warum diese Orte zu den Lieblingsorten der Kinder und Jugendlichen zählen. In Analogie zum eigenen Zimmer sind es zum Teil auch Orte, an die man sich zurückziehen kann, an die man sich mit engsten Freunden und Freundinnen verkrümeln kann, an denen man trotz dem sie für alle zugänglich sind, auch mal alleine sein kann, an denen man was Verbotenes machen kann, an denen man ein Geheimnis aufbewahren kann. Gerade für junge Menschen sind solche Orte von großer Bedeutung für ihr Aufwachsen, für die Entwicklung und Entfaltung ihrer Persönlichkeit. Es sind Gelegenheitsstrukturen und Möglichkeitsräume, die Heime Kindern und Jugendlichen für ihr Kind-Sein und Jugendlich-Sein zur Verfügung stellen sollten. Vor diesem Hintergrund stellt es auch einen großen Einschnitt dar, eine Bestrafung, wenn den Kindern der Zugang zu ihren Lieblingsorten verwehrt wird. Ähnlich dem Handy-Verbot, erleben es die Kinder als Strafe und Einschränkung ihrer Entfaltungsmöglichkeiten, wenn sie z.B. „nicht mehr" „ins Gebüsch" dürfen.

Für die Kinder bedarf es dabei keiner großen, evtl. auch kostspieligen Spielgeräte. So kann auch der Sandkasten zu einem Lieblingsort werden, wenn man dort frei ist in dem, was man dort zum Beispiel bauen kann. Ein Kind antwortet auf die Frage nach seinem Lieblingsort sehr schnell und direkt „der Sandkasten" (Kind 38, 531):

> „Da kann man Brückenbau machen, und dann fließt so Wasser runter.//Ah!//Ja und dann (…) so (Stauwände?), also Stau, hier ist die Brücke, dann (bricht hier der Stau so ein?), und dann noch so ne kleine Ladung Sand über die Brücke, und dann fließt das so über die Brücke rüber, und wenn das Wasser dann weg ist, grab ich wieder hin und tu wieder ein bisschen aushöhlen, weil Sand (…) (27:42)."
>
> **(ebd. 501–512)**

Finden die Kinder Gelegenheitsstrukturen vor, die sie sich als Lieblingsort aneignen, dann verbringen sie dort nicht nur viel Zeit, sondern tauchen intensiv in kleine Lebenswelten ein, in denen sie nur mit sich und dem zu bespielenden Gegenstand sind. Der Junge schildert an dieser Stelle sehr dicht, was er an seinem Lieblingsort, dem Sandkasten, macht. Dabei stellt für ihn der Brückenbau im Sandkasten sein derzeitiges Bau- und Spielprojekt dar. Das in dem Sandkasten integrierte Wasserspiel eröffnet dem Jungen zusätzliche Möglichkeiten, kreative

Konstruktionen zu entwickeln und seine volle Aufmerksamkeit auf den Bau von Brücken und Staudämmen zu legen.

Auch bei der Nachfrage nach Veränderungswünschen in ihrer jetzigen Einrichtung verweisen die Kinder und Jugendlichen auf die Neu- bzw. Umgestaltung des Außengeländes.

> „Da würde ich viel mehr Gemüse pflanzen.//<lacht>//Da würde ich den Fußballplatz dort schon lassen (I: Okay), aber renovieren, also zwei (...) weg (...), zwei (...) weg (32:14), und dort dann alles nur Gebüsch, wo man (auch rumbauen kann?) und alles; ja. Das Klettergerüst vergrößern (I: Ja), und die Schaukeln verbessern und so ne Nestschaukel noch dazu, und die Schule streichen."
>
> **Kind 38, 611–618**

> „Also ich weiß, was mir da fehlt. //Was fehlt dir?// Bei der BMX Bahn, dass da das ganze Gras drin abgemacht wird. Und da der steile Berg, wo man kaum hochkommt, dass dort die ganzen Stacheln weggemacht werden, weil ich hab' mich – [...] Ja, weil das stört. Weil letztens, als ich den großen Berg hochfahren wollte – [...] Ja, da bin ich dann im Gras ausgerutscht mit dem Fahrrad und bin dann volle Kanne mit der Kette – bin ich dann in die Kette rein. Und ich hatte eine kurze Hose an, das hat voll wehgetan."
>
> **Kind 42 (GD), 1362–1377**

So wünscht sich der Junge (Kind 38) eine Erweiterung des jetzigen Angebots auf dem Außengelände und betont, wie bereits in obiger Interviewpassage, die große Bedeutung von „Gebüsch", in dem man „auch rumbauen kann". Während er zuvor noch den temporär verhinderten Zugang zum Gebüsch kritisiert, setzt er sich hier zudem für eine Erweiterung dieses Spielraums ein. Das heißt, mehr Fläche auf dem Außengelände sollte als „Gebüsch" angelegt werden, damit die Kinder ihren Interessen des Versteckens, des unbeobachteten Spielens nachgehen können. Das Vorhandensein und die Erweiterung solcher Möglichkeitsräume sind für den Jungen Merkmale guter Heime und stellen für ihn Qualitätskriterien in Heimen dar.

Es geht jedoch nicht nur um die Erweiterung derzeitiger Entfaltungsräume, sondern auch um deren Instandhaltung, so dass die Kinder und Jugendlichen ohne Beeinträchtigung ihren Freizeitaktivitäten nachgehen können. Dabei verweisen die Kinder wie in der Gruppendiskussion (42) nicht nur auf Sicherheitsaspekte und die Funktionsfähigkeit von Spielgeräten bzw. Spielarealen (hier die BMX-Bahn), sondern auch auf ästhetische Aspekte und Wertzuschreibungen. Werden Spielareale wie die BMX-Bahn von der Einrichtung und auch von den Kindern und Jugendlichen ‚in Schuss' gehalten, so spiegelt dies auch die Wertschätzung für diese Räume von Seiten der Akteure wider und erhöht wiederum die Nutzung. Es geht somit nicht nur darum, dass die Heimbewohnerinnen und Bewohner Zugang zu interessanten Außenflächen haben, sondern dass diese auch als wichtige Orte für die Kinder und Jugendlichen anerkannt werden und durch deren Pflege diese Anerkennung und Wertschätzung zum Ausdruck gebracht wird.

3.3.6 Räumliche und architektonische Qualitäten – Zwischenfazit

Die Einlassungen der jungen Menschen zeigen, dass die in der Fachdiskussion angemahnte stärkere Beachtung der räumlichen und architektonischen Qualitäten von Jugendhilfeorten auch aus Adressatinnen- und Adressatenperspektive unterstützt wird. Die Kinder und Jugendlichen betonen dabei verschiedene Qualitäten, die sie an Orten erwarten. Diese reichen von klassischen baulichen Qualitätskriterien wie Belichtung der Räume, funktionale Raumgestaltung, klare Trennung zwischen privaten Rückzugsräumen, Gemeinschaftsbereichen und öffentlichen Bereichen, Anregungspotenziale bis hin zu Möglichkeiten der Aneignung durch Gestaltung und der Regulierung des Zugangs. Räume müssten idealerweise sich wandelnden Bedürfnissen angepasst werden können.

Für die Kinder und Jugendlichen gehören Wohnbereich und Außenflächen bei der Beurteilung der räumlichen Qualität zusammen. Die Vielfalt der Aspekte, die von Kindern und Jugendlichen angesprochen werden, stellen eine weitere Begründung dafür dar, dass es Kindern und Jugendlichen möglich sein muss, sich vor der Entscheidung für eine Einrichtung ein eigenes Bild von der Einrichtung machen zu können und im besten Falle auch die Gelegenheit zu bekommen, mit Heimbewohnerinnen und -bewohnern solche Fragen zu klären. Auch wird deutlich, dass ähnlich wie beispielsweise in Jugendzentren, die räumliche (Um)Gestaltung der Einrichtung, zumindest der Gruppenräume, regelmäßig Thema in den Gruppen sein sollte.

Die Bedeutung, die der räumlichen und architektonischen Gestaltung zugemessen wird, erstaunt vor dem Hintergrund des Verflechtungszusammenhangs von Da-Sein und Frei-Sein nicht. Die Art und Weise der Gestaltung des Ortes, an dem man wohnt, und somit einen Großteil seines Alltags verbringt, trägt einerseits wesentlich dazu bei, ob eine Umgebung als neue Heimat wahrgenommen und angeeignet wird, als sicherer Ort, an dem es möglich ist, sich wohlzufühlen, seinen Bedürfnissen nachzugehen und sich von Zumutungen aller Art schützen zu können. Andererseits entwickelt man eine Zugehörigkeit zu einem Ort gerade dann, wenn man ihn auch individuell gestalten kann und eigene Ideen und Vorstellungen einbringen kann.

Das Zusammenspiel aus Frei-Sein und Da-Sein kann innerhalb der Qualitätsdimension der architektonischen Qualität gut am Beispiel der Diskussion über die Bedeutung eines „eigenen Zimmers“ dokumentiert werden. Das eigene Zimmer, und dessen individuelle Gestaltung (z. B. Ausrichtung der Möbel; Bilder/Poster aufhängen; Anmalen der Wände; Einrichten mit persönlichen Gegenständen) stehen zum einen für das Ausleben der eigenen Bedürfnisse, ohne dabei Rücksicht auf die Bedürfnisse Dritter nehmen zu müssen, und für die Etablierung eines eigenen Identifikationsortes, an dem man eigenen Interessen und Tätigkeiten, seinen Gedanken und Träumen nachgehen kann. Das eigene Zimmer steht zudem für ein Frei-Sein vor der Kontrolle und Vereinnahmung durch die Betreuenden, aber auch der Mitbewohner/-innen. Mit der Ermöglichung der Gestaltung und ‚Besetzung' eines eigenen Zimmers sind also Aneignungspraktiken des „Frei-Seins" verknüpft. Zum anderen kann mit diesem Identifikationsort „eigenes Zimmers" auch ein Sich-Zuhause-fühlen in Bezug auf die gesamte Einrichtung verbunden sein. Mit der Bereitstellung eines eigenen Zimmers wird dem jungen Menschen gegenüber Wertschätzung und Vertrauen entgegengebracht, so dass der Lebensort Heim insgesamt zu einem Ort des Wohlfühlens, Geborgenseins und Sicherfühlens wird. Die Bereitstellung eines eigenen Zimmers und dessen freie Gestaltung steht somit auch für die Herstellung von Zugehörigkeit im Sinne der Aneignungspraktiken des „Da-Seins".

3.4 Wahrnehmung als Person/Anerkennung der eigenen Persönlichkeit

Ein gutes Heim wird aus Sicht der jungen Menschen auch dadurch gekennzeichnet, dass es die Kinder und Jugendlichen in ihrem Ich-Sein wahrnimmt, anerkennt und wertschätzt. In seiner Magna Charta Libertatis (1919) als ein Grundgesetz für das Kind fordert Janusz Korczak „Das Recht des Kindes, das zu sein, was es ist". Er betont in seinen kindheitstheoretischen und pädagogischen Arbeiten, in denen er der Frage nachgeht, wie man in der Familie und in pädagogischen Institutionen (u.a. dem Internat und dem Waisenhaus) dem Kind als Subjekt gerecht werden kann, wie man Kinder wertschätzen und ernstnehmen kann. „Ein Kind denkt nicht weniger, nicht ärmlicher, nicht schlimmer als die Erwachsenen, es denkt nur anders. In unserem Denken sind die Bilder verblichen und zerrissen, die Gefühle dumpf und verstaubt. Ein Kind denkt mit dem Gefühl, nicht mit dem Verstand. Darum ist es so schwierig, sich mit ihm zu verständigen, deshalb gibt es keine schwerere Kunst, als zu Kindern zu sprechen" (Korczak 2018, S. 234).

Die Kinder und Jugendlichen formulieren auf unterschiedlichen Ebenen die Forderung, dass sie als Kinder, als Jugendliche, als Individuen von der Einrichtung und den dort tätigen Fachkräften wahrgenommen werden und sie dieses auch in den alltäglichen Begegnungen erfahren. Sich als Person anerkannt fühlen sowohl von Seiten der pädagogischen Fachkräfte als auch von Seiten der Gleichaltrigen im Heim (Oswald 2009), wirkt sich sowohl auf das Geborgen-Sein, auf die Zugehörigkeit zum Lebensort Heim als auch auf die Entfaltung der eigenen Persönlichkeit und die Entwicklung der Selbständigkeit der jungen Menschen aus.

In Axel Honneths Theorie der Anerkennung (2004) ist die Annahme zentral, dass „Anerkennung die intersubjektive Voraussetzung für die Fähigkeit, autonom eigene Lebensziele zu verwirklichen“ (ebd., S. 56) bildet, d. h. die Erfahrung wechselseitiger Anerkennung ist essentiell für die Entwicklung positiver Selbst-Identifikationen von Individuen und damit für deren Autonomie und Selbstverwirklichung. In Honneths Anerkennungsmodell sind drei Anerkennungsweisen zentral: Anerkennung qua Liebe (emotionale Zuwendung), Anerkennung qua Recht (kognitive Achtung) und Anerkennung qua Solidarität/Leistung (Soziale Wertschätzung) (Honneth 1992). Im erziehungs- und sozialwissenschaftlichen Diskurs wird Anerkennung als Kernkompetenz professionellen pädagogischen Handelns verhandelt (Müller 2002). So lassen sich professionelle Arbeitsbeziehungen zwischen Kindern und Jugendlichen einerseits und pädagogischen Fachkräften andererseits erst über die Konstitution von Anerkennungsbeziehungen initiieren (Cloos u. a. 2009; Schoneville/Thole 2009).

Und auch Albert Scherr (2002) weist in seiner Theorie zur „Subjekt-Bildung“ darauf hin, dass „Anerkennung der Individuen als Subjekte, als selbstbewusstseins- und selbstbestimmungsfähige Personen“ das Ziel und auch die Methode pädagogischen Handelns markiert (ebd., S. 40). Die Bildung des Subjekts vollzieht sich erst in Konstellationen, die durch Anerkennung charakterisiert sind (ebd., S. 40).

Aus Sicht der jungen Menschen stellt die erfahrene Wahrnehmung, Wertschätzung und Anerkennung ihrer Persönlichkeit ein zentrales Qualitätskriterium von Einrichtungen der stationären Kinder- und Jugendhilfe dar. Dabei wird Anerkennung immer auch im Zusammenspiel der Dimensionen Da-Sein (ich fühle mich zugehörig, da ich anerkannt werde) und Frei-Sein (ich entwickele Selbstbewusstsein, da ich akzeptiert und als Person anerkannt werde) rekonstruiert werden. Woran machen die jungen Menschen die Wahrnehmung bzw. Nicht-Wahrnehmung ihrer Person fest? Und welche Merkmale von Qualität lassen sich daraus ableiten?

3.4.1 „Meine Betreuer sind da, fragen mich, wie es war“ – Reden und Zeit haben als wesentliche Bestandteile einer Beziehungsgestaltung

In den Interviews und Gruppendiskussionen bringen die Kinder und Jugendlichen zum Ausdruck, wie wichtig es für sie ist, dass die Betreuerinnen und Betreuer für sie Zeit haben und für sie ansprechbar sind. Typische Situationen, in denen dieses Bedürfnis besonders ausgeprägt ist, sind die Momente des „Heimkommens“ nach Schule oder Arbeit, gemeinsame Essenszeiten, gemeinsame Freizeitaktivitäten und beim Zubettgehen. Selbstverständlich gibt es darüber hinaus immer wieder andere Anlässe, in denen ein besonderes Bedürfnis nach Zuwendung, Gesprächen und Aufmerksamkeit besteht.

In einem Gespräch mit einer Jugendlichen wird der Aspekt „Zeit zum Reden" wie folgt festgehalten:

> „Sonst? Mein Leben hier drinnen – es ist halt, sagen wir mal so, es ist ein Heim // Ja// Aber, ich sehe es nicht so, ich sehe es wirklich als mein Zuhause, als mein zweites Zuhause. Natürlich bin auch oft bei meinen Eltern. Aber es ist halt, ich komme nach Hause, und meine Betreuer sind da, fragen mich, wie es war. Und ich kann mit jedem gut reden, und die sind nicht so, dass sie sagen ‚Ja, mit diesem Kind rede ich nicht, mit dem schon'. Egal, ob die sauer sind, die reden trotzdem mit uns, und sie sind immer für uns da."
>
> **Jugendliche 30, 71–80**

Nach einem kurzen Moment des Überlegens („sonst?"), nimmt die Jugendliche zunächst eine räumliche Perspektive auf „mein Leben hier drinnen" ein. Es geht somit um ihr „Leben", nicht nur den Heimalltag im Ganzen, sondern um ihr eigenes persönliches Leben im Heim und ihre Einschätzung dazu. Durch die Formulierung „drinnen" bezieht sie sich auf das Heim als Gebäude, als Institution, auch als räumlich abgeschlossenes Gebilde, in dem sie lebt und das auch eine Grenze zu einem „draußen" hat. Die Bewertung ihres Lebens drinnen im Heim umfasst zwei Teile. Zunächst der faktische Hinweis, „es ist ein Heim" mit womöglich allen positiven wie negativen Assoziationen eines Lebens im Heim. Diese Tatsache füllt die Interviewte mit einer persönlichen, auch emotionalen Komponente. Denn sie sieht ihren derzeitigen Wohnort nicht nur als Heim, sondern vor allem als ihr „zu Hause". Diese Zugehörigkeit kann sie vor dem Hintergrund formulieren, dass die Betreuerinnen und Betreuer vor Ort sind, wenn sie nach Hause kommt, und nach ihrem Befinden fragen. Das heißt, die Bewertung als Zuhause geht mit wichtigen Bezugspersonen einher, die mit ihr in engem Kontakt stehen, von ihrem Alltag wissen, sie anerkennen als Person und sich nach ihrem Tag, ihrem Befinden erkundigen. In der Deutung der Interviewten gibt es somit zwei Zuhause. Das erste Zuhause, lokalisiert am Wohnort ihrer Eltern, mit den Eltern als Bezugspersonen und das Heim, in dem sie lebt, mit den Fachkräften als Bezugspersonen. Zuhause ist dort, wo man sein soziales Umfeld hat, mit dem man interagiert. Dass sie das Heim als „zu Hause" bezeichnen kann, ist für diese Jugendliche positiv konnotiert, es ist für sie ein Kennzeichen von Qualität, dass das Heim ein „zu Hause" ist.

Eine Bedingung dafür, dass eine Einrichtung zu einem „zu Hause" werden kann, ist, dass die Erwachsenen in der Einrichtung, insbesondere die Betreuerinnen und Betreuer in ihrem Verhalten das Interesse an der Person des Kindes, des Jugendlichen zum Ausdruck bringen. So sind diese beispielsweise nicht nur anwesend, wenn diese Jugendliche nach Hause kommt, sondern sie kann auch mit allen „gut reden". Es existiert eine vertraute, emotionale, von

Wertschätzung geprägte Beziehung zu ihren Betreuerinnen und Betreuern. Ihre Erfahrung des „Gut-reden-könnens“ bezieht sie sodann auf alle Kinder, das heißt die Betreuenden reden mit allen Kindern, da gibt es keine Ausnahmen z. B. aufgrund von unterschiedlichen Beliebtheitsgraden. Auch reden die Betreuerinnen und Betreuer, wenn sie „sauer sind“.

Das Reden im Heim mit den pädagogischen Fachkräften findet somit immer statt, gleich welche Stimmungslage gerade vorherrscht. Auf das (gute) Reden mit ihnen kann man sich verlassen. Auch weil sie „immer für uns da“ sind. Hier wird erneut die Ansprechbarkeit und Sensibilität der Betreuenden betont, und nicht nur die Anwesenheit, auch das „da sein für uns“, was wiederum auch ein Reden, ein Zuhören, ein Interagieren, ein Austauschen, etc. impliziert. Und zwar mit allen Bewohnerinnen und Bewohnern im Heim. Auch diese Praktik im Heim wird von der Interviewten wertgeschätzt und gibt ihr die Möglichkeit, das Heim als „zu Hause“ zu konstruieren.

Damit eine Einrichtung zu einem Zuhause wird, reicht ein Reden über rein persönliche Dinge nicht aus. Wie der nächste Ausschnitt aus einer Gruppendiskussion zeigt, erwarten die Kinder und Jugendlichen auch eine Offenheit dafür, die gemeinsame Gestaltung des Alltags immer wieder neu aushandeln zu können.

> „Und bei unserer Gruppe haben wir echt Glück, dass die Erzieher mit uns reden, wenn wir eine Regel weghaben wollen oder so, oder wenn wir irgendwas verändern wollen. Z. B. haben früher – ganz doofes Beispiel – wir haben früher alleine Küchendienst gehabt, da haben wir darüber geredet, dass wir Küchendienst zu zweit machen wollen, weil man dann flexibler auch wird, falls jemand dann mal so nicht da ist und dass es dann auch nicht so lange dauert. Und dann haben wir das auch so gemacht. Das geht einfach da drum – ja.“
>
> **Jugendliche 42 (GD), 535–541**

Auch die Jugendliche in der Gruppendiskussion konnotiert es positiv und sogar als „Glück, dass die Erzieher mit uns reden“. Es stellt in ihrem Erfahrungshorizont somit keine Selbstverständlichkeit dar, dass die Erzieherinnen und Erzieher mit den jungen Menschen reden, vor allem dann, wenn sie „eine Regel weghaben wollen oder so“. An dieser Stelle schreibt die Jugendliche die ‚gute‘ Eigenschaft des Redens ihrer Wohngruppe zu. In dem hier dargestellten Beispiel geht es explizit um ein Reden, um ein gemeinsames Thema der Gruppe – die Regeln zum Küchendienst – auszuhandeln. Dabei ist es der Jugendlichen wichtig, dass die Vorschläge der Bewohnerinnen und Bewohner gehört werden, ihren Argumentationen gefolgt wird und dann gemeinsam über Veränderungen beraten wird. Das „reden mit uns“ impliziert hier auch die Wertschätzung der Redebeiträge der Kinder und Jugendlichen in der Gruppe, wodurch ihnen zugleich als Person und mit ihrem Anliegen Wertschätzung vermittelt wird. Dies wiederum wirkt sich auch auf ein Gefühl des Zugehörig-Seins zu dieser Wohngruppe aus.

Zeit zum Reden haben ist weiterhin ein wichtiger Faktor, wenn es Kindern und Jugendlichen mal nicht so gut geht:

> „Also, was ich auch sagen muss, ist halt, Erzieher merken ja auch meistens, wenn's einem Kind – also wenn ein Kind anfängt, Distanz aufzubauen, vielleicht müssen die halt dann nachhaken, warum das so ist, oder warum sich jemand auch zurückzieht. Vielleicht sollte man halt auch darauf achten und halt mehr auf die Kinder eingehen, wenn die eben viel grad jetzt so Probleme haben, oder auch, wenn man grad mal keine Zeit hat, dass man sich fünf Minuten einfach mal nimmt um mal kurz mit dem zu reden"
>
> **Jugendliche 42 (GD), 263–268**

Um eine Person wahrnehmen zu können, sollten die Fachkräfte sich aus Sicht der Jugendlichen auch Zeit nehmen, „wenn man grad mal keine Zeit hat". Bemerkenswert an dieser Formulierung ist zweierlei: Erstens wird eine Sensibilität für die Stimmungen der einzelnen Gruppenbewohnerinnen und -bewohner gefordert. Zweitens wird es als ein Ausdruck besonderer Wertschätzung erlebt, wenn sich die Fachkräfte in der Gruppe Zeit für ein Gespräch nehmen – auch wenn es nur fünf Minuten sind –, obwohl sie offensichtlich mit anderen Dingen beschäftigt sind.

Zeit haben und da zu sein hängt, so reflektieren es die Kinder und Jugendlichen in der Gruppendiskussion, auch mit personellen Ressourcen zusammen. Vor dem Hintergrund ihres Erfahrungshorizonts fordern sie einen höheren Personalschlüssel ein, „dass die Erzieher nicht so unterbesetzt sind, dass auch mal auf die Größeren oder auch auf die Kleineren geachtet wird" (Jugendliche 42 (GD), 146–147). Die Wahrnehmung der Kinder und Jugendlichen wird an dieser Stelle nicht nur auf die Persönlichkeit der Betreuenden bezogen, sondern auch auf mögliche strukturelle Defizite in der Personalausstattung und -planung bzw. in der Prioritätensetzung von zu erledigenden Aufgaben.

Der Stellenwert von Zeit wird von den Kindern und Jugendlichen sehr hoch angesetzt und stellt ein wesentliches Kriterium dar, an dem die Wertschätzung der Kinder als Person sichtbar wird (siehe auch Abschnitt 4.3). Mit dem Bereitstellen von Zeit für die Kinder und Jugendlichen geht ein Wahrnehmen als Person einher und gerade nicht die Wahrnehmung, dass man als Kind im Heim „nur Teil eines Jobs" ist.

> „Ich find das halt ultrawichtig, dass die Sozialpädagogen das nicht als – nur als Job sehen, sondern halt wirklich – wir sind nicht einfach nur Teil eines Jobs, wir leben da. Wir sind nicht irgendwelche Kunden, wir wohnen da. Und wir, ja, wir verbringen da die meiste Zeit unseres Lebens. Und ich denk auch, die Kindheit und die Jugendzeit ist auch teilweise die wichtigste Zeit, weil man da halt auch ultraviel lernt und so. Und wenn man dann einfach irgendwie auch die ganze Zeit nur arbeitet und so, klar, ich

mein, das ist auch wichtig, dass die dann irgendwie die Kasse machen oder die Vorab-Infos oder so. Aber ich mein, wenn man da jetzt irgendwie hingeht und dann irgendwas braucht oder so, wenn's jetzt was Wichtiges ist. Ich mein, wenn's irgendwie ist, ja, ich muss runter in die Stadt gehen, dann sollten die sich auch irgendwie – dann sollten die auch Zeit dafür haben und sich auch Zeit dafür machen."

(Jugendliche 42 (GD), 269–279)

Die Jugendliche in der Gruppendiskussion adressiert an dieser Stelle ganz konkret die Sozialpädagoginnen und Pädagogen und ihre jeweilige Einstellung zu ihrem Beruf und hebt die Rolle derjenigen hervor, die da (im Heim) „leben", die „da die meiste Zeit unseres Lebens" verbringen. Zudem betont sie, dass es sich bei der Kindheit und Jugendzeit nicht um irgendeine Zeit, irgendeiner Lebensphase handelt, sondern „auch teilweise die wichtigste Zeit", „weil man da halt auch ultraviel lernt". In einem sehr stark argumentierenden Erzählstil schreibt sie dem Beruf der Sozialpädagoginnen und Sozialpädagogen und dem Lebensort Heim eine sehr wichtige Bedeutung im Leben derjenigen jungen Menschen, die im Heim leben, zu. Zugleich betont sie die Verantwortung, die die Fachkräfte gegenüber den jungen Menschen haben, und vor diesem Hintergrund kann man die Tätigkeit nicht „nur als Job sehen" und die Kinder nicht „als irgendwelche Kunden".

Die hier herausgearbeitete Qualitätsdimension „als Person wahrnehmen" sollte aus Sicht der Jugendlichen leitend sein für die Arbeit in stationären Einrichtungen der Kinder- und Jugendhilfe. Und hierfür, so geht die Argumentation weiter, ist es notwendig, nicht nur „die Kasse" zu machen oder „Vorab-Infos" aufzuschreiben, sondern sich eben Zeit zu nehmen für die Kinder und Jugendlichen und sich auch „Zeit zu machen". Die Beziehungsarbeit mit den jungen Menschen sollte im Vordergrund stehen und nicht die organisatorischen Tätigkeiten, die „auch wichtig" sind.

3.4.2 „Da möchte ich halt einfach nur so eine halbe Stunde für mich selber" – Anerkennung von Rückzugszeiten

Es wäre aus Sicht der Jugendlichen jedoch unangemessen, würden die Fachkräfte sich permanent um sie bemühen. Neben der Sicherheit, dass die Betreuenden jederzeit ansprechbar sind, auch von sich aus das Gespräch suchen und somit ihr Interesse an dem jungen Menschen kundtun, ist auch die Gewissheit, dass dieselben Personen ihr Bedürfnis nach Rückzug, nach Nicht-Reden akzeptieren und verstehen, ein wichtiges Qualitätsmerkmal. Es bedarf also von Seiten der Fachkräfte einer Sensibilität dafür, wann die jungen Menschen auch Zeit für sich brauchen und sich der gemeinsamen Redezeit auch mal entziehen möchten.

Auch hier kommt wieder das typische Spannungsverhältnis von Da-Sein und Frei-Sein zum Ausdruck.

> „Und ich genieße auch ein bisschen diese Aufmerksamkeit von meinen Betreuern. Die sind einfach für mich da. Manchmal zu viel Aufmerksamkeit, das habe ich denen aber auch gesagt. Wenn ich direkt von der Arbeit komme, ich habe, acht Stunden stand ich auf meinen Beinen, acht Stunden habe ich gelächelt, habe Grüß Gott und Äh und Oh, A und O die Kunden, keine Ahnung, wie behandelt. Bei uns müssen wir so sein, und wenn wir gehen, sind wir wieder so.//>lacht< Mhm.//Und da möchte ich halt einfach nur so eine halbe Stunde für mich selber, weil halt einfach ankommen und so. Und wenn die dann schon fragen ‚Ey, wie war es in der Arbeit?' und bla, bla."
>
> **Jugendliche 30, 517–529**

In dieser Interviewpassage spricht die Jugendliche die Balance von zu viel und zu wenig Aufmerksamkeit an. Zunächst bewertet sie die Aufmerksamkeit an ihrer Person durch die Betreuerinnen und Betreuer als sehr positiv („ich genieße es"). Zugleich berichtet sie aus eigenen Erfahrungen von einem „zu viel" an Aufmerksamkeit gerade dann, wenn sie „direkt von der Arbeit" kommt. Genau in diesem Übergang von Arbeit in den Heimalltag braucht die Jugendliche Zeit für sich, zum Abschalten von der Arbeit, aber auch zum Ankommen in der Einrichtung. Zudem führt sie den Wunsch nach einem solchen Zeitfenster des ‚Nicht-Redens' auf ihren Beruf und ihre derzeitige Arbeitsstelle zurück. Hier hat sie viel Kundenkontakt, ist viel im Austausch mit unterschiedlichen Personen und kommuniziert viel. Vor diesem Hintergrund ist es ihr Bedürfnis, nach der Arbeit hier einen ‚Cut' zu machen, und das bedeutet für eine gewisse Zeit gerade nicht zu reden. Die Thematik des ‚Nicht-Redens' handelt die Jugendliche auch mit ihren Betreuerinnen und Betreuern aus und „langsam haben sie es verstanden" (Jugendliche 30, 535). An dieser Stelle gibt es somit, wenn auch langsam, Verständnis für die berufliche Eingebundenheit der Jugendlichen und das gewünschte Zeitfenster zum Abschalten.

Betrachtet man die Abschnitte 3.4.1 und 3.4.2 vor dem Hintergrund des Verflechtungszusammenhangs aus Da-Sein und Frei-Sein, so wird sehr gut deutlich, dass es bei der Qualitätsdimension „Wahrnehmung als Person" darum geht, sensibel für die Bedürfnisse und Stimmungslagen der jungen Menschen zu sein. Die jungen Menschen wünschen sich einerseits Zeit zum Reden – sie wollen in ihrem Da-Sein am Lebensort Heim wahrgenommen, beachtet und anerkannt werden. Für dieses Da-Sein bedarf es Zeitfenster und Fokussierungen auf ihre Person. Andererseits heißt dies gleichzeitig sensibel zu sein für die Bereitstellung von Zeitfenstern des Nicht-Redens und des Für-sich-Seins. Wiederum stehen die Aspekte Da-Sein und Frei-Sein hier in einem Spannungsverhältnis, sie bedingen sich gegenseitig und sind durch Gleichzeitigkeiten charakterisiert.

3.4.3 „Aber sie lieben uns, und das wissen wir auch alle" – Basis eines vertrauensvollen Miteinanders

Neben dem „Da-Sein" und Zeit zum Reden haben, sind es auch die zwischenmenschlichen Gesten, das Eingehen auf bestimmte auch emotionale Bedürfnisse der Kinder und Jugendlichen, die die jungen Menschen als wichtigen Bestandteil einer guten Beziehungsarbeit, als Basis für ein vertrauensvolles Miteinander festhalten und als Teil des professionellen Handelns der Betreuerinnen und Betreuer markieren (Anerkennung qua Liebe, Honneth 1992). Zugleich stärkt eine enge freundschaftliche und liebevolle Beziehung zwischen Betreuenden und den jungen Bewohnerinnen und Bewohnern ihr eigenes Selbstwertgefühl und das Gefühl, als Mensch wahrgenommen und akzeptiert zu werden.

Auf den hohen Stellenwert und den positiven Gehalt der Beziehungsarbeit machen uns die jungen Menschen an unterschiedlichen Stellen in den Interviews aufmerksam. Aus ihrer Perspektive sollte das „lieb haben" eben auch Teil des professionellen Habitus der Fachkräfte sein. Sie stehen mit diesem Wunsch nicht allein: In einem norwegischen Beteiligungsprojekt haben Jugendliche aus der Kinder- und Jugendhilfe das norwegische Kinder- und Jugendhilfegesetz um das Recht auf Liebe ergänzt.[29]

> „Und dass die versuchen, einfach uns das Beste zu geben. Und natürlich sind wir nicht ihre Familie. Aber sie lieben uns, und das wissen wir auch alle."
>
> **Jugendliche 30, 145–147**

Die hier zitierte Jugendliche führt ihre Auflistung an guten Eigenschaften der Betreuerinnen und Betreuer weiter fort und erreicht damit einen Höhepunkt der Beziehungsgestaltung. So erkennt sie in dem Wie ihres Handelns, Agierens, Interagierens mit den Kindern der Einrichtung den Versuch „einfach uns das Beste zu geben". Die Interviewte sieht den Willen und das Ziel der Betreuerinnen und Betreuer, den Kindern und Jugendlichen das Beste zu geben, das in deren Möglichkeiten liegt. Die Interviewte schiebt argumentativ ein, dass die Kinder nicht „ihre (also die der Betreuer, d. Verf.) Familie" sind und dennoch geben sie ihr Bestes und „lieben" die Kinder und Jugendlichen.

Dieses Geliebt-Werden sei allen Bewohnerinnen und Bewohnern bewusst. An dieser Stelle wird das Thema Liebe in Beziehung zur Familie gesetzt. Liebe gehört für die Interviewte zu den zentralen Eigenschaften von Familie. Und Liebe gehört für die Jugendliche auch an den Ort Heim, an dem sie derzeit ihr Leben verbringt. Die Gewissheit von den Betreuenden geliebt zu werden, ist Teil ihres Qualitätsverständnisses von guten Heimen und stellt für sie keinen Widerspruch

29 Vgl. das Projekt „change factory" (http://www.forandringsfabrikken.no).

zum Konstrukt Familie dar, denn es steht für sie nicht in Konkurrenz zu familiären Beziehungen.

Auch in der Gruppendiskussion wird das Thema „liebhaben" angesprochen und zwar vor dem Hintergrund der Professionalität der pädagogischen Fachkräfte:

> „Was ich noch ganz wichtig finde, ist vor allem, in Gruppen wird oft – geht's oft unter, dass Kinder trotzdem Kinder sind, dass Kinder Ansprüche trotzdem darauf haben, dass man ihnen abends etwas vorliest oder dass man sie mal in den Arm nimmt oder ihnen sagt sowas wie, hast du gut gemacht, ich hab' dich lieb und sowas. Das ist einfach nur ultrawichtig für die Kinder, einfach sowas zu hören, damit auch die wissen, dass sie wertgeschätzt werden und nicht als ein Produkt gesehen werden"
>
> **Jugendliche 42 (GD), 235–240**

Die Jugendliche formuliert an dieser Stelle eine ganz klare Forderung an die Verantwortlichen in der Heimerziehung. Kinder müssen das Gefühl vermittelt bekommen und dieses auch verinnerlichen können, „dass sie wertgeschätzt werden". Diese Wertschätzung und Wahrnehmung der Kinder als Kinder, scheint aus ihrer Sicht in Gruppen, und hier bezieht sie sich wahrscheinlich auf Heimgruppen, unterzugehen. Wie diese Wertschätzung vermittelt werden kann, zeigt sie anhand von Alltagspraktiken und -situationen auf – vorlesen, in den Arm nehmen, loben, liebhaben. Auch an dieser Stelle wird der Faktor Zeit hervorgehoben sowie die Zuneigung und die Wahrnehmung des Gegenübers als Kind, als Individuum und nicht nur als Gruppenmitglied oder Heimkind. Um ein Gefühl des „Wertgeschätzt-Seins" bei den Kindern zu entwickeln, sind diese Praktiken und emotionalen Gesten „ultrawichtig". Die Jugendliche verwendet hier einen argumentativ-fordernden Erzählstil und betont damit ihre Meinung und ihr Anliegen gegenüber der Interviewerin, aber auch gegenüber den Fachkräften und den Einrichtungen (vgl. hierzu auch die Idee von Pädagogik, wie sie von Korczak entwickelt wurde).

Während im pädagogischen Diskurs ein Spannungsverhältnis zwischen professioneller Beziehung und Liebe diskutiert wird (z. B. Colla 2011; Gaus/Drieschner 2012), ist Liebe für die jungen Menschen selbstverständlicher Bestandteil des Beziehungsarrangements zwischen Bewohnerinnen bzw. Bewohnern und Betreuenden, welches von einer wertschätzenden und anerkennenden Haltung geprägt sein soll. Die Qualitätsdimension „als Person wahrnehmen" zeichnet sich auch dadurch aus, dass die emotionale Qualität nicht nur als Freundlichkeit im Beruf gedeutet wird, sondern sie als besondere Qualität der individuellen Beziehung zwischen den jungen Menschen und den Betreuenden verstanden wird (Wolf 2002, S. 113).

3.4.4 Frei-Räume lassen für Ausraster – „ich will dich jetzt nicht mehr hier sehen" ist keine Lösung

Das Gefühl, lieb gehabt zu werden, ist für die jungen Menschen auch gerade dann von großer Bedeutung, wenn ihr Verhalten den Vorstellungen der Betreuenden widerspricht. Auch wenn die jungen Menschen in bestimmten Situationen und aus den unterschiedlichsten Gründen in den Augen ihrer Betreuenden ein problematisches Verhalten zeigen, betrachten sie es als Qualität der Einrichtung, wenn ihnen auch dann ein respektvoller Umgang entgegengebracht wird, wenn sie weiterhin geliebt werden und ihnen auch Räume für ein solches Verhalten zugestanden werden.

> „Man sollte dann auch nicht jetzt total überrascht sein, wenn es jetzt auch mal nicht so gut geht und dass man dann irgendwie auch mal so sagt, nein, ich hab' jetzt mal keine Lust. Ich brauch jetzt mal Zeit für mich und so. Und wenn die dann z. B. – wenn dann Leute das direkt z. B. als Ausrasten oder so ansehen, du weißt, was ich meine, (lacht)// Hm?// Dann ist – also die Erzieher das dann als Ausrasten bei manchen Personen sehen, dann ist das auch irgendwie so – ich mein, Ausrasten ist für mich irgendwie, wenn jemand Beleidigungen rumschreit und die Türen total laut knallt und nicht, wenn man irgendwie lauter wird und sagt, ich möchte jetzt meine Ruhe haben, lasst mich jetzt in Ruhe. Und ich find dann auch, dass man auch das irgendwie so klar (trennen? 0:28:16.4) sollte. Weil ich mein, wenn man jetzt irgendwie ausrastet und andere dann dadurch gefährdet oder so, dann ist das okay, wenn man dann irgendwie jetzt so – wenn die Erzieher dann auch irgendwie lauter werden und so. Aber wenn man jetzt einfach nur so sagt, mir ist das jetzt zu viel, ich möchte meine Ruhe, dann sollten die sagen – dann könnten die dann auch irgendwie sagen, ja, okay, dann kannst du – dann geh ruhig in dein Zimmer – (Gelächter) beruhige dich erstmal. Und es wär' dann auch schön, wenn sie dann noch so fragen, soll ich vielleicht mal in einer halben Stunde hochkommen oder so, nach dir gucken, möchtest du reden oder sowas. Und nicht, wenn man irgendwie jetzt ausrastet, dass die dann einfach irgendwie auch laut werden: Ab in dein Zimmer, ich will dich jetzt nicht mehr hier sehen. Das fällt auch öfter irgendwie in Wohngruppen, auch bei uns. Ich will dich jetzt nicht mehr hier sehen, ist dann auch wieder so, ja, toll, Dankeschön."
>
> **Kind 42 (GD), 379–399**

In dieser Passage erhebt das Kind nicht nur den Anspruch, dass bestimmte Reaktionen und Verhaltensweisen von jungen Menschen differenziert betrachtet werden, sondern auch, dass ihnen in problematischen Situationen liebevolle Unterstützung entgegengebracht wird. In diesem Fall sollte unterschieden werden zwischen einem „Ausrasten", welches auf einer verbalen Ebene zum Ausdruck gebracht wird, um deutlich zu machen, dass man „jetzt mal Zeit für" sich braucht (vgl. auch Abschnitt 3.4.2) und einem „Ausrasten", bei dem Beleidigungen kommuniziert werden, Türen geknallt werden oder womöglich andere gefährdet werden. Je nach Situation sollten die Betreuenden entsprechend reagieren und auf das Verhalten der jungen Menschen eingehen, ihnen mit Verständnis und Respekt begegnen und nicht mit Ablehnung und Abgrenzung.

Das Kind wünscht sich, dass ihm einerseits Verständnis für seinen Wunsch, sich zurückziehen zu dürfen, von Seiten der Betreuerinnen und Betreuer zuteilwird („dann geh ruhig in dein Zimmer") und ihnen andererseits Liebe in der Hinsicht zukommt, dass die Betreuenden z. B. nachfragen, warum das Kind Zeit für sich möchte und nach den Gründen für das Verhalten des Kindes gefragt wird. Das Kind sollte also nicht für seine als „Ausraster" interpretierte Reaktion bestraft werden, in Form von Distanzierung und einer abwertenden Reaktion („ich will dich jetzt nicht mehr hier sehen"), sondern die Betreuenden sollten sensibel für die Stimmungen der jungen Menschen – egal ob positiv oder negativ – und mit Verständnis und Einfühlungsvermögen darauf reagieren. Durch eine respektierende und verständnisvolle Haltung werden die jungen Menschen zum einen in ihrem Da-Sein, d. h. in ihrer Zugehörigkeit zum Wohnort Heim, unterstützt und zum anderen als Person mit ihren je individuellen Eigenschaften anerkannt und in ihrem Frei-Sein bestärkt.

3.4.5 „Die haben das nicht akzeptiert" – Respekt gegenüber den Vorstellungen und Meinungen der Jugendlichen

Zu dem für die Jugendlichen wichtigen Qualitätskriterium „als Person wahrgenommen zu werden" gehört auch, dass Vorstellungen, Wünsche und Meinungen der Kinder und Jugendlichen ernstgenommen und respektiert werden. Diese Anforderung steht in einem engen Zusammenhang mit ernsthaften Möglichkeiten der Beteiligung und damit auch der Einflussnahme auf die eigene Lebensführung.

> „Das ist – das hab' ich z. B. auch extrem krass bei Matthias gemerkt, bei seinem Abschluss. Da meinte er als erstes, ja, dass er seine Mutter nicht einladen möchte. Und die Erzieher haben es auch – die haben das nicht akzeptiert. Die haben die ganze Zeit gesagt, ja, aber es ist deine Mutter, du hast nur einmal diesen Hauptschulabschluss und so. Und die haben ihn die ganze Zeit bearbeitet und so, bis er dann irgendwann gesagt hat, ja, okay, ich lade sie ein. Ich weiß nicht, ob du sie dann eingeladen hast. //Nö, L. hat sie einfach eingeladen, die kam einfach, ich wusste davon nicht mal."
>
> **Jugendliche 42 (GD), 1139–1145**

In dieser Passage kritisiert eine Jugendliche das Nicht-Akzeptieren der Meinung eines Mitbewohners durch die Betreuenden. Dieser wird von seiner Betreuerin dazu aufgemuntert, seine Mutter zur Feier seines Hauptschulabschlusses, die von seiner Wohngruppe organisiert wurde, einzuladen. Ihr Mitbewohner hat jedoch kein Interesse daran, dass seine Mutter an der Feier teilnimmt. Auch die Argumente der Erzieherin, „es ist deine Mutter“ und „du hast nur einmal diesen Hauptschulabschluss“ überzeugen ihn nicht. Er bleibt bei seiner Einstellung, die er später in der Gruppendiskussion mit seinem zu diesem Zeitpunkt angeschlagenen Verhältnis zu seiner Mutter begründet.

Trotz der ablehnenden Haltung des Mitbewohners, laden die Betreuenden seine Mutter ein, und zwar ohne, dass dieser davon Kenntnisse hatte („die kam einfach“). An dieser Stelle wird deutlich, dass Entscheidungen in der Einrichtung getroffen werden, die den Interessen der Jugendlichen widersprechen und auch gegen ihr Wissen vorgenommen werden. Seine Haltung gegenüber der Idee, seine Mutter zur Feier einzuladen, kommuniziert der Mitbewohner in den Augen der Jugendlichen klar gegenüber der Erzieherin. Diese jedoch ignoriert seine Meinung und übergeht sie. Welche Gründe sie dazu veranlasst haben, bleibt offen, und sie sind für die Jugendliche auch nicht relevant. Sie fordert vielmehr, dass die Einstellungen, Interessen und Wünsche der jungen Menschen akzeptiert werden und nicht gegen ihren Willen gehandelt wird. Nur wenn dies der Fall ist, fühlt man sich auch als Person wahrgenommen und anerkannt. Die befragten jungen Menschen legen Wert darauf, dass sie von ihrer Umwelt im Heim (pädagogische Fachkräfte Heimleitung, Mitarbeitende des Jugendamts) respektvoll behandelt werden.

3.4.6 „Dass man halt auch Freunde hat in der Gruppe“ – Förderung der sozialen Beziehungen im Heim

Im Rahmen der Qualitätsdimension „als Person wahrgenommen werden“ geht es auch um die Frage, wie junge Menschen in der Einrichtung auf ein stabiles von Zuneigung und Wertschätzung gekennzeichnetes soziales Umfeld zurückgreifen können. Das heißt, es steht in dieser Dimension nicht nur die pädagogische Beziehung zwischen Bewohnerinnen/Bewohnern und Betreuenden im Vordergrund, sondern auch die Beziehung der Bewohnerinnen und Bewohner untereinander und die Unterstützung und Förderung der Wohngemeinschaft. Für die Heranwachsenden ist der peer-to-peer-Zusammenhang in Heimen und der respektvolle Umgang untereinander von großer Bedeutung. Die Wohngruppe wird als wichtige Ressource im Sinne einer sozialen Dimension am Lebensort Heim gedeutet, also als wichtiger Bestandteil des „Da-Seins“ und des Zugehörigfühlens zur Einrichtung. Zugleich kann das Gruppengefüge auch als Belastung, als Störmoment und als Beeinträchtigung der individuellen Lebensweise erfahren werden. Im Hinblick auf die Frage nach der Qualität in Heimen ist die Förderung eines harmonischen Gruppengefüges für die Kinder und Jugendlichen jedoch gerade für das eigene Wohlfühlen in der Gruppe wichtig.

Zunächst einmal stellt der peer-to-peer-Austausch, d. h. die Kommunikation der Bewohnerinnen und Bewohner untereinander, neben dem Austausch mit den Betreuenden, einen wichtigen Halt der jungen Menschen dar.

> „Ja, also ich finde es halt gut, dass man halt immer, dass man halt auch Freunde hat in der Gruppe und auch jemandem zum Reden."
>
> **Jugendlicher 31, 39–41**

Das soziale Umfeld in der Wohngruppe ist für den zitierten Jugendlichen ein wichtiger Bestandteil in seinem alltäglichen Aufwachsen. „Dass man halt auch Freunde hat", und zwar unmittelbar in seiner Wohngruppe, schätzt er als positive Komponente ein. Es handelt sich hierbei um Freunde, mit denen er reden kann und die mit ihm teilweise den Wohnalltag in der Einrichtung teilen. In der Formulierung „Freunde" steckt wiederum eine andere Qualität, als hätte er z. B. von Mitbewohnerinnen und Mitbewohnern gesprochen. Zu Freunden gibt es eine gewisse emotionale Nähe, Freunden vertraut man, mit Freunden verbringt man Zeit zusammen, mit Freunden geht man gemeinsamen Interessen nach. Das soziale Umfeld in seiner Einrichtung lässt es folglich zu, dass sich innerhalb der Wohngruppe auch Freundschaften herausbilden können, die wiederum für den einzelnen Jugendlichen eine wichtige soziale Unterstützung darstellen.

Das Gruppengefüge und dessen Ausgewogenheit sind für die Jugendlichen ein wichtiges Kriterium. So wird es von den Jugendlichen kritisiert, wenn in der Wohngruppe eine Atmosphäre herrscht, die nicht auf Vertrauen, gegenseitiger Wertschätzung und Akzeptanz basiert.

> „Weil – das war einfach für uns alle, wissen Sie, also wir sind eine Gemeinschaft, und wenn einer so sehr aus der Reihe tanzt, dann geht das einfach nicht mehr. Und dann braucht man irgendwas wirklich, was ihm wirklich hilft, Therapie oder was weiß ich was. Aber auf jeden Fall, für diesen Zeitpunkt trennen. Weil dann geht die Gruppe unter. Wir sind, wir hatten einfach keine Lust mehr, wir wollten nicht mehr nach Hause kommen. Und das sind einfach solche Sachen, wo ich mir denke, da wird zu lange gewartet, zu viele Chancen gegeben (I: Mhm, ach so, ja), man kann gute Chancen geben, man kann einem Menschen mehrere Chancen geben. Man sagt immer, die drei Chancen, und dann ergreift man eine Maßnahme. Aber bei ihm war es einfach zu viel. Natürlich, bei manchen Kindern wartet man ein bisschen, vielleicht verbessern sie sich. Und beim anderen so, und bei anderen so. Aber ich fand das einfach, das war keine Situation für die ganze Gruppe. Da leidet einfach jeder da drunter, obwohl das nur einer ist. Und das finde ich nicht gut."
>
> **Jugendliche 30, 397–403**

An dieser Stelle im Interview kritisiert die Jugendliche die in ihren Augen nicht vorhandene Sensibilität der Betreuenden in Bezug auf das soziale Gefüge der

Gruppe. Die Jugendliche äußert hier den Wunsch, dass die Betreuenden, sollte das Zusammengehörigkeitsgefühl der „Gemeinschaft“ gefährdet sein, schneller reagieren und eine „Maßnahme“ gegen die Störmomente ergreifen. In ihrem Fall fühlt sie sich – und sie bezieht es zugleich auf die Wohngemeinschaft insgesamt – von einem Mitbewohner gestört, und zwar in der Weise, dass die Gruppe „einfach keine Lust mehr“ hatte, „nach Hause“ zu kommen. Die Jugendliche stellt das Gruppeninteresse und den Zusammenhalt der Gemeinschaft an erste Stelle und betrachtet es auch als Aufgabe der Betreuenden – und somit als Qualitätskriterium der Einrichtung –, dass dieser Zusammenhalt nicht durch das ‚abweichende‘ Verhalten von Einzelnen gefährdet wird. Sie spricht sich klar für ein Herausnehmen der störenden Person aus und ein Bereitstellen anderweitiger Unterstützungsformen („Therapie oder was weiß ich was“). Ihr ist es dabei vor allem ein Anliegen, dass man jungen Menschen zwar mehrere Chancen geben kann, aber nicht, wenn es zu Lasten der gesamten Gruppe geht. „Da leidet einfach jeder da drunter, obwohl das nur einer ist“. Nur wenn ein Zugehörigkeitsgefühl zur Gemeinschaft insgesamt besteht und dieses gefördert wird, kommt man gerne nach Hause und entwickelt insgesamt eine positive Einstellung zum Wohnort Heim.

Es bedarf hier somit insbesondere der Fähigkeit, eine gute Balance zwischen einerseits der Möglichkeit zu schaffen, sich auf der peer-to-peer-Ebene zu vergemeinschaften, und andererseits auch sich abgrenzen zu können (z. B. Mangold/Rein 2017).

Die Jugendlichen sehen es somit auch als Qualität einer Einrichtung an, wenn sie es schafft ein harmonisches soziales Gefüge – gekennzeichnet durch Wertschätzung und Vertrauen auf der peer-to-peer-Ebene und auf der Kind/Jugendlicher-Betreuenden-Ebene – herzustellen, in der die eigene Person von allen Gruppenmitgliedern als Mensch wahrgenommen und anerkannt wird. Einrichtungen sollten es sich zur Aufgabe machen, dem Stellenwert der Gruppe mit ihren verschiedenen Dynamiken mehr Aufmerksamkeit zu schenken und z. B. über vielfältige Methoden der Gruppenpädagogik (Freigang 2018) eine Gemeinschaft zu schaffen, in der die geforderte Wahrnehmung, Wertschätzung und Anerkennung die Basis des Zusammenlebens bildet.

3.4.7 Zwischenfazit – wahrnehmen, wertschätzen und anerkennen

In diesem Kapitel konnte der Aspekt „als Person wahrgenommen und anerkannt werden“ als weitere Qualitätsdimension aus der Perspektive der Adressatinnen und Adressaten rekonstruiert werden. Hierbei stehen – im Vergleich zu den Kapiteln 2 (digitale Teilhabe) und 3 (architektonische Qualität) – stärker die zwischenmenschlichen Interaktionen zwischen den verschiedenen Akteuren im Heim im Vordergrund. Zentral wird von den jungen Menschen die Art und

Weise der Beziehung zu den pädagogischen Fachkräften verhandelt. Wie auch der erziehungs- und sozialwissenschaftliche Diskurs festhält, ist für die Kinder und Jugendlichen eine durch Wertschätzung und Anerkennung charakterisierte professionelle pädagogische Beziehung ausschlaggebend, um von einem guten sozialen Gefüge im Heim sprechen zu können, in dem sie sich sicher und wohlfühlen können und zudem in ihrer Persönlichkeitsentwicklung gestärkt werden.

Die Dimension als „Person wahrgenommen und anerkannt werden" kann entlang unterschiedlicher Situationen rekonstruiert werden. Wahrgenommen und anerkannt zu werden, erfahren die Kinder und Jugendlichen dann, wenn ihnen Zeit eingeräumt wird. Zeit zum Reden, Zeit zum Zuhören, Zeit zum Spielen, Zeit zum Diskutieren. Sich Zeit zu nehmen, auch wenn man gerade vermeintlich keine Zeit hat, verbinden die jungen Menschen mit einer besonderen Wertschätzung und für diese Momente im Alltag im Heim, sollten die pädagogischen Fachkräfte sensibilisiert werden. Indem sich die Betreuenden den jungen Menschen zuwenden, ihnen Aufmerksamkeit schenken, ihr Interesse an der Person des Kindes/der Jugendlichen zum Ausdruck bringen, etablieren sie zugleich eine anerkennende und wertschätzende Haltung ihnen gegenüber. Die Kinder und Jugendlichen erfahren dadurch, dass sie wichtig sind, dass sie mit ihren Anliegen, Ideen, Wünschen und Vorstellungen ernst genommen und anerkannt werden. Sie sehen darin eine zentrale professionelle Kompetenz, die von Einrichtungen und Kostenträgern – auch strukturell gesehen (mehr Zeitressourcen zur Verfügung zu stellen, heißt auch Personalressourcen zu erweitern) stärker berücksichtigt werden sollte.

Neben dem an die Fachkräfte gerichteten Anliegen, Zeit zum Reden, zu haben, zeugt es in den Augen der jungen Menschen auch von Wertschätzung, wenn Rückzugszeiten, d.h. Räume für ein Ich-Sein-Dürfen (vgl. Kapitel 3.5) und Zeiten für ein Alleinsein bereitgestellt und anerkannt werden. In diesem Spannungsverhältnis aus Zeit zum Reden haben und Zeit zum Alleinsein demonstriert sich wiederum der Verflechtungszusammenhang aus einem Da-Sein und einem Frei-Sein.

Mit der Qualitätsdimension, als Person wahrgenommen zu werden, sprechen die jungen Menschen auch die emotionale Beziehungsebene an und fordern ein Recht auf Liebe ein. „Dass sie uns liebhaben" wird als zentrales Merkmal eines von Wertschätzung und Anerkennung geprägten Miteinanders betont. Es ist die „Anerkennung qua Liebe", wie sie Axel Honneth in seinem Anerkennungsmodell als zentrale Bezugsebene benennt, die die Kinder und Jugendlichen in diesem Punkt beschreiben und als Qualitätskriterium einfordern.

Diese Anerkennung durch Liebe gilt es in konkreten Interaktionen – durch emotionale Zuwendungen und Gesten von Seiten der pädagogischen Fachkräfte – zu vermitteln, und sie wird auch von den jungen Menschen in der Weise positiv konnotiert bzw. eingefordert. Die liebevollen Beziehungen sollten dabei auf einer bedingungslosen Anerkennung beruhen, unabhängig von bestimmten

Eigenschaften und Fähigkeiten der jungen Menschen (Honneth 1992). So fordern die jungen Menschen eine Anerkennung qua Liebe auch dann ein, wenn sie einen schlechten Tag haben, wenn sie ein Verhalten zeigen, welches nicht den Erwartungen der pädagogischen Fachkräfte entspricht. Freiräume für Ausraster zugesprochen zu bekommen, geht ebenso mit einer wertschätzenden, respektierenden und verständnisvollen Haltung gegenüber den jungen Menschen einher.

Wahrnehmung und Wertschätzung ihrer Person gegenüber verbinden die Kinder und Jugendlichen auch damit, dass ihre Meinungen akzeptiert und ihre Vorstellungen und Wünsche respektiert werden. Übergeht man ihre Sichtweisen nicht und bietet man ihnen ernsthafte Möglichkeiten der Beteiligung, dann fühlen sie sich auch als Individuum ernst genommen und gestärkt und können dahingehend einen positiven Selbstbezug entwickeln.

Die eingeforderte wertschätzende und anerkennende Haltung wird auch bezogen auf das gesamte Gruppengefüge als Qualitätskriterium guter Heime postuliert. Von den jungen Menschen wird es demnach auch als positiv bewertet, wenn die peer-to-peer-Ebene durch Anerkennung und Respekt voreinander gekennzeichnet ist (Oswald 2009) und die Wohngruppe insgesamt durch ein anerkennendes Beziehungs- und Interaktionsgefüge charakterisiert ist. Um dieses herzustellen und aufrechtzuerhalten, braucht es viel Gespür für gruppendynamische Prozesse und ein Wissen um gruppenpädagogische Unterstützungsinstrumente.

3.5 „Ich-Sein-Dürfen" – Loslassen können als junger Mensch und als Fachkraft

Eng verbunden mit der Dimension „Wahrnehmen als Person" geht es für die Kinder und Jugendlichen immer wieder auch um ein „Ich-Sein-Dürfen" in der Einrichtung. Dazu zählt, dass dem jungen Menschen in der Einrichtung ein Ort zur Verfügung steht, an dem er „loslassen" kann, an dem seine „Spannung" abfallen kann (siehe 42 (GD), 436–437), an dem er sich als Person mit all seinen Macken, Meinungen, Interessen, Einstellungen entfalten kann und dabei nicht sanktioniert, bewertet, gemaßregelt wird. Es geht hier um ein Qualitätskriterium, welches Janusz Korczak als „das Recht des Kindes, das zu sein, was es ist" festgehalten hat (Korczak 2018).

Die jungen Menschen fragen demnach nach Räumen, in denen sie „Ich-Sein" können, im Sinne des Aspekts des Frei-Seins, wie er in der Einleitung dieses Kapitels herausgearbeitet wurde. Ich-Sein kann man vor allem an einem Ort, den man auch als sein Zuhause betrachtet, in dem man sich sicher, geborgen und frei fühlen kann. Die Qualität von Einrichtungen wird von den Jugendlichen darin gesehen, dass es Zeiten und Räume gibt, in denen die jungen Menschen nicht von außen formulierten Erwartungen gerecht werden müssen, in denen sie so sein können, wie sie sich gerade fühlen, in denen sie sich verorten und positionieren können, jenseits von Qualifizierungs- und Beschleunigungsprozessen. Es geht also um die Forderung nach Freiräumen für ein Ich-Sein.

3.5.1 „Ganz doofes Beispiel, Klamottenordnung" – Gute Heime brauchen ein Home-Feeling

Diesen Freiraum des Ich-Sein-können beziehen die Kinder und Jugendlichen in der Gruppendiskussion (42) auch auf die Möglichkeit sich im Heim bzgl. ihres Aussehens frei entfalten zu können. An dem Ort, an dem sie leben und der zu einem bestimmten Zeitpunkt ihr Zuhause darstellt, sollte es keine Regeln hinsichtlich des Aussehens geben. An diesem Ort sollten die jungen Menschen frei entscheiden können, was sie anziehen.

> „JW: Ganz doofes Beispiel, Klamottenordnung. Einerseits kann ich's verstehen, andererseits ist es bei uns z. B. – es ist ein Zuhause, da sollte auch – okay, ich mach das jetzt nicht, ich fühl mich dazu nicht wohl, aber da sollte ein Mädel auch mal in bauchfrei rumlaufen dürfen. Da sollte man auch irgendwie nur mal in Socken rumlaufen dürfen.
> JM: Wenn's dir gefällt, dann solltest du es machen.
> JW: Ja. Ja. Wenn die dann auf die Straße gehen und dann sagen, ja, okay, das ist dann jetzt wieder so – dann kann ich das noch halbwegs verstehen. Aber wenn's dann irgendwie so – ja, nein, zieh dich um, ich möchte dich hier nicht in bauchfrei sehen. Oder zieh deine Hausschuhe an oder sonst irgendwas, dann find ich das dann wieder so – ja, okay, weil ich mein, wenn man in Socken rumlaufen möchte, sollte man das tun, weil man wohnt da, man ist da zu Hause. Und man braucht auch einfach mal irgendwie so ein Home-Feeling."
>
> **42 (GD), 428–448**

In der Gruppendiskussion wird das Qualitätskriterium „Home-Feeling" als zentraler Bestandteil von Einrichtungen der stationären Kinder- und Jugendhilfe diskutiert. Gute Heime sollten dadurch gekennzeichnet sein, dass die jungen Menschen ein „Home-Feeling" entwickeln können. Dieses Home-Feeling wird ermöglicht, indem die Kinder und Jugendlichen nicht durch eine spezifische, von der Einrichtung und den Betreuenden favorisierte Kleiderordnung in ihrem eigenen Kleidungsstil beeinträchtigt werden. Die Jugendlichen machen hier einen Unterschied zwischen dem Aussehen außerhalb der Einrichtung – für diesen Ort haben sie Verständnis für bestimmte Regeln in Bezug auf das Aussehen – und dem Aussehen auf dem Gelände der Einrichtung. In der Einrichtung sollte man so „rumlaufen" dürfen wie man möchte. „Da sollte ein Mädel auch mal bauchfrei rumlaufen dürfen. Da sollte man auch irgendwie nur mal in Socken rumlaufen dürfen".

Das heißt, im Heim wird ein Home-Feeling – und das ist das Qualitätskriterium – dadurch ermöglicht, dass keine Kleiderordnung besteht, die jungen Menschen frei in ihrer Kleiderwahl sind, sich hier gehen lassen können, ihren eigenen Bedürfnissen nachgehen können. Die Einrichtungen sollten somit auch Orte sein, an denen die jungen Menschen nicht einem bestimmten gesellschaftlichen Bild entsprechen müssen, an denen sie auch mal nicht „souverän" sein müssen, an denen sie aus sich heraus gehen können, ohne dass sie gemaßregelt werden.

> „Ich weiß jetzt gar nicht, wie ich das ausdrücken kann, damit es verständlich wird. Auf der einen Seite sind wir Kinder ja in der Gruppe, sei es grad kurzfristig oder halt längere Zeit. Aber oft wird vergessen, dass viele Menschen sagen, in der Schule, auf der Arbeit bin ich souverän. Ich bin souverän gekleidet, komme rein, mache Eindruck und strahle dann auch etwas aus, was nicht wirklich zu meiner Person gehört, weil ich jetzt souverän rüberkommen muss. Und wenn ich aber zu Hause bin, dann ziehe ich die Schuhe aus, dann lauf ich barfuß rum und tanze in Unterwäsche irgendwie im Wohnzimmer rum. (Gelächter)"
>
> **Jugendliche 42 (GD), 407–426**

Die Jugendliche in der Gruppendiskussion stellt hier die Orte Arbeit und Schule dem Ort Heim gegenüber. Der Ort, an dem man zu Hause ist, ob „grad kurzfristig oder halt längere Zeit", unterscheidet sich von anderen Orten wie Schule oder Arbeit, wo man „souverän rüberkommen muss", „souverän gekleidet" sein muss, wo man einem gesellschaftlichen Erwartungsdruck – auch im Sinne von Leistung – entsprechen muss. Das Heim sollte gegenüber Orten wie Arbeit und Schule einen Gegenpol darstellen. Einen Frei-Raum, an dem man barfuß laufen oder in Unterwäsche tanzen kann, wenn einem gerade danach ist. Ein Ort, an dem die jungen Menschen frei sein können, auf ihre Art und Weise sich darstellen können, ohne einem bestimmten Bild entsprechen zu müssen. Ich-Sein zu können und nicht etwas darstellen zu müssen, was evtl. gerade nicht zu seiner Person gehört, stellt für die Jugendliche eine wichtige Möglichkeit dar, sich selbst verwirklichen zu können und ist für sie ein Qualitätsmerkmal des Lebensortes Heim.

3.5.2 „Ich hab' jetzt andere Regeln" – Frei-Räume durch Berücksichtigung der spezifischen Lebenssituation

Ein weiterer wichtiger Punkt, der innerhalb der Qualitätsdimension „Ich-Sein" von den jungen Menschen thematisiert wird, ist die Berücksichtigung ihrer je individuellen Situation durch die Betreuenden und die Einrichtung insgesamt (Addow 2010). Die Sensibilität und entsprechende Rücksichtnahme auf die individuelle Lebenssituation ist für die jungen Menschen wichtiger als eine formale Gleichbehandlung.

> „Ja. Und, ja, also ich bin ziemlich, sehr zufrieden mit meiner Gruppe, also überhaupt mit dem Heim. Ich habe jetzt andere Regeln als die in meiner Gruppe, dadurch, dass ich auch einen Job habe, und dass ich halt auch nicht in der Gruppe so viel mithelfen kann, also nicht mehr, ähm, habe ich halt auch Sonderregeln, dass ich zum Beispiel keine Dienste machen muss, oder dass ich halt, wenn Ausflüge geplant sind, und ich jetzt arbeite, dass ich nicht mitkomme. Oder, die waren in Urlaub, und da konnte ich auch nicht mit, weil ich da keinen Urlaub bekommen habe. Und das sind halt so unterschiedliche Sachen, die hier so passieren."
>
> **Jugendliche 30, 37–46**

Zu Beginn des Interviews hebt die Jugendliche wiederholt ihre „Zufriedenheit" mit der Gruppe, mit dem Heim hervor. Diese Zufriedenheitsbekundung koppelt sie an bestimmte „Sonderregeln" die nur für sie gelten aufgrund ihres Alters bzw. aufgrund der Tatsache, dass sie „einen Job" hat und somit einen anderen Tagesrhythmus als ihre Mitbewohnerinnen und Mitbewohner hat, die noch jünger sind und zur Schule gehen. Die Differenzierung der Altersgruppen und damit einhergehende unterschiedliche Lebenssituationen werden hier wieder aufgegriffen und weiter mit Inhalt gefüllt.

So steht im Vordergrund die positive Bewertung des auf das Individuum bezogenen Umgangs im Heim. Für Jugendliche bedeutet dies, dass auf ihre Berufstätigkeit und ihren Alltag als arbeitende bzw. in Ausbildung befindliche Jugendliche Rücksicht genommen wird. Die Einrichtung geht auf ihre Situation ein, indem für sie „andere Regeln als die in meiner Gruppe", „Sonderregeln" gelten. So wird sie befreit von „Diensten" und nimmt an einzelnen Freizeitaktivitäten der Wohngruppe (Ausflüge, Urlaub) nicht teil. Während es bei den Diensten um eine Befreiung von einer Pflicht geht, der alle Bewohnerinnen und Bewohner nachkommen müssen, spricht sie hinsichtlich der Freizeitaktivitäten nicht von einer Pflicht. Vielmehr ist sie aufgrund ihrer Arbeitszeiten, fehlender Urlaubstage für diese Gruppenveranstaltungen entschuldigt. Wichtig für sie ist, dass es auf sie und ihre Situation abgestimmte veränderte Regeln gibt, die von den Regeln für andere Bewohnerinnen und Bewohner abweichen.

Diese individuellen Regeln sind hier positiv konnotiert, entlasten die Jugendliche von bestimmten Pflichten und erlauben es ihr, trotz eines anderen Alltagsrhythmus Teil der Gruppe zu sein. Sie kann in der Gruppe wohnen bleiben, auch wenn sie nicht mehr alle Pflichten und Gruppenregeln erfüllen kann. Die Jugendliche bewertet die Erfahrung, dass ihre individuelle Lebenssituation im

Heim berücksichtigt wird, als positiv. Zudem weist sie an dieser Stelle auf Ähnlichkeiten mit einer familiären Situation hin, in der Jugendliche ebenfalls weniger an familienbezogenen Aktivitäten teilnehmen als Kinder. Jugendliche können sich in der Familie mitunter aus bestimmten Aktivitäten ausklinken, wie z. B. Urlaube oder Ausflüge. Diese Freiräume sieht die Jugendliche auch in Heimen als wichtigen Bestandteil des jugendlichen Aufwachsens an. Regeln werden nicht per se kritisiert, vielmehr wird eine flexible Handhabung von Regeln, die die individuelle Lebenssituation wie auch das jeweilige Alter der Bewohnerinnen und Bewohner berücksichtigen sollten, gefordert (vgl. auch Kapitel 6).

3.5.3 „Man lernt aus seinen Fehlern" – Eröffnung von Frei-Räumen im Sinne von Entwicklungsräumen

Mit der Qualitätsdimension des Ich-Seins geht für die jungen Menschen, auch die Forderung einher, Freiräume ermöglicht zu bekommen, um Fehler machen zu können. Ich-Sein heißt, auch Fehler machen zu können und damit die Möglichkeit zu bekommen, aus diesen Fehlern lernen zu können. Der Lebensort Heim sollte in den Augen der Jugendlichen ein persönlicher Entwicklungsraum sein.

> „Und ich finde, man kein Kind einsperren. Man sollte auch niemanden einsperren. Man soll einem frei geben. Auch wenn man Fehler macht, man lernt aus seinen Fehlern. Und man soll Fehler machen, damit man aus seinen Fehlern lernt. Und wenn man diese Fehler nicht mal begehen kann, wie soll man dann jemals irgendwas lernen – finde ich. So, jetzt, ich sage nicht, dass ich viele Fehler gemacht habe hier drin, eigentlich gar keine in dem, also nee, aber trotzdem, je mehr sie mich freilaufen lassen, umso erwachsener wirke ich so. Dann weiß ich auch ‚Welcher Weg gehe ich?', ‚Was für einen Weg gehe ich, damit ich richtig gehe?'. Gehe ich rechts oder gehe ich links, damit ich richtig stehe. Das muss ich doch für mich selber irgendwann rausfinden//Ja, ja.// Ich stehe ja auch – irgendwann muss ich ja auch alleine zurechtkommen. Und wenn man diese Freiheit nicht hat, glaube ich, wird es schwierig mit Erwachsen werden."
>
> **Jugendliche 30, 172–191**

Die Jugendliche spricht in diesem Abschnitt eine Grundanforderung pädagogischen Handelns an. Sie beansprucht für sich die Freiheit, Fehler machen zu dürfen und aus diesen Fehlern dann lernen zu dürfen. Kinder und Jugendliche müssten darin frei sein, müssten losgelassen und dürften nicht eingesperrt werden, im Sinne einer Verregelung oder auch Überbehütung des Kind- und Jugendlich-Seins. Die Jugendliche nimmt dabei eine zukunftsorientierte Perspektive ein. So geht es auch darum, Aufgaben und Verantwortung übertragen zu bekommen, so dass junge Menschen auch Erwachsen werden können – sich verselbständigen können. Es geht für sie auch darum, selbst entscheiden zu können, „was für einen Weg gehe ich, damit ich richtig gehe“. Hierfür bedarf es bestimmter Gelegenheitsstrukturen, es bedarf Freiräume, die die Einrichtung und die Betreuenden zur Verfügung stellen. Die Qualität der Einrichtung, in der sie wohnt, sieht die Jugendliche darin, dass ihr Entwicklungsräume eröffnet werden und es auch alle zusammen aushalten, sollte einmal etwas schiefgehen. Sie macht deutlich, sie braucht die Erfahrung, dass ihr etwas zugetraut wird.

3.5.4 Gute Heime bieten Räume zur freien Entfaltung – Zwischenfazit

Einrichtungen der stationären Kinder- und Jugendhilfe weisen für junge Menschen dann eine hohe Qualität auf, wenn die Dimension des „Ich-Sein-Dürfen“ erfüllt wird. Das Bedürfnis „Ich sein zu dürfen“ heißt für die Kinder und Jugendlichen, an einem Ort zu sein, an dem ich selbst loslassen kann, an dem ich frei sein kann, und ein Ort, an dem ich losgelassen werde, an dem ich nicht durch Dritte reguliert werde, nicht festgehalten werde.

Ein gutes Heim ist ein Ort, an dem junge Menschen ein Home-Feeling in dem Sinne entwickeln können, dass sie nicht von außen formulierten Erwartungen gerecht werden müssen. Sie möchten hier Freiräume zur Verfügung gestellt bekommen, in denen sie so sein können, wie sie sind und nicht wie z. B. in der Schule oder auf der Arbeit unter einem bestimmten Erwartungsdruck performen müssen. Diese Forderung der jungen Menschen ist gerade vor dem Hintergrund der vielen Veränderungs- und Verhaltenserwartungen, die an Kinder und Jugendliche im Heim gerichtet werden, zentral.

Das Qualitätskriterium „Ich sein zu dürfen“ geht weiterhin mit der Sensibilität für die jeweilige private Lebenssituation der jungen Menschen einher. Junge Menschen können sich dann frei entfalten, wenn sie in ihrem Ich-Sein akzeptiert und anerkannt werden und ihnen in bestimmten Situationen und Lebensphasen auch mal „Sonderregeln“ zugesprochen werden, die eine anerkennende Haltung durch die pädagogischen Fachkräfte unterstützen. Kollektivregeln hingegen stehen für eine formale Gleichbehandlung, verhindern jedoch Aneignungsräume für ein Ich-Sein und schränken Privatheit ein, welche von den Kindern und Jugendlichen jedoch favorisiert werden.

Mit dem Ich-Sein verbinden die jungen Menschen auch die Möglichkeit, sich als Person frei entwickeln zu können und dabei auch Fehler machen zu können. Bereits Janusz Korczak sieht diesen fehlerfreundlichen Entwicklungsraum als zentral für das Kind-Sein und Jugendlich-Sein an. „Manchmal möchte es sich lieber selbst umschauen; wenn es schwierig wird, bittet es um einen Hinweis, um einen Rat“ (ebd. 1929). Das Ich-Sein wird hier somit auch im Sinne von Verselbständigungsprozessen als Kernherausforderung des Jugendalters thematisiert (vgl. 15. Kinder- und Jugendbericht). Eigene Erfahrungen machen zu können, gehört zum Verselbstständigen junger Menschen dazu und hierfür sind ihnen auch in Heimen entsprechende Räume, Zeiten, Gelegenheiten und Strukturen zur Verfügung zu stellen. Und zwar insbesondere vor dem Hintergrund der Verdichtung und der Versuche, Erziehungsprozesse zu beschleunigen.

3.6 Gerecht behandelt werden

Als ein weiteres Qualitätskriterium von Heimen kann das Thema Gerechtigkeit rekonstruiert werden. Gerecht behandelt zu werden, stellt für die jungen Menschen ein zentrales Bedürfnis in der Beziehungsgestaltung im Heim dar und wird in den Interviews und Gruppendiskussionen insbesondere in Bezug auf die Auslegung und die Angemessenheit von Regeln thematisiert. Einen gerechten Umgang untereinander als Qualitätskriterium zu verhandeln, ist dabei eng verwoben mit der Dimension „als Person wahrgenommen werden“ (vgl. Kapitel 3.4) und der Forderung als junger Mensch in der Gesellschaft anerkannt zu werden – und zwar losgelöst von der Frage, an welchem Ort der junge Mensch aufwächst. In Bezug auf die Moralentwicklungstheorie nach Kohlberg, in der das Prinzip der Gerechtigkeit bzw. der Fairness zentral ist, nehmen die jungen Menschen hier eine Position ein, in der sie bestimmte Verhaltensweisen und Regelauslegungen der Betreuenden in Frage stellen und diese vor dem Hintergrund allgemeiner moralischer Regeln der Gesellschaft reflektieren (vgl. die Übergangsstufe auf der konventionellen Ebene nach Kohlberg). Sie fordern einen gerechten Einsatz von Regeln, die angemessen und transparent sein sollten. Sie wünschen sich zugleich die Mitwirkung und Mitbestimmung bei der Erarbeitung gerechter und fairer Lösungen für bestimmte Probleme. Dabei nehmen die jungen Menschen – ganz im Sinne Kohlbergs Theorie – auch Perspektivwechsel vor bzw. nehmen die Perspektive eines unparteiischen Beobachters ein, um die gerechteste Lösung zu finden (vgl. 3.6.1).

Die folgenden Aussagen der jungen Menschen können also auch als Ermutigung gelesen werden, sich auf Beteiligungsprozesse bei der Erstellung und Überarbeitung von Regeln einzulassen. Gerechtigkeit zu erfahren kann dabei auch in dem Verflechtungszusammenhang aus Frei-Sein und Da-Sein betrachtet werden. Werden die jungen Menschen am Lebensort Heim in ihren Augen gerecht behandelt, so können sie sich zu diesem Ort zugehörig fühlen, sie können sich mit diesem Ort identifizieren und ein Da-Sein insbesondere aufgrund der Erfahrung von Geborgenheit und Sicherheit entwickeln. Gleichzeitig verbinden sie mit der Erfahrung von Gerechtigkeit ein Frei-Sein dahingehend, dass an sie gerichtete Erwartungen transparent sind, sie sich darauf verlassen können, wie gehandelt wird und sie damit bestimmte Regeln auch akzeptieren können.

3.6.1 „Ein gesundes Maß an sinnvollen Regeln" – Kritik an Verregelungspraktiken

Regeln strukturieren den Alltag der jungen Menschen, sie sehen sich jederzeit mit Regeln konfrontiert, sie akzeptieren Regeln oder stellen sie in Frage, sie folgen den Regeln oder nicht, sie verhandeln und diskutieren Regeln. Gerade in der Beziehungsgestaltung zu den pädagogischen Fachkräften ist das Thema Regeln zentral und führt mitunter zu Reibungspunkten. Auch in der Gruppendiskussion (42) spielt das Thema Regeln und Regelauslegung eine wichtige Rolle. Dabei nehmen die jungen Menschen eine sehr reflektierte Position ein. Für sie sind Regeln nicht per se schlecht oder zu kritisieren, sie sollten jedoch „sinnvoll" sein:

> „JW: Du hattest eben noch gefragt, was noch wichtig wäre, ich hab' mir noch aufgeschrieben, ein gesundes Maß an sinnvollen Regeln.
> I: Also Regeln schon, aber –
> JW: Ja klar, Regeln sind sinnvoll, grade im Zusammenleben in so einem großen Team, wie es sein sollte, ein Team zwischen Kindern und Erziehern, wo man auch versuchen sollte, dass es miteinander verschmilzt. Also im Kinderteam, das ist toll, im Erzieherteam ist es auch toll, aber wie kann man am besten – also wenn es zirkuliert. Also wenn es wirklich ein einheitliches Team ist, weil so kann man halt arbeiten, so kann man Dinge verändern.
> I: Und was sind sinnvolle Regeln eurer Meinung nach?
> K: Z. B. nicht schreiben, wenn man Kaugummi kaut, direkt das ganze Haus putzen oder so.
> JM: Was?
> K: Ja, bei uns – wenn man Kaugummi – (?? 1:00:45.5) (gleichzeitiges Sprechen) wir sind doch nicht so dumm und tun jetzt den Kaugummi irgendwohin kleben. Wir wissen ja, dass er in den Müll kommt.
>
> **42 (GD), 816–829**

Verbunden mit der Aufforderung, eine Broschüre für andere junge Menschen zu schreiben, die vor der Entscheidung stehen, eine Einrichtung für sich auszusuchen, betont die Jugendliche in der Gruppendiskussion, dass ein Heim in ihren Augen über ein „gesundes Maß an sinnvollen Regeln" verfügen sollte. Dabei hinterfragt sie nicht den Einsatz von Regeln per se, vielmehr betont sie zunächst deren Wichtigkeit für das „Zusammenleben in so einem großen Team". Gerade in der Interaktion zwischen Kindern und Jugendlichen einerseits und pädagogischen Fachkräften andererseits bedarf es Regeln, damit „man halt arbeiten" und „Dinge verändern" kann. Regeln bieten für sie somit Struktur, Sicherheit, Harmonie – es bedarf Regeln für ein gutes Miteinander.

Es geht aber nicht um Regeln allein, sondern um ein „gesundes Maß an sinnvollen Regeln". Die Jugendliche nimmt hier also zwei Reflektionsschleifen vor: Es dürfen erstens nicht zu viele Regeln sein. Zweitens sollten Regeln sinnvoll sein, d. h. sie sollten für alle Beteiligten einen Sinn ergeben, sie sollten durchdacht und zweckmäßig sein. Nur, wenn ein positives Verhältnis zur Art und Weise und Umfang von Regeln besteht, können sie von den jungen Menschen akzeptiert und angenommen werden.

Die Bewertung „gesundes Maß" und „sinnvoll" wird im Verlauf des Diskurses von einem Kind anhand eines konkreten Beispiels ergänzt und unterstützt. Die Regel „wenn man Kaugummi kaut, direkt das ganze Haus putzen" wird hier als nicht sinnvoll und auch nicht als gesundes Maß betrachtet. Vielmehr appelliert das Kind hier, die Einsichtsfähigkeit („wir sind doch nicht so dumm") der Kinder und Jugendlichen anzuerkennen, denn es ist in seinen Augen selbstverständlich, dass der Kaugummi in den Müll gehört und nicht „irgendwohin" geklebt wird. So bedarf es weder der Regel, dass in der Einrichtung kein Kaugummi gekaut werden darf, noch der in seinen Augen unverhältnismäßigen Strafe bei Nichteinhaltung der Regel, derzufolge dann die gesamte Einrichtung gesäubert werden müsste.

Beides ist in seinen Augen nicht verhältnismäßig und stößt auf Kritik bei den jungen Menschen in der Gruppendiskussion. Mit der angedeuteten Regel kritisiert der Teilnehmer der Gruppendiskussion zugleich, dass den Kindern und Jugendlichen hier das Wissen um ein angemessenes Verhalten (kein Kaugummi irgendwohin kleben) in Frage gestellt bzw. ihnen abgesprochen wird und ihnen in dieser Hinsicht auch nicht vertraut wird. Eine gemeinsame Aushandlung von Regeln, die von den jungen Menschen ja nicht per se verneint werden, würde ihnen mehr Anerkennung und Vertrauen entgegenbringen und eine akzeptierende Haltung gegenüber Regeln erhöhen. Zugleich könnte durch einen gemeinsamen Diskurs über Regeln eine Idee von Gerechtigkeit und Demokratiebildung in der Einrichtung etabliert werden.

3.6.2 „Dann kriegst du dein Handy jetzt immer erst später" – Fehlende Rücksichtnahme auf individuelle Lebenssituationen

Die Art und Weise des Einsatzes und der Auslegung von Regeln kann auch dazu führen, dass die jungen Menschen sich ungerecht behandelt fühlen. Anhand der nachstehenden Passage aus einer Gruppendiskussion kann rekonstruiert werden, inwieweit Regeln flexibel gehandhabt werden sollten und ins Verhältnis zur jeweiligen Handlungssituation und Lebenssituation des jungen Menschen gesetzt werden sollten (vgl. Kapitel 3.5.2). Erfolgt dies nicht, wird es als ungerecht erfahren und entsprechend kritisiert:

> „Ja, das ist normal. Aber ich denk, man sollte das halt auch, wenn irgend-, wenn man irgendwas macht oder so, sollten die Erzieher das halt auch irgendwie mal hinterfragen und so und nicht irgendwie, wenn man früher jetzt z. B. was gemacht hat und dann – und

dann gehen die dann aber irgendwie nach einen Jahr oder so davon aus, wenn nochmal sowas Ähnliches passiert, dass es genauso wieder aus demselben Grund – z. B. bei mir ist das dann, wenn ich jetzt irgendwie – ich war an einem Abend nicht duschen, und dann sagen sie, ja, okay, dann kriegst du dein Handy jetzt immer erst später und so. Das haben sie jetzt bei mir gemacht. Und dann stellen die nicht in Frage, warum ich z. B. nicht duschen war. Z. B. geht es mir in letzter Zeit halt auch nicht so oft – oft nicht so gut. Und dann sitz ich einfach in meinem Zimmer und hab' dann auch keinen Nerv dafür, irgendwas zu machen, auch irgendwie dann irgendwelche Dienste zu machen und so. Und dann, bei mir ist das z. B. so, dann sagen die jetzt so, ja, okay, dann kriegst du halt dein Handy nicht, bis du das gemacht hast. Ja, okay. Das ist dann wieder so, ja, okay, mir geht's nicht gut, ich möchte eigentlich mit meinem Freund telefonieren, da muss ich jetzt erst die Dienste machen, bevor ich mich um mich kümmern kann, damit ich mit irgendjemandem darüber reden kann, der grade nicht in der Gruppe ist, weil ich dafür jetzt grade nicht kann. Und das ist dann wieder so – das ist dann wieder eher Strafe als Konsequenz. Ich find, Konsequenz ist dann auch, wenn man den Hintergrund weiß und so, und wenn man dann sagt so, okay, du musst da drüber nachdenken und so, es war nicht richtig, dann – wenn die Leute sich damit halt auch auseinandersetzen. Strafe ist einfach so, ja, okay, du hast das gemacht, deswegen musst du jetzt das und das machen. Oder deswegen darfst du das und das nicht. Und das find ich dann halt wieder falsch."

Jugendliche 42 (GD), 879–900

Die Jugendliche übt hier Kritik („und das find ich dann halt wieder falsch") in Bezug auf unterschiedliche Auslegungen von Regeln. Zunächst sieht sie es als nicht gerecht an, wenn Regeln über einen längeren Zeitraum als unveränderbar gelten und nicht hinterfragt werden. Damit einhergehend wird der Wunsch geäußert, dass bei einer Nicht-Einhaltung von bestehenden Regeln (in diesem Fall das abendliche Duschen) nachgehakt wird, warum der Alltagsregel nicht gefolgt wurde. Das heißt, die jeweilige individuelle Lebenssituation der jungen Menschen sollte im Vordergrund stehen und eine entsprechende Sensibilität der pädagogischen Fachkräfte dahingehend bestehen, mögliche Gründe für ein bestimmtes nicht regelkonformes Verhalten zu eruieren.

Die schematische Anwendung von Regeln wird hier kritisiert. Es wird von den jungen Menschen eine Rücksichtnahme auf ihre individuelle Situation („mir geht's nicht gut") eingefordert und die Bestrafung („dann kriegst du halt dein Handy nicht") als angemessene Reaktion wird in Frage gestellt. Anstelle des als Strafe wahrgenommenen Handyentzugs wäre möglicherweise ein persönliches Gespräch mit dem Jugendlichen und eine darauf erfolgte Unterstützung angemessener gewesen. Die eingeschränkte Handynutzung wird hier als ungerechte, nicht angemessene Reaktion der Betreuenden kritisiert, die zugleich eine fehlende Sensibilität für die derzeitige Lebenssituation des Jugendlichen offenbart. Diese Art des Praktizierens von Regeln wird von der Jugendlichen nicht akzeptiert, weil sie sie als ungerecht und nicht verhältnismäßig empfindet.

3.6.3 „Der eine Erzieher hat gesagt, das ist so, der andere hat gesagt, das ist so" – Regeln als Schutzmechanismen vor Machtmissbrauch

Regeln werden von den jungen Menschen nicht nur als den Alltag strukturierend und damit als Sicherheit wahrgenommen, Regeln unterstützen auch die Idee von Gerechtigkeit in der Einrichtung und können, wenn sie von allen Beteiligten eingehalten werden, vor Machtmissbrauch durch die pädagogischen Fachkräfte schützen. Das heißt, ähnlich wie die Rechtsentwicklung als ein Motor für mehr Gerechtigkeit diskutiert wird (Wapler 2017), können Regeln Schutzmechanismen darstellen und somit für eine gerechte Behandlung durch die pädagogischen Fachkräfte stehen. Sie können aber auch, je nachdem, wie und mit welchen Konsequenzen die Regeln ausgelegt werden, als Ungerechtigkeit wahrgenommen werden. Dies zeigt sich in folgender Passage aus der Gruppendiskussion (41):

> „Ja. Also bei mir war es so, ich kam in eine Gruppe und es gab (…) und die Erzieher haben halt für sich, weil es in der Gruppe gut lief, die Regeln gelockert. Und dann wollte ich halt, weil ich, weil der eine Erzieher hat gesagt, das ist so, der andere hat gesagt, das ist so, in den Regeln stand, es ist viel strenger. Und wollte ich halt einfach mal, als ich da ankam, alle Regeln halt so haben, wie sie gerade sind. Das haben sie halt, haben sie die Gru- Regeln halt neu geschrieben, aber auch richtig wieder ernst. Und da haben sich halt alle Jugendlichen aufgeregt, was das soll und blabla? Und dann meinten halt die Erzieher, ja, anders können sie es nicht machen, also können sie es schon machen, aber wollen sie halt nicht. Weil wenn es in der Gruppe gut läuft, dann machen sie halt die Regeln für sich lockerer. Also halt für die ganze Gruppe, aber halt jeder Erzieher einzeln. Und wenn die Gruppe mal nicht so gut läuft, weil die ganze Zeit jemand (…) oder die ganze Zeit Stress ist, dann nehmen sie halt die Regeln, die da sind. Und das gab halt anfangs richtig Schwierigkeiten."
>
> **41 (GD), 941–953**

Als Neuankömmling in der Gruppe ist sich der Jugendliche zunächst über die genauen Regeln, die in der Gruppe gelten, nicht im Klaren. „Weil es in der Gruppe gut lief", wurden bestehende Regeln gelockert und mit dieser Lockerung wurden die Regeln für den neu angekommenen Jugendlichen undurchsichtig. Dies wurde auch dadurch hervorgerufen, dass die pädagogischen Fachkräfte die Regeln nach der Lockerung unterschiedlich auslegten. Für den Jugendlichen war es jedoch wichtig, die Regeln zu kennen, weshalb er dieses Wissen bei den pädagogischen Fachkräften einforderte.

Das Wissen um die genauen Regeln im Heim scheint dem Jugendlichen eine Form von Sicherheit zu vermitteln. Bislang wird er an dieser Stelle von den Betreuenden im Unklaren gelassen, bzw. ist er ihrer unterschiedlichen Auslegung schutzlos ausgeliefert. Seiner Aufforderung nach Klarheit folgen die pädagogischen Fachkräfte und schreiben die „Regeln halt neu". Dabei wenden sie jedoch den strengeren Maßstab an, was auf Unmut bei den Kindern und Jugendlichen stößt, zumal diese bislang die eher gelockerten Regeln verinnerlicht hatten. Die Betreuenden setzen demnach die strengeren Regeln als Basis.

Auf diese Regelauslegung, die zudem schriftlich fixiert ist, wird vor allem dann zurückgegriffen, „wenn die Gruppe mal nicht so gut läuft". Die Regeln können wiederum gelockert werden, „wenn es in der Gruppe gut läuft". Hierfür gibt es jedoch keine schriftliche Fixierung, so dass die Lockerung zwar für die ganze Gruppe gelten sollte, jedoch „jeder Erzieher einzeln" den Grad der Lockerung bestimmt. Das heißt, eine schriftliche Fixierung, die zugleich eine Handlungssicherheit und Gewissheit für die jungen Menschen schafft, besteht nur für die strengeren Regeln. Der Handlungsspielraum ist offen, die alleinige Macht über die Regelauslegung verbleibt bei der jeweiligen pädagogischen Fachkraft.

Diese Praxis wird von dem Jugendlichen kritisiert („das gab halt anfangs richtig Schwierigkeiten"), zumal seinem ursprünglichen Anliegen – eine klare und einheitliche Regelauslegung und damit Schutzmechanismen vor einem Machtmissbrauch durch die Fachkräfte – nicht entsprochen wurde. An dieser Stelle dokumentiert sich das Bedürfnis nach einer vorhersehbaren und kontextbezogenen Regelauslegung, die sich an individuellen Bedürfnissen orientiert, aber nicht zu willkürlichen Entscheidungen führt. Hierfür sind die jungen Menschen auch bereit, im Zweifel die strengeren Regeln zu bevorzugen, wenn ansonsten Unberechenbarkeit der Preis ist (siehe auch Mangold/Rein 2017).

Ein Einbezug der jungen Menschen in die Aushandlung der Regeln scheint hier ebenfalls nicht erfolgt zu sein (vgl. Kapitel 3.4.1), zumindest wird es von dem Jugendlichen nicht berichtet. Die gemeinsame Überarbeitung der Regeln, an der alle Akteure im Heim beteiligt werden, könnte jedoch für mehr Akzeptanz der Regeln sorgen und zugleich für alle Beteiligten mehr Handlungssicherheit geben, auch in Bezug auf den erforderlichen Detailierungsgrad und die Auslegungsspielräume.

3.6.4 Gute Einrichtungen sind Einrichtungen, in denen junge Menschen Gerechtigkeit erfahren – Zwischenfazit

Gerecht behandelt zu werden, stellt für die jungen Menschen ein weiteres wichtiges Qualitätskriterium guter Heime dar. Das Erfahren von Gerechtigkeit kann dabei auf unterschiedlichen Ebenen und in unterschiedlichen Situationen erfolgen. Gerechtigkeit wird empfunden, wenn die jungen Menschen sich als Person wahrgenommen und anerkannt fühlen, wenn sie über Handlungsmacht verfügen, wenn sie an Entscheidungsprozessen beteiligt werden und wenn ihnen in der Interaktion mit den pädagogischen Fachkräften eine gerechte Behandlung widerfährt.

Der Lebensort Heim wird also gerade dann positiv konnotiert, wenn die Bewohnerinnen und Bewohner ihrem Wohnort das Kriterium „gerecht" zuschreiben können. Der Einsatz von Regeln und die Auslegung von Regeln werden als gerecht eingestuft, wenn sie „in gesundem Maß" angewandt und von den jungen Menschen als „sinnvoll" eingestuft werden. Der Alltag im Heim sollte also nicht verregelt sein und Regeln dürfen nicht den Charakter von Regulierungen einnehmen, die für alle gleichermaßen gelten und zudem als nicht sinnvoll erachtet werden (3.6.1). Als ungerecht werden Reaktionen der pädagogischen Fachkräfte auch dann eingestuft, wenn nicht nach den Gründen bei Nichteinhaltung von Regeln gefragt wird, d.h. wenn die jeweilige persönliche Lebenssituation der jungen Menschen nicht beachtet und geachtet wird (3.6.2).

Regeln sollten also flexibel und der Situation angemessen eingesetzt werden (vgl. hierzu auch die altersgerechte Auslegung von Handyregeln Kap. 3.2.). Eine gerechte Behandlung nehmen die jungen Menschen auch dann wahr, wenn es ein gemeinsames Verständnis einer angemessenen Regelauslegung gibt und diese nicht als willkürlich erlebt wird. Regeln sollten deutlich kommuniziert werden, damit für alle Beteiligten Handlungssicherheit besteht und einem potentiellen Machtmissbrauch durch die pädagogischen Fachkräfte Einhalt geboten wird.

An dieser Stelle offenbart sich ein Spannungsfeld: Einerseits ist es für die jungen Menschen wichtig, über klar kommunizierte Regeln, die für alle gelten, Handlungssicherheit zu erlangen. Andererseits fordern sie einen flexiblen, der jeweiligen Situation angemessenen Umgang mit Regeln, der gerade nicht statisch und rigide erfolgt. Die Einrichtungen stehen hier vor der Herausforderung, eine gute Balance zu finden, dieses Spannungsverhältnis so zu gestalten, dass die jungen Menschen es als gerecht einstufen können.

Die Beteiligung der jungen Menschen im Aushandeln und Überarbeiten von bestehenden Regeln stellt dabei eine wichtige Basis dar und führt unweigerlich zu einer höheren Akzeptanz für Regeln, die von den jungen Menschen ja nicht per se negiert werden. Gemeinsam aufgestellte Regeln stehen weniger in der Gefahr, als ungerechtfertigt wahrgenommen zu werden, und können damit stärker als Orientierungen wirken. Um dieses zu erreichen, bedarf es aber auch eines kontinuierlichen Prozesses der gemeinsamen Überprüfung der Regeln auf ihre Notwendigkeit und Angemessenheit.

3.7 Zwischen Da-Sein und Frei-Sein: geliebt, wahrgenommen und anerkannt werden – Qualitätsdimensionen aus Sicht der Kinder und Jugendlichen

Junge Menschen, die für eine gewisse Zeit nicht bei ihren Familien, sondern in einer Einrichtung der stationären Kinder- und Jugendhilfe leben, haben sehr konkrete, wenn in Teilen auch sehr unterschiedliche Vorstellungen davon, wie eine gute Einrichtung ausgestattet, wie ein Heimalltag strukturiert und wie die sozialen Beziehungen untereinander gekennzeichnet sein sollten. Wie die

Qualität in Einrichtungen erlebt wird, ist auch abhängig von den jeweiligen Vergleichshorizonten (z. B. im Vergleich zu einer geschlossenen Unterbringung oder dem Wohnen in einer Pflegefamilie), der jeweiligen biographischen Lebenssituation und inwieweit die Unterbringung frei gewählt bzw. von Dritten herbeigeführt wurde.

Trotz der zum Teil sehr unterschiedlichen Ausgangssituationen der Kinder und Jugendlichen konnten in diesem Kapitel für die Kinder und Jugendlichen zentrale Qualitätsdimensionen anhand konkreter Situationen und Praktiken aus dem Alltag der jungen Menschen rekonstruiert werden. Indem die jungen Menschen dazu aufgefordert wurden, zu überlegen, was für andere Kinder und Jugendliche bei der Auswahl einer Einrichtung wichtig wäre zu beachten, können ihre Aussagen auch als eine Art peer-to-peer-Beratung gelesen werden.

Als für die Kinder und Jugendlichen zentrale Qualitätsdimensionen konnten die „Ermöglichung der digitalen Teilhabe", die „räumliche und architektonische Gestaltung", die „Wahrnehmung und Anerkennung als Person", das „Ich-Sein-Dürfen" und die „gerechte Behandlung" rekonstruiert werden. Es stehen für die jungen Menschen somit sowohl materielle und räumliche Aspekte bei der Qualitätsbeurteilung von stationären Einrichtungen im Vordergrund als auch die soziale und emotionale Dimension hinsichtlich der Ausgestaltung der Interaktionsbeziehungen in der stationären Einrichtung.

Innerhalb dieser Dimensionen von Qualität lassen sich unterschiedliche Spannungsverhältnisse rekonstruieren, die von den jungen Menschen in einem Verflechtungszusammenhang aus „Da-Sein" und „Frei-Sein" ausbalanciert werden. Das heißt, für die Kinder und Jugendlichen ist es bei der Beurteilung des Lebensortes Heim auf der einen Seite wichtig, einen Ort zum Wohnen vorzufinden, an dem sie sich wohlfühlen, geborgen und sicher fühlen können. Ein Ort, der ihnen Schutz und Unterstützung bietet und Bezugspersonen, zu denen sie Vertrauen haben können, auf die sie sich verlassen können und die sie als Person anerkennen. Eine Zugehörigkeit und Identifikation mit dem Lebensort Heim findet hier über ein „Da-Sein-Dürfen" statt.

Auf der anderen Seite ist es für die jungen Menschen von großer Wichtigkeit, dass sie einen Ort vorfinden, an dem sie sich frei entfalten können, an dem sie ihre Interessen und Wünsche verfolgen können, an dem ihnen Freiräume und Rückzugsorte für die Entwicklung ihrer eigenen Persönlichkeit zur Verfügung gestellt werden. Orte, an denen sie selbstbestimmt und autonom handeln können und sich in unterschiedlicher Art und Weise selbst positionieren und verselbstständigen können. Eine Zugehörigkeit und Identifikation mit dem Lebensort Heim findet demnach ebenso über ein „Frei-Sein-Dürfen" statt.

Beide Aspekte Da-Sein und Frei-Sein sind miteinander verflochten, bedingen sich wechselseitig und werden von den jungen Menschen in verschiedenen Spannungsverhältnissen – auch in der Interaktion mit den pädagogischen Fachkräften – ausgehandelt. Typische Spannungsverhältnisse, die von den jungen Menschen ausgehalten oder aber in konkreten Situationen bearbeitet werden, sind beispielsweise Partizipation vs. Standards und Regeln, Autonomie vs. Verbundenheit, Selbstbestimmung vs. Kontrolle, Sicherheit vs. Einschränkungen, Freiheit der eigenen Lebensgestaltung vs. Orientierung an Normalitätsvorstellungen, Schutzraum Einrichtung vs. Integration in den Sozialraum.

In der Qualitätsdimension der Ermöglichung einer digitalen Teilhabe, die sowohl strukturell über eine entsprechende digitale Infrastruktur als auch im Sinne einer positiven und ressourcenorientierten Einstellung gegenüber digitalen Medien gewährleistet werden sollte, zeigt sich das Zusammenspiel aus Da-Sein und Frei-Sein darin, dass zum einen über einen uneingeschränkten Zugang zur digitalen Infrastruktur die Lebens- und Wohnqualität in Heimen gesteigert wird und die jungen Menschen durch die Orientierung an ihrer digitalisierten Lebenswelt (ohne dass diese Orientierung verregelt und sanktioniert wird) ein Zugehörigkeitsgefühl zu diesem Wohn- und Lebensort entwickeln können. Zum anderen steht die Teilhabe an einem digitalen Alltag für Selbstbestimmung, Freiräume in der virtuellen Welt und Möglichkeiten der Selbstverwirklichung und -positionierung, und zwar jenseits von pädagogischen Interventionen.

Eine Qualität von stationären Einrichtungen besteht also darin, dieses Zusammenspiel auszubalancieren und Gleichzeitigkeiten von einem ‚innen' und ‚außen' in einem virtuellen Raum zu ermöglichen. Die Kinder und Jugendlichen wissen dabei sehr wohl um die Gefahren der Digitalisierung, zugleich stellt der Sicherheitsaspekt für sie kein Argument gegen eine digitale Teilhabe dar. Vielmehr gilt es hier in gemeinsamen Aushandlungsprozessen Orientierungen im Umgang mit digitalen Medien zu entwickeln und auf medienpädagogisches Know-how zurückzugreifen.

Auch in der Bedeutung, die der räumlichen und architektonischen Gestaltung des Lebensortes Heim beigemessen wird, dokumentiert sich der Verflechtungszusammenhang aus Da-Sein und Frei-Sein. Wie in Kapitel 3.3 anschaulich gezeigt werden konnte, trägt die Art und Weise der Gestaltung des Ortes, an dem man wohnt, wesentlich dazu bei, ob man sich an diesem Ort wohl und sicher fühlt, ob man an diesem Ort ankommen kann, ob man sich mit diesem Ort identifizieren kann und ihn als eine Art Zuhause beschreiben kann.

Eine Zugehörigkeit im Sinne des Da-Seins entwickelt sich gerade dann, wenn man diesen Ort aktiv mitgestalten kann, wenn man eigene Ideen und Vorstellungen einbringen kann und sich selbstbestimmt Räume aneignen kann. So geht zum Beispiel mit der Bereitstellung eines eigenen Zimmers und der Möglichkeit, es individuell gestalten zu können, sowohl die potentielle Identifikation mit der Einrichtung im Sinne eines Da-Seins einher, als auch die Konstruktion eines Rückzugortes im Sinne eines Frei-Seins in der Wohngemeinschaft. Das eigene Zimmer stellt für Kinder und Jugendliche einen persönlichen Identifikationsort dar. Die Möglichkeit zu haben, über „eigene vier Wände" verfügen zu können, erhöht zudem die Akzeptanz für das Wohnen in einem Heim und ermöglicht es den jungen Menschen, sich im Heim wohl und geborgen zu fühlen.

In der Qualitätsdimension als „Person wahrgenommen und anerkannt zu werden" wiederum spiegelt sich das Spannungsmoment aus Da-Sein und Frei-Sein u. a. in der richtigen Balance aus gemeinsamer Zeit und Zeit für sich alleine zu haben wider. Die jungen Menschen sehen es zum einen als wichtig an, dass die pädagogischen Fachkräfte Zeitfenster für gemeinsame Gespräche bereitstellen, dass es immer wieder einfach Zeiten zum Reden gibt. Zum anderen beanspruchen sie für sich Zeiten des Alleinsein-Dürfens, also Zeiten, in denen sie gerade nicht reden möchten.

Ein Gespür für diese unterschiedlichen Bedürfnisse – im Sinne eines Spannungsverhältnisses aus Verbundenheit und Autonomie – zu besitzen und damit dem Gegenüber Wertschätzung und Anerkennung entgegenzubringen, zeichnet pädagogische Professionalität in stationären Einrichtungen aus Sicht der Adressatinnen und Adressaten aus. Die intersubjektiven Beziehungen zwischen pädagogischen Fachkräften und Adressatinnen und Adressaten am sozialen Ort des Heims sollten demnach in hohem Maße durch Anerkennung geprägt sein, um somit auch soziale Teilhabe für die jungen Menschen zu ermöglichen.

Gleiches gilt in Bezug auf die Vergemeinschaftungsprozesse auf der peer-to-peer-Ebene. Auch hier bedarf es sowohl Möglichkeiten, sich als Gruppe zu vergemeinschaften, Vertrauen aufzubauen, Freundschaften zu knüpfen und eine Gruppenzugehörigkeit zu entwickeln, als auch Gelegenheiten, sich von der Gruppe abgrenzen zu können, Ich-Sein zu dürfen in einer größeren Gemeinschaft aus Gleichaltrigen und dabei von ihnen anerkannt und wertgeschätzt zu werden.

Die Qualitätsdimension „Ich-Sein-Dürfen" hält diesen Punkt nochmals pointiert fest. Aus Sicht der Adressatinnen und Adressaten ist eine stationäre Kinder- und Jugendhilfeeinrichtung dann von guter Qualität, wenn sie Räume zur freien Entfaltung der eigenen Persönlichkeit bietet, wenn die jeweilige private Lebenssituation im Miteinander berücksichtigt wird und wenn Möglichkeiten vorhanden sind, sich auszuprobieren, auch wenn dabei nicht immer die klügsten Entscheidungen getroffen werden. Um sich in diesen Räumen frei entfalten zu können, bedarf es jedoch auch eines Gefühls, sich sicher und geborgen fühlen zu können, sich Fehler erlauben zu dürfen, ohne sanktioniert zu werden und insgesamt in einem anerkennenden und wertschätzenden sozialen Gefüge interagieren zu können.

Dazu gehört auch, und dies konnte mit der Qualitätsdimension „Gerecht behandelt werden" gezeigt werden, dass jungen Menschen am Lebensort Heimkein Unrecht widerfährt – sei es in Bezug auf den Einsatz und die Auslegung von Regeln, in der Rücksichtnahme auf die jeweils individuelle Lebenssituation und auch in Bezug auf potentielle Machtmissbräuche durch die pädagogischen Fachkräfte. Hinsichtlich des Verflechtungszusammenhangs aus Da-Sein und Frei-Sein ist es hier für die jungen Menschen wichtig, dass sie einerseits Handlungssicherheit z. B. über Regeln erlangen können und andererseits bestehende Regeln auch in Frage stellen können.

Eine gerechte Behandlung, wird aus Sicht der jungen Menschen, auch darüber hergestellt, dass die Kinder und Jugendlichen sich als handlungsmächtig in den Einrichtungen der stationären Kinder- und Jugendhilfe erfahren. In Bezug auf den Umgang mit Regeln würde dies z. B. bedeuten, dass den jungen Menschen Möglichkeiten der Aushandlung sowie der Be- und Überarbeitung von Regeln eingeräumt werden. Regeln könnten dann in erster Linie als Orientierungen für ein konfliktarmes Miteinander betrachtet und nicht als starres Gerüst in Form von Regulierungen festgelegt werden. Kinder und Jugendliche könnten so zu Aushandlungsprozessen und zur Bildung eigener Meinungen im Sinne einer Demokratiebildung animiert werden.

In Bezug auf das Zusammenspiel aus Da-Sein und Frei-Sein, ist der Lebensort Heim, dazu aufgefordert, die unterschiedlichen Spannungsverhältnisse wahrzunehmen, sie anzuerkennen und gemeinsam mit den jungen Menschen immer wieder aufs Neue und situationsadäquat auszubalancieren. Die stetige Vergewisserung, dass dies gelingt, sollte kontinuierlich in den Gruppen und Einrichtungen thematisiert werden.

4 Qualität aus Perspektive der Fachkräfte (Innenperspektive)

In diesem Abschnitt wird aus den Interviews mit den Fachkräften, die in stationären Einrichtungen in verschiedenen Positionen arbeiten, rekonstruiert, welche Konzepte zur Beschreibung von Qualität stationärer Erziehungshilfe sich nachzeichnen lassen. Es hat sich im Laufe der Auswertung herausgestellt, dass über alle Unterschiede der Einrichtungen hinweg sich ein zweistufiges Modell zur Beschreibung dessen anbietet, was von den einzelnen Einrichtungen als Qualität verstanden wird. In einem ersten Schritt gilt es herauszuarbeiten, was sich als Grundphilosophie einer Einrichtung verstehen lässt und so das zugrunde gelegte Wirksamkeitsmodell zu explizieren.

Das was hier als Grundphilosophie bezeichnet wird, beschreibt die konzeptionelle Grundausrichtung einer Einrichtung. Diese lassen sich in drei Gruppen zusammenfassen. Da in zwei dieser drei Gruppen sich Grundkonzeptionen finden, die sich zentral um grundlegende Fragen menschlicher Entwicklung drehen, etwa um die Frage, wie die Entwicklung einer Person von außen beeinflusst oder wenigsten angeregt werden kann, wird der Begriff der Grundphilosophie hier verwendet, auch um die daraus entwickelten Konzeptionen, wie die einzelner altersspezifischer Angebote, sprachlich abzugrenzen.

In einem zweiten Schritt werden die Ambivalenzen und Widersprüche der Grundphilosophien dargelegt. Es ist auch plausibel zu machen, wie in Einzelfällen diese Widersprüche ausbalanciert werden. Jeder Versuch, diese einseitig aufzulösen, kann in diesem Modell von Qualität als ein Hinweis auf fehlende Qualität gedeutet werden. Im Kapitel 4.1 werden die drei Grundphilosophien, die sich aus unserem Sample rekonstruieren ließen, im Überblick benannt und in den darauffolgenden Abschnitten 4.2 bis 4.4 vertieft dargestellt. In Kapitel 4.5 gibt es eine Zusammenfassung und eine Diskussion des Umgangs mit Ambivalenzen.

4.1 Von der Schwierigkeit, über Qualität zu sprechen

Angesichts der Komplexität der Aufgabe, vor die die Fachkräfte in den Interviews gestellt wurden, nämlich zu beschreiben, worin für sie die Qualität stationärer Hilfen liegt, verwundert es nicht, dass auf diese Aufforderung erst einmal mit einem Stottern, einem Ausweichen, einem langsamen Einkreisen der Themenstellung reagiert wurde.

4.1.1 Setting – Subjekt – Verfahren

Die Verunsicherung der befragten Fachkräfte, bei dem Versuch, Qualität zu beschreiben, lässt sich auch darauf zurückführen, dass das gewünschte Ergebnis der pädagogischen Arbeit in stationären Einrichtungen der Kinder- und Jugendhilfe nicht eindeutig definiert werden kann:

> „Ein oberstes Ziel von Erziehung und Bildung lässt sich nämlich gar nicht fassen. (…) Wohin Soziale Arbeit und Sozialpädagogik aber führen soll, was man als Ergebnis erzieherischer Prozesse sich wünschen und vornehmen mag, bleibt seltsam unbestimmt."
>
> **Winkler 2011, S. 353**

Das Ziel von Erziehung, jungen Menschen das Nötige mitzugeben, um ein gelingendes Leben führen zu können, lässt sich nicht unabhängig von Person, Lebenssituation und anderen Faktoren konkretisieren. Neben dem Handeln der erziehenden Personen tragensomit eine Vielzahl weiterer Einflüsse zu dem Erreichen oder Nicht-Erreichen des Zieles bei. Die Zielvorstellung hängt zudem in hohen Maße von persönlichen und weltanschaulichen Orientierungen ab. Die Fachkräfte stehen vor einer großen Varianz an akzeptablen Vorstellungen darüber, was ein gelingendes Leben sein könnte.

Hinzu kommt, dass die Wirkung pädagogischer Interventionen sich nicht sofort zeigt, sondern meist erst nach vielen Jahren (z. B. beim Thema Bildungserfolg). Außerdem unterliegt die Einschätzung der Wirkung der subjektiven Interpretation und Rekonstruktion, da eine objektive Bestimmung eines gelingenden Lebens nicht möglich erscheint. Die befragten Fachkräfte stehen daher vor der Herausforderung, die Qualität der Heimerziehung zu beschreiben, ohne das „Zielprodukt" klar definieren zu können, ohne die Wirkzusammenhänge eindeutig zu kennen bzw. ohne mit Gewissheit sagen zu können, was sich wann wie auswirkt bzw. ausgewirkt hat.

Die Analyse der Interviews ergab drei grundlegend zu unterscheidende Vorstellungen darüber, wie die Aufgaben der stationären Erziehungshilfe am besten erfüllt werden können und eine möglichst hohe Qualität erreicht werden kann.

Gestaltung des Settings

Die Idee dieser Perspektive ist, dass pädagogisches Handeln dann qualitätsvoll ist, wenn es eine Umwelt, ein Setting, einen Raum gestaltet, der zur Entwicklung anregt und Möglichkeiten einer positiven Weltaneignung eröffnet. Je nachdem, welche Erfahrungen innerhalb dieser Settings möglich sind, werden Kindern, Jugendlichen und jungen Erwachsenen andere Entwicklungsmöglichkeiten zugänglich. Equit beschreibt in ihrer Untersuchung von Organisationskulturen in der Heimerziehung (2018) diese Grundhaltung, die sie „Typus der Aneignung" nennt, als das Anliegen einen „sozialpädagogisch strukturierten Ort" (S. 20) bereitzustellen, „an dem Jugendliche ihre Bildungs- und Selbstaneignungsprozesse vollziehen können" (ebd. S. 20).

Der Typus der Anerkennung „zeichnet sich durch die Realisierung eines sozialpädagogischen Ortes aus, in dem den Jugendlichen ein Subjektstatus zugestanden wird. Der sozialpädagogische Ort lässt sich auf diese Weise als Realisierung von Anerkennens-Beziehungen beschreiben" (Equit 2018, S. 20). Es finden sich in Abhängigkeit der spezifischen Zielgruppe, aber auch der jeweils vorherrschenden fachlichen Überzeugungen verschiedene Settings. Diese reichen von dem Versuch, eine möglichst große Familienähnlichkeit zu erreichen über die Idee von Hausgemeinschaften bis hin zu funktionalen Settings, wie zum Beispiel eine Inobhutnahmestelle.

Individuumsbezogene Einflussnahme

Die grundlegende Idee bei dieser Strategie, Qualität zu erreichen, ist die Heilung bzw. Veränderung des einzelnen Menschen. Es wird angenommen, dass die Ursache für den Hilfebedarf neben einer überfordernden familiären Situation, in einer bisher unzureichenden Entwicklung lieg. Der junge Mensch soll daher in seiner Entwicklung positiv gestärkt und beeinflusst werden. Auf der einen Seite wird dies durch einen pädagogischen Ansatz umgesetzt, der auf die Aktivierung der Stärken und Ressourcen des Einzelnen setzt. Auf der anderen Seite geht man von der Annahme aus, durch eine möglichst gute Differentialdiagnostik ließe sich das Problem exakt beschreiben und durch entsprechende individuell abgestimmte, gezielte Maßnahmen beheben. Es handelt sich hier also um ein an medizinisch-therapeutischen Ideen orientiertes Modell.

In der bereits erwähnten Studie von Equit (2018) wird dies mit „Kultur des Compliance" gekennzeichnet. Als ein Kennzeichen einer solchen Organisationskultur wird die „Unterordnung unter therapeutischen Maximen" (2018, S. 24) genannt. Ein weiteres Kennzeichen ist nach Equit, dass „abweichende Verhaltensweisen, Störungen usw. kollektiv, d. h. von Fachkräften und Jugendlichen gleichermaßen als ursächliche Folge familiärer Gewalt und Deprivation gedeutet" werden (Equit 2018, S. 24).

Formalisierte Verfahren

Im Zentrum stehen hier mehr oder weniger formalisierte Instrumente und Verfahren, die in der Summe gewährleisten sollen, dass die Qualität der Arbeit der Fachkräfte beschrieben und verlässlich umgesetzt wird. Qualität wird hier in erster Linie als eine externe Anforderung verstanden, die sich beispielsweise in Zertifizierungsanforderungen durch die Arbeitsagenturen für Angebote der beruflichen Integration widerspiegeln. In dieser Perspektive steht eine Vorstellung von stationären Hilfen zur Erziehung als Dienstleistung für den öffentlichen Jugendhilfeträger im Vordergrund.

In einzelnen Interviews mit Fachkräften werden – bezogen auf eine Einrichtung auf der oberen Darstellungsebene – diese drei unterschiedlichen Grundphilosophien als sich ergänzend und sich keinesfalls ausschließend dargestellt. Dieser erste Eindruck täuscht insofern, da es eben ein substantieller Unterschied ist, ob ein Setting beispielsweise unter der Perspektive eines optimalen therapeutischen Milieus gestaltet wird oder im Sinne eines sozialpädagogischen Ansatzes neue Erfahrungen ermöglichen soll. Selbstverständlich kann auch eine sich auf die Gestaltung von Settings fokussierende Einrichtung Methoden eines standardisierenden Qualitätsmanagements anwenden, aber dies ändert ihre Grundphilosophie nicht zwangsläufig. Der Unterschied, ob man sich als Dienstleister für andere begreift oder einer eigenen fachlichen Logik folgt, bleibt trotzdem bestehen. Die Grundphilosophien beschreiben in erster Linie also die zugrunde gelegte Handlungsidee und nicht unterschiedliche, einzelne Handlungspraktiken.

4.1.2 Ziel: „im Alltag zurechtkommen"

Bevor die drei Grundphilosophien, die Auskunft darüber geben, welche Idee von guter Arbeit, von Qualität in stationärer Jugendhilfeeinrichtungen dargestellt werden, soll vorab kurz darauf eingegangen werden, welche Vorstellungen eines gelingenden Lebens in den Interviews gefunden wurden. Die grundlegende Idee von Normalität, so wie sie sich in den Interviews darstellt, soll zunächst nur knapp ausgeführt und der detaillierten Auswertung in den Kapiteln 4.2., 4.3. und 4.4. vorangestellt werden, um der Analyse besser folgen zu können. Die verschiedenen Aspekte von Normalität als Erziehungsziel werden dann in den Unterkapiteln zur Gestaltung des Settings (4.2.) und zu den Zielen der individuumszentrierter Einflussnahme (4.3.) ausdifferenziert.

Orientierung an Normalitätsvorstellungen

Unabhängig von den jeweiligen methodischen Entscheidungen, scheinen alle befragten stationären Angebote der Kinder-und Jugendhilfe das übergeordnete Ziel erreichen zu wollen, die jungen Menschen auf ein selbstständiges Leben in der Gesellschaft vorzubereiten. Dieses Ziel ist sehr allgemein formuliert und muss es auch sein, denn es gibt hierfür keine Musterlösung. Anhand einiger Interviewpassagen wird aufgezeigt, was die Fachkräfte mit der Vorstellung eines selbstständigen Lebens verbinden, und wie sie dieses Ziel erreichen wollen.

Fachkraft Leitung 1 drückt im folgenden Zitat ihre Überzeugung aus, dass für eine selbstständige Lebensführung eine Orientierung an den als normal erachteten Entwicklungsschritten hilfreich ist:

„(…) die hier lernen im Alltag zurecht zu kommen, die in die Schule gehen, die einen Abschluss machen, eine Berufsausbildung, die Freunde haben, die einfach auch Freude am Leben haben."

Leitung 1, 218–221

In diesem Zitat bezieht sich die Befragte sowohl auf sichtbare, gesellschaftlich definierte Meilensteine des Lebens (Schule, Berufsausbildung), als auch unsichtbare, innere Prozesse eines Menschen, nämlich positive Emotionen erleben zu können (Freunde haben, Freude am Leben).

Eine andere Fachkraft sieht den Erfolg ihrer Arbeit dann bestätigt, wenn die jungen Menschen „(…) am gesellschaftlichen Leben ohne Störungen"[30] (Leitung 6, 131–132) teilnehmen können. Angestrebt wird Normkonformität. Der Norm nicht zu entsprechen, in welcher Form auch immer, wird als „Störung" des gesellschaftlichen Lebens angesehen.

Insgesamt lässt sich ableiten, dass in dieser Perspektive Heimerziehung die jungen Menschen in die Lage versetzen soll, gesellschaftlich anerkannten Normalitätsvorstellung zu entsprechen, d. h.

- Bildungs- und Berufsabschlüsse erfolgreich zu absolvieren,
- finanziell unabhängig zu sein,
- ein soziales Leben zu führen,
- sowie die Fähigkeit zu besitzen, Freude daran zu empfinden.

Gelingt dies, ist die Güte der Heimerziehung für einige Befragte evident geworden.

Die Erfahrung einer Beheimatung stellt für alle Befragten die Grundlage für Normalität dar: Ohne ein Zuhause zu haben, kann keine Normalität gelebt werden. Zuhause ist dabei der Ort, wo die jungen Menschen Sicherheit und Geborgenheit erleben und lernen können, wie Menschen in sozialen Kontexten miteinander umgehen und zusammenleben. Im Heim soll ein funktionierendes soziales Zusammenleben vorgelebt werden. Je nachdem, wie das Setting gestaltet wird, entstehen unterschiedliche Lern- und Erfahrungsräume, die mit Qualität der Heimerziehung in Verbindung gebracht werden. Ob das Setting eher familienähnlich, gemeinschaftlich oder auf die Erfüllung eines konkreten und temporären Ziels (z. B. Inobhutnahme) ausgerichtet ist, liegt nicht selten auch an lebensanschaulichen Haltungen und Orientierungen.

Ein allgemeines, übergeordnetes und zentrales Ziel vieler Fachkräfte ist, dass sich die jungen Menschen im Setting „Kinderheim" „wohlfühlen" sollen (Leitung 6, 13–14; und pädagogische Leitung 13, 1526; Betreuerin 14 (GI), 17 und Betreuerin 18, 734; Q-Beauftragte 9, 800). Das Wohlfühlen wird dabei eng

30 Es bleibt unbeantwortet, wer wen stört.

mit einem „Zuhause“-Gefühl verknüpft. Einige Aussagen von Befragten, die die Bedeutung des Settings hervorheben, veranschaulichen diesen Zusammenhang: „dass sie sich hier wohl und zuhause fühlen“ (Betreuer 18, 733–734), „ich möchte, dass es den Kindern hier gut geht“ (Leitung 24, 371–372), „[Wir] begreifen (…) Qualität als dass sich die Kinder wohl fühlen“ (Leitung 6, 13–14), „Zeit, finanzieller Art, Ausstattung, ist auch damit [mit Qualität, Anmerkung d. Autoren] verbunden. Wohl fühlen, auch wieder damit verbunden“ (Qualitätsbeauftragte 9, 799–800).

> „Mir ist im Rahmen von Qualität in allererster Linie erstmal wichtig, dass die Jugendlichen sich bei uns wohlfühlen. Wenn die sich wohlfühlen, glaube ich, machen wir eine qualitativ gute Arbeit.“
>
> **Betreuerin 14, 72–75**

Wohlfühlen bezeichnet hier mehr, als nur einen angenehmen wohligen Zustand, den man z. B. auch bei Freunden oder in einem Restaurant haben könnte. Das Zuhause-Gefühl, das die Fachkräfte in den Interviews beschreiben, bezieht sich auf ein Gefühl der (physischen und emotionalen) Sicherheit und des Umsorgt-Seins. Qualität ist dann erreicht, wenn die jungen Menschen sich in der Einrichtung sicher genug fühlen, um sich unverstellt zu zeigen:

> „[die Kinder und Jugendlichen; Anmerkung d. Autoren] zeigen es durch ja, einen guten Tag haben, sich fallen lassen, intime Sachen erzählen, Vertrauen haben, uns als Ansprechpartner nutzen, oder auch, wenn sie sich nicht wohlfühlen, indem sie, ja, negativ auffallen, laut sind, Regeln nicht einhalten, sagen, was ihnen nicht passt. Also sie dürfen bei uns natürlich auch mitteilen ‚Ich wünsche mir‘ oder ‚Das finde ich doof‘, oder – daran merkt man das.“
>
> **Betreuerin 14, 87–94**

Wie in einem Zuhause sollen sie sich in all ihren Facetten zeigen dürfen.[31] Auch und gerade die unangepassten und für andere unbequemeren Seiten zu zeigen

---

31 In modernen Gesellschaften westlicher Prägung ist die Arbeits- und Familienwelt voneinander getrennt. Dies trifft auch für Kinder und Jugendliche zu (siehe dazu auch Zitat von Leitung 6, 16–19: „wenn die Kinder morgens aus dem Haus gehen…“), deren Schulen und Ausbildungsplätze von der Familienwelt, die ihr Zuhause darstellt, getrennt sind. Arbeitsplatz, Schule und Ausbildungsplatz sind Orte, an denen zielgerichtet und mit zweckrationalem Fokus gehandelt wird. Affekte und Emotionen müssen dort kontrolliert und zurückgehalten werden. Unter einer funktionalistischen Perspektive wird dem Zuhause bzw. dem Familienbereich die Funktion des „Spannungsausgleichs“ zugesprochen: „Der Ehe- und Familienbereich soll [dem Menschen] das Gefühl geben, als ‚ganze Person‘, in seiner persönlichen Eigenart, von anderen angenommen zu sein“ (Nave-Herz 2013a, S. 100).

(„laut sein", „negativ auffallen", „Regeln nicht einhalten" etc.), ist für die oben zitierte Fachkraft ein Zeichen des „Vertrauens" und der Vertrautheit („intime Sachen erzählen", „sich fallen lassen").

Für die folgende zitierte Einrichtungsleitung ist die Grundlage des Sich-Wohlfühlens das selbstverständliche Umsorgt-Sein[32] im Heim. So kann ein Grundgefühl im jungen Menschen entstehen, im Leben einen sicheren Platz, ein Zuhause, zu haben, an dem man „sein kann".

> „(...) um einem Kind überhaupt einmal das Gefühl zu geben ‚Du bist hier willkommen', ‚Du bist umsorgt, es ist jemand da, der sich um Dich kümmert', ‚Wir kümmern uns drum, dass Dein Alltag gesichert ist'. Also das ist für mich so. Und wenn das Kind dann entsprechend reagiert, oder wenn ich sehe, da geht jetzt ein zufriedenes Kind aus dem Haus, dem Kind geht es gut (...) das ist für mich Qualität, wenn der Alltag einfach gesichert ist. (...) und die Kinder sollen das Gefühl haben ‚Ich kann hier sein', oder spüren ‚Ich kann hier sein' und ‚Das ist mein Platz'."
>
> **Leitung 1, 30–42**

Die beiden letzten Zitate verweisen auf den Stellenwert des „bedingungslosen Annehmens" („Du bist hier willkommen") für das Wohl-Fühlen. „Sich fallen lassen können" und Sein-Dürfen, so wie man gerade ist, beschreibt das Heim als selbstverständliches Zuhause, das nicht an Voraussetzungen oder Bedingungen geknüpft ist. Man ist dort „willkommen", auch wenn man sich von seinen „negativen" Seiten zeigt. Das Heim soll ein sicherer Rückzugsort sein:

> „Qualität ist einfach, wenn die Kinder morgens aus dem Haus gehen, (...) mit dem Gefühl, sie kommen gerne wieder".
>
> **Leitung 6, 16–19**

Man kann zusammenfassen, dass ein übergeordnetes Qualitätskriterium aus Sicht der in den Einrichtungen Arbeitenden darin besteht, dass sich die jungen Bewohnerinnen und Bewohner im Heim „wohl und zuhause" fühlen.

Ein Zuhause-Gefühl entsteht,

- wenn die jungen Menschen genug Vertrauen haben, um sich in all ihren Facetten zeigen zu können;

32 Dies deckt sich mit den Befunden von Köngeter und Esser (2012), die in einer ethnographischen Studie in Kinderdörfern zeigen konnten, dass Familialität durch – wenn auch sehr unterschiedliche – Zugehörigkeits- und Sorgestrukturen hergestellt wird. Zugehörigkeit wird beispielsweise über gemeinsame Rituale, den Dienstplan oder die sichtbaren Wochenpläne aller Kinder der Wohngruppe hergestellt.

- wenn sie sich bedingungslos angenommen fühlen, auch mit „negativen" Emotionen;
- wenn sie umsorgt werden und man sich um ihre Anliegen kümmert;
- wenn sie sich im Heim sicher fühlen.

Das Gefühl des Angenommen- und Zuhause-Seins wird auch deshalb von den Fachkräften so hervorgehoben, weil diese es als eine Voraussetzung dafür sehen, sich auf die angebotenen Entwicklungschancen auch einlassen zu können. Hier soll die Basis dafür geschaffen werden, ein gesellschaftlich anerkanntes Leben zu führen.

Je nach Zielgruppe, eigenen Überzeugungen und Erwartungen von außen werden unterschiedliche Settings gestaltet. In den Interviews lassen sich folgende drei Herangehensweisen unterscheiden. Eine Herangehensweise ist dadurch gekennzeichnet, dass versucht wird, ein Setting mit einer möglichst großen Familienähnlichkeit zu gestalten. Eine zweite versucht eine Hausgemeinschaft und damit eine andere als die familiale Form des Zusammenlebens mit belastbaren Sozialbeziehungen zu etablieren. Und in einer dritten Strategie steht eine Orientierung an der Funktion der Einrichtung als Übergangsort, wie bei Inobhutnahmestellen, im Vordergrund. In diesen Fällen soll durch eine entsprechende Ausgestaltung, die sowohl die räumliche Ausgestaltung als auch, was aus Sicht der Fachkräfte als noch wichtiger dargestellt wird (vgl. Abschnitt 4.2.3), die Beschreibung der anstehenden Schritte und der Verhaltensregeln für die Mitarbeitenden betrifft, dazu beigetragen werden, dass in krisenhaften Situationen, die mit einem weitgehenden Kontrollverlust über das eigene Leben verbunden sind, wieder Sicherheit hergestellt werden kann. Es geht nicht darum, innerhalb dieses Settings eine dauerhafte Lebensperspektive zu eröffnen.

Im nächsten Kapitel werden die drei rekonstruierten Grundphilosophien dargestellt, die im Prinzip als eine Art Erklärmodell fungieren, das helfen soll zu verstehen, warum eine Orientierung an der jeweiligen Grundphilosophie für eine gute Qualität sorgt. Ein Verständnis dessen, was die Qualität einer stationären Einrichtung kennzeichnet, ist somit immer auf die Kenntnis der Grundphilosophie angewiesen. Denn diese bildet den Rahmen, innerhalb dessen beurteilbar wird, ob das Einrichtungshandeln konsistent und zielführend sein kann, ob ihm die Möglichkeit der Wirksamkeit[33] innewohnt.

Zunächst werden verschiedene Gestaltungsmöglichkeiten des Settings beschrieben. Innerhalb der Setting-Perspektive gibt es einen Fokus auf

---

33 Zur Unterscheidung der Konzepte Wirksamkeit und Wirkung in der Qualitätsdiskussion siehe Deutsche Vereinigung für Rehabilitation (DVfR) (2019)

Familialität, auf Hausgemeinschaft oder auf die spezifische Funktionalität einer Einrichtung.

4.2 Gestaltung des Settings

Ein sehr dominantes Gestaltungsprinzip ist die Orientierung an der Familie. Dabei liegt meist das Bild einer „normalen Familie[34]" (Qualitätsbeauftragte 9, 158–159) im Sinne einer bürgerlichen Familie zugrunde. Getragen wird dieses Streben von der Idee, dass die Familie nach wie vor die beste aller denkbaren Sozialisationsinstanzen sei (siehe kritisch hierzu auch Schäfer/ Thole 2018). Auch Merchel (2010) macht auf die Notwendigkeit einer Reflektion der Familienähnlichkeit als Qualitätsmerkmal aufmerksam. Familienähnlichkeit gilt als selbstverständlicher Qualitätsgarant und wird teilweise auch für Wohngruppen mit Schichtbetrieb verwendet, um sich als Wohngruppe mit hoher pädagogischer Qualität darzustellen (ebd., S. 277). Familiale Wohngruppen bewegen sich im Spannungsfeld zwischen Privatheit und öffentlicher, institutioneller Erziehung. Strukturierte zielorientierte Erziehung in der Einrichtung steht dabei der Eigensinnigkeit und Individualität einer Familie gegenüber. Familiale Beziehungen, die sich durch Emotionalität, Spontaneität und vor allem durch ihre weitgehende

34 Familiensoziologische Forschungen belegen, dass sich die Formen des familiären Zusammenlebens zunehmend pluralisieren. Bürgerliche Normvorstellungen einer normalen Familie (heterosexuelle verheiratete Eltern, die mit ihren gemeinsamen leiblichen Kindern zusammenleben, mit dem Mann als Hauptverdiener) werden von der Realität eingeholt, denn Frauen, Männer und Kinder leben heute in sehr unterschiedlichen familialen Konstellationen zusammen: Es gibt (immer weniger) verheiratete und (immer mehr) nicht miteinander verheiratete Elternpaare, Familien, die in unterschiedliche Nachtrennungskonstellationen leben, wie z. B. Patchwork-Familien oder Ein-Eltern-Familien, sowie Familien, die nach einer Trennung multilokal leben. Aber auch Familien in denen die Eltern zusammen sind, leben teilweise an mehreren Orten. Zudem leben vermehrt gleichgeschlechtliche Elternpaare mit Kindern zusammen, die durch Insemination, Adoption oder Leihmutterschaft in die Familie gekommen sind. Daraus entstehen vielfältige neue Verwandtschaftsbeziehungen, die nicht mehr nur auf Blutsverwandtschaft basieren und neue Herausforderungen an die Herstellung von Familie mit sich bringen (Jurczyk und Klinkhardt 2014; Jurczyk u. a. 2009; Schier und Hubert 2015; Peuckert 2012). Zudem wandeln sich die Geschlechterrollen und die geschlechtsspezifische, innerfamiliäre Arbeitsteilung. Manche Kinder wachsen in Hausfrauen-Familien auf, andere in Familien, in denen beide Elternteile Vollzeit erwerbstätig sind. Vorstellungen von Elternschaft, Mütter- und Väterbilder haben sich verändert (z. B. Villa 2009). Auch Familien, in denen die Mütter die Allein- oder Hauptverdienerinnen sind, werden häufiger (Koppetsch und Speck 2015). Von einer „normalen Familie" zu sprechen, ist daher ein gewagtes Unterfangen. Das Bild der „normalen Familie" basiert auf einem bürgerlichen Familienmodell des 19. Jahrhunderts, das schon damals nur ein „Leitbild" war und längst nicht von der Mehrheit der Bevölkerung gelebt wurde (Nave-Herz 2013b).

Unreflektiertheit auszeichnen, widersprechen eigentlich dem Anspruch an ein professionelles Beziehungsangebot, das die ausgebildete Fachkraft den jungen Menschen macht. Diese Ambivalenzen gilt es zu reflektieren:

„Ein unreflektiertes und weitgehend distanzloses Aufgehen in der Elternrolle wäre als eine Einschränkung in der Prozessqualität familienähnlich strukturierter Betreuungsarrangements zu werten" (ebd., S. 291).

4.2.1 Familie als Orientierungspunkt

Mit dem Bild einer „(normalen) Familie" werden bestimmte Charakteristika verbunden, die die Fachkräfte als wichtig für die Qualität des Aufwachsens von Kindern und Jugendlichen ansehen und die sie, wenn möglich, in ihren Einrichtungen umsetzen möchten. Es wird dabei der Fokus insbesondere auf die Aspekte Stabilität, Überschaubarkeit, Emotionalität und Ausfüllen der Mutterrolle gelegt. Auf diese Kriterien wird in den folgenden Abschnitten im Hinblick auf ihre Bedeutung für Qualität näher eingegangen. Bei Maximilian Schäfer und Werner Thole (2018) finden sich bezogen auf Erziehungsstellen als besondere Form stationärer Hilfen eine Reihe von weiteren Faktoren, die Familialität in pädagogischen Kontexten konstituieren.

4.2.1.1 Stabil, klein, individuell, nachbarschaftlich

Innerhalb der Idee, dass eine möglichst große Familienähnlichkeit in dem Setting stationärer Hilfen erzeugt werden soll, wird eine geringe personelle Fluktuation und damit ein stabiles Team als wichtige und anzustrebende Bedingung angesehen. Diese Annahme begründet sich auf der Vorstellung, dass Familienmitglieder über lange Zeit bzw. über die gesamte Entwicklungszeit der Kinder stabil zusammenbleiben. Beziehungsabbrüche möglichst zu vermeiden, gilt für die meisten der befragten Fachkräfte als förderlich für die Entwicklung der jungen Menschen.

Stabilität im Team schafft Verlässlichkeit, Halt und Struktur. Diese Aspekte werden in einer Familie verortet und stehen für Qualität. Es ist interessant, dass auch Fachkräfte, deren Arbeitsfokus nicht die Herstellung von Familialität ist – wie in diesem Beispiel eine Fachkraft aus einer geschlossenen Unterbringung – bestimmte Aspekte ihrer Arbeit, hier den Versuch eine kontinuierliche und stabile Beziehung zwischen Fachkraft und Jugendlichem herzustellen, mit „Familie" verbinden und allein der Verweis „so wie in einer Familie auch" (Betreuer 25, 285) eine hinreichende Begründung dafür ist, dass es sich hierbei um ein Kennzeichen für Qualität handelt.

Ein weiteres Kennzeichen von Qualität ist die Größe der Gruppe bzw. der Einrichtung. Kleine Gruppengröße wird mit Familialität assoziiert.

Kleine Gruppengröße

Neben der Stabilität im Team wird in zwei Interviews auch besonders auf die Kleinheit und damit Überschaubarkeit der Einrichtung hingewiesen. Dies sei wie in einer Familie und wird deshalb positiv bewertet:

> „Wir haben ja hier neun Plätze (…) und sind eine Kleinsteinrichtung. Und da ist es sehr familiär. Also wir haben so eine familienähnliche Situation, die wir hier gestalten mit unseren Kolleginnen."
>
> **Leitung 6, 21–24**

Ein Betreuer stellt einen direkten Vergleich her zwischen einer „Institution", die groß, unübersichtlich und unpersönlich ist, und dem familiären Setting andererseits, in dem die Kinder und Jugendlichen mehr Aufmerksamkeit bekommen und besser gefördert werden können. Der Begriff der Institution steht für ihn für eine „Heimcharakter-Grundstimmung". Das Gegenteil dazu sieht der Befragte in einem Setting, das sich wie eine „Familie" bzw. ein „Zuhause" anfühlt:

> „(…) Ja, also so eine Heimcharakter-Grundstimmung. Ich weiß nicht, man kam da rein und es war so Institution. Es war nicht Familie oder was war kein – für mich fühlte sich das nicht wie ein Zuhause an, sondern wie eine Institution."
>
> **Betreuer 18, 252–255**

Individuelle Förderung

An den folgenden Zitaten wird deutlich, warum die Kleinheit und Überschaubarkeit eines familienähnlichen Settings als hilfreich für das Erreichen der Hilfeziele eingeschätzt wird. Eine Qualitätskoordinatorin assoziiert mit einer kleinen Gruppengröße eine bessere Betreuung der jungen Menschen, insbesondere solcher mit speziellem Förderbedarf:

> „Und wir haben eine Gruppe für sechs Kinder aufgemacht. Also ein sehr familienähnliches Konzept (…). Die Nachfrage ist groß. Und es kriegt immer mehr so den therapeutischen Ansatz. Also wir haben viele Anfragen [für] schwer beschulbare Kinder (…) Also das heißt, das ist nochmal so eine neue Entwicklung gewesen, raus aus diesem Kernbereich, Außenwohngruppen, kleine Einzelstationen aufzubauen. Genau."
>
> **Qualitätskoordinatorin 3, 52–70**

Interessant an diesem Zitat ist auch, dass dem Setting „Familiengruppe" eine therapeutische Qualität zugesprochen wird. Es bleibt in diesem Ausschnitt unklar, ob die Befragte die Familienähnlichkeit an sich als Therapeutikum bezeichnet, oder ob sie den Therapievergleich auf die kleine Gruppengröße bezieht, die ein intensiveres Arbeiten mit einem Kind oder Jugendlichen ermöglicht.

Die tatsächliche therapeutische Intervention würde in dieser Sichtweise in den Hintergrund treten, denn die intensive Beschäftigung mit einem Kind in einem familienähnlichen Setting bewirkt schon, so sieht es die Befragte, therapieähnliche Erfolge. In der Deutung dieser Befragten eignen sich familienähnliche Gruppen besonders für Kinder mit besonderem Förderbedarf. Eine therapeutische Orientierung – so zumindest der Eindruck aus diesem Zitat – erscheint offensichtlich bereits als ein Qualitätsmerkmal per se.

Der Betreuer, der im Abschnitt davor mit dem Hinweis auf die unpersönliche Atmosphäre und den daraus entstehenden Nachteilen von Großeinrichtungen zitiert wurde, bringt ungünstige Hilfeverläufe mit zu großen Gruppen in Verbindung. Schüchterne, unauffällige Kinder und Jugendliche liefen dort eher Gefahr, unterzugehen und nicht genügend gefördert zu werden. Kleine, familiäre Gruppen scheinen daher besser geeignet, auf alle Kinder und Jugendlichen adäquat einzugehen:

> „Damals in der großen Einrichtung, da gab es so einige Beispiele, ja, wo ich finde, da ist es nicht so gut gelaufen. Also wir haben letztens noch gesagt, wir hatten da mal ein Mädchen, was wirklich ein richtig nettes Mädchen war, was echt gefördert werden hätte müssen, und es ging so ein bisschen unter in dieser großen Gruppe, in dieser Gruppe mit Jugendlichen, die auch wirklich alle sehr dominant und herrscherisch >lacht< da waren. Und die hatte da keine guten Chancen (…) Und ich glaube, hier [in der kleinen familiären Gruppe, Anmerkung der Autorin] hätte sie sich besser entwickelt, viel, viel besser entwickelt."
>
> **Betreuer 18, 234–246**

In einem Kinderdorf, in dem großen Wert auf die Familialität gelegt wird, wird bewusst auf Therapeutinnen und Therapeuten im Kinderdorf verzichtet. Wie bei Kindern, die in Familien leben, werden auch für die Kinder in der Familienwohngruppe bei Bedarf die notwendigen Therapeuteninnen und Therapeuten im sozialen Nahraum gesucht. Ist es für manche Fachkräfte ein Zeichen von Qualität, verschiedene Therapeutinnen und Therapeuten unkompliziert in der Einrichtung verfügbar zu haben, so ist dies für diese Fachkraft störend für das familienähnliche Setting. Deren stete Anwesenheit stellt die Normalität der Familie in Frage. Das Kinderdorf soll in erster Linie ein Raum für die Familien sein und nicht durch die Anwesenheit von Therapeuten und Praxen den Anschein erwecken, ein Therapiezentrum zu sein. Die alltägliche individuelle Förderung der Kinder ist aufgrund der Familienähnlichkeit ja ohnehin möglich:

> „Die Kinder haben ja auch alle // sehr viele nehmen ja auch teil an einer Therapie, Spieltherapie, Ergotherapie, da greifen wir auch zurück auf die Angebote hier im Sozialraum, mit ganz unterschiedlichen Therapeuten (I: Ah ja), ja, Praxen, ja. (…) Wir

nehmen die Angebote, die im Sozialraum zur Verfügung stehen. (…) Wir haben einen Psychologen mit einem Stellenanteil, der ist eher der Berater unserer Bereichsleitung, ja, dass wir noch mal auch in der Reflektion der pädagogischen Prozesse auch die psychologischen Anteile noch mal gezielter mit einfließen lassen können. Aber was die Kinder angeht, so orientieren die sich alle nach außen, außerhalb der Familiengruppe."

Qualitätsbeauftragte 9, 169–183

Familialität an sich bedeutet eine so hohe Qualität, dass Therapeutinnen und Therapeuten vor Ort als nicht nötig erachtet werden. Auch der Psychologe ist zur Beratung der Fachkräfte da, weniger für die Kinder. Dem Dorf an sich wird zusätzlich zu den kleinen Familiengruppen eine heilende und unterstützende Wirkung zugeschrieben. Das Setting Kinderdorf ermöglicht es, die Geborgenheit der Kinderdorffamilie in eine größere schützende Dorfstruktur einzubetten, die weitere Erfahrungsmöglichkeiten der Zugehörigkeit und der Beteiligung ermöglicht (siehe hierzu ausführlicher Höfer u. a. 2017, S. 88 ff).

Nachbarschaft

Ein anderer Betreuer betont im Zusammenhang mit Familialität die Wichtigkeit des nachbarschaftlichen Umfelds. Nach dem Umzug der Gruppe von einer großen Einrichtung („Institution") in ein Einfamilienhaus am Stadtrand habe sich die Stimmung in der Gruppe abrupt zum Besseren verändert:

„Und das ist hier anders. Und das war von dem Tag, als wir rüber gezogen sind, auch sofort erkennbar, hier war eine ganz andere Stimmung, bei den Jugendlichen, bei den Mitarbeitern."

Betreuer 18, 255–258

Zu Familialität gehört neben der kleinen Gruppengröße auch ein „integrierter Bestandteil" der Nachbarschaft zu sein:

„also für mich ist ein gutes Heim eine Gruppe, wo man nach außen hin nicht merkt, dass es eine Heimgruppe ist, sondern dass es einfach ein familiäres Miteinander ist, ein netter Umgang mit den Nachbarn, und einfach ein integrierter Bestandteil eines Stadtteils irgendwie."

Betreuer 18, 170–174

Wie eine Familie in einem Einfamilienhaus zu leben ist unauffällig, man unterscheidet sich nicht von den anderen. Eine andere Betreuerin stellt im folgenden Zitat denselben Zusammenhang her, wobei sie den Aspekt der sozialen Nähe betont. Durch die kleinstädtische Überschaubarkeit kennt man sich, was ein Gefühl von Zugehörigkeit und des Normal-Seins herstellt:

„Man kennt sich ja. Wir sind ja hier nicht in der Großstadt, wo das immer mal wieder anonym ist, hier kennt man sich, im Dorf, in der Stadt, also Kleinstadt. Und die wissen alle, wo wir arbeiten. Die wissen, wer unsere Bewohner sind >lacht<, ja. Also das spricht sich rum. Und das ist das, wo ich sage ‚Das ist unsere Qualität' – die kennen uns. Die wissen, dass wir und unsere Kinder ganz normal sind. Ja."

Betreuerin 12, 787–793

Neben der Idee, dass Familie der natürliche und damit beste Ort des Aufwachsens ist, spiegelt sich in diesem Interviewabschnitt auch die Hoffnung wider, dass, wenn stationäre Jugendhilfe in familienanalogen Formen integriert in Nachbarschaften stattfindet, dies auch ein Beitrag zur Vermeidung von Stigmatisierung der Kinder und Jugendlichen sein kann.

Individualität

Für eine befragte Qualitätskoordinatorin, die in einem Kinderdorf arbeitet, ist Individualität Qualitätskennzeichen von Familialität und steht institutionalisierten Vorschriften und gleichförmigen Abläufen konträr gegenüber. Die Befragte legt Wert darauf, dass bestimmte mit Heimunterbringung konnotierte Insignien nicht in den Wohngruppen vorhanden sind, z. B. im Wohnzimmer hängende Plakate mit den Gruppenregeln. Dies wird als ein Zeichen einer unpersönlichen Institutionalisierung der Wohngruppe gewertet:

„Wir wollen nicht zu viel Institutionalisierung, ja, also z. B. Ausdruck dafür ist, wir würden nicht gern irgendein Plakat hängen haben im Wohnzimmer, was ja in den – in anderen stationären Kinder- und Jugend- ist es der Gruppenraum oder das Gruppenzimmer um da irgendwelche Regeln groß zu beschreiben, oder was bedeutet Beteiligung."

Qualitätsbeauftragte 9, 120–124

In ihren weiteren Ausführungen wird Individualität als Zeichen von Familialität darstellt. Jede Familiengruppe kann ihre Räume individuell gestalten. Diese Qualität des Settings, eine individuelle Familienwohnung zu sein, hebt die Befragte hervor:

„Es ist wirklich ein Zuhause der Kinder, und es ist auch optisch das Zuhause der Kinder, und darauf wird auch sehr viel Wert gelegt. Es ist ganz individuelle Einrichtung, individuell ausgestaltete Zimmer. Jede Familiengruppe ist eine Wohnung, ja, in dem Sinne, ein Zusammenleben."

Qualitätsbeauftragte 9, 128–131

Auch wird in diesem Kinderdorf Wert auf die individuelle Förderung der Kinder gelegt, um Familienähnlichkeit herzustellen. Bewusst werden nicht zu viele

Gruppenaktivitäten geplant, damit jedes Kind, jede und jeder Jugendliche eigene Interessen verfolgen und soziale Kontakte pflegen kann.

> „das ist auch so ein Grundsatz in der Pädagogik, dass man möglichst wenig organisiert für alle Kinder gemeinsam und auch kein gemeinsames Freizeitangebot am Standort für unsere Kinder, sondern ganz individuell. Ganz individuell. Vereine, Gruppen, Neigungsgruppen, Instrumentenunterricht."
>
> **Qualitätsbeauftragte 9, 165–169**

Im Kinderdorf leben die Betreuerinnen und Betreuer und die jungen Menschen eng zusammen und gestalten das Wohnumfeld partizipativ und individuell. Nicht nur die jungen Menschen, sondern auch die Fachkraft soll ein Zuhause-Gefühl entwickeln. Dies stellt Zugehörigkeit her, was sich auch darin zeigt, dass die Betreuerinnen und Betreuer keinen eigenen Wohnbereich haben, genauso wie in einer Familie, wo die Eltern auch keine nur ihnen vorbehaltenen Rückzugsräume haben[35] (außer evtl. ihrem Schlafzimmer). Die Familienräume zeigen die Individualität der Familie und stellen Zusammengehörigkeit her:

> „Was hier in diesem Träger das Besondere ist, dass tatsächlich das Zusammenleben und die Gestaltung in den Häusern so individuell ist und auch eine Berücksichtigung findet der innewohnenden Fachkraft und des innewohnenden Paares, was dort lebt. Bis zur Auswahl, welche Küche wird hier installiert und angeschafft, wie soll denn der Fußboden sein usw. Also eine ganz dichte Mitgestaltung schon allein des Wohnlichen, ja, und des Hauses selbst, so dass es auch das Zuhause der Innwohnenden tatsächlich wird (…) wir haben es nicht so geregelt wie in anderen Trägern, dass die Innewohnenden dann trotzdem noch so einen eigenen Bereich haben mit eigener Küche oder eigener Wohnung, das haben wir gar nicht."
>
> **Qualitätsbeauftragte 9, 387–401**

Familialität bedeutet für diese Fachkraft insbesondere die Betonung der Individualität jeder Familienwohngruppe, wobei Äußerlichkeiten wie Wohnungseinrichtung und Ausstattung als Symbol für die Autonomie der Familiengruppen verwendet werden. Insgesamt bedeutet Familie für Qualitätsbeauftragte 9 ein Zusammenleben von Betreuenden und Kindern und Jugendlichen in einem nach den Wünschen der Gruppenerzieher und der jungen Menschen gestalteten Haus. Darin wird der Familien-Charakter manifestiert und Zusammengehörigkeit hergestellt. Auf dieser Basis können die Kinder und Jugendlichen – so die

35 Dies erinnert an die Idee des vorindustriellen domozentrischen Familienleitbildes, wo es keine Privatheit und private Rückzugsräume gab. Es ist allerdings fraglich, ob die zugrundeliegende Annahme, dass in heutigen Familien Eltern auch keine privaten Rückzugsräume hätten, zutrifft. Man denke an die Werkstatt im Keller, das Arbeitszimmer oder den Hobbyraum o. ä.

dahinterliegende Annahme – ihre eigene Individualität entwickeln, sich sicher nach „außen orientieren" und ihre individuellen Interessen verfolgen.

4.2.1.2 „Mutterschaft" als Ideal – Zweierlei emotionale Nähe

Die Fachkräfte, für die Familienähnlichkeit als Qualitätsmerkmal wichtig ist, setzen sich auch mit dem Mutter-Begriff auseinander. Die bedingungslose „Liebe einer Mutter" dient als Orientierungspunkt dafür, wie die Liebe sein sollte, um dem jungen Menschen eine bestmögliche Basis zu geben. Die in den 1950er Jahren von John Bowlby entwickelte Bindungstheorie orientiert sich am Leitbild und Ideal der leiblichen Mutter. Nach John Bowlby ist der Vater „von keinerlei Bedeutung für die Entwicklung des Kleinkindes" (Bowlby 1969, zitiert nach Drieschner 2011, S. 113). Die Bindungstheorie erweist sich bis heute als Theorie mit viel Erklärungskraft, führte aber zu einer Wiederbelebung eines traditionell-bürgerlichen „Deutungsmusters der Mutterliebe" und zu der Vorstellung einer „gefühlsmäßigen Unabkömmlichkeit der Frauen in der Familie" (Gebhart 2009, zitiert nach Drieschner 2011, S. 107).[36] In den Interviews mit Mitarbeitenden in Einrichtungen mit einer expliziten Familienorientierung wird deutlich, dass das Bild der Mutterliebe als Optimum für die Kinder und Jugendlichen von großer Bedeutung ist und einen Erwartungsdruck auf die Fachkräfte ausübt. Die weiblichen Fachkräfte in diesen Einrichtungen möchten mit ihrer Beziehung zu den Kindern und Jugendlichen möglichst nah an eine Mutterliebe heranreichen, sehen aber gleichzeitig, dass sie diesem Ideal nicht gerecht werden können. Eine Erzieherin, die in einer ländlichen Kleinsteinrichtung, die eine möglichst große Familienähnlichkeit anstrebt, tätig ist, führt aus:

> „Klar, das wissen sie alles, die Liebe einer Mutter einem Kind zu geben, das kann ich bei denen nicht, das kann ich nicht, ich bin eben nicht die Mutter, ne? Und ich bin da auch in anderen Sachen vielleicht konsequenter hier, weil ich weiß, wie unsere Hasis hier ticken, wie zum Beispiel bei meinen eigenen Kindern, ne? Weil ich weiß, meinen Kindern kann ich vertrauen, hier muss ich immer dreimal hinterher fragen oder gucken. Aber ich finde so, ja, da haben wir, glaube ich, ein ganz gutes Mittelmaß."
>
> **Erzieherin 12, 687–695**

Bemerkenswert an diesem Zitat ist, dass die Betreuerin eine Mitverantwortung an dem Umstand, dass sie den Kindern und Jugendlichen keine Mutterliebe geben kann, bei ihnen selbst sieht. Abgesehen davon, dass die jungen Heimbewohnerinnen und -bewohner wahrscheinlich gar nicht darum gebeten haben, wie das leibliche Kind geliebt zu werden, ist ihr Verhalten Grund dafür, dass die

36 Dieses Bild wirkt heute in die öffentliche Diskussion und Forschung hinein, ob institutionalisierte Betreuung von Kleinkindern schädlich für die Entwicklung der Kinder ist.

Betreuerin sie nicht so lieben kann, wie ihre eigenen Kinder, denen sie vertrauen kann.

Das Wort „Mittelmaß“ bezeichnet eine Mitte zwischen zwei Polen. Die Befragte stellt Vertrauen, als Zeichen von Mutterliebe, und Misstrauen in diesem Beispiel gegenüber („muss ich immer dreimal hinterher“). Dazwischen findet sie im Umgang mit den jungen Menschen ein „ganz gutes Mittelmaß“. Mittelmaß wird laut Duden meist abwertend benutzt im Sinne eines Durchschnittswertes oder auch Mittelmäßigkeit. Eindeutig positiv wäre z. B. die Metapher eines „goldenen Mittelwegs“ gewesen. Die Vokabel „Mittelmaß“ kann daher auch dahingehend interpretiert werden, dass zwischen Vertrauen (als Zeichen von Mutterliebe) und Misstrauen (nicht Mutterliebe) eine gewisse Gleichgültigkeit den jungen Menschen gegenüber vorliegt. Die Betreuerin bescheinigt ihrer Einrichtung insofern eine gute Qualität, da sie die Beziehung zu den jungen Menschen als „ganz gutes Mittelmaß“ bezeichnet, also näher an der Emotionalität der Mutterliebe, als an einer rein professionellen Beziehung. Unberücksichtigt bleibt hier die Möglichkeit einer emotionalen und gleichzeitig professionell reflektierten Beziehung, die die emotionale Erreichbarkeit der Fachkräfte für die jungen Menschen ebenso sicherstellen könnte. Die Problematik der Idee der Mutterliebe für die Fachkräfte, insbesondere für die weiblichen Fachkräfte, wird hier bereits deutlich, denn sie gilt als höchste Qualität, die nie erreicht werden kann. An diesem Beispiel wird auch deutlich, wie die auf der Grundphilosophie der Einrichtung aufbauende konzeptionelle Ausrichtung, nämlich eine möglichst große Familienähnlichkeit zu erzeugen, in unauflösbare Widersprüche und Ambivalenzen führt, die von den Fachkräften bearbeitet werden müssen.

Dasselbe zeigt sich auch bei der im folgenden zitierten Betreuerin. Sogar das „tausendprozentige für die jungen Menschen Da-Sein“, reicht nicht an die Mutterliebe heran. Der fehlende Geburtsschmerz wird hier als Begründung für die Unerreichbarkeit der Mutterliebe angeführt.

> „Aber, wenn ich auf Arbeit bin, bin ich dann auch da für sie // mit meinen Gefühlen, die ich vielleicht auch mitbringe, mit meinen Emotionen, vielleicht auch mit einem Ärger oder so. Und trotzdem, ähm, bin ich nicht Mama. Und das wissen sie auch, ne? Sie können mit allem zu mir kommen, und ich bin auch tausend Prozent für sie da, aber ich bin nicht Mama, ich habe sie nicht unter Schmerzen auf die Welt gebracht >lacht<, sondern ich arbeite in der Gruppe und begleite sie für einen gewissen Teil ihres Lebens. Ja.“
>
> **Betreuerin 14, 618–626**

Die Fachkraft schildert in diesem Zitat, dass sie versucht durch das Zeigen und „Mitbringen“ von „Gefühlen“, „Emotionen“, „vielleicht auch Ärger“[37] möglichst

37 Analog zu der Aussage, dass sich Kinder dann Zuhause fühlen, wenn sie sich auch mit ihrem Ärger in der Einrichtung zu zeigen trauen, deutet diese Aussage darauf hin, das

nah an „Mutterliebe“ heranzukommen. Das Ideal kann sie aber nie erreichen. Es entsteht, wie in diesem Zitat deutlich wird, eine Diskrepanz zwischen dem idealisierten Gefühl der Mutterliebe und dem beruflichen „Arbeiten in der Gruppe“ für einen begrenzten Zeitraum. Mutterliebe ist ein dauerhafter Zustand, im Gegensatz zu einer professionell erbrachten Leistung, die täglich und im Lebensverlauf einen Anfangs- und einen Endpunkt hat.

Im Vergleich zu der intensiven Auseinandersetzung mit der Mutterliebe findet keine analoge Auseinandersetzung mit der Vaterfigur statt. Der Vater als wichtige Bezugsperson für ein Kind, bzw. Väterlichkeit als pädagogisches Konzept mit der Funktion, emotionale Bedürfnisse von Kindern und Jugendlichen zu befriedigen, wird – mit einer Ausnahme, die im Kapitel 4.2.1.3. vorgestellt wird – in keinem der geführten Interviews angesprochen. Lediglich Qualitätsbeauftragte 9 schildert beispielhaft, dass sich ein Partner einer innewohnenden Betreuerin auch als „sozialer Vater“ fühlt, was sie aber nicht weiter ausführt. Bei männlichen Befragten findet sich keine Reflektion ihrer Gefühle den Heimkindern im Vergleich zu ihrem Gefühl ihren leiblichen Kindern gegenüber. Dieser Umstand legt die Interpretation nahe, dass in Settings, die versuchen möglichst familienähnlich zu sein, teilweise eine Orientierung an dem Ideal einer bürgerlichen Familie vorzufinden ist, in der der Vater kaum präsent ist. Die Konstruktion der Familienähnlichkeit lehnt sich an diesem Bild an. Die Qualität der Erziehung wird ganz überwiegend in die Hände der bedingungslos liebenden Mutter gelegt, die Opfer für die Familie bringt, sich den Careaufgaben widmet und eigene Bedürfnisse hintenanstellt.[38] Dafür spricht auch, dass eine Reflektion der Vielzahl an heutzutage gelebten Familienformen in den Interviews ebenfalls nicht vorkommt. Der Vergleich der eigenen Gefühle mit denen der liebenden Mutter wird hingegen in mehreren Interviews selbstläufig angestellt. Die Zitate zeigen erneut das Ringen der weiblichen Fachkräfte mit der Kluft zwischen professioneller Reflektiertheit und einer als natürlich und instinktiv angenommenen und unerreichbaren Mutterliebe (Höfer u. a. 2017, S. 104).

„Mutterschaft“ zwischen idealistischer Rolle und professionellen Limitierungen

In einer Einrichtung mit mehreren Familienwohngruppen zeigen sich noch weitere Aspekte der Mutterfigur. Obwohl Familienähnlichkeit und die Orientierung an einer „normalen“ Familie in dieser Einrichtung zentral sind, führt die Fachkraft im Interview aus, dass die konkrete Ausformulierung der Mutterrolle zwischen

---

dasselbe auch für die Betreuer/-innen gilt. Ein familienähnliches Zuhause zeichnet sich hier dadurch aus, dass sich sowohl Fachkräfte als auch junge Menschen als ganze Person zeigen dürfen.

38 Schäfer und Thole (2018, S. 82 ff) beschreiben unter dem Stichwort „entgrenzte Sorge“ dieses Selbstverständnis als ein Ergebnis ihrer Studie zu Erziehungsstellen bzw. familienanalogen Angeboten und betonen, dass es dort in extremerer Form zu finden ist als Gruppen mit Schichtdienst.

den Familiengruppen je nach Alter der Kinder/Jugendlichen und der Person der Betreuerin variiert.

Die Befragte (Qualitätsbeauftragte 9) spricht von einem mit steigendem Alter bzw. Entwicklungsstand abnehmenden Bedürfnis nach einer Mutter:

> „Das ist dann die Hausleitung oder soziale Elternschaften gibt es, und das ist auch wieder sehr, sehr unterschiedlich bei uns, weil das Selbstverständnis ist da unterschiedlich oder auch die Kinder, die in der Gruppe leben, empfinden das unterschiedlich. Kleinere Kinder haben eher den Wunsch und das Bedürfnis nach einer Mutter und Mama sagen zu können, das übernimmt auch die Hausleitung dann gern, also diese Funktion, die Mütterlichkeit, und das Kind darf sie auch Mama nennen, und das wird mit den Eltern besprochen, warum es in dem Alter sehr wichtig ist für das Kind, damit es eben zu keiner Konku-, zu möglichst wenig Konkurrenz kommt. Natürlich ist die Konkurrenz immer wieder vorhanden, aber es muss thematisiert werden, dass es letztendlich ein Bedürfnis des Kindes darstellt. Und dann gibt es andere Familienwohngruppen, die innewohnen, die werden mit Vornamen angesprochen, ja. Da ist auch gar nicht so das Gefühl einer Mutter. (...) (...) Oder sagen phasenweise mal Mama oder irgendwann entwickelt sich das zum Vornamen, oder in bestimmten Situationen kommt wieder mal Mama. Oder wenn sie sauer ist, ist sie besonders der Vorname >lacht<, da ist sie nicht mehr Mama."
>
> **Qualitätsbeauftrage 9, 195–216**

Kleinere Kinder hätten aufgrund ihrer altersbedingten Entwicklungsaufgaben häufig ein starkes Bedürfnis nach einer Mutterfigur. Die Befragte spricht hier entemotionalisierend von einer „Funktion der Mütterlichkeit", die bestimmte Bedürfnisse eines Kindes befriedigt. Um Konkurrenzsituationen mit der leiblichen Mutter, die Ziel des kindlichen Bedürfnisses nach Mütterlichkeit bleibt, zu vermeiden, würden von Anfang an die Eltern mit einbezogen. Die heimspezifische Notwendigkeit der emotionalen Differenzierung zwischen leiblicher Mutter und Betreuerin bzw. Kinderdorfmutter[39] wird auf diese Weise transparent gemacht und verhindert, dass Kinder in Loyalitätskonflikten stecken bleiben. Der transparente Umgang mit der Konkurrenzsituation wird als ein Zeichen von Qualität gesehen.

In der Einrichtung, für die diese Fachkraft spricht, wird also der Grad der Mütterlichkeit, dem individuellen, in erster Linie vom Alter und Entwicklungsstand geprägten Bedürfnis des einzelnen Kindes nach Mütterlichkeit angepasst.

39 An dieser Stelle wird bewusst nur von Mutter gesprochen und nicht von Eltern, da es sich in den hier geführten Interviews speziell um die Konkurrenzsituation zwischen Kinderdorfmutter, Betreuerin und leiblicher Mutter handelt. Dies bedeutet nicht, dass ähnliche Konkurrenzsituationen nicht auch zwischen einem leiblichen Vater und einem Betreuer zu finden sind. Sie treten allerdings in dieser Studie nicht zutage.

Die Bandbreite der „sozialen Elternschaft“[40] reicht in dieser Beschreibung von „Mütterlichkeit und Mama sagen“ bis zu einer Beziehung zwischen Betreuerin und Betreuten, in der kein „Gefühl einer Mutter“[41] aufkommt. Qualität wird hier in dem Aushandlungsprozess der „sozialen Elternschaft“ gesehen, der sich entlang der Bedürfnisse des Kindes und dem „Selbstverständnis“ der Fachkräfte erstreckt. Die Verwendung des für dieses Feld ungewohnten Begriffs der „sozialen Elternschaft“ verweist darauf, dass nicht das Muttersein imitiert werden soll, sondern versucht wird, auf dieselben Bedürfnisse angemessen zu reagieren, die sonst durch das Erfahren von Mütterlichkeit befriedigt werden.

In dieser Einrichtung wird der Begriff „Mutter“ also offen interpretiert. Dies soll zudem das Risiko verringern, die mit dem Bestreben, die Mutter zu ersetzen, verbundenen negativen Aspekte, wie z. B. dass keine Elternarbeit betrieben und keine Rückführung angestrebt wird, in den Vordergrund treten zu lassen. Die Befragte sieht es als einen Teil ihrer Aufgaben als Qualitätsbeauftragte an, den Mutterbegriff als gestaltbar gegenüber dem Jugendamt zu kommunizieren, um derartigen Bedenken vorzubeugen:

> „[Eine Mitarbeiterin findet das ganz toll], die sagt ‚ich identifiziere mich auch als Hausmutter, ich find das toll, ich möchte Hausmutter – den Begriff haben‘ (…) (I: Ja. Ah ja, also das variiert dann auch von Haus zu Haus //). Ja, das variiert. (…). Also Hausmutter, also, wenn das so im Entwicklungsbericht – in den Berichten, und es ist nicht mehr zeitgemäß, es wird damit was sehr Starres auch verbunden. Oder verbunden mit diesem Begriff ist auch eine fehlende Elternarbeit und eine fehlende Möglichkeit der Rückführung. Das ist alles verbunden oder das ist verbu // wie eine Pflegefamilie im ursprünglichen Sinne. Es gibt kein Zurück. Wenn man sich entscheidet, Kinder hier unterzubringen, entsteht heute noch bei manchen Jugendämtern so die Sicht, das heißt für immer und ewig. (…) Und da sind wir schon auch dabei, das anders zu kommunizieren und das noch mal deutlicher zu machen, weil wir haben auch sehr viele Rückführungen, auch planvolle Rückführungen zu der Herkunftsfamilie (…).“
>
> **Qualitätsbeauftragte 9, 234–251**

40 Soziale Elternschaft grenzt sich von der biologischen Elternschaft ab. Die biologische Elternschaft ist an Samen und Eizelle geknüpft, wohingegen die soziale Elternschaft auf die Übernahme der praktischen und alltäglichen Verantwortung für das Aufwachsen eines Kindes rekurriert. Außerhalb der Kinder- und Jugendhilfe bezieht sich der Begriff Soziale Elternschaft meist auf Patchwork, Adoptiv- oder gleichgeschlechtliche Paare, die für ein nicht blutsverwandtes Kind langfristig Sorge leisten und emotionale Bindung aufbauen (vgl. https://www.dji.de/themen/eltern/formen-von-elternschaft.html). Der Begriff „soziale Elternschaft“ wird für die stationären Settings der Kinder- und Jugendhilfe kaum verwendet. Im Handbuch Erziehungshilfen (Birtsch u. a. 2001) kommt der Begriff lediglich im Kapitel über Pflegeeltern vor und wird dort als defizitär benutzter Begriff beschrieben (vgl. ebd., S. 620).

41 Hier schildert sie die Perspektive der Fachkraft. Es bleibt unklar, ob auch die Kinder und Jugendlichen der Betreuerin mit einem Gefühl wie einer Mutter gegenüber begegnen.

An diesen Passagen wird erkennbar, dass das Streben nach einer möglichst großen Familienähnlichkeit selbst aus Sicht von Vertreterinnen und Vertretern dieser Idee mit dem Risiko verbunden ist, den dadurch gewonnenen erhofften Nutzen zu schmälern oder gar zu eliminieren, da die Nachteile dieser konzeptionellen Grundausrichtung zu sehr zum Tragen kommen können. Eine mögliche Strategie, Vorteile und Nachteile auszubalancieren, scheint darin zu bestehen, erstens die Einrichtungskonzeption, die auf Familienähnlichkeit setzt, zu erklären und dabei die Idee der sozialen Elternschaft stark zu machen. Mit der Betonung der sozialen Elternschaft soll wohl auch symbolisiert werden, dass die Einrichtung nicht an die Stelle der leiblichen Eltern tritt, sondern an ihre Seite. Zweitens werden mögliche Konkurrenzverhältnisse nicht verschleiert, sondern zum Thema gemeinsamer Gespräche mit Kindern, Jugendlichen und Eltern gemacht. Da dies aus einer relativ machtvollen Position der Einrichtung heraus geschieht, muss an dieser Stelle offenbleiben, ob mit einem offensiven Umgang mit möglichen Konkurrenzen tatsächlich ein Ausgleich geschaffen wird. Schließlich könnte ein selbstbewusstes Auftreten der Einrichtung auch dazu dienen, leiblichen Eltern ihr Versagen vor Augen zu führen und ihnen die Hoffnung darauf, selbst einmal bzw. wieder gute Eltern sein zu können, endgültig nehmen. Drittens wird sensibel mit Sprache umgegangen, um durch die Verwendung von Begriffen, wie z. B. „Hausmutter", keine Abwehrreaktionen entstehen zu lassen oder falsche Annahmen über die Interessen der Einrichtung, z. B. dass sie sich eigentlich als dauerhaften Lebensort versteht, zu vermeiden. Viertens wird betont, dass die Ausgestaltung der Mutterrolle natürlich mit dem Entwicklungsstand des jeweiligen Minderjährigen und dessen Bedürfnissen variiert, es sich also nicht um ein starres Konzept von Mütterlichkeit handelt. Die Qualität einer Einrichtung wird mitbestimmt davon, wie gut es ihr gelingt, bei der Ausgestaltung des Settings Familienähnlichkeit die damit verbundenen Risiken zu minimieren und sich nicht zu sehr von den idealistischen Vorstellungen einer perfekten Mutter verleiten zu lassen.

Im nächsten Kapitel wird – sozusagen als Kontrastmodell – eine Einrichtung vorgestellt, in der der männliche Leiter eine patriarchale Vatervorstellung umsetzt, die er mit einer hohen pädagogischen Qualität gleichsetzt.

4.2.1.3 Fallbeispiel: Der „Übervater"

Im Sample dieser Studie befindet sich eine Einrichtung, deren Grundphilosophie sich beschreiben lässt als autoritäre Orientierung, die getragen wird, durch das Können und das Charisma der Leitung. Junge Menschen brauchen – so die Idee – eine starke Hand, die Orientierung gibt, ansonsten wird es den Kindern und Jugendlichen, die aufgrund ihres bisherigen Lebensweges vorbelastet sind, nicht gelingen können, sich zu gemeinschaftsfähigen Mitgliedern der Gesellschaft zu entwickeln. In der Grundphilosophie dieser Einrichtung wird stark eine Position vertreten, die von einer Vorstellung richtiger Erziehung ausgeht, die getragen wird von der Genialität des Erziehers. Der junge Mensch selbst wird als ein von Erwachsenen zu formendes Wesen angesehen. Es ist wohl kein Zufall, dass in dieser Einrichtung die Notwendigkeit einer Vaterfigur für einen gelingenden Erziehungsprozess betont wird. Auch wenn manche der wörtlichen Zitate als im hohem Maße idiosynkratrisch wirken und nicht als typisch für die Auseinandersetzung mit dem Thema Qualität in den stationären Hilfen angesehen werden können, scheint eine vertiefte Befassung mit der inneren Logik der hier zum Ausdruck kommenden Vorstellungen guter Erziehung – und damit auch von Qualität in stationären Einrichtungen – für das Thema dieser Studie nützlich zu sein. Das Fallbeispiel zeigt anschaulich, dass für die Beantwortung der Frage nach der Qualität einer Einrichtung es eben nicht ausreicht, auf ein hohes Maß an innerer Konsistenz in Bezug auf die grundlegende Konzeption und deren Umsetzung zu achten, sondern auch deren Angemessenheit in Bezug auf die Verwirklichung von Rechten und die Anerkennung der Person zu berücksichtigen ist. Im Folgenden werden die in dem Interview erkennbaren und rekonstruierbaren Grundlagen dessen, was für den Befragten zu einer guten Qualität führt, herausgearbeitet.

Eigene Genialität und Können

Für Leitung 6 wird die Qualität in seiner Einrichtung im Wesentlichen durch ihn selbst verkörpert. Mehrfach rekurriert er im Interview auf sein Alter und seinen daraus resultierenden Wissensvorsprung. Hier ein Beispiel dafür:

> „Ich bin ja so in raus gehobener Position hier, der Alte, und haste-nich'-gesehen, nun ist er ja auch alt, ne, graue Haare, Lebenserfahrung und, und, und.", „Ja, Alter hat Weisheit."
>
> **Leitung 6, 264–266**

Die hier geäußerte Überzeugung, dass Lebenserfahrung und Alter zu Weisheit führt, ist eine notwendige Bedingung dafür, dass die Legitimation der eigenen Grundidee aufrechterhalten werden kann. Denn sie rechtfertigt die Eingriffe in die Rechte der Kinder und Jugendlichen, sie rechtfertigt auch das Verhalten gegenüber Mitarbeitenden, indem sie ihm die Kompetenz zuweist, richtige Entscheidungen treffen zu können. Damit unterscheidet er sich von einem Fachlichkeitsverständnis, das weniger darauf setzt, die richtigen Antworten zu wissen, sondern auf den Modus der Aushandlung vertraut, um zu guten Ergebnissen zu kommen. Eine Betreuerin aus einer anderen Einrichtung formuliert in diesem Sinne ihr Verständnis ihrer Rolle als Fachkraft konträr zu Leitung 6:

> „Ich weiß nichts besser. Ich weiß nicht besser, was dem Kind guttut, das weiß das Kind selber. Und ich weiß es auch nicht besser als die Eltern, ich weiß es auch nicht besser

als meine Kollegen. Ich finde, man muss immer im Gespräch (…) bleiben (…). Aber dieses Gefühl, ich bin der Erzieher, und ich weiß es jetzt besser oder so find ich ganz schrecklich."

Betreuerin 7, 55–61

Das Selbstvertrauen in die eigene Kompetenz ist bei Leitung 6 so groß, dass externe Fortbildungsveranstaltungen für überflüssig gehalten werden. Es reiche völlig aus, wenn er dem Team vermittle was es wissen müsse:

> „Das mache ich alles selbst. Wir sind bloß fünf Mann[42] hier, wir können uns hier wunderbar, an diesem Tisch können wir uns unterhalten. Und da läuft das. Und ich kann für meine Kolleginnen das Wesentliche aus diesen Sachen, die ich mache, oder aus der Literatur, zusammenfassen und rüberbringen. Dann haben sie das in wirklich kompakter, komprimierter Form, und können das dann mit für die Arbeit nehmen. So arbeiten wir hier. Also ich bereite das auf, mache das fertig, und das kriegen meine Kolleginnen dann."

Leitung 6, 793–801

Kontrolle

Zentral für die Selbstbeschreibung der Einrichtung ist das Familiäre. Dies findet ihren Ausdruck in der Überschaubarkeit, der dörflichen Struktur des Umfelds und darin, dass sich die Kolleginnen gut kennen und ins nachbarschaftliche Umfeld integriert sind:

> „Also wir haben so eine familienähnliche Situation, die wir hier gestalten mit unseren Kolleginnen."

Leitung 6, 5

In weiteren Ausführungen wird ein patriarchales Familienbild entwickelt, in dem das Familienoberhaupt alles kontrolliert. Die männliche Leitung beschreibt sich selbst mit Worten, die an ein Familienoberhaupt (z. B. „der Alte", „Übervater") denken lassen. Er fühlt sich legitimiert, die Richtung und den Ton in der Einrichtung anzugeben. In folgendem Zitat wird besonders deutlich, dass er sich selbst als Patriarch wahrnimmt, der die „Leine" in der Hand hält und die ihm anvertrauten jungen Menschen lenkt und führt:

> „Ja, ja. Also wir machen das immer, wie man das für gemeinhin auch immer sagt: Lange Leine und wieder zurückholen, laufen lassen, wieder reinholen. So dass sie sich nicht weh tun, und dass wir immer, Gänsefüßchen, die ‚Kontrolle' haben. (I: Die Zügel

42 Das Team besteht nur aus Frauen.

in der Hand haben >lacht<) Ja! Und das sollen sie auch gar nicht so merken, ne, dass sie dann immer (…) den Übervater über sich haben, der dann // nee, also überhaupt nicht"

Leitung 6, 102–108

Qualität entsteht – so zumindest lässt sich diese Passage interpretieren – dadurch, dass es im Hintergrund den „Übervater" gibt, der den Möglichkeitsraum für die jungen Menschen nach seinen Vorstellungen definiert und diesen jederzeit und so wie er es für richtig hält, erweitern und verkleinern kann. Für eine gute Einrichtung, so die wohl dahinterliegende Idee, ist es erforderlich, dass die Leitung über diese Macht verfügt. Wobei diejenigen, die „am Zügel" sind, gar nicht merken müssen, dass ihre Handlungsfreiheit in diesem Maße eingeschränkt wird. Eine solche Idee von autoritärer Erziehung ist auch angesichts der Ergebnisse der runden Tische zur Heimerziehung als zumindest problematisch einzustufen, denn sie behindert systematisch die Möglichkeiten, sich gegen unangemessene Beschränkungen zu wehren.

Allmacht, Grandiosität

Nicht untypisch für solch ein autoritäres Modell ist die Vorstellung von Leitung 6, dass er allein die Quelle der Qualität sei. Auch wenn es ihm, wie anderen interviewten Fachkräften auch, nicht wirklich gelingt, seine Vorstellungen guter Qualität zu verbalisieren, steht für ihn fest, dass innerhalb seines Einflussbereichs die jungen Menschen das erhalten, was sie brauchen. Außerhalb jedoch sind sie schädlichen Einflüssen ausgesetzt. Dies gilt, wenn die Minderjährigen in der Obhut anderer Personen sind, z. B. in der Schule:

„So, und jetzt sind die aber über einen Großteil des Tages in der Schule, außerhalb meines Einfluss- und Wirkungsbereiches. Wir wissen ja von den Lehrkräften, dass sie auch überfordert sind und, und, und, und, und"

Leitung 6 188–190

Auch in Bezug auf Therapiesitzungen hat er keine anderen Erwartungen:

„Und ich habe wenige Psychologen kennengelernt, die tatsächlich auf den kleinen Hasi eingegangen sind, und das Eingangsgespräch, wenn ich dabei war, dann auch so gestaltet haben wie ‚Na, wir kennen uns ja schon eine ganze Weile, gibt's irgendwas Neues bei Dir? Was macht die Schule? Was macht Deine Freundin?' oder – nichts! ‚Wie geht's uns heute?' – immer klar, klassisch, langweilig."

Leitung 6 571–577

Oder eben für die Zeit nach dem Aufenthalt in dieser Einrichtung:

„Hier [in der Einrichtung; Anmerkung d. Autoren] habe ich natürlich durch meine Person immer Einfluss. Hier kann ich wirken, und hier bin ich der Fels in der Brandung. Hier können sie sich auch drauf verlassen. Aber was ist danach?“

Leitung 6, 213–216

Eingeschränkte Idee von Beteiligung

Der Logik der autoritären Grundidee folgend, kann der Vorstellung von Beteiligung als ein das Leben in der Einrichtung strukturierendes Prinzip nur wenig abgewonnen werden. Schließlich besteht die Qualität der Einrichtung gerade darin, dass die Leitung weiß, was die jungen Menschen brauchen. Dies zu verhandeln, hätte immer einen Qualitätsverlust zur Folge. Auch besteht kein Vertrauen in die Eigenverantwortung und Gestaltungsmöglichkeiten der jungen Menschen. Die Ausführungen zu Thema Beteiligung machen dies deutlich:

„Partizipation beginnt also bei uns immer mit 16, da haben sie dieses Recht auf Partizipation, dieses ganz große // (I: Ach echt?) Ja, ja, ja, ja. Vorher wird natürlich auch immer partizipiert, mhm, mhm, mhm mhm. Der darf dann kommen, sich das angucken und, und, und. Und alles schick. Inwieweit suggeriert man den Kindern eine Eigenständigkeit, obwohl man ganz genau weiß, dass du gar keine Chance hast, irgendetwas Eigenes zu machen, ne? Weil dein desolater, ja, Psychozustand es da zulässt, das ist ja so. (…) Ja, ja, sie partizipieren. (…) Und wir geben die Richtung vor. (I: In ihrem Alltag?) Ja. Wir geben die Richtung vor. Aber das ist ja auch nicht das Verkehrteste.“

Leitung 6, 946–982

Bedrohliche Außenwelt

Die kleine Einrichtung stellt einen sicheren inneren Raum dar, den die Leitung kontrolliert. Die Außenwelt ist bedrohlich, der Auftrag der Einrichtung ist es, die jungen Menschen vor den Gefahren zu schützen und sie gegenüber den Verlockungen widerstandsfähig zu machen:

„Ja, klar machen wir die Kinder widerstandsfähig, weil wir sie ja nachher raus lassen müssen, wo die bösen Erwachsenen alle rumlungern, mit Drogen, Alkohol und dergleichen mehr. Also da müssen wir sie ja ein bisschen fit machen. (…), weil // Können sie sich dann alleine auch zurechtfinden?“

Leitung 6 889–897

Das Wort „rauslassen“ unterstreicht das Bild einer heilen inneren Welt der Einrichtung, aus der man rausgelassen wird in eine bedrohliche Außenwelt mit vielen Gefahren. Die Gefahren sind besonders deshalb gefährlich, weil er nicht mehr da ist, um die Jugendlichen zu schützen und zu lenken. Er ist nicht sicher, ob die Jugendlichen wirklich „fit“ genug sind, um in der Außenwelt zu bestehen, ohne den von ihm kreierten schützenden Raum. Hier wird, wie in anderen Interviewzitaten auch, das Bild eines passiven jungen Menschen gezeichnet, der darauf angewiesen ist, von einem gutmeinenden Erwachsenen „fit gemacht", gelenkt und geformt zu werden. In dieser Grundphilosophie spielt die Vorstellung eines Menschen als einen aktiven Gestalter seiner eigenen Entwicklung keine Rolle.

Familienersatz für defizitäre Herkunftsfamilie

Konsistent zu der Idee, Kinder und Jugendliche brauchen eine klare Führung eines kompetenten Erziehers, um sich gut entwickeln zu können, wird in der Einrichtung ein defizitäres Bild der Herkunftsfamilien gezeichnet. Es werden weder die komplexen Anforderungen, die Erziehung mit sich bringt, noch strukturelle Herausforderungen in den unterschiedlichen familiären Konstellationen bedacht, sondern genetische Defizite unterstellt, die immerhin dazu führen, dass die Eltern keine persönliche Schuld für ihr Versagen tragen:

> „Mit den Eltern muss man sehr feinfühlig umgehen, das ist auch klar. Was ich den Eltern eigentlich immer versuche rüberzubringen ist, dass sie sich keine Schuldgefühle aufbauen müssen, absolut nicht. Weil bestimmte Konstellationen in der, ja, im Genpool, die sind halt so. Und wenn wir Fehlschaltungen drin haben, dann haben wir die drin. Das ist so. Ich bin Darwinist, und da stehe ich dazu."
>
> **Leitung 6, 327–333**

Eltern wird so jegliche Entwicklungsfähigkeit abgesprochen, die Zusammenarbeit mit Eltern reduziert sich auf einen „feinfühligen" Umgang mit den Eltern, der sich dadurch kennzeichnet, dass auf Schuldzuweisungen verzichtet wird. Eine stationäre Einrichtung muss in dieser Logik geradezu die Herkunftsfamilie ersetzen und die dort bereits angerichteten Schäden beheben. Die Qualität der im Heim geleisteten Arbeit besteht darin, eine bessere Familie zu sein und ein Vorbild für die jungen Menschen darzustellen. Im familiären Heimsetting sollen den jungen Menschen die richtigen Werte vermittelt werden:

> „Ich versuche den Jungs immer rüber zu bringen, alles was sie nicht in ihren Herkunftsfamilien erlebt haben, Suff, Schläge, wenig zu essen, keine Wertschätzung, keine Liebe und nichts, das versuchen wir hier den Kindern nahe zu bringen, dass das unheimlich wichtig ist, wenn sie es nachher weitergeben müssen. Dass sie von uns erfahren, wie gut man sich dabei fühlen kann, wenn man wertgeschätzt wird."
>
> **Leitung 6, 846–851)**

Autoritärer Erziehungsstil

An mehreren Stellen spricht die Leitung davon, dass Schimpfen und Strafen ein „normales menschliches" Verhalten seien, wie es in Familien eben vorkommt:

„Wie gut man sich dabei fühlt, wenn man über die Stränge schlagen darf. Wie gut man sich fühlt, wenn man auch mal zusammengeschissen wird. Das ist eine ganz normale, ja, menschliches Herangehen. Das versuchen wir hier zu machen, ja“

Leitung 6, 851–855

Für den Befragten ist es sogar ein Zeichen von Wertschätzung, wenn die jungen Menschen für ihre Verfehlungen „zusammengeschissen“ werden.

Diese Einrichtungsleitung hat in dem Interview eine enge Verknüpfung der pädagogischen Qualität mit einem traditionellen, patriarchalen Familienbild entfaltet. Junge Menschen bedürfen einer guten Führung durch einen genialen Erwachsenen. Sie müssen kontrolliert und in ihren Freiheiten beschränkt werden, um sie vor den Gefahren der Welt zu schützen und auf die Zeit vorzubereiten, in der sie ohne den Schutz des Patriarchen auskommen müssen. Auf Beteiligung ist konsequenterweise zu verzichten, da sie nur etwas vortäuschen würde, was nicht realistisch sei. Weder Mitarbeitende noch die jungen Menschen seien in der Lage, das Richtige ohne Anleitung zu tun. Diese Grundphilosophie, in der Heranwachsende als von außen zu formende Wesen definiert werden, die noch über keine eigenen Rechte verfügen können, steht im Widerspruch zu einigen fachlichen Grundsätzen, wie die Anerkennung der Rechte von Kindern und Jugendlichen, oder der Notwendigkeit einer offenen Reflektionskultur als strukturelle Voraussetzung dafür, dass professionelles pädagogisches Handeln gelingen kann. Hier wird die Orientierung an Familie als Begründungsfolie missbraucht.

4.2.1.4 Zusammenfassung

Familienähnlichkeit als Anspruch an die Gestaltung des Settings stationäre Jugendhilfe wird von einem Teil der Fachkräfte – unabhängig von ihrer Funktion in der Einrichtung – als Kennzeichen einer guten Einrichtung angesehen. Ein familienähnliches Setting zeichnet sich durch eine kleine Gruppengröße aus. Zudem besteht zwischen den jungen Menschen und den Betreuerinnen und Betreuern eine vertraute, stabile und verlässliche Beziehung. Die jungen Menschen können sich fallen lassen, haben Vertrauen und fühlen sich emotional sicher genug, um sich mit all ihren Facetten, Emotionen und Wünschen zeigen zu können, ohne Gefahr zu laufen, damit die verlässliche Beziehung und emotionale Nähe zur Betreuerin bzw. zum Betreuer aufs Spiel zu setzen. Familialität als Qualitätskennzeichen bedeutet in diesem Kontext auch, dass jeder junge Mensch als Einzelperson wahrgenommen wird und individuell gefördert werden kann. Für einige Befragte ist es zudem ein Qualitätsmerkmal, wenn die familienähnliche Gruppe in einem dörflichen und nachbarschaftlichen Umfeld angesiedelt ist. Es fehlt ein institutioneller Heim-Charakter, die Wohngruppe ist als Heim nicht sichtbar. Es entsteht dadurch das Selbstverständnis, sich nicht von den anderen, den außerhalb der stationären Jugendhilfe Lebenden zu unterscheiden und damit Teil der Normalität zu sein.

Andere Fachkräfte, die Familienähnlichkeit als Qualitätsmerkmal sehen, setzen sich mit dem Gefühl einer Mutter gegenüber ihrem „eigenen“ Kind auseinander. Analoge Reflektionen über die Gefühle des Vaters finden nicht statt. Sequenzanalytische Explorationen einzelner Interviewpassagen lassen Mutterliebe als ein andauerndes Grundgefühl erscheinen, das erforderlich ist, damit ein Kind bestmöglich aufwachsen kann. Eine Mutter nimmt für das Kind schmerzhafte Opfer auf sich und liebt und vertraut ihrem Kind bedingungslos. Einige Fachkräfte betonen zwar, dass auch sie mit Emotion und „tausendprozentig“ für die jungen Menschen da sind, konstatieren aber, dass sie die perfekte Mutterliebe nicht geben können. Qualität wird hier an der Beziehungsdichte zwischen dem einzelnen jungen Menschen und der Fachkraft festgemacht, die sich an einem Ideal von Mutterliebe orientiert. Die Beziehungsqualität und damit auch die Qualität der Einrichtung ist für einige Fachkräfte umso besser, je näher sie an die idealisierte Mutterliebe heranreicht, diese aber nie erreicht.

An dem Beispiel einer Fachkraft in einem Kinderdorf zeigt sich deutlich, dass mit dem Ziel, eine Ersatzmutter zu sein, die Gefahr verbunden ist, Fachkraft und jungen Menschen zu überfordern. Für Fachkräfte bedeutet es, mit vielfältigen Erwartungen konfrontiert zu sein, denen sie nicht genügen können. Denn schließlich bleibt die Beziehung eine, die aufgrund professioneller Arrangements geschaffen wurde, und damit anderen Logiken folgt, als die einer Mutter. Dies wird auch in dem Setting eines Kinderdorfes nicht aufgehoben (Höfer u. a. 2017). Auf Seiten des jungen Menschen führt die Erwartung, die neue Person als Mutter zu akzeptieren und zu behandeln, unweigerlich zu Konstellationen, die mit Loyalitätskonflikten verbunden sein können. Für eine gute Entwicklung eines jungen Menschen in stationären Einrichtung scheint jedoch gerade die Gewissheit, mit dem inneren Einverständnis der Eltern an einem anderen Ort zu leben, ein wichtiger Faktor zu sein (Höfer u. a. 2017). Als ein Beitrag zur Qualität stationärer Einrichtungen mit einer ausgeprägten Familienorientierung wird deshalb in Interviews ein offener Umgang mit dieser Ambivalenz für notwendig erachtet. Die Beziehung zwischen Fachkraft und Kind bzw. Jugendlichen sollte gemeinsam reflektiert und in Aushandlungsprozessen zwischen den Bedürfnissen und Wünschen der Fachkräfte, der Herkunftseltern und der jungen Menschen konkretisiert werden.

Für einen Teil der Fachpraxis ist eine Annäherung an das Ideal einer Familie, eine Gestaltung des Settings im Sinne einer möglichst großen Familienähnlichkeit also, ein wichtiges Qualitätsmerkmal. Dies gilt nicht nur für explizit familienanaloge Gruppen. Es wird die Hoffnung damit verbunden, die Kälte institutioneller Arrangements und die angenommenen Nachteile, die durch die Künstlichkeit der emotional-mütterlichen und gleichzeitig professionellen Beziehungen entstehen, auszugleichen. Familienähnlichkeit wird sehr unterschiedlich definiert und es zeigen sich differierende Bilder von dem, was mit Familie gemeint sein könnte. Auch wird die Relevanz dieses Qualitätskriteriums in Abhängigkeit des Alters- und Entwicklungsstandes gesehen, sowie zur Situation und den Bedürfnissen der Herkunftseltern in Relation gesetzt. Das zentrale Kennzeichen und Qualitätskriterium von Familialität liegt nach Analyse der vorliegenden Interviews in dem bedingungslosen So-Sein-Dürfen der jungen Menschen. Dies kann durch den Modus „entgrenzter Sorge" (Schäfer/Thole 2018) erreicht werden, indem auf die zentralen Bedürfnisse der jungen Menschen nach stabilen Beziehungen, Nähe, Intimität, nachbarschaftlichem Eingebunden-Sein und dem Gefühl, normal zu sein, zusammen mit emotionaler Erreichbarkeit der Betreuerinnen und Betreuer eingegangen wird.

Im nächsten Kapitel werden Interviewte zu Wort kommen, die sich bewusst dagegen entschieden haben, familienanalog bzw. familienähnlich zu arbeiten. Einige Wohngruppen orientieren sich explizit nicht an Familie. Das Setting soll für die jungen Menschen eine verlässliche Gemeinschaft[43] sein. Gefühle zwischen jungem Menschen und Fachkraft werden als ehrlich aber gleichzeitig professionell kommuniziert, um die schwierige Gratwanderung zwischen Mutterliebe und professioneller Beziehung zu vermeiden.

---

43 Soziologisch betrachtet stellt die Familie einen Prototyp der Gemeinschaft dar. Der Begriff Gemeinschaft steht seit Tönnies („Gesellschaft und Gemeinschaft", 1887) der Gesellschaft konträr gegenüber (Tönnies/Lichtblau 2012). Gemeinschaft steht für Wärme, Freundschaft, Ursprünglichkeit, Echtheit, Tradition, Familie, Weiblichkeit und Geborgenheit. Gesellschaft hingegen für menschliche Kälte, großstädtischer Anonymität, zweckgerichtete Rationalität, Männlichkeit, Profitstreben, Industrialisierung und Bürokratie (Rosa 2010, S. 9; Tönnies/Lichtblau 2012, S. 11 f). Für Tönnies ist die Gemeinschaft Grundlage und schon immer da, man wird in sie hineingeboren. Die Gesellschaft hingegen ist fremd, rational und gefährlich. Sie ist rein erfunden, mechanisch und hat keinerlei echten Bezug zum Leben der Menschen. Die Familie als die ursprünglichste Gemeinschaft ist so grundlegend und so mit dem Überleben und Wohlbefinden eines Menschen verbunden, dass sie „mit ganzem Gemüt bejaht wird" (Tönnies/Lichtblau 2012, S. 224). Unbestritten ist, dass Gemeinschaften die Grundlage von Gesellschaften darstellen. Die Familie als eine Art Ur-Gemeinschaft gestaltet und stellt die Basis für das Funktionieren und Bestehen jeder Gesellschaft dar. Baumann (2014) zeigt auch die negativen Seiten der Gemeinschaft, z. B. die Ausgrenzung anderer und die starke soziale Kontrolle, die Freiheit und Individualität einschränkt (siehe auch Rosa 2010). Gemeinschaften bieten Sicherheit und beschränken Freiheit, wohingegen Gesellschaften Freiheit und Individualität versprechen und Sicherheit einschränken. Diese Überlegungen sind insofern für diese Untersuchung interessant, da man sich sowohl Familie als auch Gemeinschaft als Orte der menschlichen Nähe, Emotion und Verbundenheit vorstellen kann, die ihre Haltung gegenüber Freiheit, Individualität auf der einen Seite und Verbindlichkeit bzw. Sicherheit auf der anderen Seite in Aushandlungsprozessen entwickeln müssen. Je nach Orientierung des Settings an Familie oder Gemeinschaft stellt sich zum Beispiel die Frage, ob Werte und Regeln des Zusammenlebens eher von den Betreuerinnen und Betreuern vorgegeben werden, oder ob sie z. B. in partizipativen Prozessen gemeinschaftlich entwickelt werden. Dasselbe gilt für die Wertigkeit und Reflektion von Individualität und Gemeinschaftlichkeit.

4.2.2 Hausgemeinschaft

Die Idee, Qualität durch die Gestaltung eines Settings erreichen zu können, das neue Möglichkeitsräume für die Entwicklung des Minderjährigen und seiner Familie eröffnet, ist nicht darauf beschränkt, als Einrichtung Familie imitieren zu wollen. Ein alternatives Konzept dazu ist der Versuch, eine Hausgemeinschaft zu etablieren, also eine Gemeinschaft aus jungen Menschen und Erwachsenen, die gemeinsam ihr Leben aktiv gestalten. Eine befragte Leitung distanziert sich von jedem Anspruch, Familie ersetzen zu wollen und setzt stattdessen auf das gemeinsame aufeinander bezogene „Leben“:

> „Zum Beispiel ist eines meiner Ziele mit den Mitarbeitern, mit den Kindern zu klären ‚Wir können Dir keine Familie ersetzen‘. Also das geht nicht. Wir sind nicht Mama und Papa, wir sind nicht Oma und Opa, wir sind nicht Tante und Onkel und alles drum herum. Wir sind einfach Menschen, die Dich begleiten wollen, die für Dich da sein wollen, und die zusammen mit Dir versuchen, ein Leben zu leben, das eben nicht ein Familienleben ist, aber vielleicht eine Alternative.“
>
> **Leitung 1, 57–64**

Die pädagogische Qualität des Settings wird darin erkannt, Erfahrungsräume zu eröffnen, in denen die jungen Menschen sich selbst in Gemeinschaft in vielfältigen Situationen erleben und erfahren können. Hausgemeinschaften sind aus der Perspektive der in der Einrichtung Tätigen gekennzeichnet durch die gemeinsame Herstellungsleistung, dem spezifischen Verhältnis von Individualität und einem Aufeinander-Bezogen-Sein, den Beteiligungsmöglichkeiten und dem mit der Hausgemeinschaft verbundenen Identifikationsangebot. In den folgenden Abschnitten wird auf diese Kennzeichen näher eingegangen.

4.2.2.1 Heim als gemeinsame Herstellungsleistung

Eine Hausgemeinschaft ist in dem Verständnis derjenigen, die sie als ein bewusst gewähltes Setting für die Bewältigung der mit der stationären Jugendhilfe verbundenen Aufgaben gewählt haben, etwas das immer wieder aufs Neue von allen daran Beteiligten herzustellen ist. Es ist nichts, was sich einfach dadurch ergibt, dass man sich zeitgleich innerhalb derselben Mauern befindet.

„Gemeinsames Konstrukt“

Für Leitung 1 fühlen sich in einer Hausgemeinschaft alle Mitarbeitenden zusammengehörig und arbeiten solidarisch miteinander. In ihrem Verständnis haben Einzelkämpfer („Platzhirsche“) keinen Platz in einer Hausgemeinschaft:

„Also was wir hier zum Beispiel auch haben, wir haben so eine ‚Miteinander-Regel', und das war mir wichtig von Anfang an, dass es nicht so Platzhirsche gibt, ja? Also ‚Wir sind die Gruppe die und die, die Türe zu, da kommt keiner rein'. Das ist nicht. Wir sind eine Hausgemeinschaft, und ein gutes Kinderheim erkenne ich daran, wenn Kollegen sagen, die haben jetzt einen Notfall, da ist jemand krank ‚Ich hätte jetzt frei, aber ich gehe jetzt rüber in die Gruppe und helfe denen noch aus.'"

Leitung 1, 630–638

Wichtig ist ihr für die Etablierung einer Hausgemeinschaft, dass es ein gemeinschaftliches Engagement der pädagogischen Fachkräfte für die Kinder gibt. Dafür Abstriche von den eigenen Vorstellungen zu machen, gehört für sie dazu.

„Also wenn Mitarbeiter bereit sind, auch an diesem gemeinsamen Ziel für die Kinder da zu sein, zu arbeiten und da bereit sind, aus ihrem Eigenen raus zu gehen."

Leitung 1, 645–647

In einer weiteren großen Einrichtung betont die befragte Betreuerin die Gestaltungsmöglichkeiten, die das „Konzept Heim" bereithält. Fachkräfte und junge Menschen konstruieren gemeinsam das Heim als ihren Lebensort:

„Wenn Betreute und Mitarbeitende gemeinsam miteinander partizipieren, also dass man nicht gegeneinander arbeitet, sondern dass alle an diesem ganzen Konstrukt Heim irgendwie beteiligt sind und da, ja, sich partizipieren und ihren Teil dazu beitragen, dass es allen gut geht. Also die Jugendlichen sollen, können dafür sorgen, dass es ihnen hier bessergeht, dass es ihnen gut geht, und auch wir können dafür sorgen, dass es uns gut geht, dass es den Jugendlichen gut geht, also dass man dieses Konzept Heim irgendwie gemeinsam gestaltet."

Betreuerin 7 (GD),206–213

Das Heim wird hier als „Konstrukt" und „Konzept" bezeichnet, an dem alle „irgendwie beteiligt sind". Die Befragte verweist hier auf die Gestaltbarkeit des Ortes „Heim". Alle besitzen Gestaltungsmacht für das Leben im Heim. Nicht nur die Fachkräfte für die jungen Menschen, sondern jeder trägt Verantwortung für das Wohlergehen aller. Das Heim ist in dieser Deutung ein Konstrukt, das erst durch gemeinschaftliche Handlungen zum Leben erweckt wird. Jede und jeder einzelne kann hier auf die eigene Lebensqualität und auf die der anderen einwirken, empfundene Missstände können verändert werden. Qualität bedeutet für diese Betreuerin, dass die Möglichkeiten zur gemeinschaftlichen und individuellen Partizipation und Einflussnahme genutzt werden.

Für die zitierte Betreuerin steht der gemeinschaftliche Gestaltungsprozess im Vordergrund. Die Leitung derselben Einrichtung weist allerdings darauf hin, dass in einem Heim, das sich als Hausgemeinschaft versteht, die Rollen und Aufgaben von Betreuerinnen und Betreuern und Betreuten klar definiert sind. Betreuende und Betreute haben nicht die gleiche Verantwortung für das Heim, für die Gestaltung des Settings. Es liegt in der Verantwortung der Fachkräfte, für die Durchsetzung von Strukturen, Regeln und übergeordneten Werten zu sorgen. Dies gibt – so die Leitungskraft – den jungen Menschen Sicherheit und Orientierung im Alltag. Diese Leitung bezeichnet verlässliche Strukturen, für deren Einhaltung die Fachkräfte zuständig sind, als „resiliente Strukturen". Beteiligung ist innerhalb der „resilienten Strukturen" möglich.

> „Also in der Struktur tatsächlich, also (...) in der Beschreibung der Ablauforganisation, (...) kann einfach geguckt werden, dass wir resiliente Strukturen haben, in der Umsetzung von Prozessen und von Ausgestaltung des Alltagsgeschehens kann, sollte, möchte es geben eine Orientierung an resilienten Faktoren, die eben im Gruppenleben, im Gruppenalltag drin sind und das Alltagsleben bestimmen."
>
> **Leitung 13 (GD), 163–169**

Sichtbare Werteorientierung

Die in der Einrichtung arbeitenden Betreuerinnen und Betreuer sollen sich einem gemeinsamen, übergeordneten Ziel verschreiben und dabei als Person gegebenenfalls auch über sich hinauswachsen bzw. eigene Bedürfnisse zurückstellen – zum Wohle der Hausgemeinschaft und den geteilten Werten. In dieser Einrichtung, die von einer Ordensschwester (Leitung 1) geleitet wird, absolvieren alle Betreuerinnen und Betreuer bestimmte Fortbildungen, um einrichtungsspezifische pädagogische und gesundheitliche Prinzipien zu verinnerlichen. Diese Werte bilden in ihrer Deutung von Qualität eines Kinderheimes die zentrale Klammer und den Orientierungspunkt für alle Betreuerinnen und Betreuer und jungen Menschen:

> „Ich denke, was ganz wichtig ist, das ist eigentlich der Ausgangspunkt, das ist einfach eine bestimmte Wertephilosophie oder eine Wertegrundhaltung, die, ich sage mal, eigentlich immer der Ausgangspunkt für unsere Arbeit sein soll. Dass ich sage, das zeigt sich dann in einer Professionalität in der Umsetzung im Alltäglichen. Aber Qualität heißt für mich auch, dass auch jeder Mitarbeiter bestimmte Grundsätze einfach entweder mitbringt oder auch bereit ist, sich drauf einzulassen."
>
> **Leitung 1, 139–146**

Einrichtung als Lebensort

Leitung 1 spricht nicht – wie andere Befragte – von einer z. B. „warmen" oder familiären Atmosphäre in ihrem Kinderheim als sichtbarem Zeichen von Qualität. Für sie bedeutet Qualität, dass mit der Situation, in der die jungen Menschen sich befinden, nämlich dem Aufwachsen an einem anderen Ort, ehrlich umgegangen wird. Ein gutes Heim als zielorientierte Hausgemeinschaft hält aus ihrer Perspektive dafür Lösungen bereit. Diese Klarheit ist für sie zentral, um den jungen Menschen die Möglichkeit zu geben, eine „eigene Entscheidung“ für das Leben im Heim zu treffen, bzw. die Situation bewusst und realistisch einzuschätzen. Hier sieht sie wichtige Lern- und Entwicklungsmöglichkeiten:

> „Ich erwarte keine große Dankbarkeit von den Kindern. Ich erwarte nicht, dass sie denken ‚Diese guten Menschen, die jetzt da sind, um mir zu helfen‘ – das erwarte ich nicht. Aber ich möchte, dass die Kinder auch lernen, zu unterscheiden ‚Wenn ich zu Hause wäre, was wäre dann?‘, ‚Wie wäre mein Leben?‘, ‚Und jetzt bin ich hier‘ – und irgendwann sich auch zu entscheiden und zu sagen ‚Ich bin auch ganz hier‘. Weil wir oft das Thema haben, dass die Kinder sehr, sie verherrlichen natürlich auch die Familie oder alles, was halt so schön wäre vielleicht zu Hause. Und dass sie nach und nach lernen, auch so eine Realität zu unterscheiden, dass sie einfach für sich so eine Entscheidung treffen ‚Ja, ich möchte hier sein, weil ich hier einfach mehr Chancen habe, weil ich hier in die Schule gehen kann, weil ich hier eine Ausbildung vielleicht machen kann, weil ich Freunde habe, weil ich das habe, was ich fürs Leben so brauche‘. Das ist so auch wieder ein wichtiger Punkt, also diese so grundsätzlichen Entscheidungen.“
>
> **Leitung 1, 65–81**

Im Akzeptieren der eigenen Situation sieht die Fachkraft die Möglichkeit, auch die Chancen und Möglichkeiten des Heims zu erkennen und für die eigene Entwicklung zu nutzen. Sie sieht es als eine Aufgabe der Einrichtung an, Kinder und Jugendliche von dem Nutzen des Heimaufenthalts zu überzeugen, es ist Teil der Aufgabe so etwas wie eine positive Veränderungserwartung zu erzeugen.

Realistisches Beziehungsangebot

Ein Unterschied der Idee Hausgemeinschaft im Vergleich zu dem Anspruch, ähnlich einer Familie zu sein, wird auch daran deutlich, dass sie für die Beschreibung einer guten, auch emotionalen Beziehung zwischen Fachkraft und jungem Menschen keinen Vergleich mit bzw. keinen Bezug auf Muttergefühle braucht:

> „Dass in einem Kinderheim, ja, dass man sich immer auch der Aufgabe und der Verantwortung bewusst ist, dass einem die Kinder anvertraut sind, aber dass man ehrlich damit umgeht. Dass ich mich entschieden habe, als Mitarbeiter hier eben Schichtdienst zu machen, und ich brauche nichts Anderes vorgaukeln. Es ist ein Schichtdienst, ich komme und gehe. Und die Zeit, die ich da bin, die soll ich gut füllen, aber ich kann nicht darüber hinwegtäuschen und einem Kind vermitteln ‚Ich bin immer für Dich da und jederzeit‘ und so, und dann gehe ich und komme irgendwann wieder, habe drei Wochen Urlaub und solche Sachen. Also das finde ich ganz wichtige Kriterien.“
>
> **Leitung 1, 685–695**

Betont wird in dieser Textstelle nicht die Emotionalität einer zwischenmenschlichen Nähe zwischen Betreuerin und jungem Menschen. Vielmehr betont Leitung 1 das übergeordnete Ziel des Kinderheims, nämlich die Verantwortungsübernahme für die Aufgabe, den jungen Menschen ins Erwachsenenalter zu begleiten. Dabei sollen die Fachkräfte die Mädchen und Jungen darin unterstützen, alles „was man zum Leben braucht", zu erlernen. Dazu gehört in ihrem Verständnis eben auch eine realistische Vorstellung von der Art der Beziehung, die mit Fachkräften im beruflichen Kontext möglich ist.

Sicherheit

Die Hausgemeinschaft konstituiert sich über Gemeinschaftlichkeit, klare Strukturen und Orientierung an übergeordneten Zielen und Werten. Im Falle von Leitung 1 sind es christliche Werte, die für Fachkräfte und junge Bewohnerinnen und Bewohner als Orientierung gelten und somit diese als Hausgemeinschaft verbinden. Ebenso führt sie Struktur und Regelmäßigkeit des Alltags an, um insbesondere den jüngeren Kindern Sicherheit und Zugehörigkeit („Das ist mein Platz") zu vermitteln:

> „Das ist für mich Qualität, wenn der Alltag einfach gesichert ist. Die Kinder kommen oft aus Situationen, wo sie ja ums Überleben kämpfen mussten, und das sollen sie hier nicht, ja? Der Alltag soll geordnet sein, der soll für die Kinder durchschaubar sein, und die Kinder sollen das Gefühl haben ‚Ich kann hier sein', oder spüren ‚Ich kann hier sein' und ‚Das ist mein Platz'"
>
> **Leitung 1, 36–42**

Leitung 1 setzt auf Sicherheit, Alltagsroutinen, Vorhersehbarkeit und möchte innerhalb dieses Rahmens Erfahrungsräume für Partizipation und Miteinander bieten.

Soll das Setting als Hausgemeinschaft empfunden werden, so führt es die Betreuerin 7 in der Gruppendiskussion aus, müssen Mitarbeitende und junge Menschen ein gemeinsames Verständnis der Regeln und Strukturen haben. Dies kann durch einen gemeinsamen Austausch und einem Infragestellen des Bisherigen geschehen. Durch diese Form der Aneignung des Arrangements stationäre Hilfe entsteht, so die Annahme, ein Verstehen und Verstanden-Werden.

> „Also Qualität bedeutet für mich, wenn die Betreuten sich verstanden fühlen. Also dann hab' ich das Gefühl, macht man qualitativ gute Arbeit, als wenn die Jugendlichen kommen und sagen, was machen die Erzieher hier, ich versteh das nicht, die Regeln, die Konsequenzen, das und das. Sondern die sollen das Gefühl haben, sie werden verstanden und sie sollen auch verstehen, also Verständnis gegenseitig."
>
> **Betreuerin 7 (GD), 199–204**

Das gemeinsame Konstruieren des Heimsettings als Hausgemeinschaft kann, so die herausgearbeitete Grundannahme, nur dann gelingen, wenn es eine geteilte wertebasierte Grundausrichtung der Einrichtung gibt und wenn die Regeln des alltäglichen Zusammenlebens miteinander erarbeitet, verstanden und akzeptiert wurden und als Basis für alle dienen.

Zusammenfassend kann Betreuerin 7 zitiert werden. Sie lässt sich dahingehend interpretieren, dass junge Menschen erst dann die Einrichtung als „sicheren Ort" erleben, wenn sie an der Gestaltung dieses Ortes spürbar beteiligt waren und die Betreuer ihre Rolle in diesem Gestaltungsprozess reflektieren:

> „Also dass man dieses Konzept Heim irgendwie gemeinsam gestaltet. (...) Ja. Wenn das Heim, also ich hab' das jetzt in Anführungszeichen, ne, als ‚sicherer Ort' empfunden wird. (...) Und wenn die Betreuer im Entwicklungsprozess bleiben und sich stets selbst reflektieren[44]. Ich glaub, davon hängt sehr viel Qualität ab."
>
> **Betreuerin 7 (GD), 212–220**

Das Setting Hausgemeinschaft lässt sich also ohne eine ernsthafte Beteiligung nicht etablieren.

4.2.2.2 Zugehörigkeit

Essentiell für die Herstellung einer Hausgemeinschaft ist, dass die Einrichtung die Möglichkeit fördert, sich zugehörig zu fühlen, und dass Gemeinschaft für alle in der Einrichtung erlebbar wird. Das Zugehörigkeit stiftende Gemeinschaftsgefühl entsteht für Bereichsleitung 2, die in einer großstädtischen Einrichtung arbeitet, unter anderem aus gemeinsamen Aktivitäten. Gemeinschaftlichkeit prägt in ihren Augen auch die Atmosphäre der ganzen Einrichtung:

> „Also das ist jetzt sozusagen mal der Blick von außen ‚Wie wirkt das Haus?'. Weil als ich dann hier angefangen habe, habe ich mir auch gedacht ‚Ich kann mir das gar nicht vorstellen, sechzig Jugendliche unter einem Dach, unterschiedliche Altersstruktur, jeder hat ein Päckchen zu tragen // wie geht denn das, dass das hier eigentlich so schön ist?'. Und ich finde, es ist schon, also es ist wenig Zerstörung, fast gar nix eigentlich. Es hängen Bilder im Flur, es ist // also wird nicht ständig an die Wand gerotzt oder irgendwas angemalt, oder was weiß ich. Und wenn man schaut, jetzt war erst unser

44 An einer anderen Stelle führt dieselbe Betreuerin ihren Wunsch aus, dass Fachkräfte nicht von ihren eigenen Erfahrungen und Urteilen ausgehen, sondern diese stets reflektieren, um sie den jungen Menschen nicht überzustülpen und Partizipation zu ermöglichen, die die jungen Menschen von der Entwicklung der Idee bis zur Umsetzung und Verantwortungsübernahme mitnimmt: „Aber dieses Gefühl, ich bin der Erzieher, und ich weiß es jetzt besser oder so find ich ganz schrecklich. Und das ist eine Haltung, die aber ganz viele haben, weil man das ja lernt." (Betreuerin 7,60–62)

Weihnachtsfest oder es war Sommertheater, oder wie auch immer, auch wenn dann außen die Vormünder, die Jugendämter, die Eltern, die Tanten, Onkel, Omas hier ins Haus kommen, das ist immer so eine ‚Miteinander-Atmosphäre'. Und das, finde ich, macht's aus."

Bereichsleitung 2, 638–651

In dieser Einrichtung werden hausübergreifende Aktionen durchgeführt, wie z. B. Feste, Theaterstücke, Ausflüge und Urlaubfahrten, Kooperationen mit benachbarten Unternehmen etc. Im Zuge dieser Aktivitäten helfen die jungen Menschen zusammen, Planung, Organisation und Durchführung finden gruppenübergreifend statt und die Herkunftsfamilien werden mehr oder weniger stark eingebunden. Dadurch entsteht die verbindende, Zugehörigkeit herstellende „Miteinander-Atmosphäre", die diese Fachkraft als Zeichen hoher Qualität deutet.

An der oben zitierten Beschreibung einer als positiv bewerteten Heimatmosphäre sind auch die persönlichen Maßstäbe der Bereichsleitung zu erkennen, die zwar ihren Vorstellungen von positiver Gemeinschaft entsprechen, deren Abwesenheit aber nicht unbedingt auf ein fehlendes Gemeinschaftsgefühl schließen lässt. Denn die Schönheit der Hausgänge, die einen ordentlichen Eindruck vermitteln sollen, sind nicht unbedingt Folge einer gelebten Gemeinschaft. Die hier zitierte Bereichsleitung beschreibt ihre Vorstellungen von Ordnung und Struktur als nach außen sichtbares Qualitätskennzeichen. Für sie ist Ausdruck dieser „schönen" „Miteinander-Atmosphäre", dass die jungen Menschen vorsichtig mit der Einrichtung und den Räumen umgehen, z. B. nichts zerstören und die Wände weder „anrotzen" noch bemalen – ein solches Verhalten hatte die Befragte in Anbetracht der vielen jungen Menschen eigentlich erwartet. Von Kindern und Jugendlichen selbst gestaltete Räume, z. B. Jugendzentren oder Kinder- bzw. Jugendzimmer, entsprechen allerdings nicht immer den ästhetischen Vorstellungen der Erwachsenen.

Leitung 1 hat sich ebenfalls der Frage zugewandt, wie es gelingen kann, ein Gefühl von Gemeinschaft und Zugehörigkeit zu fördern. Ein Weg in ihrer Einrichtung ist es, dass sich die Mitglieder der Hausgemeinschaft auf der Basis gemeinsamer Werte und Vorstellungen in Bezug auf das Miteinander um die Herstellung von Zugehörigkeit und Gemeinschaft bemühen, ohne dabei jedoch die Individualität des Einzelnen zu negieren. Sie zitiert im Interview die sog. „Miteinander-Regeln" aus dem Einrichtungskonzept, die eben nicht nur für Kinder gelten, sondern auch für alle Mitarbeitenden.

„Miteinander ist …
… wo ich nicht friere, nicht hungrig bin und ein eigenes Bett habe;
… wo ich jemanden habe, dem ich vertrauen kann;
… wo jemand spürt, was für mich jetzt notwendig ist;
… wo ich meine Aufgaben erfülle und somit Teil eines Ganzen bin;

… wo ich jemanden habe, der mich bei der Hand nimmt, wenn ich mich nicht mehrauskenne;
… wo ich versuche, dem anderen mit gutem Beispiel voranzugehen;
… wo ich ich selbst sein kann und nicht an anderen gemessen werde;
… wo ich gerne von mir geben kann, ohne dafür etwas zu erwarten."

Die „Miteinander-Regeln" thematisieren die Balance zwischen der Befriedigung basaler körperlicher Grundbedürfnisse (frieren etc.), der Entfaltung der Individualität des Einzelnen (man selbst sein können), der Beziehungen zwischen Individuen (Vertrauen haben, Fürsorge erfahren und geben) und die Gemeinschaft als Ort von Zugehörigkeit zu einem Ganzen (Teil eines Ganzen sein, Vorbild sein), wobei hier auch die Verantwortung für die Gemeinschaft betont wird. In dem Dreiklang aus Individualität, Beziehung zu anderen und einem Zugehörigkeitsgefühl entsteht – so die Idee – eine lebendige Hausgemeinschaft.

4.2.2.3 Gemeinschaft als Ort für Partizipation

Insgesamt fällt auf, dass in den Einrichtungen, in denen Gemeinschaftlichkeit im Vordergrund steht, partizipative Prozesse detailliert beschrieben werden. Es finden sich sowohl Beschreibungen, die Partizipation vor allem auf festgelegte Verfahren mit dem Heimbeirat beziehen, als auch solche, die Beteiligung als Peer-Erfahrung ansehen und die Möglichkeiten des eigenmotivierten Lernens hervorheben. Diese beiden Facetten von Beteiligung im Heim als Hausgemeinschaft werden nun dargelegt.

Formale Partizipation
Die gemeinsame Gestaltung des Heims macht sich für die Bereichsleitung 2 vor allem daran fest, dass der Heimbeirat an organisatorischen Fragen und Entscheidungen beteiligt wird, die die Einrichtung als Ganzes betreffen. Zusammen mit den Mitgliedern des Heimbeirats die sie mit Klassensprecherinnen bzw. Klassensprechern vergleicht, werden viele Entscheidungen („Was gibt es zur Weihnachtsfeier") getroffen. Dieses Vorgehen ist für sie Zeichen einer gelungenen gemeinsamen Heimgestaltung, einer gemeinsamen Herstellung einer Hausgemeinschaft:

> „Wie ein Klassensprecher wird halt ein Jugendlicher in der Gruppe gewählt und ein Stellvertreter, und die treffen sich alle sechs Wochen ungefähr mit der Einrichtungsleitung und ein paar vertretenden Pädagogen zum Heimbeirat, so nennen wir das jetzt. Und da ist auch halt Mitsprache und was weiß ich. Wie soll der Hof gestaltet werden? Wollen wir eine neue Tischtennisplatte, die jetzt kaputtgegangen ist, oder lieber stattdessen dies und das? Wie soll das Essen auf der Weihnachtsfeier sein? Was soll es denn da geben? Ja. So, oder: Was ärgert uns? oder Was brauchen

> wir mehr? Oder: Was brauchen wir weniger? Aber andersrum auch, was weiß ich, jetzt schaut's wieder so aus im Hof, jeder wirft sein Zeug umeinander, also: Bitte gebt auch mal in die Gruppen zurück, man muss mehr aufpassen oder mehr mitarbeiten, oder mehr auf diese Sorgfalt achten, also ein Gegenseitiges sozusagen (…). Die Kinder machen dann auch Vorschläge >lacht<, sind meistens strenger als die Pädagogen: Wie kann man das lösen? Oder: Was tun wir jetzt da dagegen? oder so, und die machen halt auch Vorschläge, die sie dann in die Gruppen auch wieder zurücktragen, oder wo man sich versucht zu einigen. Und da gibt's ein Protokoll, dann kann man das nachlesen usw. Also das, finde ich, ist auch natürlich ein schon wesentlicher Teil an Qualität."
>
> **Bereichsleitung 2, 260–282**

Pluto (2007) arbeitet in ihrer Untersuchung über „Partizipation in den Hilfen zur Erziehung" eine gewisse Skepsis der Fachkräfte gegenüber Beteiligung heraus. Diese findet sich auch in diesem Zitat, insbesondere in kurzen Nebensätzen, z. B. „Mitsprache und was weiß ich" oder „Heimbeirat, so nennen wir das jetzt". Der Satz „Kinder machen dann auch Vorschläge >lacht<, sind meistens strenger als die Pädagogen" deutet auf Skepsis dahingehend hin, dass die Ideen der Kinder nicht den fachlich-pädagogischen Kompetenzen der Fachkräfte entsprechen könnten. Diese Skepsis kann dazu führen, dass Beteiligung in „konkreten Verfahren kanalisiert und eher als technische Anforderung verstanden wird" (ebd. S. 108). Dieser Aspekt findet sich auch in dem obigen Zitat, wenn gelingende Beteiligung auf in einem Turnus von sechs Wochen stattfindende protokollierte Treffen beschränkt bleibt. Zudem werden in den Treffen mit dem Heimbeirat nicht nur organisatorische Fragen bewegt, sondern auch Anweisungen der Pädagoginnen und Pädagogen für die Kinder und Jugendlichen formuliert (Hof aufräumen), die allerdings nicht partizipativ erarbeitet und von den Kindern und Jugendlichen mitentwickelt werden („gebt in die Gruppe zurück, man muss mehr aufpassen").

Partizipation als Selbstverantwortung

Eine andere Einrichtung fasst Partizipation wesentlich weiter und nutzt die Gemeinschaft bewusst, um Partizipation an alltäglichen und individuellen Entscheidungen zu fördern. Neben den üblichen Gruppengesprächen findet in der Einrichtung, die von Leitung 1 geführt wird, ein sonntägliches Plenum statt, damit alle Kinder untereinander und mit der Einrichtungsleitung sprechen können. Hier sieht die Einrichtungsleitung einen Ort für Partizipation im Sinne von Mitreden, Mitentscheiden und Verantwortung für Entscheidungen tragen. Das Plenum stellt einen realen Raum dar, wo Themen besprochen werden, die einen direkt Bezug zu den Belangen der jungen Menschen haben. Diese lernen, ihre Anliegen vorzubringen, sie erleben sich selbst in Bezug zur Gemeinschaft und lernen, wie sie ihre Anliegen vortragen sollten, um Erfolge zu erzielen:

„Dieses Zusammen – ich meine, sicher, alles was unter dem Thema ‚Partizipation‘ heutzutage auch wieder alles so schön formuliert wird, ja, aber es ist für mich im Alltag selbstverständlich. Ich mache also sonntags immer, jeden Sonntag, außer es geht wirklich absolut nicht, da ist immer eine Vollversammlung. Da kommen alle Kinder, und wir sitzen zusammen mit mir, und dort können die Kinder alle ihre Anliegen einbringen und ich auch meine, ja? Und das ist so der Ort, wo jedes Kind die Möglichkeit hat, seine Meinung zu sagen, Vorschläge zu machen, auch zu kritisieren oder auch mal zu loben, sich zu freuen über etwas. Das ist so der Ort, wo das ausgeht. Und dann geht es wieder ins Ganze, ja? Dann muss aber ein Kind auch lernen, wenn ich Interessen habe, also wenn mir was wichtig ist, muss ich es vertreten. Da muss ich aber lernen, wie ich es vertrete, weil wenn ich pampig, patzig, frech bin, dann wird mir keiner zuhören. Also fahren wir nochmal zurück, ein Anliegen allein reicht nicht ‚Wie mache ich das?‘ Ja, und ‚Welches Motiv habe ich? Also um was geht es mir jetzt bei der Sache?‘. Und das zu lernen, die eigene Position zu vertreten, aber auch zu sehen ‚Da sind ja noch ein paar um mich rum, ja, sind das jetzt meine Interessen oder die Interessen von allen?‘, also dieses Mitbestimmen und tatsächlich auch Mitentscheiden, ob das jetzt die Farbe von einem Auto ist, was wir anschaffen, wo die einfach mitsprechen, oder ob es um Einrichtung, Wohnungseinrichtung und solche Dinge geht, aber auch, wo es jetzt zum Beispiel bei den Großen drum geht, die Regeln, also die Ausgangsregeln festzulegen, ja? ‚Darf ich so und so lange weg sein? ‘ Dann sage ich ‚Wie lange möchtest Du weg sein? Ich verstehe die Frage nicht. Willst Du jetzt so oder so?‘, ‚Ja, Du erlaubst es ja doch nicht‘. Da sage ich ‚Nee, wenn ich es nicht weiß, erlaube ich es bestimmt nicht‘. Ja. Also dieses, selber die eigenen Interessen vertreten, und dann auch so, was im Haus, alles was wir so machen, ist ganz, die Kinder sprechen ganz viel mit, die bestimmen eigentlich diese äußeren Sachen ganz wesentlich mit. Aber auch die inneren – klar, wenn es jetzt drum geht, 16 Jahre, ja, Freund, sie möchte mit ihm schlafen. Ja, wann, wo, wie? Kann der hier übernachten? Will ich das? Will ich das? Nee. Also schon auch die Themen, die auch so richtig – und da geht es mir genauso wie, glaube ich, Eltern, wo dann plötzlich das Kind mit dem Freund heimkommt, die Tochter oder der Sohn >lacht<, oder ‚Der ist jetzt mal hier über Nacht‘, ja, und so. Und da halt auch schon zu schauen, das entscheiden wir dann auch miteinander, ja. Also dann, Bitteschön, bringst Du Dich auch ein‘, und ‚jetzt möchte ich aber sehen, ob Du mich verstehst, ja, und ich versuche auch Dich zu verstehen‘. Also dieses Mitbestimmen, Mitsprechen, so eine Meinung zu haben, aber auch mit zu entscheiden, auch die Erfahrung zu machen. Zum Beispiel, wer nicht zur Besprechung kommt, und dann macht man irgendwas aus für den Nachmittag. Es gibt ja manchmal welche, die haben dann keine Lust oder keine Zeit, was Anderes ist wichtiger. Und dann kommen sie eben nicht. Dann sage ich ‚Gut, tut mir leid, das ist jetzt so entschieden, dann musst Du es halt so mittragen. Du hättest ja kommen können, Deine Meinung sagen‘“.

Leitung 1, 366–417

An diesem längeren Interviewausschnitt gibt die interviewte Fachkraft Beispiele dafür, welche Erfahrungsräume durch das Setting Hausgemeinschaft eröffnet werden und warum diese aus ihrer Sicht zu Entwicklungen anregen und damit zur guten Qualität der Einrichtungen beitragen. Die Hausgemeinschaft fördert die Kompetenz, die eigene Meinung zu formulieren und in angemessener Form vorzutragen und zur Diskussion zu stellen. Eine konkrete Lernerfahrung ist zum Beispiel, dass die eigene Abwesenheit bei der Versammlung dazu führt, dass die eigene Meinung nicht gehört und bei evtl. Entscheidungen auch nicht berücksichtigt wurde. Leitung 1 betont ihr Anliegen, dass Entscheidungen „gemeinsam" gefällt werden, nachdem man sich zugehört hat und die Standpunkte des jeweils anderen verstanden hat. So üben sich junge Menschen nicht nur darin „mitzusprechen", sondern auch „mitzubestimmen", „mitzuentscheiden" und „mitzutragen".

Partizipation wird bei Pluto (2007, 53 ff) nicht als Stufenmodell sondern als Tortenmodell vorgestellt. Das Stufenmodell impliziert, dass es höhere und niedrigere Stufen von Partizipation gibt. Das Tortenmodell verdeutlicht, dass man erst dann von Partizipation sprechen kann, wenn alle Partizipationsaspekte erfüllt sind: mitdenken, mitreden, mitplanen, mitentscheiden, mitgestalten und mitverantworten. Das heißt, erst wenn ein junger Mensch von der ersten Idee bis zur Verantwortungsübernahme für die Konsequenzen an einer Entscheidung beteiligt ist, kann man auch von Beteiligung sprechen. Aus der Schilderung der zitierten Leitung kann nicht eindeutig abgeleitet werden, ob wirklich alle Partizipationsmomente in der Vollversammlung bzw. in der Einrichtung umgesetzt werden.

Abb. 3: Elemente des Beteiligungsprozesses (Pluto 2007)

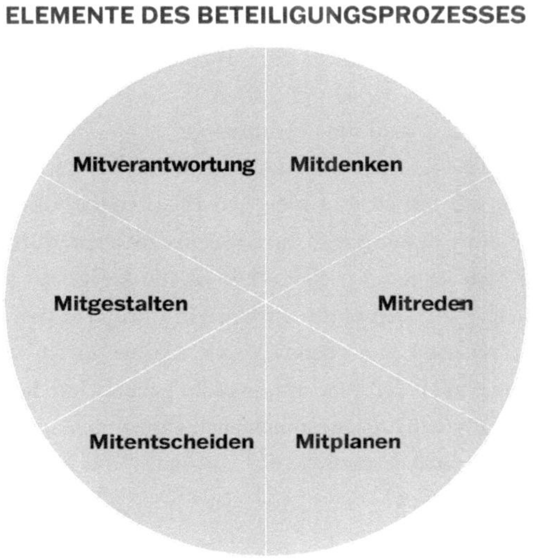

Die geschilderten Themenbeispiele gehen über die üblichen organisatorischen Aufgabenverteilungen und Wahlmöglichkeiten (Farbe des T-Shirts) hinaus und berühren auch persönliche Themen, z. B. den Umgang mit Sexualität. Die Befragte betont das gegenseitige Zuhören und Verstehen als Basis dafür, zu einer gemeinsamen Entscheidung oder Gestaltung zu kommen.

Das Bemerkenswerte an dieser Schilderung der Leitung ist die Gleichsetzung einer Gemeinschaftserfahrung (Vollversammlung) als Lernmöglichkeit für Partizipation („alle können ihre Anliegen einbringen"). Mittels Partizipation wird die (Haus-)Gemeinschaft gebildet und gleichzeitig als Übungsort genutzt: Mitdenken, Mitreden und Mitentscheiden werden eingeübt und stellen quasi nebenbei ein gemeinschaftsbildendes Instrument dar.

Partizipation als Mittel der Persönlichkeitsbildung

Das Erlernen des Handwerkszeugs der Partizipation als Umgang mit verschiedenen Meinungen und Blickwinkeln bis zur Entscheidungsfindung mit dem Ziel einer Konsensentscheidung (im Unterschied zur Mehrheitsentscheidung, die spaltende Tendenzen mit sich bringen kann) verbindet diese Leitung zudem mit persönlichkeitsbildenden Aspekten. Im gemeinschaftlichen Austausch über Themen und Meinungen kann sich ein junger Mensch auseinandersetzen und ausrichten, mit anderen Worten sich zu einer gemeinschaftsfähigen („wenn ich pampig, patzig frech bin wird mir keiner zuhören") und selbstbestimmten („die eigenen Interessen vertreten") Persönlichkeit entwickeln (SGB VIII, Abs. 1).

Eigene Ziele zu formulieren und zu verfolgen, lässt sich in dieser Deutung besonders gut in Gemeinschaft erlernen. Es liegt ein konstruktives Konfliktverständnis zugrunde, denn der Umgang mit Konflikten stellt für die Befragte ein zentrales Werkzeug dar, um sich im Leben durchzusetzen:

> „So wie die Kinder sind, also dass es ihnen gut geht, aber es gehören so ein paar Grundsätze dazu, dass sie ehrlich sind auch mit ihrer Situation, dass ein Kind eine Meinung hat, dass die lernen ihre Meinung zu vertreten, dass die auch lernen zu streiten, dass die auch lernen einen Konflikt auszustehen, durchzustehen, dass die sich selber auch Ziele setzen. Ja, ich habe ja gerade gesagt, für mich ist dieses Zielorientierte so wichtig, weil ich finde, wir leben in so einer verwirrten Zeit, irgendwie ist alles so verworren, und dass irgendwie eine Klarheit da ist, wo will ich denn hin? Und dann kann man auch den Weg miteinander gehen. Und dieses Zielesetzen, dass halt so Sechzehn, Siebzehnjährige einfach auch wissen: Ich muss jetzt auch was dazu tun, ja, das Leben besteht jetzt nicht nur aus Spaß, und ja, wenn die das machen, dann bin ich zufrieden – ja."
>
> **Leitung 1, 247–260**

4.2.2.4 Zusammenfassung

Einrichtungen, die die Herstellung einer Hausgemeinschaft verfolgen, haben die Idee, damit für die jungen Menschen vielfältige soziale Erfahrungsräume zu schaffen, die es ihnen ermöglichen, sich auf eine Art und Weise zu entwickeln, die die Anzahl ihrer Probleme mit der Gesellschaft und die Probleme der Gesellschaft mit ihnen verringern. Steht die Gemeinschaft als Kennzeichen von Qualität im Vordergrund, wird der Ort Heim als ein „gemeinsames Konstrukt" gedeutet, dessen Ausgestaltung in der Interaktion aller ausgehandelt wird. Es wird reflektiert, dass Fachkräfte und junge Menschen nicht dieselbe Gestaltungsmacht haben. Vielmehr gehört es zu den Aufgaben der Mitarbeitenden, verlässliche und verständliche Strukturen und Regeln („resiliente Strukturen") zu schaffen, innerhalb derer die jungen Menschen ihre Lern- und Erfahrungsräume bekommen. Als Qualitätskennzeichen wird gesehen, wenn die Mitarbeitenden sich für die gemeinsamen pädagogischen Ziele engagieren, sich wechselseitig stützen (z. B. auf freie Tage verzichten, wenn jemand krank wird) und ihr Handeln an gemeinsam geteilten Werten orientieren. Eigenes fachliches Verhalten sollte reflektiert und mit den in der Einrichtung gelebten Werten abgeglichen werden, die meist in den Einrichtungskonzepten beschrieben sind.

Partizipative Prozesse stehen als Qualitätsmerkmal bei der gemeinsamen Konstruktion einer Hausgemeinschaft im Zentrum, denn sie befördern die Entwicklung der eigenen Persönlichkeit und der Gemeinschaft.

Innerhalb einer durch Fachkräfte sicher gestalteten Struktur erhalten die jungen Menschen die Möglichkeit, ihre basalen Bedürfnisse nach Sicherheit und Schutz zu befriedigen, ihre Individualität zu entfalten, Beziehungen zu anderen aufzubauen und Zugehörigkeit zu erleben. Dies manifestiert sich in Partizipationsgelegenheiten, die den jungen Menschen Raum bieten, eigene Bedürfnisse, Wünsche und Ideen in die Gestaltung des Lebens und des Alltags in der Hausgemeinschaft einzubringen, umzusetzen und in ihren Konsequenzen auch zu verantworten (vgl. Pluto 2007). In manchen Einrichtungen wird Partizipation insbesondere dann als gelungen eingestuft, wenn sie wertschätzende, Perspektiven reflektierende und aufeinander bezogene Interaktion für die jungen Menschen erlebbar macht, um z. B. Konfliktumgang, Fehlerfreundlichkeit und Entscheidungsfindung zu üben. Allerdings gilt in anderen Einrichtungen Partizipation dann als gelungen, wenn sie als pädagogisches Verfahren verstanden wird, um effektiv Lösungen für konkrete Probleme zu finden. In diesen Fällen steht weniger die gemeinschaftliche Herstellung des Heims als Lern- und Entwicklungsort im Vordergrund, sondern der moderierte Weg zur Problemlösung (Pluto, 2007 S. 110).

Im nun folgenden Kapitel wird eine Einrichtung ins Zentrum gestellt, die weder Familialität noch Gemeinschaft als Kennzeichen eines Settings versteht, das die Grundlage für Veränderung und damit die Grundlage für eine gute Qualität darstellt. Es handelt sich um eine Einrichtung, die eine ganz bestimmte Funktion innerhalb der Kinder- und Jugendhilfe innehat, nämlich die Inobhutnahme.

4.2.3 Funktionales Setting

In der Erwartung, dass man zu der Frage, wie sich Qualität stationärer Jugendhilfe am besten verbal fassen lässt, auch etwas lernt, wenn man sich mit Angebotsformen befasst, die nicht typisch für das Feld der stationären Einrichtungen sind und in gewisser Weise einen Spezialfall darstellen, wurde auch eine Inobhutnahmestelle in das Sample aufgenommen. Es gab im Jahr 2018 52.590 vorläufige Schutzmaßnahmen, wovon 84 Prozent (44.321) in „geeigneten Einrichtungen" oder „sonstigen betreuten Wohnformen" stattfanden (Statistisches Bundesamt 2019). 15.477-mal wurden vorläufige Inobhutnahmen im Jahr 2018 in stationäre Jugendhilfeleistungen überführt (Statistisches Bundesamt 2019). Die Inobhutnahme stellt also ein wichtiges Eingangstor zur Heimerziehung dar, was ebenfalls die hier eingenommene Perspektive rechtfertig, zumal aus Sicht der Adressatinnen und Adressaten der rechtliche Unterschied zwischen einer Hilfe zur Erziehung und einer Schutzmaßnahme nicht unbedingt als solcher wahrgenommen wird.

In einem Interview mit der Mitarbeiterin einer Inobhutnahmestelle (Interview Leitung 23) werden Qualitätsaspekte sichtbar, die zwar mit der spezifischen Gestaltung des Settings verbunden sind, aber weder die Herstellung einer familienähnlichen Situation noch einer Hausgemeinschaft im Fokus haben.

Die Gestaltung des Settings ist ganz darauf ausgerichtet, den mit der Situation der Inobhutnahme verbundenen spezifischen Aufgaben, also Schutz zu bieten, zur Ruhe zu kommen, die Situation zu klären und Entscheidungen über den weiteren Hilfeverlauf zu treffen, so gut wie möglich gerecht zu werden. Die Verweildauer in Einrichtungen zur Inobhutnahme soll möglichst gering sein, weshalb sich weder eine hohe Familienähnlichkeit noch die Idee einer Hausgemeinschaft als Grundmuster für die Gestaltung des Settings anzubieten scheint.

Die interviewte Fachkraft geht von der Annahme aus, dass die jungen Menschen aufgrund ihrer biographischen Erfahrungen und ihrer psychischen Verfasstheit in der Situation der Inobhutnahme besonderer Verlässlichkeit und Wertschätzung bedürfen. Die Befragte betont, dass in ihrer Einrichtung auch Kinder und Jugendliche aufgenommen werden, mit denen andere Einrichtungen nicht angemessen umgehen können. Sie erlebt das als eine besondere Anforderung:

> „Und es ist halt so, dass da nicht die Fälle reinkommen, die einfach zu versorgen sind. Sondern es sind auch viele Fälle, die aus anderen Einrichtungen zurückkommen, also

wo die Stationäre sagt: Es geht für uns nicht, das sind Systemsprenger, die passen hier nicht hin, oder so."

Leitung 23, 101–106

Im Falle der Inobhutnahmestelle wird die Ausrichtung der Einrichtung wie folgt beschrieben:

„Wir haben das Alleinstellungsmerkmal für diese Altersgruppe Inobhutnahme, wir haben alleine knapp xy Plätze FIB[45], also ‚Familienintensivbetreuung ' // ich glaube, das hat kein anderer Träger. Und demnächst über yz Plätze Inobhutnahme, Aufnahme einschließlich Clearing. Das ist unser Alleinstellungsmerkmal. Und (...) wenn Sie mich fragen, sage ich: Das können wir besonders gut, so. Wir sind gut aufgestellt, was die Inobhutnahme angeht. Wir haben auch erreicht, dass wir einen Personalschlüssel haben, der für meine Begriffe, jetzt endlich mal fachlich angemessen ist, weil wir im Jahr in diesen bisher sieben Gruppen mehrere hundert Aufnahmen haben. Also das heißt, wir haben einen unheimlich hohen Durchlauf. Und es ist halt so, dass da nicht die Fälle reinkommen, die einfach zu versorgen sind. (...). Die kommen dann erstmal zurück in die Aufnahme. Und das ist auch, alle Bemühungen, das anders zu steuern und zu sagen, es gibt eine Falltreue für den Träger, oder so, die haben sich nicht wirklich realisieren können."

Leitung 23, 89–109

In Anbetracht der speziellen Ausrichtung der Einrichtung („wir haben einen hohen Durchlauf") orientiert sich die Einrichtung weder an Gemeinschaft noch an Familie, sondern legt Wert darauf, der sehr unsicheren Situation der Inobhutnahme mit möglichst viel Verlässlichkeit zu begegnen. Dieses Ziel versucht die Einrichtung auf zwei Ebenen zu erreichen: a) durch die Festlegung und Sicherung von Abläufen durch verlässliche Fachkräfte, die Abläufe und Verhaltensregeln verinnerlicht haben und b) durch eine hochwertige Ausstattung, die Normalität und Wertschätzung für die jungen Menschen zum Ausdruck bringen soll.

4.2.3.1 Verlässliche Fachkräfte

Die Kinder und Jugendlichen befinden sich, wenn sie in Obhut genommen werden, in einem Zustand großer emotionaler Verunsicherung, in einer aktuellen Krisensituation (Brötz 2009), die sie entweder selbst als solche kennzeichnen oder die sie aufgrund der Aktivitäten anderer, z. B. im Falle einer erzwungenen Herausnahme oder aufgrund der besonderen Umstände einer Flucht, als solche erleben. Es ist zu diesem Zeitpunkt meist noch nicht klar, wie das Leben des jungen Menschen weitergeht bzw. wie lange der junge Mensch in der Inobhutnahmestelle verbleibt.

45 Zahlen und spezielle Angebotsbezeichnungen wurden verändert

Es kann sich hier um wenige Wochen, oder, falls kein geeigneter Platz gefunden werden kann, auch um viele Monate drehen. Kurz gesagt handelt es sich hier meist um eine extrem beängstigende und verunsichernde Situation. Umso wichtiger ist es der befragten Leitung 23 aus einer Inobhutnahmestelle, dass die Fachkräfte einheitlich und mit größtmöglicher Sicherheit handeln. Der Aufbau einer langfristig tragfähigen Beziehung kann hier nicht im Zentrum stehen, sondern die Einrichtung soll es schaffen, Sicherheit und Ruhe zu vermitteln (siehe auch Bohnstengel 2009), indem alle Fachkräfte mit einer für den jungen Menschen extremen Situation routiniert und sicher umgehen.

Routinierte Schlüsselprozesse

Für die befragte Leitung 23 ist es Merkmal des Settings der Inobhutnahmestelle, dass alle dort Mitarbeitenden eine genaue Vorstellung von dem haben, was ihre Aufgabe ist. Denn aus ihrer Sicht verlangt die vordringlichste Aufgabe in diesem besonderen Handlungsfeld, nämlich Ruhe herzustellen und damit einer Verschärfung der Krise entgegenzuwirken, Sicherheit im Handeln. Formen einer auch für die Adressatinnen und Adressaten erkennbaren Unsicherheit von Fachkräften, wie sie in anderen Konstellationen stationärer Hilfen durchaus hilfreich sein können, sollten in diesem Hilfekontext möglichst vermieden werden. Eine übersichtliche und schnell verfügbare Darstellung von Handlungsschritten und Aufgaben im Qualitätshandbuch ist für die befragte Leitungskraft ein Beitrag dazu, Handlungssicherheit auch angesichts der Vielzahl von Aufgaben, der Komplexität, der emotionalen Belastung und den individuellen Reaktionsweisen aller Beteiligten zu erreichen. Dies drückt die Leitungskraft in einer langen Interviewpassage aus, in der sie eine Art Inhaltsverzeichnis dieses Teiles des Qualitätshandbuchs referiert. Hieraus lassen sich einige Aspekte des funktionalen Settings ableiten. Dass diese Beschreibung noch keine Qualitätsbeschreibung im engeren Sine darstellt, formuliert Leitung 23 in verschiedenen Einschüben bei der Beschreibung des Qualitätshandbuches.

> „Aber es gibt eigentlich keine, also darin keine Aussage sozusagen zur ‚fachlichen Qualität' (I: Mhm!) Also, weil das ist sehr schematisch."
>
> **Leitung 23, 169–222**

> „Aber sozusagen das grundsätzliche ‚Fachverständnis' von bestimmten pädagogischen Prozessen, das ist natürlich hier nicht widergespiegelt, ja (…)?"
>
> **Leitung 23, 220–222**

Die in der Einrichtung arbeitenden Fachkräfte werden somit zum konstituierenden Teil des Settings, die die Kernkompetenz der Einrichtung – die Durchführung von Inobhutnahmen – optimal umsetzen.

Verhaltensregeln für die Mitarbeiter – erleben von Kontrolle über die eigene Lebenswelt

Es scheint, als würde auf die besonderen Erfahrungen der Adressatinnen und Adressaten, nämlich die Kontrolle über die unmittelbare Umwelt zu verlieren und den Dingen, die da kommen, ausgeliefert zu sein, in der Gestaltung des Settings auch dadurch berücksichtigt, dass sie beim Einzug eine Liste mit Verhaltensregeln für die Mitarbeitenden ausgehändigt bekommen. Die beschriebenen Verhaltensregeln sollen explizit auch als Grundlage für die Begründung von Beschwerden dienen und dazu beitragen, ein Gefühl von Sicherheit vor Übergriffen durch Erwachsene zu vermitteln.

> „Das ist dann nochmal, das heißt dann ‚Beschweren erwünscht', ne, so. Da stehen dann die einzelnen Sachen drin, wo man sich beschweren kann, welche Möglichkeiten es gibt, also wie unsere Struktur aussieht. Und dann, wenn man das aufmacht, da sind unsere ‚Verhaltensregeln'. (…) Und das sind die Regeln, die wir mit den Mitarbeitern zusammen festgelegt haben. Also die haben wir erarbeitet in einem langen Diskussionsprozess, zu sagen ‚Was finden wir gut?', ‚Was sind Verhaltensweisen?' – da muss man drüber reden, ja? So, es kommt ja auf die Situation an. Auf jeden Fall, auch das ist nicht normal. So, und das sind Verhaltensweisen, die wir in keiner Weise respektieren, die auch dienstrechtliche Konsequenzen, damit – also, das ist das, daran können die Kinder sich orientieren, so als Grundlage für ihre Beschwerde. Wenn sie irgendwas haben, wo sie sagen ‚Nee, der hat aber das gemacht' oder ‚Der war betrunken', oder ‚Der hat geraucht' usw., oder ‚Der hat mich eingesperrt, ich durfte keinen Pudding essen' und so Geschichten. Das sind so Sachen, da wissen die ‚Nee, das darf der eigentlich nicht'."
>
> **Leitung 23, 988–1007**

Sie rückt die jungen Menschen in eine zentrale Position – und dies stellt einen weiteren wichtigen Baustein zum Erreichen einer guten Qualität der Arbeit dar. Hier geht es nicht um „Gruppenregeln", „Hausordnung" oder um „Kinderrechte", die in vielen Einrichtungen den Kindern ausgehändigt werden oder sichtbar aufgehängt werden, sondern um Verhaltensregeln für die Mitarbeitenden. Die jungen Menschen sollen damit einen Maßstab bekommen, wie sie in dieser Einrichtung – egal von welcher Fachkraft – behandelt werden und welche Verhaltensweisen der Fachkräfte „nicht gehen". Hintergrund dafür ist, dass die Kinder und Jugendlichen, die entweder auf eigenen Wunsch oder auf Veranlassung des Jugendamtes in Obhut genommen werden, häufig grenzverletzendem Verhalten Erwachsener ausgeliefert waren. Damit positive Entwicklungen möglich werden, müssen sie – so die hinter dieser Maßnahme liegende Annahme – sich davor geschützt fühlen können.

4.2.3.2 Eine gute Ausstattung

Als weiteren wichtigen Qualitätsaspekt nennt die Befragte eine am Standard der Mittelschicht orientierte Ausstattung als Zeichen der Wahrung der Würde der jungen Menschen:

> „Und was die Ausstattung angeht, finde ich wirklich wichtig, eine würdevolle, saubere, klare, freundliche, kindgerechte Ausstattung zu haben, die den Anforderungen eines // die den Alltagsanforderungen von normalen Mittelschichtsfamilien entspricht. Ja, ich kann es nicht anders sagen. Aber da kann man sagen: Ja, die brauchen einen PC, also die Kinder müssen mitgehen können, die sind, die leben heute und nicht vor zehn Jahren. Sondern das heißt, ich muss auch dafür sorgen, dass die Ausstattung der Einrichtung zeitgemäß ist, (…). Und dass man die Ressourcen hat, die auch zeitgemäß in der Kommunikation, im Austausch und ich weiß nicht was sind, ja? Und dass man das zum Beispiel, das ist ein wichtiger Punkt – ja?“
>
> **Leitung 23, 936–948**

Die hier zum Ausdruck gebrachte Orientierung an den Standards der Mittelschicht soll dem Kind gegenüber signalisieren, dass es aufgrund seiner Schutzbedürftigkeit nicht von dem ausgeschlossen wird, was sonst in der Gesellschaft als normal erscheint. Es soll seinen Alltag als finanziell abgesichert und nicht als materiell prekär erleben können. Der PC als Beispiel, das ein „mitgehen können“, ein Nicht-Zurück-Bleiben ermöglichen soll, konkretisiert die Aussage und anerkennt den Bedarf dieser Zielgruppe, so viel Normalität in ihrem Alltag, so viel gesellschaftliche Teilhabe wie möglich zu haben.

Über die „zeitgemäße“ Ausstattung sollen die Kinder Wertschätzung erfahren, indem sie erleben können, dass auch sie ein Anrecht auf ein „normales“ Leben mit den sich darin bietenden Möglichkeiten haben.

Leitung 23 berichtet von der Erfahrung, dass sie ihre Vorstellung einer guten Ausstattung verteidigen muss. Die Personen, die gegen eine solche Ausgestaltung des Settings argumentieren, befürchten, dass sich die jungen Menschen einen solchen Lebensstandard außerhalb der Einrichtung ohnehin nie leisten werden können und sollten sie in die Familie zurückkommen, dort garantiert nicht vorfinden werden. Die Ausstattung der Räume innerhalb der Einrichtung soll deshalb nicht „zu schön“ sein.

> „Viele, also viele Fachleute, die dann auch, wir hatten damals eigentlich ein schönes Gelände, und die Häuser, als die neu eingerichtet wurden, die sahen // oder hier die Wohnungen sind super! Riesengroß, unheimlich viel Platz. Die sagen dann ‚Ja, aber die Eltern, wenn die dann – also ich meine, so werden die doch nie wohnen können, das können die ihren Kindern doch gar nicht bieten‘, ja? Wo wir sagen: ‚Ja, müssen die

ja auch nicht. Die sind hier in der Gruppe, wir bieten, also wir machen das, solange die Kinder da sind, kriegen die das Beste, was wir haben so'. Und die Eltern, die kommen gar nicht auf die Idee zu sagen ‚Ja, wenn der dann nach Hause kommt, ich habe ja nur zwei Zimmer', das habe ich noch nie gehört. (…) Sondern die sagen dann ‚Toll!', ‚Boah!', und sagen immer ‚Boah! So würde ich auch gerne wohnen'. Aber die gönnen das ihren Kindern auch meist. Also, das Thema, dass die dann sagen ‚Nee', dass es zu schön ist // es kann nicht schön genug sein für ihre Kinder."

Leitung 23, 784–801

Die von dieser Leitung 23 in dieser Interviewpassage angesprochenen Fachleute, wollen also durch eine restriktive Gestaltung des Settings verhindern, dass sich die Kinder und Jugendlichen Hoffnung auf ein Leben jenseits der ihnen bekannten sozioökonomischen Situation machen. Die Inobhutnahmestelle muss also – so das offensichtlich zugrundeliegende Argumentationsmuster, gegen das sich Leitung 23 wehrt – durch ihre Ausstattung symbolisieren, dass die Beschränkungen der bisherigen Lebenssituation nicht überschritten werden. Die Veränderungserwartungen der jungen Menschen sollen so nicht zu hoch angesetzt werden. Übersetzt man eine solche Haltung in eine Qualitätsaussage, dann ließe sich folgender Satz formulieren: Gute Qualität wird dann erreicht, wenn durch eine entsprechende Ausgestaltung der Einrichtung nur solche Erwartungshorizonte bei den Kindern, Jugendlichen und Familien geweckt werden, die auch sicher zu erreichen sind. So wird Unzufriedenheit verhindert. Solche von Fachkräften vorgenommenen Zuschreibungen und Beschränkungen erschweren die Entwicklung von Aufstiegsaspirationen auf Seiten der Kinder und Jugendliche und von dem, was als erreichbar angesehen wird. Sie führen am Ende auch zu den inzwischen zurecht beklagten Bildungsbarrieren in institutionellen Kontexten (Soziale Passagen 1/2019).

4.2.3.3 Zusammenfassung

Einrichtungen, die im Vergleich zu anderen Einrichtungen der stationären Erziehungshilfen einen besonderen Auftrag haben, der sie grundlegend von anderen Einrichtungen unterscheidet, wie dies bei Inobhutnahmestellen der Fall ist, drücken diese Besonderheit auch in der Gestaltung des jeweiligen Settings aus. Sie haben es mit jungen Menschen zu tun, denen die Aufnahme in eben diese Einrichtung sehr deutlich vor Augen führt, dass sie aus der Norm herausgefallen sind. Dies trifft in gewisser Weise zwar für alle stationären Einrichtungen der Kinder und Jugendhilfe zu, für Inobhutnahmestellen (und auch für geschlossene Einrichtungen) aber in besonderem Maße. In der Inobhutnahme wird den jungen Menschen deutlich, dass sie nicht mehr bei den Eltern oder ihren Familien leben können (oder möchten), wie es der Normalität unserer Gesellschaft entspricht.

In der geschlossenen Unterbringung sind die jungen Menschen sogar aus dem regulären Heimbetrieb ausgeschlossen worden. Es ist daher nicht verwunderlich, dass genau in diesen beiden Einrichtungstypen die Orientierung an Sicherheit und Normalität besonders ausgeprägt ist.

Die Grundphilosophie, die für die Inobhutnahmestelle in unserem Sample rekonstruiert werden konnte, geht von der Idee aus, dass Menschen in Krisen als erstes ein sicheres und zum Wohlfühlen einladendes Umfeld brauchen, um in die Lage zu kommen, die anstehenden Entscheidungen treffen zu können. Gute Qualität ist hier also dann erreicht, wenn dies gelingt. Eine der Bedingungen, dieses Qualitätsziel zu erreichen, ist es –so die interviewte Leitung –, auf verschiedenen Ebenen Sicherheit im Sinne von Verlässlichkeit und Vorhersehbarkeit herzustellen. Eine andere ist es, so viel Normalität wie möglich in die Lebenssituation hineinzutragen. Die interviewte Leitung begreift dies als notwendiges Charakteristikum ihres spezifischen funktionalen Settings.

Sicherheit in der belastenden und unsicheren Übergangssituation soll hergestellt werden durch sichere Räume, durch Handlungssicherheit ausstrahlende Fachkräfte, die hierfür auf gut dokumentierte Abläufe und Verfahren zurückgreifen können, und durch Verfahren, die das Machtungleichgewicht bzw. das Ausnützen des Machtgefälles eindämmen können. Die jungen Menschen werden aufgefordert unangemessenes Verhalten der Fachkräfte unmittelbar zum Anlass einer Beschwerde zu nehmen.

Weil in der Arbeit der Inobhutnahmestelle nicht der Aufbau einer längerfristigen Beziehung im Vordergrund steht, es aber für die zu klärenden Fragen trotzdem erforderlich scheint, eine vertrauensvolle Beziehung aufzubauen, wird Wert darauf gelegt, dass das Verhalten der Fachkräfte für die Kinder und Jugendlichen verlässlich und vorhersehbar ist, unter anderem indem die Fachkräfte klare Verhaltensregeln für sich selbst aufstellen.

Eine weitere wichtige Dimension für die Gestaltung des Settings ist, dass die Ausstattung der Einrichtung „würdevoll, sauber, klar, freundlich, kindgerecht" ist und den Ansprüchen einer Mittelschichtsfamilie entspricht. In diesem nach außen sichtbaren Standard der Einrichtung wird Wertschätzung für die jungen Menschen symbolisiert („die Kinder kriegen das Beste") und auch ein Vertrauen in die Entwicklungspotenziale der Kinder, Jugendlichen und ihrer Familien wird so zum Ausdruck gebracht.

Klarheit darüber, welche Anforderungen an das Setting gestellt werden, damit es der Funktion eines besonderen Angebots gerecht werden kann, eröffnet erst die Möglichkeit, Qualitätskriterien zu formulieren, die auch den besonderen Funktionen dieser Angebote gerecht werden. Inwiefern die der Settinggestaltung zugrundeliegenden Annahmen berechtigt sind, wäre dabei allerdings vorher zu überprüfen. Eine solche zu überprüfende Annahme wurde von der Leitung 23 im Interview kritisch angesprochen, nämlich, dass die materielle Ausstattung sich dem des Herkunftsmilieus anpassen müsste.

4.2.4 Zwischenstand: Gestaltung von Settings als eine mögliche Grundphilosophie

In der Analyse des empirischen Materials hat sich die bewusste Gestaltung des Settings, in der Erwartung hierdurch Erfahrungen zu ermöglichen, die zu Veränderungsimpulsen sowohl in der kindlichen/jugendlichen Entwicklung als auch in den Beziehungen der Familienmitglieder untereinander führen, als eine der drei rekonstruierbaren Grundphilosophien herauskristallisiert. Der Begriff Setting wird hier als die Schaffung eines Umfeldes verstanden, das neue „Erfahrungen im Möglichkeitsraum" (Khan 1993 zitiert nach Bittner 2010, S. 86) eröffnen und damit Entwicklungen anregen soll. Was mit Setting genau gemeint ist, ist nicht eindeutig definiert und wird in dem empirischen Material auch nicht expliziert. Bittlingmayer (2009) umreißt das, was mit Setting im Kontext von Gesundheitsförderung gemeint ist, mit folgenden zwei Bestimmungsfaktoren: Es „sollen erstens alle betroffenen sozialen Akteure einbezogen werden, die im Kern und an den Rändern an dem Setting partizipieren. (…) Zweitens zielt der Settingansatz aber auch darauf ab, eine systemische Perspektive einzunehmen, um die Wechselwirkungen, Einflussnahmen und systemischen Blockaden der im Feld handelnden sozialen Akteure angemessen berücksichtigen zu können" (Bittlingmayer 2009, S. 277–278).

Einrichtungen deren Grundphilosophie von der Idee geleitet ist, dass sie durch eine Gestaltung des Settings die gewünschten Veränderungen und Entwicklungsprozesse bei Kindern und Eltern anregen, auslösen oder gar verursachen können, stehen vor der Herausforderung zu erklären, welches Setting sie mit welcher Absicht versuchen zu etablieren.

Es werden im Material drei unterscheidbare Ansätze der Gestaltung solcher Settings gefunden:

- Orientierung an der Familie als ‚natürliche' und damit als beste Umwelt für das Aufwachsen eines Kindes
- Die Etablierung einer Hausgemeinschaft, um so in einer alternativen Lebensform zur Familie verbindliche und verlässliche soziale Beziehungen zu ermöglichen, die neue, anregende Erfahrungsräume eröffnen
- Fokussierung auf die besondere Funktion spezialisierter Angebote, wie eine Inobhutnahmestelle

Familie als Orientierungspunkt

Die erste hier beschriebene Variante der Settinggestaltung ist die familienähnliche Einrichtung.

Qualität entsteht, so die hier zugrundeliegende Annahme, wenn die stationären Wohngruppen sich in ihrer Alltags- und Beziehungsgestaltung soweit wie möglich an einer „normalen Familie" orientieren. Familie wird als der beste Sozialisationsort für Kinder angesehen (Merchel 2010). Demzufolge wird ein möglichst kleines Setting mit wenig personeller Fluktuation und mit enger Anbindung an die Nachbarschaft mit Familienähnlichkeit assoziiert (zu weiteren Merkmalen siehe Eßer 2013; Schäfer/Thole 2018b). In einem solchen Setting, so die Deutung, lassen sich enge, emotionale und verlässliche Beziehungen realisieren und die Kinder können gleichzeitig in ihrer Individualität bestmöglich gefördert werden.

Eine solche Anforderung führt unweigerlich zu Ambivalenzen, die auch die interviewten Fachkräfte beschreiben. Hierzu gehört u.a., dass die Idee, sich in professionellen Kontexten durchgängig wie ein Mutter verhalten zu können, unweigerlich zu nicht auflösbaren Widersprüchen führt. Eine weitere Ambivalenz besteht darin, einerseits die Familie nicht ersetzen, sondern Hilfen zur Erziehung (in der Familie) leisten zu wollen und andererseits eine bessere Familie sein zu wollen, die im Unterschied zur Herkunftsfamilie die notwendigen Entwicklungsanregungen bietet. Sie begibt sich damit in eine Konkurrenz zur Herkunftsfamilie der jungen Menschen. Dies belastet wahrscheinlich die Zusammenarbeit mit den Eltern, die ja die eigentlichen Empfänger der Hilfen zur Erziehung sind. Insofern wirkt das Ziel, für die Kinder eine besonders gute Umgebung zu konstituieren, indem man diese wie eine bessere Familie gestaltet, negativ auf einen anderen Teil des Auftrags der stationären Einrichtungen zurück.

Bemerkenswert ist, dass es meist unklar bleibt, an welchem Familienmodell genau sich eine Einrichtung orientiert. Es scheint ein Vertrauen darauf zu geben, dass alle Mitarbeitenden intuitiv wissen, was eine Familie ist und warum sie für die jungen Menschen der beste Ort des Aufwachsens ist. Ein unhinterfragtes Familienideal kann zum Beispiel auch eine patriarchale Familie sein, womit durchaus problematische Alltagspraxen verbunden wären, bei denen anzuzweifeln ist, ob sie einen Beitrag zu einer guten Heimerziehung leisten.

Hausgemeinschaft als Erfahrungsraum

Die zweite Variante der Settinggestaltung lässt sich als die Herstellung einer Hausgemeinschaft beschreiben. In diesen Einrichtungen wird eine Alternative für eine familiale Lebensform etabliert. Der Fokus liegt auf der Herstellung eines Zugehörigkeitsgefühls, das auf Gemeinschaft, aber nicht auf Familialität beruht. In der Ausgestaltung stationärer Einrichtungen als Hausgemeinschaft wird die Unmöglichkeit anerkannt, unter institutionellen Bedingungen, wie z.B. Schichtdienst und relativ kurzer Verweildauer, etwas familienähnliches zu etablieren (z.B. Wolf 2002). Es wird vielmehr angestrebt, mit der Etablierung anderer Formen verlässlicher sozialer Beziehungen sowohl den Bedürfnissen der Kinder, Jugendlichen und ihrer Familien als auch den Möglichkeiten institutioneller Settings gerecht zu werden. Ziel ist wohl eine gute „Qualität der erlebten Beziehungen, der möglich gewordenen Erfahrungen, des bildenden Gehaltes pädagogischer Situationen. Es sind die Bedingungen der Kontinuität, der Verlässlichkeit, aber auch der Mitwirkung an gemeinsam geteilten und getragenen Regeln des Miteinanders. Es geht also um Lebenszusammenhänge, die als gute Erfahrungsfelder, als Bildungsräume erlebt und später erinnert werden sollen" (Winkler 2002, S. 318).

Das Heim wird – so Interviewaussagen – als „gemeinsames Konstrukt" verstanden, das von jungen Heimbewohnerinnen und -bewohnern und den erwachsenen Fachkräften in einem gemeinschaftlichen Herstellungsprozess erschaffen wird. Fachpersonal und junge Menschen richten ihr Handeln entlang geteilter Werte aus. Gemeinschaft wird hergestellt, sowohl um die eigene Individualität in der Gruppe als auch die Verantwortung für die Gemeinschaft, die jeder Einzelne übernehmen muss, zu erfahren. Konflikte dienen dabei idealerweise als Motor für vielfältige Lernprozesse. In Auseinandersetzung mit ihren Peers und den Fachkräften können die jungen Menschen sich selbst und ihr Wirken auf andere erleben und sich zu selbstständigen Persönlichkeiten entwickeln. Qualität wird in gemeinschaftlichen und gemeinschaftsbildenden Erfahrungen gesehen, z. B. Feste, Ausflüge etc. Außerdem werden Räume für Partizipation geschaffen, in denen sowohl individuelle als auch die Gemeinschaft betreffende Themen angesprochen werden, z. B. in Vollversammlungen. In diesen Partizipationsprozessen ist aus Sicht der beteiligten Fachkräfte eine hohe Qualität dann erreicht, wenn die jungen Menschen an Reaktionen auf ihr Verhalten durch Peers und Fachkräfte lernen sowie gemeinsame Aushandlungs- und Entscheidungsprozesse stattfinden. In stationären Einrichtungen handelt es sich jedoch nicht um eine Gemeinschaft aus gleichberechtigten Mitgliedern. Stationäre Einrichtungen haben eine Hierarchie und die Erwachsenen geben Strukturen und Abläufe vor. Entscheidungen werden nicht in allen Bereichen gemeinschaftlich getroffen, sondern sind zum Teil den Fachkräften vorbehalten. Dies gibt Anlass, die Art und Weise und den Grad der Partizipation je nach Alter, Entwicklungstand und anderen Faktoren pädagogisch zu differenzieren und zu reflektieren. Welche Entwicklungen sollen ermöglicht werden und wo sind für wen Grenzen der Partizipation erreicht? Sind alle jungen Menschen gleichermaßen willens und in der Lage, an gemeinschaftlichen Prozessen zu partizipieren? Die Qualität der partizipativen Prozesse erhöht sich in den Augen von befragten Fachkräften dann, wenn die Fachkräfte sensibel eigene Machtpositionen reflektieren.

Funktionalität durch Sicherheit und Normalität

Der dritte Setting-Typus richtet sich an der im Vordergrund stehenden Funktion der Einrichtung aus (z. B. Inobhutnahme, geschlossene Einrichtungen wären ein anderes Beispiel). Die spezifische Funktion anerkennend, wird Abstand genommen von der Idee, in erster Linie belastbare soziale Beziehungen etablieren zu müssen. Vielmehr wird bei der Gestaltung des Settings in den Mittelpunkt gerückt, was als funktional für die Erfüllung der spezifischen, im Vordergrund stehenden Funktion des institutionellen Arrangements gelten kann. Es soll in solchen Einrichtungen auf akute Zuspitzungen und Krisen reagiert werden, deren

Abmilderung oberste Priorität zugeschrieben wird. Insofern sind sie auch nicht typisch für das, was man gemeinhin als stationäre Jugendhilfe versteht, dennoch sind sie ein Teil des Systems.

Inobhutnahmestellen haben aufgrund der angestrebten kurzen Verweildauer keine oder kaum Möglichkeit, familiale oder gemeinschaftsbildende Strukturen zu entwickeln. Angesichts der krisenhaft zugespitzten Situation steht das Ziel, Sicherheit herzustellen, im Vordergrund, denn dann besteht die Chance, den Krisenmodus verlassen zu können. Bei der Gestaltung des Settings wird deshalb großer Wert darauf gelegt, dass verunsichernde Faktoren, wie fehlende Möglichkeiten das Verhalten der Mitarbeitenden vorhersehen und sich auf sie verlassen zu können, grenzüberschreitendes Verhalten durch Mitarbeitende oder andere Personen in der Einrichtung, Intransparenz von Entscheidungen, so wenig Einfluss wie möglich haben. Der Fokus verschiebt sich deshalb beispielsweise von den Regeln für die jungen Menschen (Hausordnung etc.) oder allgemeine Regeln (z. B. Kinderrechte) hin zu einer Regelorientierung für Mitarbeitende, auf die sich die jungen Menschen verlässlich berufen können. Die Einrichtung stellt somit auch eine Gegenwelt auf zu der sehr verunsichernden Situation vorher.

Ein weiteres Gestaltungselement, das eingesetzt wird, um ein Setting zu schaffen, das selbstwertdienliche Erfahrungen ermöglicht und damit dazu beiträgt, positive Entwicklungsimpulse zu setzen, ist die Ausstattung und bauliche Ausgestaltung der Einrichtung. Diese Überlegungen korrespondieren mit Kriterien, die aus der Perspektive von Kindern und Jugendlichen einen Einfluss auf ihre Qualitätseinschätzung haben (vgl. Kap. 3.3). Es lassen sich verschiedene Standpunkte rekonstruieren: Die Ausstattung soll dem entsprechen, was für die Mittelschicht als normal gilt. Hierüber soll signalisiert werden, dass die aufgenommenen Kinder nicht von der Teilhabe am gesellschaftlichen Leben ausgeschlossen werden. Die Qualität der Ausstattung und Gestaltung der Räume machen die Qualität des pädagogischen Angebots sichtbar. Aus dem Datenmaterial wird auch deutlich, dass ein gegenteiliger Standpunkt ebenfalls vertreten wird: Stationäre Einrichtungen sollen – unabhängig von ihren Funktionen – keine besseren Lebensverhältnisse etablieren, als sie in der Herkunftsfamilie gegeben sind. Dies wird als notwendig angesehen, um einer Entfremdung aus dem Herkunftsmilieu und einer damit einhergehenden Unzufriedenheit mit den eigenen Lebensmöglichkeiten entgegenzuwirken. Zynisch könnte man diesen Standpunkt zuspitzen auf die Formel, eine gut ausgestattete Inobhutnahmestelle bereitet nur schlecht auf Obdachlosigkeit vor. An diesen gegensätzlichen Anforderungen an ein gutes Setting für Einrichtungen, die ihre spezifische Funktionalität betonen, wird die Relativität von Qualitätsaussagen in besonderer Weise deutlich.

Aber auch, wenn die Entscheidung für die Grundphilosophie einer Einrichtung und damit auch für die zumindest implizit zugrunde gelegten Wirksamkeitsvorstellungen in sich eine gewisse Stringenz erfordert, soll sie tatsächlich orientierend für die Arbeit in einer stationären Einrichtung sein. So finden sich innerhalb von Einrichtungen doch immer wieder unterschiedliche, manchmal auch zueinander in Spannung stehenden Operationalisierungen dieser Grundphilosophie. In Kinderdörfern wird beispielsweise ein doppeltes Setting aus Familialität und Dorfgemeinschaft (siehe auch Höfer u.a. 2017) etabliert, in Großeinrichtungen wird das Setting zwischen den Gruppen variiert, z. B. in Abhängigkeit des Alters oder der Aufnahmegründe.

4.3 Individuumszentrierte Intervention

Bei der zweiten in unserem Material rekonstruierbaren Grundphilosophie tritt die Gestaltung des Settings in den Hintergrund, stattdessen stehen unmittelbar individuumsbezogene Interventionen im Vordergrund, um die gewünschte Veränderung zu erreichen. Es geht dabei also um eine Vorgehensweise, bei der mit sozialpädagogischen, heilpädagogischen und psychologischen Interventionen unmittelbar am einzelnen Kind/Jugendlichen angesetzt wird. Es handelt sich dabei – wenn man so möchte – um eine Übernahme oder Annäherung an ein medizinisches Modell. Qualität wird an der „Heilung", der „Reduktion der Symptome" des Kindes sichtbar. Auch bei dieser Grundphilosophie gibt es keine Homogenität in dem Sinne, dass alle Einrichtungen, die dem Paradigma individuumszentrierter Intervention folgen, ein einheitliches Menschenbild und einheitliche Haltungen vertreten. Im Folgenden werden drei Ausprägungen der Grundphilosophie individuumszentrierter Intervention mit den ihnen zugeschriebenen Qualitätsaspekten dargestellt, die aus den Interviews mit Fachkräften herausgearbeitet werden konnten.

4.3.1 Ressourcenorientierung

Ein „ressourcenorientierter" Umgang wird in vielen Interviews als ein pädagogischer Ansatz beschrieben, der Kinder und Jugendliche stärkt und motiviert. Mit Ressource werden unter Verweis auf Grawe und Grawe-Gerber (1999) „Fertigkeiten [bezeichnet; Anmerkung d A.], die ihnen [den Menschen; Anmerkung d. A.] in bestmöglicher Anpassung an ihre Umwelt erlauben, ihre Grundbedürfnisse zu befriedigen und Verletzungen dieser zu vermeiden" (Wißmach 2016, S. 30).[46] Dadurch wirke Ressourcenorientierung

46 Im englischen wird eher der Begriff „strength" – Stärke – anstatt Ressource bevorzugt, was den individualistischen Ansatz betont. Der sogenannten *Strengths and Difficulties Questionaire* (SDQ) wird benutzt, um das Wellbeing von Kindern und Jugendlichen in „Care" abzubilden. Es werden sowohl das subjektiv empfundene als auch das objektiv beschreibbare Kriterien für Wellbeing und psychische Belastungen abgefragt. Das Instrument soll auch Veränderungen und Verbesserungen aufzeigen und den Einfluss

nachhaltig positiv auf die Persönlichkeitsentwicklung der jungen Menschen. Ressourcenorientierung lässt, so die Vermutung in den Interviews, Interventionen gelingen und steht deshalb aus der Perspektive von Fachkräften für die pädagogische Qualität einer Einrichtung. Die jungen Menschen werden aktiviert und in die Verantwortung für ihr Tun und Handeln genommen. Die Intervention ist damit nicht nur reaktiv bzw. situativ, wie z. B. bei strafendem Verhalten, und hat deshalb, so die in den Interviews formulierte Annahme, mehr Chancen auf Nachhaltigkeit.

Es verwundert kaum, dass in verschiedenen Interviews die Herausforderung formuliert wird, eine ressourcenorientierte Perspektive in der Arbeit mit den Kindern und Jugendlichen beizubehalten, denn schließlich führt erst die Definition eines Defizits zu der Legitimation, diese Hilfe in Anspruch zu nehmen. In mehreren Interviews wird dieser Grundkonflikt als eine Differenz zwischen Jugendamt und Einrichtung dargestellt. Leitung 13 beschreibt in einer längeren Interviewpassage das Muster der Anfragen:

> „Wir machen oft die Erfahrung, (...) wenn wir eine Anfrage kriegen, ein Kind aufzunehmen, das wird in der Regel defizitär beschrieben. Das Kind hat dies nicht, kann das nicht, kann das nicht, war schon fünf Mal in der Psychiatrie oder dies nicht, und wir lesen ganz wenig über das, was kann das Kind gut"
>
> **Leitung 13 G 174 – 179**

> „Und ich hab' wirklich schon oft die Erfahrung gemacht, dann komm ich mit der Kollegin vom Jugendamt ins Gespräch, und dann sagt sie, da irgendwie ‚Einbrechen, da ein Feuer legen', da das, und dann"
>
> **Leitung 13 G 773 – 776**

In eine ähnliche Richtung formuliert es auch Betreuerin 7. Denn sie möchte nicht konkretes (Fehl-)Verhalten, sondern die Frage, was es braucht, um das Fehlverhalten zu verändern, in den Mittepunkt stellen. Sie sieht darin einen großen Unterschied zu dem, was von Seiten des Jugendamts kommuniziert wird:

---

von Interventionen evaluieren. Man orientiert sich an dem Ziel, das Wellbeing junger, traumatisierter Menschen zu verbessern, im Sinne einer Heilung bzw. Veränderung zum Positiven („healing", „recovery"). Konkret festgelegte Zielvorgaben, wie sie z. B. in einem dem Hilfeplan analogen Instrument vereinbart werden, stehen hier nicht im Fokus. Die „alliance for children in care and care leavers" empfiehlt der englischen Regierung unter anderem, die landesweit jährlich erhobene Datenbasis, die auf dem SDQ basiert, zu verbessern und jährliche Wellbeing-Reporte zu erstellen, die nicht nur klinische und statistische Daten beinhalten, sondern auch das subjektiv empfundene Wellbeing der jungen Menschen in Care. Langzeitstudien sollen eine verbesserte Datengrundlage ermöglichen, um Veränderungen besser darstellen zu können (vgl. Alliance for children in care and care leavers 2016)

„Mein Fokus ist eindeutig weg von diesem defizitorientiertem hin zu ressourcenorientiert und lösungsorientiert. (I: Ja) Ich muss // deswegen hab' ich gesagt, die ganzen Akten // ich muss das nicht wissen, ich muss die Probleme nicht kennen, um eine Lösung zu finden. Es reicht mir, dass ich weiß, es gibt ein Problem, und das ist ein guter Grund, warum dieses Kind oder der Jugendliche sich so und so und so immer wieder verhält. Und jetzt gucken wir, was braucht er, damit wir mal einen anderen Weg einschlagen (...) Dafür muss ich das Problem nicht kennen, es reicht, den Mensch zu kennen und zu gucken, welche Ressourcen bringt er mit, was sind die Stärken, was sind die Schwächen und ihn als Menschen zu behandeln"

Betreuerin 7, 199–210

Im nächsten Interviewausschnitt wird angesprochen, dass die Herausforderung, nicht immer wieder in das Muster einer Defizitzuschreibung zu fallen, sondern die Funktionalität des Verhaltens für die Jugendliche bzw. den Jugendlichen zu erkennen, auch innerhalb einer Einrichtung gegenwärtig ist:

„Also mir fällt halt so was ein, wie wenn Kollegen dann so sagen, also mit 14, das hätte ich mir nie gewagt, jetzt hier auf Trebe zu sein. Oder was weiß ich, bei Aldi zu klauen oder schräge Antworten in der Schule gegenüber den Lehrern zu geben oder so. Und dann gibt's immer so // das hätten wir uns doch früher nie gewagt, da hätten wir, weiß ich nicht, eins auf den Hinterkopf gekriegt oder ich weiß nicht, was es alles so gab. Und das macht man doch nicht. Und das, find ich, ist so ein Beispiel, das ist aber an dem Jugendlichen vorbei gedacht. Er wird Gründe haben, warum er wieder zu Aldi gegangen ist und irgendwas mopsen musste, was dahintersteckt. Und das hat nichts damit zu tun, dass ich es selber gut finden muss oder, dass ich das alles verstehen muss. Aber ich als Erzieher oder als Betreuer muss ja gucken, was steckt da dahinter. In welche Not ist er geraten, dass er die oder die Handlung vollzogen hat"

Betreuerin 7, 72–84

Auch der Verweis auf die Anerkennung, die man bei Mitarbeitenden im Jugendamt auslösen kann, wenn man „tatsächlich mit den Ressourcen der jungen Menschen" (Qualitätsbeauftragte 14, 139–140) arbeitet, kann im Umkehrschluss dahingehend gedeutet werden, dass dies nicht selbstverständlich ist, auch wenn es in etlichen Einrichtungskonzeptionen zu lesen ist.

Es bedarf auf Seiten der Fachkräfte viel Frustrationstoleranz, wenn eingeschlagene Wege (im Beispiel von Qualitätsbeauftragter 14 eine Maßnahme zur beruflichen Bildung) von dem jungen Menschen wieder abgebrochen werden, um dennoch Anstrengungen, Stärken zu identifizieren:

„Und wenn er irgendwie eine Maßnahme beendet hat, natürlich ist das schwierig, und natürlich ist man auch nölig mit ihm, aber nichts desto trotz macht man weiter und sagt ‚Ok, dann suchen wir was Anderes für Dich', und ‚Du wirst es irgendwie schaffen, und irgendwann wirst Du was finden' (…) Also ja, gucken „Was bringt er mit?", und ihn daran wachsen lassen. Das finde ich ganz wichtig. Jeder hat irgendwelche Stärken. Und die raus zu finden, und sich daran fest zu beißen, sage ich jetzt mal, und ihn daran, ja, wachsen lassen."

Qualitätsbeauftragte 14, 206–215

Damit Frustrationstoleranz und Anstrengungen aufgebracht werden, bedarf es, so ihrer Einschätzung nach, sowohl einer ausreichenden personellen Ausstattung als auch systematischer Orte der Reflexion:

„… es braucht Personal. Also, es muss ja jemand Zeit haben, auch in der Reflektion, bevor er den Dienst verlässt, dann vielleicht zu klicken und zu sagen „Habe ich irgendwas dazu gemacht?". Und dann fällt es ihm auch wieder ein. Und wir sind im Moment gut dabei, die Mitarbeiter zu ermutigen, auch wirklich zu schreiben, was sie getan haben. Oft tun sie das gar nicht. Die haben so viel getan am Tag. Und genau das wäre so wichtig. Und das geht über dieses System eigentlich nicht mehr verloren, dass auch ein Mitarbeiter plötzlich so ein „Aha-Effekt" hat und sagt „Mensch, da war doch was", „Ich habe doch heute, gestern, vorgestern was dazu gemacht, das muss ich jetzt nochmal nachtragen, weil ich habe ja dazu. Und da hat es bei ihm genau das gegeben, was vorher nicht kam". Über eine, ja, Situation, die man manchmal nicht planen kann, die sich so ergeben hat, und plötzlich war da die Ressource, die war abrufbar, und die hat der Mitarbeiter genutzt, und schon ist der Funke übergesprungen"

Qualitätsbeauftragte 14, 1030–1046

4.3.1.1 Junger Mensch als Ausgangspunkt

In dem folgenden Interviewausschnitt antwortet eine Bereichsleitung auf die Frage, was in der Einrichtung anders ist als in der Familie, damit, dass sie gemeinsam mit dem jungen Menschen versuchen herauszuarbeiten, um was es eigentlich geht, was ein Ansatzpunkt für eine Entwicklung sein könnte.

„Ein auf Augenhöhe, ein Interessieren für die Bedürfnisse der Jugendlichen. Also ich denke, das ist das Hauptding. (…) Aber wirklich mal versuchen zu schauen ‚Wie geht es denn Dir eigentlich als Jugendlicher?', ‚Was willst denn Du eigentlich?', ‚Wie geht es Dir denn gerade?' oder ‚Was ist denn gerade los bei Dir?' – also die schauen manchmal auch ganz irritiert, wenn man das fragt ‚Wie?', ‚Also interessiert man sich jetzt wirklich', so. (…) Also ich denke, das ist es, dieses miteinander rausfinden ‚Wie könnte denn der Weg sein?', ‚Was könnte denn das Passende für Dich sein?'. Da findet man auch nicht immer eine Antwort, aber die Bereitschaft, miteinander irgendwie zu suchen und auch den Jugendlichen anzuhören und auf Augenhöhe da zu arbeiten, soweit es geht."

Bereichsleitung 2, 876–897

Betreuerin 7 formuliert als Kennzeichen für die erforderliche professionelle Haltung eine Orientierung vor allem an den „authentischen Kids"[47], die ihren eigenen Weg mit professioneller Begleitung gehen dürfen. Um das zu ermöglichen braucht es Betreuer, die „im Entwicklungsprozess bleiben und sich stets selbst reflektieren" (Betreuerin 7 (GD), 219–220):

> „Also für mich ist dann [Qualität, Anmerkung d. A.] messbar, wenn wir authentische Kids haben und die auch behalten, also, wenn sie in ihrer // in ihrem Sein so bleiben können und sich nicht total verbiegen müssen und eigentlich, kaum dass sie hinter dem Zaun verschwinden, eigentlich ein anderes Leben leben, sondern dass wir da auch geschult genug sind, diese Individualität zu fördern und dass die dann schon in ihrem Sein so ein Stückchen weit auch bleiben sollen. Dazu braucht es natürlich Möglichkeiten zur individuellen Entwicklung der Kids. Die müssen wir natürlich schaffen (…). Und dazu braucht es aus meiner Sicht engagierte und reflektierte Mitarbeiterinnen."
>
> **pädagogische Leitung 13 (GD), 228–238**

Die Zitate der Kolleginnen aus dieser Einrichtung machen die verschiedenen Aspekte von Ressourcenorientierung besonders deutlich. Ein Aspekt ist die bedingungslose Annahme des Menschen. Betreuerin 7 beschreibt das „bedingungslose Annehmen" als Teil ihres Jobs und ihrer Professionalität:

> „Bedingungsloses Annehmen, ja. Und es ist auch nach wie vor mein Job. Es ist nicht mein eigenes Kind, das ist auch noch mal ein Unterschied, und es ist mein Job, ich werde dafür bezahlt, jeden Tag, wenn ich den Dienst antrete, auch wieder mit einer neuen professionellen Fachlichkeit an dieses Problem, an die Situation oder an den Menschen heranzutreten."
>
> **Betreuerin 7, 102–106**

Ähnlich beschreibt dies auch die Leitung aus derselben Einrichtung:

> „Das Kind erst mal annehmen so wie es ist, egal, was es mitbringt. Und wenn's drauf ankommt, Tat und Täter trennen und bedingungslos diesen Menschen annehmen."
>
> **pädagogische Leitung 13 (GD), 191–193**

Ein weiterer Aspekt besteht darin, danach zu suchen, welche Stärken der junge Mensch mitbringt und diese zum Ausgangspunkt der Intervention zu machen:

47 Vielleicht sind damit autistische Kids gemeint

„Also ja, gucken: Was bringt er mit? Und ihn daran wachsen lassen. Das finde ich ganz wichtig. Jeder hat irgendwelche Stärken. Und die raus zu finden, und sich daran fest zu beißen, sage ich jetzt mal, und ihn daran, ja, wachsen lassen."

Betreuerin 14 (GI), 212–215

Neben den Stärken werden bei einer Ressourcenorientierung die „gesunden Anteile" eines Kindes in den Fokus gerückt. Eine Leitungskraft kritisiert, dass in der Regel bei den Informationen, die man über ein aufzunehmendes Kind erhält, keine Aussagen dazu enthalten sind, was ein Kind gesund gehalten hat:

„Wir machen oft die Erfahrung, das kennen Sie vielleicht auch im Amt oder so, wenn Sie eine Anfrage kriegen, ein Kind aufzunehmen, das wird in der Regel defizitär beschrieben. Das Kind hat dies nicht, kann das nicht, kann das nicht, war schon fünf Mal in der Psychiatrie oder dies nicht, und wir lesen ganz wenig über das, was kann das Kind gut, was hat möglicherweise – es gibt keine Hinweise darauf, was hat dieses Kind stark gemacht, also wie wurde dieses Kind stark gemacht, durch was? Und die gesunden Anteile eines Kindes, was hat das Kind gesund gehalten. Die Kinder wachsen auf in Umständen, wo man denkt, mein Gott, dass die überhaupt noch leben, ist ja schon ein halbes Wunder, und was hat sie gesund und stark gehalten. Da finden wir wenig Beschreibungen, und da möchten wir auch gerne hingucken."

Leitung 13 (GD), 174–185

Betreuerin 7 sieht in konkreten Erfolgserlebnissen, egal in welchem Lebensbereich, einen zentralen Ansatzpunkt, um junge Menschen zu motivieren und ihre Ressourcen zu stärken. Erfolgserlebnisse müssen daher bewusst ermöglicht werden:

„Förderung, das Wort mag ich eigentlich immer nicht, aber doch trotzdem ein Stückchen Förderung, zu gucken, was interessiert sie, und wie kann ich ihnen helfen (I: Ja), weiß ich nicht, kann ja alles sein (I: Ja), ob das jetzt Kunst, Musik, Sport oder sonst was ist, wie kann ich einfach unterstützen dann, Interessen zu entwickeln, an Interessen dran zu bleiben, Dinge durchzuhalten, Erfolg zu erleben, weil man etwas gut macht. Erfolg, ja, das Wort Erfolg, nicht immer Misserfolge und nicht //"

Betreuerin 7, 185–192

Ressourcen sind für sie die „Interessen" der Mädchen und Jungen, deren „Förderung" sie für wichtig hält, um Erfolge und somit Motivation zu ermöglichen. Förderung bedeutet für sie ein Mittel, um dem Kind bzw. Jugendlichen zu Erfolgserlebnissen zu verhelfen. Darin erkennt sie eine Möglichkeit, Stärken auch im Sinne von Interessen der jungen Menschen zu entdecken, ohne dabei ein Defizit in den Fokus zu nehmen. Ein gezeigtes Interesse, z. B. an Musik, bedeutet ja nicht, dass der Interessierte ein Instrument perfekt spielt. Die Ressource ist das Interesse an sich.

Erfolge erleben zu können, wird auch von anderen Befragten mit ressourcenorientiertem Arbeiten und Qualität verbunden, wie im folgenden Zitat von der Qualitätsbeauftragen 14. Sie beschreibt hier die Sichtweise des Jugendamts auf Ressourcenorientierung als Qualitätsmerkmal:

> „Das ist schon Qualität. Und für das Jugendamt auch Qualität insofern, wenn sie merken, dass wir tatsächlich mit den Ressourcen der jungen Menschen arbeiten, und sie darüber weiter fördern, und sie tatsächlich in ein Gefühl bringen, wo sie sich erfolgreich fühlen können. Dann ist das Qualität."
>
> **Qualitätsbeauftragte 14, 137–142**

Durch ressourcenorientiertes Arbeiten sollen Kinder erleben, wie es ist, Erfolge zu feiern, um sich dann daran zu orientieren und Motivation und Freude zu entwickeln.

> „Erfolg zu erleben, weil man etwas gut macht. Erfolg, ja, das Wort Erfolg, nicht immer Misserfolge (…), sondern eher zu gucken so // auch ein bisschen die Sonnenseiten des Lebens sozusagen zu zeigen"
>
> **Betreuerin 7, 190–196**

In der Formulierung wird auch erkennbar, dass Misserfolge als alltägliche Erfahrungen („nicht immer Misserfolge") von Heimkindern angesehen werden. Um die Aspirationen und Erwartungshorizonte der jungen Menschen zu erweitern, sollen sie Erfolge erleben. Dies soll in der Hoffnung geschehen, dass sie damit ihr Selbstkonzept verändern und Selbstwirksamkeitserfahrungen aufbauen.

Eine andere Betreuerin unterstützt einen jungen Menschen dabei, weiterzumachen und nicht aufzugeben, bis – wie in folgendem Beispiel – der richtige Ausbildungsplatz gefunden wurde:

> „Ressourcen // tatsächlich auch gucken: Was kannst Du? Und daran bestärkt, und motiviert, und immer am Ball geblieben. Und wenn er irgendwie eine Maßnahme beendet hat, natürlich ist das schwierig, und natürlich ist man auch nölig mit ihm, aber nichts desto trotz macht man weiter und sagt: Ok, dann suchen wir was Anderes für Dich, und Du wirst es irgendwie schaffen, und irgendwann wirst Du was finden, und das scheint ja jetzt so zu sein, eine Nische, wo er ganz glücklich mit ist."
>
> **Betreuerin 14 (GI), 204–212**

Auch Faktoren, die nicht in der Person des Kindes liegen, werden von einem Teil der Interviewten als Ressourcen angesehen, z. B. die Eltern. Die Stärkung der Herkunftsfamilie kann sich positiv auf den späteren Lebensweg des jungen Menschen auswirken, wenn er/sie auf diese Ressource der Unterstützung zurückgreifen kann, so zumindest Qualitätsbeauftragte 9:

> „Und das Kind wird irgendwann mal ja auch 18, 19, 20, 25, 30 Jahre alt sein, es ist ja seine Familie, also sein Fundament. Das wird ja fortbestehen, auch nach der Unterbringung. Letztendlich ist das eigentlich die wichtigste Ressource des Kindes. (…) Das hängt ab von den Beziehungen zu den Eltern, von den Ressourcen, die die Eltern haben, von dem Bedarf des Kindes, was ist möglich, was nicht."
>
> **Qualitätsbeauftragte 9, 279–287**

Insgesamt lässt sich aus den Interviews rekonstruieren, dass als Ressourcen zum einen bestimmte Talente und Fähigkeiten eines jungen Menschen gelten. Zum anderen werden Erfolgserlebnisse als ressourcenfördernd gesehen, da sie die Mädchen und Jungen dazu motivieren, ihre eigenen Interessen und Pläne zu entwickeln und zu verfolgen. Ebenso wird das individuelle Umfeld, z. B. die Herkunftsfamilie als Ressource angesehen, die es zu aktivieren gilt, um den jungen Menschen zu unterstützen.

4.3.1.2 Ressourcenorientierung als scheinbar non-direktives Konzept subjektbezogener Intervention

Es konnte gezeigt werden, dass die Fachkräfte unter Ressourcen „Stärken" im Sinne von Können, „gesunden Anteilen" und auch Interessen der jungen Menschen verstehen. Hieran wollen sie in ihrer ressourcenorientierten Arbeit ansetzen, denn so ließen sich die gewünschten Veränderungen erreichen – so zumindest ihre Annahme. Die Richtung geben – so die interviewten Fachkräfte – die Mädchen und Jungen selbst vor, sie werden dabei lediglich von den Fachkräften begleitet. Aber selbstverständlich wird nur so lange in die Richtung gegangen, die die Kinder, Jugendlichen oder ihre Familien vorgeben, wie sich diese innerhalb der Normalitätserwartungen der Fachkräfte bewegt, so lange sie ihnen als zu erreichendes Ziel legitim erscheint. In den Interviews wird zwar immer wieder davon gesprochen, gemeinsam mit den Kindern/Jugendlichen herauszuarbeiten, worin die Stärken, die Ressourcen liegen, aber nichtsdestotrotz wird von den Fachkräften festgelegt was sie als Ressource und was als problematisch definieren.

In den Interviews wird auf die Notwendigkeit verwiesen, Orte der regelmäßigen (Selbst-) Reflektion zu schaffen, um sich mit den eigenen Vorannahmen und impliziten Vorstellungen eines gelingenden Lebens auseinanderzusetzen.

Entscheidet sich eine Einrichtung für eine ressourcenorientierte Grundphilosophie, so versucht sie die Veränderungsziele, die im Hilfeplan festgelegt sind oder als unausgesprochene Orientierung im Raum stehen, zu erreichen, indem die vor diesem Hintergrund als Ressourcen bzw. Stärken identifizierten Haltungen, Fähigkeiten, Fertigkeiten, Emotionen und Welterklärungen gestärkt und gefördert werden. So sollen Selbstwirksamkeitserfahrungen ermöglicht werden, die dazu beitragen, die erwünschte Veränderung langfristig zu sichern, sie an die Stelle des bisher etablierten, aber zumindest von der Umwelt als dysfunktional etikettierten Musters zu setzen. Eine solche Grundphilosophie setzt voraus, dass man als Fachkraft erstens wissen kann, was verändert werden muss, um das, was als Problem definiert ist, zu lösen. Hierfür braucht es ein wie auch immer geartetes diagnostisches Verfahren, soll diese Zuschreibung mehr sein als eine rein subjektive Zuschreibung durch Fachkräfte beim Hilfeplanverfahren oder in der Einrichtung. Und zweitens braucht die Fachkraft bzw. brauchen die Fachkräfte eine Begründungsfolie, um zu entscheiden, welche Kompetenz, welches Verhalten des Kindes/Jugendlichen sie als Talent, als Stärke, als zu verstärkend beurteilen.

4.3.2 Spezifische Förderung zur Verringerung von Defiziten

Einen weiteren Weg, unter dem Paradigma der subjektbezogenen Interventionen Qualität herzustellen, sehen einige Fachkräfte darin, Kindern, Jugendlichen und jungen Erwachsenen eine spezifische Förderung in den Bereichen, die als defizitär eingestuft werden, zukommen zu lassen. Anders als bei der Ressourcenorientierung, die Stärken fokussiert, stehen bei der spezifischen Förderung diagnostizierte Defizite bzw. Entwicklungsrückstände im Mittelpunkt. Spezifische Fördermaßnahmen oder Therapien stellen eher medizinische Interventionen dar. Die Hilfe-, Therapie- und Förderbedarfe fokussieren einzelne und individuelle Teilaspekte der Persönlichkeit, deren Ausprägungen sich auch als Symptome einer Fehlentwicklung beschreiben lassen. Auf Grundlage von diagnostizierten Entwicklungslücken bzw. Auffälligkeiten und Symptomen werden Interventionen für den jungen Menschen gefunden werden. Hilfeplanziele und der darauf basierende Erziehungsplan leiten sich aus den Diagnosen und Befunden ab und lenken die alltägliche Interaktion mit den jungen Menschen:

> „Also das ist alles sehr gut standardisiert und vorgegeben. Und genauso geht es dann weiter, die Diagnose. Also die Psychologen haben sich einen schönen Anamnesebogen zusammen erarbeitet, zum Beispiel wo mit den Eltern und Kindern dann die Anamnese beschrieben wird. Wir machen einen Erziehungsplan. Also jedes Kind wird in einem bestimmten Rhythmus besprochen. Und so ein Erziehungsplan ist eine halbe Doktorarbeit manchmal, man muss aufpassen, weil alle Bereiche beleuchtet werden. Aber Sinn und Ziel ist wirklich zu gucken ‚Was ist der Ist-Stand?' und ‚Welche Ziele, welche Maßnahmen habe ich?'."
>
> **Qualitätskoordinatorin 3, 786–796**

Dieses Zitat zeigt deutlich, dass der junge Mensch unter dieser Perspektive in bestimmte Einzelteile („Bereiche“) zerfällt. In den Besprechungen werden in regelmäßigen Zeitintervallen „alle Bereiche“ eines jungen Menschen beleuchtet, Ist- und Soll-Zustand werden abgeglichen und mit Fördermaßnahmen belegt. Jeder zu fördernder Bereich wird gesondert betrachtet und mit separaten Handlungszielen und unter Umständen speziellen Therapien versehen. Die befragte Fachkraft spricht den damit verbundenen Aufwand („halbe Doktorarbeit“) zwar als problematisch an, hat aber keine grundsätzlichen Einwände.

Diese hier beschriebene Vorstellung von guter pädagogischer Arbeit, die an einem therapeutischen Modell orientiert ist und konkrete Interventionen mit konkreten Wirkungen verbindet, kann dazu führen, dass – entgegen der Fachstandards (Schmid-Obkirchner 2015, RD-Nr. 1) der Kinder- und Jugendhilfe – die Erziehungsplanung nicht mehr vornehmlich als Ort der gemeinsamen (also Familie und Fachkräfte) Konkretisierung der Hilfeplanung begriffen wird. Vielmehr steht die Förderung bestimmter Teilbereiche einer jungen Person im Vordergrund. In dem Zitat wird nicht der Eindruck vermittelt, dass in der Erziehungsplanung gemeinsam ausgelotet wird, welche nächsten Schritte die größten Veränderungshoffnungen bei allen wecken, welche gut realisierbar scheinen, welche auf die vordringlichsten Probleme reagieren. Vielmehr steht der „schöne Anamnesebogen“ im Vordergrund, der „mit den Eltern… beschrieben wird“.

4.3.2.1 Vernetzung als notwendiger Teil defizitorientierten Handelns

In Anbetracht der Anforderung, den jungen Menschen hinsichtlich der medizinisch- therapeutischen Befunde bestmöglich gerecht zu werden, entsteht die Notwendigkeit, sich mit Fachkräften aus unterschiedlichen Fachgebieten und/oder mit speziellen Zusatzausbildungen zu vernetzen. Dies führt zu einer Vielzahl von Kontakten mit anderen Fachkräften. Diese werden in das Hilfearrangement ‚eingebaut‘. Die Zusammenarbeit kann entweder direkt in der Einrichtung oder im sozialen Umfeld stattfinden. In mehreren Interviews wird dementsprechend auf eine Vielzahl an Kontakten mit Spezialistinnen und Spezialisten hingewiesen. Im Einklang mit der Formulierung der vielen „Bereiche“ sind für die unterschiedlichen Bereiche jeweils andere Expertinnen und Experten – meist Therapeuten/-innen – zuständig. Einige Beispiele sollen dies veranschaulichen:

> „sehr viele nehmen ja auch teil an einer Therapie, Spieltherapie, Ergotherapie, da greifen wir auch zurück auf die Angebote hier im Sozialraum, mit ganz unterschiedlichen Therapeuten“
>
> **Qualitätsbeauftragte 9, 169–171**

Folgende therapeutische Fördermöglichkeiten werden außerdem genannt:

- psychologischer Dienst, Logopädie, nicht genauer spezifizierte Fachdienste (Leitung 1;99–100)
- „Tiertherapeut“ (Leitung 13 (GD), 2309)

Die Notwendigkeit interdisziplinärer Zusammenarbeit bewirkt bei manchen Befragten, dass sie nicht nur über Fachliteratur, sondern auch über die Kooperationen mit Expertinnen und Experten aus anderen Fachbereichen ihre eigenen Kompetenzen verbessern möchten. Sie legen Wert darauf, sich mit den Expertinnen und Experten zu besprechen, um ihre Handlungen abzusichern und Diagnosen und „Störungsbilder“ besser zu verstehen. Es wird daher als qualitätsfördernd gewertet, wenn eine enge Vernetzung mit Therapeutinnen und Therapeuten aller Art in der Einrichtung gepflegt wird. Die spezialisierten Kolleginnen und Kollegen sollen dabei nicht nur die Kinder und Jugendlichen behandeln, sondern auch für die Fachkräfte beratend und erklärend tätig sein („für uns erklären“):

> „Das heißt, wir haben hier eine aufsuchende Sprechstunde, wo dann so Bedarfe wie jetzt Therapie zum Beispiel gut abgeklärt werden kann, wo auch Störungsbilder einfach auch für uns erklärt werden, ja, wenn wir es nicht verstehen, also eine gute fachliche, hohe Fachkompetenz einfach da ist. Die arbeiten uns einfach zu. Wir haben einen Psychologen hier angestellt, Diplom-Psychologen, der mit Zusatzausbildungen diese Brücke auch macht zu dieser Sprechstunde, sodass wir einfach uns auch Hilfe von außen holen, aber auch selber im Alltag immer wieder versuchen, natürlich das umzusetzen.“
>
> **Leitung 1, 85–95**

Leitung 1 beschreibt die Zusammenarbeit mit Psychologen und Therapeuten als „Zuarbeit“ und Zugewinn für die Qualität der in der Einrichtung erbrachten Arbeit. Sie ergänzen aus ihrer Sicht das therapeutische Profil. Auch Betreuerin 7 erlebt andere „Expertisen“ in Besprechungen und „Feedbackrunden“ als Impulsgeber, die eigene Arbeit aus einer anderen, wahrscheinlich therapeutischen Perspektive wahrzunehmen. Darin liegt für sie hohe Qualität:

> „Genau, genau und Feedbackrunden, Supervision (I: Ja, ja), dass man sich so Leute von außen noch dazu holt, Psychologen, Therapeuten, keine Ahnung, die noch mal mit einer ganz anderen Expertise drauf gucken. Und das haben wir Gott sei Dank hier in der Einrichtung sogar, dass wir einen Psychologen haben, der sitzt in den Teamsitzungen mit bei, und der bringt Perspektivwechsel an den Tag, wo ich denke, danke, danke, dass wir das jetzt hier noch mal gehört haben, das bringt mich wieder zum Umdenken.“
>
> **Betreuerin 7, 166–173**

Ein defizitorientiertes Arbeiten erfordert, so lässt es sich aus verschiedenen Interviews rekonstruieren, eine Herangehensweise, die Verhalten oder Entwicklungen, die als problemhaft wahrgenommen werden, in Einzelprobleme unterteilt, die dann von darauf spezialisierten Fachkräften bearbeitet werden. Die hier zitierten Fachkräfte erleben in den Kooperationen eine Möglichkeit, die verschiedenen Bereiche eines Menschen zu integrieren und die Interdependenzen der Bereiche zu verstehen. Durch die Erklärungen der anderen Expertinnen und Experten kann die pädagogische Fachkraft Verhaltensweisen besser verstehen („bringt mich zu Umdenken“). Die Kooperation wird als Unterstützung und „Zuarbeit“ für die eigene Arbeit und Kennzeichen von Qualität gedeutet.

4.3.2.2 Eigene Grenzen erkennen

Das Ziel, Defizite abzubauen, als Orientierung für das fachliche Handeln, führt bei manchen Fachkräften dazu, dass sie ihre eigenen Handlungskompetenzen im Verhältnis zu anderen Expertinnen und Experten genauer abstecken. Ein Teil von ihnen sieht sich in erster Linie für die Organisation der Hilfen zuständig (siehe Abschnitt 4.3.2.3). Das Handlungsfeld der Fachkräfte liegt in dieser Selbstdefinition ausschließlich im pädagogisch-erzieherischen Bereich. Qualität können sie nur in diesem Bereich durch ihr eigenes Handeln erreichen. Für die Bedarfe vieler junger Menschen sehen sie die eigene pädagogische Kompetenz als unzureichend an, erforderlich erscheinen ihnen therapeutische, psychologische oder psychiatrische Kompetenzen sowie die Fähigkeit, medizinische Diagnosen stellen zu können. Sie sind deshalb auf eine Kooperation mit anderen Fachkräften, die die weiteren Bereiche übernehmen, angewiesen.

Einige Fachkräfte weisen darauf hin, dass die therapeutischen Bedarfe vieler junger Menschen zunehmen und sie selbst darauf immer weniger reagieren können, was sie als überfordernd erleben:

> „Also ich merke es auch im Kontakt mit Kollegen aus dem Jugendamt, die da schon lange arbeiten. (…) Und da sagen viele Kollegen ‚Das wird immer schwieriger‘, und sie schaffen es kaum mehr, also nicht alle natürlich, das ist zu pauschal, aber der Anteil, der Kinder und Jugendlichen, die immer noch schwieriger werden, und die in so einen Rahmen heilpädagogisch, neun Kinder, fünf Betreuer nicht passen, wird immer mehr. So, weil viele einfach einen therapeutischen Bedarf haben, weil viele immer noch durchgeknallter sind.“
>
> **Bereichsleitung 2, 763–774**

Eine ähnliche Entwicklung beobachten einige Befragte auch bei den Eltern. Folgende Qualitätskoordinatorin beschreibt, dass die Durchführung von Elterntreffen früher wesentlich einfacher war:

„also früher haben wir das sehr viel öfter gemacht, wir sind ein bisschen zurückgefahren, weil wenn Eltern alkoholisiert oder psychisch sehr impulskontrollgestört sind, dann ist das für die anderen Kinder in der Gruppe sehr schwierig auszuhalten. Das war früher leichter, aber diese Zunahme, wir haben echt eine Wahnsinnszunahme bei den Eltern in Bezug auf psychische Erkrankungen und Suchterkrankungen, oft multiple Sachen, also Sucht von Substitution mit Alkohol in Kombination, also wirklich nicht ganz einfach“

Qualitätskoordinatorin 3, 666–675

Es scheint ganz so, als würde eine defizitorientierte Grundphilosophie auch zu einer zumindest gewissen Bescheidenheit in Bezug auf die eigenen Kompetenzen (ver)führen. Offensichtlich hat angesichts der pathologisierenden Erklärungsmodelle im letzten Interviewzitat eine gewisse Entmutigung stattgefunden. In diesem Beispiel wird ein wichtiger Aspekt stationärer Hilfen, nämlich die Zusammenarbeit mit den Eltern, hierdurch geschwächt.

In einer Einrichtung mit einer solchen konzeptionellen Ausrichtung ist entweder eine gute Vernetzung mit externen Spezialistinnen und Spezialisten erforderlich oder eine entsprechend interdisziplinäre Zusammenstellung des eigenen Personals (mit entsprechenden heilpädagogischen, therapeutischen und psychiatrischen Kompetenzen) inklusive der Integration diverser Fachdienste. Auch die Zusammensetzung der Gruppe wird als wichtiger Faktor für eine therapeutisch orientierte Arbeit angesehen, denn wenn die Gruppen zu groß und/oder zu heterogen sind, erscheint ein sinnvolles Angebot nicht mehr möglich:

„Ja, in der Tat wirklich auch gucken, können wir das, was von uns erwartet wird. Wenn [uns das Jugendamt] sagt, das Kind braucht das und das und das und so und so und so, dann sag ich, nee, da sind schon drei Autisten und drei Depressive und fünf (unverständlich) neben dem sollen wir Folgendes tun, das ist der Auftrag an Sie, Frau XY. Und das ist ganz wichtig, da wirklich das Feintuning zu machen, damit wir auch feststellen können und sagen, können wir das denn leisten.“

Leitung 13 (GD), 1101–1107

Es lässt sich hier ein Qualitätsverständnis herauslesen, das das Erreichen bestimmter Ziele auch von dem Vorhandensein äußerer Faktoren abhängig macht. Die eigene Handlungsmächtigkeit erscheint eingeschränkt. Aufgrund des wahrgenommenen Anstiegs der psychischen Erkrankungen und der schlechten personellen Ausstattung, werden Situationen, mit denen man früher umgehen konnte, nicht mehr zum eigenen Kompetenzbereich gezählt und als überfordernd erlebt. Eine Grundphilosophie, die im Kern darauf setzt, individuelle Defizite und Entwicklungsrückstände zu erkennen und diese gezielt zu bearbeiten, führt in den hier zitierten und ausgewerteten Interviews dazu, dass die Ziele stationärer Einrichtungen offensichtlich nur dann zu erreichen sind, wenn es erstens eine gute Vernetzung mit therapeutischen Angeboten und zweitens die finanziellen Ressourcen gibt, therapieunterstützende Bedingungen (Begrenzung der Gruppengröße, Gruppenzusammensetzung) herzustellen bzw. zu erhalten.

Aufnahmeverfahren und Auftragsklärung

In diesem Zusammenhang wird in vielen Interviews auf die hohe Bedeutung des Aufnahmeverfahrens und der genauen Auftragsklärung mit dem Jugendamt aufmerksam gemacht, denn hier wird der Grundstein für die gesamte Hilfe gelegt. Die subjektbezogene Hilfe muss detailliert definiert und geplant werden, wobei die Grenzen der eigenen Kompetenzen aufgezeigt und – wie im folgenden Zitat deutlich – verteidigt werden müssen:

> „Und auch genau hinschauen, nicht, wie soll ich sagen, bei der Aufnahme ist das oft Thema: Können wir das stemmen? Also man muss schon vor // also wirklich bei der Aufnahme genau hinschauen und nicht sagen: ‚Ja, ja, wir nehmen alle.' Nur, dass die Plätze belegt sind, das geht einfach nicht. Weil es gibt immer wieder, ja, Fallkonstellationen, wo wir sagen ‚Nein, da braucht es was Anderes'. Und das muss man auch, sich dazu Stellung beziehen. Das ist nicht immer einfach, aber das muss man machen. (…) Man weiß es manchmal nicht, das ist immer ein kleiner Überraschungseffekt kann trotzdem dabei sein, aber fachlich hinzuschauen ‚Was ist machbar?', Wo gibt es Lösungen und wo ist es einfach nicht gut?"
>
> **Qualitätskoordinatorin 3, 617–635**

Aus diesem Zitat kann auch der Wunsch herausgelesen werden, Fehlplatzierungen zu vermeiden. Anhand von Diagnosen und genauen Fallanalysen wird beurteilt, was ein Kind in der Gruppe braucht, mit wieviel und mit welcher Art von Arbeit zu rechnen ist. Danach wird auch die Eignung einer bestimmten Gruppe abgewogen. Insofern dienen Diagnosen auch als scheinbar rationale Argumentation gegenüber dem Jugendamt, wenn man einzelne Kinder nicht aufnehmen kann bzw. auch, um Abbrüche oder die Nicht-Aufnahme von Kindern und Jugendlichen zu begründen. Bestimmte Auffälligkeiten, Verhaltensweisen oder Diagnosen können in Settings ohne therapeutische Spezialisierung nicht gebührend unterstützt werden und ein Abbruch kann die Folge sein:

> „Dann haben wir ihn aufgenommen, weil vielleicht auch noch Gefahr in Verzug vom Elternhaus war, oder was auch immer. Und dann hat sich halt herauskristallisiert: Wir können ihm nicht helfen, weil wir sind keine psychiatrische-therapeutische Einrichtung. Wir sind eine sehr, sehr große Gruppe. (…) Das ist für viele, viele Kinder oder Jugendliche schon ein Ausschlusskriterium, von vornherein, (…) Und so personell gut bestückt sind wir nicht, dass wir jedem im Alltag gerecht werden können. Das heißt,

wir können auch nur Jugendliche aufnehmen, die damit gut klar kommen so. Und da haben wir mehrere Fälle tatsächlich im Vorfeld gehabt. Jetzt gerade aktuell haben wir einen, da wird die Maßnahme beendet, weil wir ihm nicht gerecht werden können. Der braucht was Anderes. Der braucht kleiner, der braucht enger, der braucht eine 1:1-Betreuung. Der junge Mann, der ist dreizehn, sprengt den Alltag, klaut, geht nicht zur Schule, ist gerade suspendiert, weil er ein anderes Kind verletzt hat. Der geht bei uns im Alltag unter, dem können wir nicht gerecht werden, und da wird die Maßnahme scheitern. Sie ist gescheitert. Das Jugendamt muss was Anderes suchen. Ja, das gibt es auch."

Betreuerin 14 (GI), 319–340

Die hier zitierte Fachkraft sieht den Grund für das Scheitern der Maßnahme im Zusammenspiel von besonders auffälligem Verhalten des jungen Heimbewohners einerseits, und der zu geringen personellen Ausstattung andererseits.

Andere Deutungen der Situation und damit korrespondierende Handlungsansätze, z. B. gruppenpädagogische Ansätze, werden in diesem Interview nicht in Erwägung gezogen. Auch ein ressourcenorientiertes Arbeiten, das die Stärken in dem Verhalten des Jugendlichen sucht und mit Erfolgen verknüpft (vgl. 4.3.1.), scheint in diesem Fall keine mögliche Lösungsstrategie zu sein. Dieser Logik folgend führt eine falsche Eingangsdiagnose dazu, dass junge Menschen aufgenommen werden, die nicht in die Einrichtung passen. Daher kann eine solche Hilfe nur scheitern.

Qualität liegt hier im Sicherstellen der bestmöglichen Passung[48] zwischen der eigenen Kompetenz sowie der Ausrichtung der Einrichtung auf der einen Seite und den Bedarfen der Jugendlichen und Kinder auf der anderen.

4.3.2.3 Zusammenfassung

Bei der Grundphilosophie, die sich dadurch kennzeichnet, dass die Qualität stationärer Hilfen an der erfolgreichen Verringerung von Defiziten und Symptomen erkannt werden kann, steht ein Vorgehen im Zentrum, das sich ähnlich wie die Ressourcenorientierung am medizinisch-therapeutischen Modell orientiert. Mithilfe von Fragebögen oder Anamnesetools werden die Normabweichungen bestimmt, die einen jungen Menschen daran hindern, am gesellschaftlichen Leben „störungsfrei" teilzunehmen. Diese Abweichungen gilt es

48 Passung ist ein Begriff, der das Bild eines Puzzlespiels nahelegt. Das Kind, der oder die Jugendliche soll wie ein Puzzleteilchen exakt in die Gruppe passen. In Anbetracht der Heterogenität des Feldes, ist diese Vorstellung irreführend, da es wohl kaum eine perfekte Passung geben kann. Das Aufnahmeverfahren kann meist nicht eine eindeutige „Passung" feststellen, kann aber so gestaltet werden, dass eine gegenseitige Anpassung ermöglicht wird (Burschel 2015).

durch gezielte und fachkompetente Förderung und Therapie zu verringern bzw. zu beseitigen.

Der junge Mensch wird nicht „als ganzer Mensch" in den Blick genommen, sondern es werden seine „Förderbereiche" identifiziert und die bestmöglichen Fördermaßnahmen ermittelt. Zudem werden – wenn erforderlich – psychiatrische Diagnosen erstellt, und je nach Ergebnis entsprechende Therapien durchgeführt.

Für die Fachkräfte impliziert diese Sichtweise auf den jungen Menschen die Notwendigkeit, ihre eigenen pädagogischen Kompetenzen von psychologischen, psychiatrischen oder anderen spezifischen Fachgebieten abzugrenzen. Gleichzeitig sehen viele Fachkräfte im Austausch mit anderen Expertinnen und Experten eine Möglichkeit, die eigene Arbeit zu verbessern.

In Einzelfällen kann die parallel zum Heimaufenthalt ablaufende therapeutische Arbeit mit den jungen Menschen auch bewirken, dass die pädagogischen Fachkräfte sich in ihrer Arbeit nicht wahrgenommen oder nicht wertgeschätzt fühlen. Klarheit über die eigenen Kompetenzen zu haben bzw. über das, was in einer Einrichtung bzw. in einer Gruppe mit den dortigen Fachkräften geleistet werden kann und was nicht, gilt für viele Fachkräfte als wichtiges Qualitätskriterium.

Eine gute Diagnostik soll nicht nur sicherstellen, dass das zu bearbeitende Problem genau beschrieben ist, sondern auch helfen, bei der Entscheidung darüber, ob ein Kind, eine Jugendliche in die Einrichtung passt, zu rationalen Entscheidungen zu kommen. Am Ende eines diagnostischen Prozesses soll die sogenannte „Passung" zwischen der Einrichtung und dem jungen Menschen herausgefunden werden, mit dem Ziel Abbrüche und Fehlbelegungen möglichst zu vermeiden.

Ein wichtiger Teil der Aufgaben der pädagogischen Fachkräfte liegt in dieser Perspektive, aufbauend auf einer Diagnostik, die so erkannte Defizite durch eine gezielte Förderung abbauen möchte, im Organisieren und Managen des gesamten Hilfeverlaufs.

4.3.2.4 Bezugserzieherin/Bezugserzieher als Case-Manager

Der Ansatz individuumsbezogener Interventionen führt auch (vgl. z.B. 4.3.2.1) zu der Aufgabe, die unterschiedlichen Interventionen zu koordinieren sowie die Hilfeplanung entsprechend umzusetzen und weiterzuentwickeln. Die damit verbundenen Aufgaben werden in einem Interview als Aufgaben des Casemanagements beschrieben. Ein gutes Casemanagement, zu dem auch – so der Interviewte – die Förderung des Austausches im Team sowie eine geplante und begleitete Gestaltung von Übergängen gehört, ist nach seinem Verständnis Aufgabe des Bezugserziehers/ der Bezugserzieherin und stellt eine wichtige Grundlage für eine gute Qualität dar. Eine gewisse zeitliche Kontinuität in der

Wahrnehmung dieser Aufgabe (und des Teams in den Gruppen insgesamt) wird als förderlich für die Qualität angesehen. Damit man diese Aufgabe auch angemessen erfüllen kann, wird dafür geworben, die Rolle der Bezugserzieherin/des Bezugserziehers nicht zu überhöhen und sie von emotionalen Erwartungen zu trennen. In der Selbstdefinition eines Interviewten klingt das so:

> „Ich meine, Bezugserzieher interpretiere ich nochmal anders, als viele andere. Viele meinen ja, das muss der sein, der die beste Beziehung hat. Das glaube ich nicht. Also ich glaube // das sage ich meinen Jungs immer, wenn ich einen Bezugsjungen kriege, sage ich ‚Pass' auf, ich bin für Dich zuständig, ich mache Deine Akte, mit mir redest Du über Geld, ich halte den Kontakt zu den Eltern usw., wen Du hier am liebsten magst, mit dem Du Deine Freizeitaktionen machen willst, da bist Du völlig frei, da kannst Du den Kollegen nehmen oder die Kollegin, das ist mir egal, ich bin hier nicht Dein bester Freund, ich bin für Deinen Fall verantwortlich'. Das versuche ich denen zu vermitteln. (…) So sehe ich das. Ich sehe das mehr so als so ein Casemanagement vielleicht."
>
> **Betreuer 25, 1041–1052**

In diesem Verständnis der Aufgabe einer Bezugsbetreuerin/eines Bezugsbetreuers steht die Regelung und Klärung von organisatorischen Aufgaben im Vordergrund. „Bezugsbetreuer" kommt hier offensichtlich nicht von der Idee, eine Person zu haben, mit der eine besondere Beziehung besteht, die auch emotionale Anteile beinhaltet. Vielmehr geht es um die Person, die Bezug hält zu den Vorgaben und Therapieplänen. Es geht um die von Emotionen freie Fallzuständigkeit („ich bin für deinen Fall zuständig"). Angesichts der Vielfalt an segmentierten Unterstützungsbedarfen erscheint eine Konzentration auf koordinierende und Zugänge ermöglichende Aufgaben durchaus angebracht. Jedes Kind, jede und jeder Jugendliche braucht einen Zuständigen, der den Überblick über den Einzelfall behält und sicherstellt, dass die „Akte" verwaltet und fortgeschrieben, der „Therapieplan" eingehalten wird. Die strukturierte Vorbereitung und Durchführung des Hilfeplangesprächs wird als eine zentrale Aufgabe wahrgenommen. Für eine gute Qualität ist aus der Perspektive des Interviewten eine verlässliche Organisation und Vorbereitung des Hilfeplangesprächs (HPG) erforderlich:

> „Also ich denke, dass ich // das zentrale Ding in unserer Arbeit ist der Hilfeplan und das Hilfeplangespräch. Ich denke, gerade die Durchführung und Planung davon, die mache ich schon qualitativ gut, glaube ich. Also das ist so eine schriftliche Vorbereitung für das Jugendamt, oder eben auch die Vorbereitung des Jungen, das heißt, mit dem Jungen auch nochmal ein paar Themen anzusprechen, um über Ziele zu reden. Und dem auch klar zu machen, worum es geht im HPG, weil da sind ja manchmal viele Ängste [auf Seiten des Jungen; Anmerkung d. A.] verbunden damit"
>
> **Betreuer 25, 53–59**

Dem jungen Mensch sollen eventuelle Ängste genommen werden, damit im Hilfeplangespräch fokussiert über die Ziele gesprochen werden kann.

In der Vorstellung von Betreuer 25 erscheint für eine gute Aufgabenwahrnehmung und damit auch für eine gute Heimerziehung zumindest eine Trennung von einer guten emotionalen Beziehung von der Verantwortung einer Kontrolle der individuellen Hilfeplanung kein Widerspruch zu sein. Angesichts der zahlreichen Forschungsergebnisse zur Bedeutung therapeutischer Beziehungen für den Therapieerfolg (z. B. Grillmeier-Rehder 2020; Wampold/Imel/Flückinger 2018) erscheint eine solche Abspaltung von emotionalen Anteilen jedoch nicht förderlich.

Organisation der Hilfen

Therapien spielen insofern eine Rolle für die Fachkraft als Case-Manager, als dass sie organisiert werden müssen.[49] Die Mädchen, Jungen und Jugendlichen werden zu den Therapien gebracht und abgeholt[50], Aufgabe der Fachkraft ist es, sicherzustellen, dass die Therapien und Förderungen dem aktuellen Zustand des jungen Menschen entsprechen und regelmäßig besucht werden. In einem Fall wird von einem multiprofessionellen Fachkräfteteam vor Ort gesprochen, das den Hilfebedarf eines Kindes feststellt und mit konkreten Maßnahmen, Therapien und Vorgehensweisen verknüpft.[51] Die Verantwortung der Fachkraft ist es, die Ermittlung und Organisation der Hilfen zu organisieren und umzusetzen:

> „Wir arbeiten mit mehreren Therapeuten zusammen, also so dieses ganz Übliche. (…) Wir haben einen Ergotherapeuten im Haus, wir haben eine Spieltherapeutin, die zu uns kommt, wir haben eine Logopädin, die zu uns kommt. Ich habe hier im Haus

49 Eßer und Köngeter (2012) beobachten in ihrer Forschung, dass der individuelle Wochenplan der jungen Menschen in einer Wohngruppe ein zentrales Mittel darstellt, um Zugehörigkeit herzustellen. Jedes Kind erhält einen Wochenplan, in dem neben dem schulischen Stundenplan auch Sport, Vereins- und Therapietermine eingetragen werden. Die jungen Bewohner/-innen fühlen sich erst dann richtig zugehörig, wenn auch ihr Wochenplan gut ausgefüllt ist (Eßer/Köngeter. 2012).

50 Während der Interviewaufenthalte in den Einrichtungen wurden die Interviewerinnen mehrmals Zeuginnen der Organisation von Fahrdiensten zum Bringen und Holen der junge Menschen. Die jungen Heimbewohnerinnen und -bewohner müssen zum Bahnhof bzw. direkt zu Therapien, Sportereignissen oder Freund/-innen gebracht werden. Die Fahrten, so berichteten die Fachkräfte können teilweise ein bis zwei Stunden oder mehr in Anspruch nehmen, je nachdem, ob die Fahrer/-innen dort warten müssen, oder zweimal fahren. In diesen Zeiten sind die Fachkräfte nicht in den Gruppen präsent und es müssen Vertretungen organisiert werden. Wollen oder sollen mehrere Kinder gleichzeitig unterwegs sein, kann der organisatorische und logistische Aufwand sehr groß sein.

51 Manche Fachkräfte sehen es als Qualitätsmerkmal an, dass die Therapeuten für die jungen Menschen außerhalb der Einrichtung gefunden werden, damit jedes Kind auch nach draußen vernetzt ist. Andere finden es wichtig, dass die Therapeuten vor Ort sind, damit man die Therapien problemlos in den Alltag einbinden kann, ohne Fahrtwege etc.

> Fachdienste, die mit den Kindern arbeiten. Also wenn ein Hilfebedarf festgestellt ist, dann wird eben geklärt wie in einem Hilfeplanverfahren ‚Welche Hilfen, welche Unterstützung bekommt das Kind?'"
>
> **Leitung 1, 95–103**

Zu den organisatorischen Aufgaben, die für das Erreichen einer guten Qualität erforderlich sind, gehört jedoch nicht nur die Realisierung der vereinbarten zusätzlichen therapeutischen bzw. heilberuflichen Angebote, sondern auch die Aufgabe, diese in Bezug auf ihre Funktionalität, zum Beispiel im Hinblick auf die „psychische Verfassung" des Kindes bzw. Jugendlichen hin zu überprüfen und sich gegebenenfalls auch für eine Abweichung von den festgelegten Schritten zu entscheiden. So soll sichergestellt werden, dass die vereinbarten Ziele erreicht werden können. Die im Folgenden zitierte Einrichtungsleitung formuliert dies so:

> „Der Hilfeplan, da sind ja die Handlungsziele, da sind die Zielstellungen drin, alles was wir erreichen wollen. Das ist damit fest-, das ist ja, wenn wir so zusammensitzen, ist das ja: ‚Ja, das wollen wir erreichen, das wollen wir machen.' Nach Möglichkeit. Sollte sich aufgrund der psychischen Verfassung des Klienten etwas Anderes ergeben, wird das dann umformuliert bzw. wird dann angepasst. Und dann ist die Sache dann eigentlich auch schick."
>
> **Leitung 6, 693–699**

In diesem Zitat wird also explizit darauf hingewiesen, dass immer wieder aufs Neue überprüft werden muss, ob die vereinbarten Förderungsstrategien noch der aktuellen Entwicklung im Hilfeverlauf angemessen sind. Ein reines Abarbeiten von einmal vereinbarten Vorgehensweisen erscheint dagegen nicht hilfreich.

4.3.3 Entwicklungsanregungen durch Grenzsetzungen und Hierarchien

Im Diskurs über Erziehungsprobleme wird immer wieder darauf rekurriert, dass es Kinder gibt, denen keine Grenzen gesetzt werden, die das Gefühl bekommen, jegliches Handeln bliebe ohne Konsequenzen. Qualität pädagogischen Handelns wird aus einer solchen Perspektive darin gesehen, wie überzeugend und wie konsequent Grenzen gesetzt und eingehalten werden. Eine solche Vorstellung folgt dem Prinzip, das Zoë Clark und Moritz Schwerthelm so beschrieben haben: „Die Reglementierung adressiert die Jugendlichen in dieser Wohngruppe durch eine präventive Logik als defizitäre Andere, deren potentiellen Verfehlungen mit Kontrolle begegnet wird" (2017, S. 16).

Dies wird auch in vier Interviews mit Fachkräften, die in stationären Einrichtungen arbeiten, deutlich. Es ist eine gewisse Scheu zu beobachten, von strafender Pädagogik zu sprechen. Es besteht die Befürchtung, damit negative Assoziationen zur Heimgeschichte zu wecken, weshalb Begriffe wie Sanktionen oder Konsequenzen bevorzugt werden.

4.3.3.1 Sanktionen

Kinder und Jugendliche zu sanktionieren bzw. zu bestrafen gilt in der Pädagogik als Zeichen der Hilflosigkeit der betreuenden Fachkräfte (Gragert u. a. 2005, S. 23). Strafen zeugen zudem von Fehlerunfreundlichkeit und einer gescheiterten Konfliktlösung, sie tragen nicht zu einer gewünschten Veränderung des Verhaltens bei und sind sogar ungeeignet, ein zentrales Erziehungserziel, nämlich die „Bildung einer Selbststeuerungsinstanz" (Wolf 2000; S. 201) zu erreichen. Selbst von Autoren, die Strafen oder Sanktionen nicht gänzlich verwerfen wollen, wird Kritik geübt. Insbesondere werden generalisierte Strafkataloge abgelehnt, da diese nicht geeignet sind darauf einzugehen, wie ein Kind vor dem Hintergrund seiner Lebenserfahrung mit der verhängten Strafe umgehen kann, inwiefern sie überhaupt die Möglichkeit eröffnet, Entwicklungsanstöße zu geben (z. B. Günder/Müller-Schlotmann/ Reidegeld 2009).

Allerdings zeigen Befragungen in stationären Einrichtungen der Kinder- und Jugendhilfe im Rahmen des DJI-Projekts „Jugendhilfe und sozialer Wandel" für 2004 und 2008, dass strafende Maßnahmen zur Erziehung der Kinder und Jugendlichen nach Selbstauskunft der Einrichtungen durchaus verbreitet sind. In 49 Prozent der Einrichtungen werden beispielsweise bestimmte Rechte der Kinder und Jugendlichen zur Bestrafung eingeschränkt, z. B. indem ein Ausgehverbot ausgesprochen wurde. In 37 Prozent der Einrichtungen werden Geldstrafen, Taschengeldkürzungen oder Gemeinschaftsarbeiten zur Strafe verhängt. In immerhin 3 Prozent der Einrichtungen werden Kinder zur Strafe eine Weile lang nicht mehr beachtet.

Tab. 7: Anteil von Einrichtungen, die bestimmte Strafen häufig verhängen (in Ost und West)

	2004			2008		
	Ost	**West**	**Gesamt**	**Ost**	**West**	**Gesamt**
Zurechtweisen im Einzelgespräch	85 %	82 %	83 %	87 %	88 %	88 %
Einschränken bestimmter Rechte (z. B. Ausgehverbot)	36 %	48 %	44 %	40 %	54 %	49 %
Verhängen von Geldstrafen, Taschengeldabzug, Gemeinschaftsarbeiten	32 %	35 %	35 %	41 %	35 %	37 %
Einschränken von Freizeitmöglichkeiten	23 %	37 %	33 %	25 %	41 %	35 %

	2004			2008		
	Ost	West	Gesamt	Ost	West	Gesamt
Verhängen von Strafen, die mit anderen Kindern/Jugendlichen festgesetzt wurden	28%	15%	19%	22%	14%	17%
Zurechtweisen vor anderen Kindern/ Jugendlichen	15%	13%	14%	12%	13%	13%
Zurechtweisen vor Eltern/Sorge-berechtigten	5%	7%	6%	8%	4%	6%
Nichtbeachten	4%	3%	3%	3%	2%	3%
Ausschluss aus Einrichtung	0%	2%	1%	3%	2%	2%
Körperliche Bestrafung	0%	<1%	<1%	0%	0%	0%

Quelle: Einrichtungserhebung DJI 2004, 2008

Diese Zahlen bilden allerdings nicht ab, wie diese Strafen im Vorfeld besprochen wurden, ob sie mit dem Kind, dem/der Jugendlichen zusammen entschieden wurden, welche institutionell verankerten Formen es für Kinder und Jugendliche gibt, sich dagegen zu wehren oder wie sie in die Gesamtpädagogik der Einrichtung eingebettet sind. Vor diesem Hintergrund erscheint es geboten, strafende Einrichtungen, wie sie auch in diesem Sample vorhanden sind, nicht als Einzelfall zu sehen, sondern die Deutungslogik, die dazu führt, dass Strafen als sinnvolle Pädagogik gesehen werden, genauer zu beleuchten. Auch aktuellere Studien greifen das Thema Sanktionen in den stationären Einrichtungen auf, wie z. B. Zoë Clark und Moritz Schwerthelm (2017) und Michael Behnisch und Christina Henseler, bezogen auf die Reglementierung der Handynutzung (2012).

„Konsequenzen" klingt besser

In dem Interview von Betreuerin 12, die in einer kleinen Einrichtung arbeitet, zeigt sich eine Umdeutung dessen, was überhaupt eine Strafe ist. Folgender Interviewausschnitt verdeutlicht dies, da die Befragte eine Strafmaßnahme, die sie anwendet, um einen Jugendlichen zu disziplinieren, nicht als eine solche benennt:

> „F: Also ich würde sagen, dass so, wie wir hier arbeiten, dass das schon ein guter Standard ist an Qualität.
> I: Inwiefern?
> F: Äh, naja, wir sind ja sehr, sehr locker hier, muss ich wirklich sagen. Wir sind auch nicht so mit Strafen. Ja, das hört sich jetzt so, aber wir strafen nicht. Das machen wir generell gar nicht. (I: Aha.) So was gibt es bei uns nicht. Da haben wir dann andere Möglichkeiten. Dann geben die Kinder eben halt ihre Handys ab über das Wochenende, weil sie es sich nicht verdient haben. Wir versuchen das immer alles mit Gesprächen, ja.

I: Mit Gesprächen? (…)

F: Dass wir sagen: ‚Mensch, war nicht in Ordnung, nein, mach es nicht mehr'. So versuchen wir das immer."

Betreuerin 12, 99–115

Die Befragte betrachtet das Wegnehmen von Handys „übers Wochenende" nicht als Strafe, sondern als Alternative dazu („da haben wir andere Möglichkeiten"). Die Qualität der Einrichtung erlebt sie darin, dass sie eher „locker" sind, was sie daran festmacht, dass „generell" nicht bestraft wird. Parallel zum Wegnehmen der Handys, werden auch „Gespräche" mit den jungen Menschen geführt. Der von ihr wiedergegebene Gesprächsausschnitt zeigt, dass es sich eher um eine Belehrung darüber handelt, warum sich ein junger Mensch das Handy „nicht verdient" hat. Auf Nachfrage beginnt sie die Wiedergabe des „Gesprächs" mit den Worten: „dass wir sagen (…)"; ein „Gespräch" im Sinne eines verbalen Austauschs von Meinungen und Ansichten ist eigentlich weniger direktiv.

In dieser Schilderung wird eine Idee der individuumsbezogenen Intervention deutlich. Es wird unterstellt, dass die konsequente Anwendung unangenehmer Folgen (wie die Wegnahme des Handys über das Wochenende) die Jugendlichen dazu veranlasst, ihr Verhalten in die gewünschte Richtung zu verändern. Sie spricht dabei von „Konsequenz", um die Zusammenhangslosigkeit zwischen dem Verhalten des Jugendlichen (sich etwas nicht verdient haben) und ihrer Reaktion (Handy wegnehmen) zu verschleiern.

Auf erneute Nachfrage bzgl. des Handyverbots führt sie weiter aus:

„Ja, das ist dann, das ist aber dann nicht eine Strafe, das ist dann eine Konsequenz über einen längeren Zeitraum, weil wir mit demjenigen schon seit einer Woche gesprochen haben: ‚Bitte, sei vernünftig in der Schule, ticke da nicht aus, beleidige die Lehrer nicht'. Das ging so ein, zwei Wochen. Es hat nicht funktioniert. Also gab es diese Konsequenz. ‚Wir haben lange genug geredet, jetzt gibst Du Dein Handy ab!' (I: Und das wirkt dann auch bei den Jugendlichen?) Das wirkt, ja. Also in der Zeit, wo der dann sein Handy nicht hatte, hat das alles super geklappt in der Schule. Und dann hat er es nach vierzehn Tagen wiedergekriegt. Da war es wieder, mhm, ja"

Betreuerin 12, 176–186

In pädagogischen Kontexten wird als konsequentes Handeln zweierlei verstanden: Zum einen soll das Kind die Folgen – oder in anderen Worten die Konsequenzen – seines Handelns erleben, um so die Möglichkeit zu haben, daraus zu lernen. Eine solche pädagogische Perspektive verzichtet ganz auf Bestrafungen, die als reine Machtdemonstration gedeutet werden und deren Wirkung sich maximal mit Dressur beschreiben lässt. Zum anderen meint eine konsequente Erziehung, dass die Kinder wissen, welche Reaktionen ihr Verhalten auslöst, und in der Erwartung ganz im Sinne negativer Konditionierung so zu gewünschten Verhaltensänderungen kommen. Die Betreuerin beschreibt, wie sehr die Einrichtung sich an dem letzteren Verständnis von Konsequenzen, als Euphemismus für Strafen orientiert und sich dabei auch noch ganz im Sinne von Zoë Clark (2018) von der Verantwortung für die negativen Folgen für die Kinder und Jugendlichen freispricht. Eine appellierende Zurechtweisung wird „Gespräch" genannt. Das „Gespräch", so wie es von der Befragten widergegeben wird, stellt eine Zurechtweisung mit Verboten und Appellen an den Jugendlichen dar. Ein Erforschen der Gründe für sein Verhalten oder ein lösungs- und beteiligungsorientiertes Gespräch mit den Lehrern scheint nicht stattgefunden zu haben.

Die „Konsequenz" des Handyentzugs über zwei Wochen (zur Bedeutung von mobilen Endgeräten vgl. Kap. 3.2.3) rechtfertigt sich aus der Perspektive der Betreuerin durch die damit verbundene Erwartung, so das Verhalten des Jugendlichen schnell beeinflussen zu können. Das bessere Verhalten in der Schule führt sie daher ausschließlich auf ihre Sanktion zurück. Die geringe Nachhaltigkeit der Aktion wird zwar bemerkt, aber nicht in Bezug zu der Intervention gesetzt. Dem Jugendlichen wird in ihrem Erklärungsansatz die Rolle des Delinquenten zugewiesen, der belehrt und gebessert werden muss. In der oben geschilderten Interaktion wird dem Jugendlichen ein opportunistisches Verhalten unterstellt, nämlich, dass er sich nur deshalb in der Schule gut benommen hätte, um sein Handy wieder zu bekommen.

Die Leitung dieser Einrichtung beschreibt Menschen als „Marionetten ihrer Gene", womit er wenig Hoffnung in Bezug auf eine Verhaltensänderung durch Lernen zum Ausdruck bringt. Insofern ist es nur logisch, dass ein nachhaltiges Lernen auf Seiten der jungen Menschen durch eigenes Erleben und Stärkung der Eigenmotivation nicht angestrebt wird.

> „Und wenn wir Fehlschaltungen drin haben, dann haben wir die drin. Das ist so. Ich bin Darwinist, und da stehe ich dazu. Und da kann man nicht drum rumreden, ne? Wir sind nicht alle gleich. Wir sind nicht alle hundert Prozent ausgeformt"
>
> **Leitung 6, 331–335**

Die Aufgabe der Einrichtung ist es also, durch entsprechende Kontrollmechanismen (konsequentes Handeln) die Verhaltensweisen der „nicht hundert Prozent Ausgeformten" im Zaum zu halten.

Betreuerin 12 wählt ein Beispiel für eine aus ihrer Sicht besonders gelungene Praxis, das darauf schließen lässt, dass sie Symptome psychischer Störungen durch sanktionierendes bzw. Sanktionen androhendes Verhalten eindämmen möchte. Dies geschieht durchaus aus Sorge um das Kind bzw. die Jugendliche. Was an diesem Umgang in besonderer Weise verwundert, ist, dass es in dem Interview keinen Hinweis auf Zweifel an diesem Vorgeben gibt. Es wird erneut deutlich, dass die Qualität stationärer Einrichtungen darin gesehen wird, dass ein bestimmtes unerwünschtes Verhalten der Jugendlichen beendet, vielleicht auch nur unterdrückt wurde:

> „Ja, wir hatten, oder ein Mädchen mit Borderline, also selbstverletzendes Verhalten, sehr, ja, sehr tief unten, hat sich jeden Tag geritzt und alles. Und dann haben wir gesagt: ‚Ok, das können wir nicht mehr verantworten.' Die Klinik, da ist sie immer wieder rausgegangen, aus der Krise, weil die Klinik eben gefunden hat: ‚Ist nicht notwendig'. (I: Ach so.) (…) wir machen uns da schon Gedanken, das ist selbstverletzend, die gehen tief, die Ritzereien. Und wir haben das so gemacht bei dem Mädel, wir haben Körperkontrolle gemacht morgens und abends. Und dadurch hat sich das sehr eingeschränkt, muss ich sagen. Weil sie wusste, wir kontrollieren das. Weil wir gesagt haben: ‚Wenn Du jetzt noch weiter ritzt, dann gehst Du in die Klinik, dann gehst Du in die Geschlossene.' Und das hat sehr gut funktioniert. Natürlich haben wir das bei dem Mädchen nur wir Mitarbeiterinnen gemacht, ja, und dann meistens immer auch zu zweit. Wir haben wirklich nur oberflächlich geguckt, Arme, Beine, da wo eben halt Ritzspuren möglich sind, am Bauch, Rücken. (I: Ja, aha, mhm) Und das hat funktioniert."
>
> **Betreuerin 12, 120–140**

Die Formulierung „das können wir nicht mehr verantworten" zeigt, dass die Fachkraft sich in ihrer Schutzfunktion gefordert fühlt. Sie kann – so ihre innere Überzeugung – der Selbstzerstörung der jungen Frau nicht tatenlos zusehen. Offensichtlich gibt es aus ihrer Perspektive auch keine Handlungsalternativen zu den geschilderten Körperkontrollen und der Androhung einer Unterbringung in der Psychiatrie. In der Logik der Einrichtung, auf jedes unerwünschte Verhalten mit unangenehmen Konsequenzen zu reagieren, stellt diese Umgangsform eine gelungene Intervention mit den Symptomen einer schweren psychischen Beeinträchtigung dar. Die Verhaltensänderung wurde durch eine machtvolle äußere Einflussnahme bewirkt: „Weil sie wusste, wir kontrollieren das. Weil wir gesagt haben (…) dann gehst du in die Geschlossene". Da sich in dem Interview kein Abschnitt findet, in dem reflektiert wird, inwieweit die konkrete Lebenssituation des jungen Menschen bei der Entscheidung darüber, ob es zu Sanktionen oder deren Androhung kommt, Einfluss nimmt, kann man diese Passage auch als Hinweis darauf lesen, dass es sich bei der Idee einer „Pädagogik der Kontrolle" um ein für die Einrichtung dominantes Konzept handelt. Der Abschlusssatz in diesem Zitat „Und das hat funktioniert"., drückt die Bekräftigung der Befragten dazu aus, dass die zumindest vorübergehende Zielerreichung (Ritzen beendet) die Qualität ihrer Arbeit bestätigt.

Hierarchie und autoritäre Strukturen als notwendige Bedingungen

Der folgende Interviewausschnitt einer Bereichsleitung zeigt anschaulich, wie eine Grundphilosophie, die auf der Idee der Kontrolle und Sanktion als Modus Operandi zur gewünschten Zielerreichung setzt, auf eine hierarchische Struktur angewiesen scheint. Offensichtlich sind mehrere Ebenen von sanktionierenden Instanzen erforderlich, möglicherweise kommt es sonst zu ungewollten Solidarisierungen und Mitleidsgefühlen. Vielleicht lässt sich über eine solche Arbeitsteilung ein Arbeitsbündnis mit den jungen Menschen auch einfacher aufrechterhalten.

> „Das heißt, ich bin dann da eher die Buh-Frau sozusagen, die sozusagen mit dem erhobenen Zeigefinger, wenn es mal drum geht, irgendwie zu sagen: ‚Also Du, so geht's jetzt nicht weiter!' Oder: ‚Jetzt müssen wir aber da mal an einer Stellschraube stellen!' Und: ‚Jetzt kommt die Chefin!' Und wo man den Zeigefinger dann mal heben muss. Oder auch >lacht<, was leider seltener vorkommt, auch mal die lobende Version, also sozusagen zu sagen: ‚Und das läuft aber super gut'. (...). Aber wenn es also sozusagen mal die schimpfende Instanz braucht, oder die höhere, dann komme ich da ins Feld."
>
> **Bereichsleitung 2, 66–78**

Deutlich wird auch in dieser Aussage, dass es Situationen zu geben scheint, in denen ein Machtwort gesprochen werden muss, um ein gewünschtes Ergebnis zu erreichen. Dazu braucht es die „Chefin". Die Vorstellung, dass eine bestimmte strafende Intervention eine zu erwartende Wirkung hat, wird an der Formulierung „an einer Stellschraube stellen" besonders deutlich. Die „Chefin", die „höhere Instanz" dreht an einer Schraube, um ein bestimmtes Verhalten zu erzielen.

Rationalisierungen von Machtausübung

Zu der Idee, durch das Setzen negativer Reize Kinder und Jugendliche in die gewünschte Richtung lenken zu können, gehören auch Strategien, die zu einer Rationalisierung der Machtausübung führen und damit die selbstkritische Reflexion darüber, ob die Auswahl und der Einsatz der Machtmittel auch wirklich begründbar ist, in eine spezifische Richtung lenkt. Dies erscheint in Bezug auf eine Realisierung guter Heimerziehung nicht hilfreich, denn pädagogischen Beziehungen wohnt immer ein Machtverhältnis inne, es ist sogar eine notwendige Voraussetzung für das Gelingen erzieherischer Prozesse. Gleichzeitig lässt sich der Einsatz des „Machtüberhangs" (Wolf 2000) nur rechtfertigen, wenn er pädagogisch begründbar ist. Klaus Wolf (2000) schlägt deshalb vor, in Einrichtungen die Machtprofile und die Ausgestaltung von Machtbalancen zu untersuchen, um so missbräuchlicher Machtausübung etwas entgegenstellen zu können. Betreuer 25, der in einer geschlossenen Einrichtung arbeitet, führt in seinen Ausführungen aus, wie er versucht bei den Jugendlichen die Strafen als logische Folge deren Verhaltens darzustellen. Ganz so als hätte er selbst keinen Einfluss darauf und damit auch keine Verantwortung dafür, welche Machtmittel er wann und wie einsetzt. Seine Kriterien für die Legitimation von negativen Konsequenzen besteht darin, dass gegen Regeln verstoßen wurde (unabhängig davon, ob eine Regelübertretung begründbar erscheint) oder er so einer von ihm gesehenen möglichen Gefährdung präventiv entgegenwirken kann.

„Ich muss den Jungs auch erklären, was ich tue, finde ich. Also wenn ich einen Jungen eine Konsequenz zum Beispiel gebe, wenn ich sage: ‚Das Verhalten von Dir war nicht in Ordnung, als Konsequenz möchte ich, dass das so und so, dass Du das wiedergutmachst.' Oder: ‚Wie können wir' // dass mit denen darüber gesprochen wird: ‚Hast Du selbst eine Idee, wie kannst Du es wiedergutmachen? Was war?' Oder ich erkläre ihm, warum ich jetzt so reagiere, warum ich ihm zum Beispiel keinen Ausgang gewähre an dem Tag. Normal dürfen die// die Jungs haben Ausgang und so bei uns regelmäßig. Aber es gibt mal Situationen, wo man was beobachtet hat, oder wo man mitgekriegt hat: Irgendwas läuft da nicht richtig. Oder man hat die Befürchtung, der Junge könnte vielleicht sich selbst wieder in Gefahr bringen. Wenn ich das also habe, und sage ‚Du, heute möchte ich Dir keinen Ausgang geben, weil', dann das aber erkläre und nicht einfach nur sage: ‚Ist so!' Dass ich es da auch kommuniziere. Ich finde das auch wichtig."

Betreuer 25, 258–270

Dieser Betreuer macht auf vier Aspekte von „Konsequenzen" aufmerksam:

- Zum Ersten möchte er, dass die Jugendlichen verstehen, warum es zu der Reaktion auf ihr Verhalten kommt („ich erkläre ihnen…"). Es ist ihm ein großes Anliegen, dass die Jugendlichen nicht das Gefühl bekommen, er handele willkürlich („Ist so"), sondern das Fehlverhalten und die darauffolgende „Konsequenz" sollen als eine logische Abfolge verstanden werden. Dabei scheint er sich zwar nicht auf Diskussionen einzulassen („I: Ok. Ja, ich habe auch das Gefühl, das ist Ihnen sehr wichtig, Ihr pädagogisches [Handeln, Anmerkung d. A.] zu erklären und//H: Ja, nicht zu rechtfertigen" (Betreuer 25, 393–395)), aber es ist ihm wichtig, dass er seine Machtmittel regelkonform einsetzt, um so einen Machtmissbrauch zu verhindern. Das Problem dabei ist, dass die Regeln, die dem Einsatz seiner Machtmittel zugrunde liegen, nicht reflektiert, sondern als logische Reaktion verstanden werden.
- Zum Zweiten gibt er den Jugendlichen die Möglichkeit, die Reaktion auf ihr Handeln scheinbar selbst zu bestimmen („Hast du selbst ne Idee"). Er legt Wert darauf, dass die Jugendlichen nach ihrer Meinung und ihren Vorschlägen gefragt werden. Dies lässt sich als ein Versuch deuten, dass die Jugendlichen von der Unausweichlichkeit der Konsequenzen überzeugt werden.
- Zum Dritten benutzt er die Konsequenz auch dazu, um zu strafen, also um etwas Negatives oder Unangenehmes zuzufügen. Von Konsequenz zu sprechen erscheint auch hier wie eine Verschleierungstaktik, denn ein Ausgangsverbot zu verhängen, stellt eindeutig eine Strafe dar.
- Zum Vierten wird an der Wahl des „Zimmerarrests" als Strafe auch deutlich, dass diese eine zweite Funktion hat: Sie soll sicherstellen, dass der Jugendliche in dieser Zeit keine weiteren Schäden anrichten kann, bzw. er vor sich selbst geschützt ist („sich selbst in Gefahr bringen").

Die hier zum Ausdruck kommende erzieherische Grundidee lässt sich also etwa so beschreiben: Durch das Erleben eines verlässlich konsequenten Handelns, das auf unerwünschte Verhaltensweisen mit unangenehmen Folgen reagiert und das von den jungen Menschen als solches verstanden werden kann, wird das Verhalten junger Menschen in die gewünschte Richtung verändert. Wichtig ist dabei, dafür zu sorgen, dass die jungen Menschen lernen, dies auch als eine Art Schutz vor sich selbst zu deuten und das Prinzip, falsches Verhalten führt zu unangenehmen Reaktionen, so sehr verinnerlichen, dass sie es irgendwann auch ohne unmittelbare äußere Kontrolle übernehmen.

4.3.3.2 Autoritäre Kommunikation statt partizipativer Strukturen

Am folgenden Beispiel wird deutlich, wie riskant eine konzeptionelle Orientierung auf autoritäre Kommunikation für das Erreichen des Ziels guter Heimerziehung sein kann. Klaus Wolf hat in seinen Arbeiten zu Macht in pädagogischen Verhältnissen immer wieder herausgearbeitet, dass die Machtasymmetrie in pädagogischen Verhältnissen zwar einerseits unumgänglich und notwendig, aber andererseits in ihrer Ausübung auch immer legitimierungsbedürftig ist. Und dies hat auf eine Art und Weise zu geschehen, die das Kind, bzw. den jungen Menschen und weder die handelnden Erwachsenen, noch die durch sie vertretenen Institutionen, noch die Gesellschaft an sich in das Zentrum der Legitimation rückt (z. B. Wolf 2010). Leitung 6 hingegen formuliert für die Einrichtung das Motto: „Wer im Dienst ist, hat den Hut auf!“ Das im folgenden Zitat formulierte Angebot an die Jugendlichen, die Erziehungsperson von einer alternativen Vorgehensweise zu überzeugen, erscheint in diesem Kontext unrealistisch und dient wohl eher dazu, dem Jugendlichen sein Ausgeliefertsein zu verdeutlichen.

> „Wir sind ja auch nicht angetreten, um hier nur die pure Weisheit oder irgendetwas zu apostrophieren, sondern einfach nur zu sagen: ‚Wir sind auch nur Menschen.‘ Nur Menschen, aber wir haben eine andere Ausbildung, wir haben einen anderen Background, wir haben eine Erfahrung und, und, und. Und das müssen wir einfließen lassen, ne? Und Ihr [die Kinder und Jugendlichen] könnt da mitmachen. Wenn Ihr sagt ‚Also diese Erziehungsmethode geht ja gar nicht, dann machen wir das anders. (…) Wir lassen dann auch die Möglichkeit des Angebots. ‚Wie willst Du das jetzt machen? Sag’ mir mal, wie kommen wir da zueinander? Ich habe den Anspruch, dass Du das jetzt machst, und Du sagst mir jetzt, das passt Dir jetzt nicht, das würdest Du jetzt nicht machen wollen. Dann sage mir mal warum. Du musst mir doch ganz klar definieren können, aus dem und dem Grund‘. Und damit zwinge ich sie natürlich auch in eine Kommunikation mit mir.“
>
> **Leitung 6, 398–424**

An diesem Beispiel zeigt sich, dass Leitung 6 ein sehr hierarchisch geprägtes Bild von Kommunikation hat und davon überzeugt ist, zu „wissen, was richtig ist". Die Aussagen zu Beginn des eben zitierten Abschnittes klingen nach einem verständnisvollen und partizipativen Erziehungsstil. Allerdings ist die Voraussetzung für Verständnis und Mitwirkungsmöglichkeiten, dass der junge Mensch mit der Leitung 6 übereinstimmt. Ansonsten wird eine Drucksituation für den jungen Menschen kreiert, die als Beteiligungsmöglichkeit verklärt wird. Der Druck wird aufgebaut, indem die Leitung Erwartungen äußert („ich habe den Anspruch…") und Bedingungen stellt: „Du musst mir doch ganz klar definieren können, aus dem und dem Grund…". Der Jugendliche wird so in die Kommunikation „gezwungen" und soll auf diese Weise verstehen, dass Leitung 6 recht hat und es keine Alternative gibt. Leitung 6 erwartet, dass der junge Mensch sein Missfallen über eine „Erziehungsmethode", auf die er keinerlei Einfluss hat, äußert und seine Meinung hieb- und stichfest argumentieren soll. Es ist gut vorstellbar, dass nicht alle jungen Menschen diese Erwartung problemlos erfüllen können. Der geschilderte Konflikt über eine „Erziehungsmethode" hätte in einen partizipativen Austausch münden können, in dem sich Fachkraft und Jugendlicher darüber austauschen, ob diese Erziehungsmethode angemessen ist oder nicht. Es hätte ein gegenseitiges Verständnis hergestellt werden können. Leitung 6 tut so, als sei dies sein Ziel gewesen, verdreht aber die Situation ins Gegenteil und nutzt sie dazu, dem Jugendlichen seine Unzulänglichkeit vorzuführen und sich selbst als überlegen darzustellen. Ein Beziehungsverständnis zwischen Fachkraft und Jugendlichem jenseits einer Hierarchie mit Macht- und Überlegenheitsbekundungen scheint für Leitung 6 nicht vorstellbar. Sein Handeln ist von Erziehungsvorstellungen im Sinne einer Disziplinierung, geprägt. Für Leitung 6 liegt Qualität offensichtlich darin, dem jungen Menschen seine Unterlegenheit vor Augen zu führen und ihn dazu zu zwingen, die Macht- und Führungsfunktion der Fachkraft anzuerkennen. Damit wird sowohl eine Chance vertan, zu einer Lösung für den Konflikt zu kommen, die dem Kind Entwicklungsmöglichkeiten eröffnet und ihm hilft, seine Person weiter zu formen, als auch die Anwendung von Machtmittel auf ihre Legitimierbarkeit hin zu reflektieren.

> „Ja, ja, sie partizipieren. (…) Und wir geben die Richtung vor. (I: In ihrem Alltag?) Ja. Wir geben die Richtung vor. Aber das ist ja auch nicht das Verkehrtestes. (…) Ja, Alter hat Weisheit."
>
> **Leitung 6, 977–985**

4.3.3.3 Zusammenfassung

Grenzsetzungen und eine klare hierarchische Struktur erscheinen aus der Perspektive einiger Fachkräfte als die Grundlage dafür, jungen Menschen zu helfen, den richtigen Weg zu finden. In deren konzeptionellen Überlegungen steht die

Frage im Vordergrund, wie das Verhalten der jungen Menschen verändert werden kann. Dies wird erreicht durch die Androhung oder Verhängung von sogenannten „Konsequenzen". Damit dies gelingt, bedarf es starker Mitarbeitender, die von der Richtigkeit ihres Handelns überzeugt sind und sich selbst als Expertin/ Experten für die Lebensperspektiven anderer sehen. Sie können aufgrund ihrer individuellen Erfahrung, Kompetenz und Persönlichkeit die richtige Intervention anwenden. Die Rolle der Mitarbeitenden im Gruppendienst wird durch den hierarchischen Aufbau der Organisation gestärkt, so dass bei Bedarf Personen, die mit größerer Autorität ausgestattet sind und einen größeren Abstand zum Alltag haben, die entsprechenden Sanktionen durchsetzen. Insgesamt erinnert diese Struktur in fataler Weise an das, was sich in verschiedenen Studien als begünstigende Faktoren für Misshandlungen in institutionellen Kontexten herausgestellt hat.

4.4 Qualität durch formalisierte Verfahren

In Interviews mit Mitarbeitenden in stationären Einrichtungen kommen bei der Frage danach, was gute Qualität ist, selbstverständlich auch formalisierte Verfahren zur Sprache. In einer Vielzahl der stationären Einrichtungen gibt es Formen formalisierter Qualitätssicherungs- oder -entwicklungsverfahren. Schon bei einer bundesweiten Befragung stationärer Einrichtungen im Jahr 2004 haben 46 Prozent der Einrichtungen den Einsatz entsprechender Verfahren als wesentlichen Teil ihrer Qualitätsstrategien benannt (Gragert u. a. 2005, S. 93). Hinter dem Oberbegriff „formalisierte Verfahren" verbirgt sich eine Vielzahl unterschiedlicher Ansätze zum Qualitätsmanagement. Qualitätsmanagement kann grundsätzlich verstanden werden als „die organisierte und gemeinsam zwischen Organisationsmitgliedern stattfindende Suche auf die Antwort nach den Fragen ‚Wann ist unsere Arbeit gut?' und ‚Was können wir tun, um die Wahrscheinlichkeit einer guten Leistungserbringung zu gewährleisten und kontinuierlich weiterzuentwickeln?'" (Merchel 2013, S. 16). Bei der Thematisierung von Qualitätsmanagementstrategien in unseren Interviews wird Qualitätsmanagement jedoch eingeschränkter verstanden, es werden in erster Linie formalisierte Verfahren der Qualitäts"sicherung" und -kontrolle angesprochen. Im Unterschied zu beiden zuvor genannten Vorstellungen darüber, wie die Aufgaben der stationären Erziehungshilfe am besten erfüllt werden können (entweder durch die Gestaltung von Settings oder durch individuumszentrierte Interventionen), setzt ein Einsatz formalisierter Verfahren weniger an inhaltlichen Fragen an, sondern eher an einer Steuerung der Qualität durch Einhaltung vordefinierter Prozesse. Die beschriebenen Prozesse sollen unabhängig von der aktuell handelnden Person möglichst gleich abgearbeitet werden. Hierüber – so eine der Hoffnungen – wird gewährleistet, dass die Adressatinnen und Adressaten der Einrichtungen gleich behandelt werden und somit die Qualität der erzieherischen Hilfen nicht von der Tagesform oder der gerade anwesenden Fachkraft abhängt. Dieser Zugang, Qualität auch in pädagogischen Kontexten durch eine Prozesssteuerung abzusichern, wie sie in der Industrie entwickelt (z. B. Ackermann 2010) und im Dienstleistungsbereich mit der Einführung der EN ISO 9001 ff. übernommen wurde, ist mit der Hoffnung gewählt worden, so zu einem allgemein anerkannten Instrument der Qualitäts"sicherung" zu kommen und nach außen an Legitimation zu gewinnen. Die Debatte um Qualitätssicherung und die Normierung von Qualitätsmanagement hat sich im Wesentlichen aus den Anforderungen der Autoindustrie gegenüber ihren Zulieferern entwickelt. Mit der Veröffentlichung der ISO-9000 im Jahr 1994 wurde das Ziel verbunden, die anwendenden Unternehmen anzuregen, „Qualitätsmanagement-Systeme zu entwickeln, die kontinuierliche Verbesserung sicherzustellen, Fehlervermeidung zu fördern und Zuverlässigkeit und Prozessfähigkeit in der Wertschöpfungskette zu stärken" (QZ-Online.de, o. J.). Die Grundidee ist also darauf gerichtet, dass unabhängig von der tatsächlichen Qualität des Produkts oder der Dienstleistung ein Managementsystem etabliert ist, das sicherstellt, dass diese Qualität durch Einhaltung eines definierten Procederes erreicht werden kann. Insofern steht diese Vorstellung davon, wie qualitativ hochwertig in der Kinder- und Jugendhilfe gearbeitet werden kann, nicht unbedingt im Widerspruch zu den beiden bereits beschriebenen Grundphilosophien. Insbesondere individuumszentrierte Interventionen werden immer wieder in solche formalisierten und standardisierten Ablaufbeschreibungen gefasst.[52] Nichtsdestotrotz, stellt sie mit Blick auf die hier interessierende Fragestellung einen eigenen Zugang zum Thema Qualität dar, wie es sich sowohl aus den hier ausgewerteten Daten als auch bei den Analysen anderer Projekte (z. B. Hermann 2016) ergibt. Die Fokussierung auf das Management und die Gestaltung von Ablaufplänen und Checklisten, die Entwicklung von Qualitätshandbüchern, die in der Neufassung der ISO-Norm 9001:2015 übrigens nicht mehr gefordert werden, verändert das Nachdenken über das, was die Qualität stationärer Hilfen beeinflusst.

4.4.1 Distanzierung und Anwendung von QM-Verfahren

Es fällt auf, dass in Interviews, in denen die Rede auf formalisierte Verfahren kommt, diese als von außen aufgezwungen oder zumindest nahegelegt dargestellt werden. Eine Qualitätsbeauftragte kann zwar nicht ganz so präzise eine Zuordnung vornehmen, wer bzw. welche Institution ein Qualitätsmanagement

52 Bei Merchel 2013 (S. 204–207) findet sich eine Sammlung von Argumenten, warum eine solche Orientierung für Einrichtungen riskant sein kann und zwar in dem Sinne, dass sie am Ende von der Aufgabe, eine gute Qualität zu erreichen, ablenkt

im Sinne eines formalisierten Verfahrens von der Einrichtung verlangt, aber ein Punkt ist sicher, es kommt von außen:

> „F1: Das [Qualitätshandbuch, Anmerkung d. A.] ist ja auch Grundlage letztendlich, weil das ist ja auch – daher rührt ja auch, ich sag mal, unsere gesetzliche Verpflichtung zur Evaluation und auch zur Qualitätsentwicklung. Und die ist ja auch Grundlage für die – für den Arbeitskreis Qualität überregional. Ja. Und letztendlich in der – in auch den Qualitätsstandards beschrieben.
> I: Und hilft Ihnen bei der alltäglichen Arbeit, oder sagen Sie, Sie machen das ja eh schon, oder?
> F1: Nein. Ich schau da gar nicht drauf."
>
> **Qualitätsbeauftragte 9, 664–671**

Eine Qualitätskoordinatorin einer weiteren Einrichtung verweist in ihrer Antwort darauf, dass die Einrichtung um weiterhin im Bereich der beruflichen Bildung tätig sein zu können, von der Arbeitsagentur – und damit von außen – gezwungen wurde, sich auf diese Art und Weise mit Qualität zu befassen:

> „in den QM-Prozess eingestiegen, (…) um eben zu gewährleisten, dass wir weiterhin am Markt sind, dass wir uns da bewähren können."
>
> **Qualitätskoordinatorin 3, 98–103**

und an anderer Stelle

> „Die Ausbildung ist zertifiziert. Das war, glaube ich, 2012. Und da haben wir jetzt jährlich ein sogenanntes Überwachungs-Audit, da kommt dann eine externe Auditorin – ach, die geht hier überall durch und wir kriegen einen schönen Auditbericht. (I: Ok.) Und genau, und 2017 jetzt, man muss nach fünf Jahren wieder vollkommen neu beantragen. Also das ist wirklich ein hoher Aufwand, kostet viel, viel Geld, aber man ist praktisch ja gezwungen, das zu machen, weil das gefordert wird eben vom Arbeitsamt, um auch diese, also um diese Gelder zu bekommen"
>
> **Qualitätskoordinatorin 3, 127–136**

Die Anwendung formalisierter Verfahren des Qualitätsmanagements erscheint somit als etwas, was den Einrichtungen fremd ist und dennoch viele Ressourcen verbraucht. Doch in den weiteren Interviewverläufen lässt sich erkennen, dass in der Anwendung solcher Verfahren durchaus auch eine Reihe von Vorteilen gesehen wird. Bevor auf diese eingegangen wird, werden zuerst noch die wichtigsten Bestandteile solcher QM-Systeme aus der Perspektive von Einrichtungen skizziert.

Als wesentlicher Bestandteil werden in Interviews die mit solchen Systemen verbundenen umfangreichen Dokumentationspflichten benannt. Für die Inhalte der Dokumentation gibt es dabei drei Schwerpunkte.

Zum Ersten handelt es sich dabei um auf das einzelne Kind bezogene Themen wie Gesundheit (z. B. Medikamenteneinnahme, Arztbesuch), Informationen zu Kontakten mit Eltern oder anderen Familienmitgliedern (z. B. Anzahl der Telefonate mit Eltern), Rückmeldungen aus der Schule, meldepflichtige Vorkommnisse im Sinne des § 47 SGB VIII, Beschreibungen von Entwicklungsverläufen, Grad der Erreichung von im Hilfeplan formulierten Zielen.

Zum Zweiten werden auf die Gruppe bezogene Ereignisse dokumentiert und zum Dritten die Aktivitäten, die von Seiten der Einrichtung durchgeführt wurden. Hierzu gehören zum Beispiel die Kontaktaufnahme zu Eltern, Schule, anderen Einrichtungen und Personen. Zur Vereinheitlichung der Dokumentation wurden in etlichen Einrichtungen auch entsprechende Formblätter entwickelt.

> „Gibt es Formulare, gibt es Verfahrensanweisungen, genau. Also sozusagen vom Mitarbeitergespräch bis zum Hausmeister, über das Fahrtenbuch für die Dienstfahrzeuge, bis hin zu Aufnahme/Entlassung, Hilfeplanverfahren, Berichte, Erziehungspläne, alles. So, also das ist mal sozusagen der eine formale Teil der Qualität."
>
> **Bereichsleitung 2, 186–191**

Ein weiterer Punkt, der in den Interviews mehrfach hervorgehoben wird, ist die Beschreibung von pädagogischen Kern- oder Schlüsselprozessen. In verschiedenen Publikationen, die sich mit Qualitätsmanagementverfahren in der sozialen Arbeit befassen, stehen diese auch im Zentrum der Verfahren (Gmür 2004; Stiftung Gute Hand mit MOSES[53]). Unter den Begriffen Kern- oder Schlüsselprozesse werden regelmäßig wiederkehrende, für die Hilfegestaltung wichtige Stufen markierende Prozesse bezeichnet. Ihre Bedeutungszuschreibung erlangen sie in erster Linie aus der institutionellen Perspektive. In den Interviews wird nämlich insbesondere auf den Anfang und das Ende einer Hilfebeziehung verwiesen, indem Aufnahmeverfahren, Diagnoseverfahren, Hilfeplanung, Entlassung, Nachbetreuung in diesem Kontext hervorgehoben werden.

> „Also unsere Kernprozesse in der Pädagogik, das war so das Hauptthema, zu beschreiben ‚Wie läuft bei uns eine Aufnahme?', ‚Wie kommt ein Kind zu uns?', ‚Diagnose', ‚Was macht der psychologische und der heilpädagogische Fachdienst?'."
>
> **Qualitätskoordinatorin 3, 167–170**

Aus Sicht von Kindern und Jugendlichen wären beispielsweise auch Themen wie Veränderung der Gruppenzusammensetzung durch einen Wechsel sowohl bei den Kindern/Jugendlichen als auch den Fachkräften, der Aufbau von Vertrauen

53 https://www.die-gute-hand.de/arbeitsweise/qualitaetsentwicklungundsicherung/qualitaetsentwicklungundsicherung.aspx

oder der Umgang mit Regelverstößen als pädagogische Schlüsselprozesse zu nennen.

Standardisierende Elemente solcher Qualitätsmanagementverfahren werden ebenfalls beschrieben. Genannt werden Hinweise zur Gestaltung von Abläufen und Anleitungen, wie eine Checkliste „Packen für die Freizeit". Diese Elemente sind einerseits an den Strukturen von Qualitätshandbüchern orientiert, die im technischen Bereich möglichst alle Fehlerquellen beschreiben und durch entsprechende Vorschläge zur Fehlervermeidung minimieren sollen. Im Bereich der stationären Hilfen zur Erziehung sollen sie helfen sicherzustellen, dass alle Kinder und Jugendlichen in einer Einrichtung Ähnliches erfahren und sie nicht von der Laune oder dem Wissen ihrer Bezugsperson abhängig sind. Auch die Aufgaben und Strukturen der Hauswirtschaft sowie Hinweise, was in Notfällen sinnvollerweise zu veranlassen ist, inklusive der Bereitstellung von Notrufnummern, werden auf standardisierende Weise festgehalten. Für die Einarbeitung neuer Mitarbeitender, die Anleitung von Praktikantinnen und Praktikanten, die Durchführung von Mitarbeitergesprächen sowie Telefonaten mit externen Partnern oder dem Umgang mit dem Fahrtenbuch für den Dienstwagen gibt es ausgearbeitete Vorgaben.

In den formalisierten Verfahren zur Qualitätssicherung und -entwicklung werden auch komplexere Themen wie Beschwerdemanagement, Heimbeirat sowie die Befragung von Mitarbeitenden und Nutzerinnen und Nutzern angesprochen. Im Unterschied zu einer sich auf rechtliche und pädagogische Grundsätze berufende Verwirklichung von Beteiligung in den Einrichtungen, erfolgt die Thematisierung hier aus der Perspektive einer lernenden Organisation. Ein funktionierendes Beschwerdemanagement ist traditionell ein wichtiges Instrument zur Identifikation von Stärken und Schwächen, zur Erzeugung positiver Ausstrahlungseffekte, zur Vermeidung negativer Kundenreaktionen und zur Wiederherstellung von Kundenzufriedenheit (z. B. Homburg/Fürst 2003). Es nutzt also die Erfahrungen der Kunden, um das Produkt zu verbessern und soll gleichzeitig die Kundenbindung erhöhen. In dieser Perspektive leistet ein gutes Beschwerdemanagement einen Beitrag zur Verwirklichung der Idee, dass Hilfe immer nur dann erfolgreich und gut sein kann, wenn auch die Adressatinnen und Adressaten sich im Rahmen von Aushandlungs- und Aneignungsprozesse auf die mit einer Hilfe verbundenen Veränderungszumutungen einlassen. In den „Kundenbefragungen" wird dies dann teilweise reduziert auf den Zufriedenheits- bzw. Unzufriedenheitsaspekt. So wundert es auch nicht, dass in einem Interview nach dem Satz „und vielleicht noch einen ganz kleinen Randaspekt auch zum Thema Befragung oder Teilhabe/Partizipation" der Heimrat angesprochen wird. Obwohl der Heimrat ein Ort der gemeinsamen Herstellung einer guten Qualität sein könnte, ist die verantwortliche Bereichsleitung von der Sinnhaftigkeit dieser formalisierten Mitbestimmung (noch) nicht richtig überzeugt:

> „F1: … und vielleicht noch einen ganz kleinen Randaspekt auch zum Thema Befragung oder Teilhabe/Partizipation. Einen Heimbeirat gibt es natürlich, kennen Sie ja, also.
> I: Ja
> F1: Wie ein Klassensprecher wird halt ein Jugendlicher in der Gruppe gewählt und ein Stellvertreter, und die treffen sich alle sechs Wochen ungefähr mit der Einrichtungsleitung und ein paar vertretenden Pädagogen zum Heimbeirat so nennen wir das jetzt. Und da ist auch halt Mitsprache und was weiß ich."
>
> **Bereichsleitung 2, 256–264**

Auch bei den berichteten Inhalten von Befragungen wird eine mehr oder weniger deutliche Reduktion auf Zufriedenheitsdimensionen deutlich:

> „Im Rahmen unseres QM haben wir Eltern- und Kinderfragebögen zum Beispiel, also das spielt jetzt auch mit rein, das fällt mir nur so als Randthema mit auf, wo wir immer alle zwei Jahre den Eltern auch Fragebögen mitgeben, die Kinder auch befragen ‚Sind sie zufrieden mit der Einrichtung?'"
>
> **Bereichsleitung 2, 203–208**

Als Themen der Befragung von Adressatinnen und Adressaten werden genannt: Zufriedenheit von Kindern/Jugendlichen und deren Eltern, Bewertung des Alltags in der Gruppe, Bewertung der Arbeit von Fachkräften durch Nutzerinnen und Nutzer, Aussagen zum Gebäude und Aussagen zur Gruppe.

> „Gibt es einen anonymen Fragebogen, wo die Jugendlichen, wir haben ja keine Kinder bei uns jetzt, Jugendliche die Möglichkeit haben, nach bestimmten Fragen unsere Arbeit oder ihr Leben in der Gruppe zu bewerten. Und das wird ausgewertet. Und wenn man einen bestimmten Notenschlüssel, sage ich mal, nicht erreicht, dann werden daraus Aufträge formuliert und umgesetzt"
>
> **Betreuerin 14 (GI), 816–822**

Die Teams werden also auch anhand der Befragung von Jugendlichen bewertet und sollte die Bewertung zu schlecht ausfallen, werden Maßnahmen ergriffen, die Teamleistung zu verbessern.

QM-Verfahren haben ihren Platz in der stationären Jugendhilfe und auch, wenn sie als von außen auferlegte, Zeitressourcen verbrauchende Strategien dargestellt werden, scheinen sie für einen Teil der Einrichtungen funktional zu sein. Die Struktur solcher Annäherungen an die Beschreibung von Qualität und deren Weiterentwicklung verspricht eine gewisse Reduktion der mit dieser Aufgabe verbundenen Komplexität, indem sie der Idee eines Baukastenprinzips folgend, Qualität als die Summe vieler einzelner qualitätsvoller Handlungen begreift, die man nach und nach zusammenmontieren kann (Schwabe/Thimm 2018, S. 438).

Für die Einrichtungen eröffnet eine solche Vorstellung von Qualität die Möglichkeit, sich einzelnen Prozessen zuzuwenden und die Interdependenz der verschiedenen Ebenen, die Qualität beeinflussen, außen vor zu lassen. Zudem erscheint es einfacher zu überprüfen, was bereits erreicht wurde. Darauf, dass dies am Ende nicht ausreicht, um eine Einrichtung der stationären Hilfen auf einem hohen Qualitätsniveau zu betreiben, weisen Matthias Schwabe und Karlheinz Thimm (2018, S. 447 ff.) hin.

4.4.2 QM-Verfahren und ihre Vorteile

Auch wenn die Einführung eines Qualitätsmanagements als etwas von außen Gefordertes, als etwas Lästiges, als etwas, das im Alltag der Einrichtungen nicht unbedingt gut Integriertes, dargestellt wird, finden sich in den Interviews auch eine ganze Reihe von positiv wahrgenommenen Folgen eines Qualitätsmanagementsystems.

Als einer der Verwendungskontexte, in denen zumindest Teile formalisierter Qualitätskonzepte positiv bewertet werden, wird unter anderem die strukturierte Einarbeitung neuen Personals hervorgehoben.

> „Teilweise. Also ich, ähm, ja, also im Prinzip, für so ein großes Haus mit so vielen Mitarbeitern und auch mit, was weiß ich, allen neuen Mitarbeitern usw., gibt es schon viele sehr gute Punkte, allein wenn man anschaut sozusagen, jetzt ‚Einführung neuer Mitarbeiter'. Da gibt es eine Liste, die kann sich raus legen, die kann man abhakeln ‚Wer hat was mit wem gemacht?'. Solche Dinge finde ich schon sehr hilfreich."
>
> **Bereichsleitung 2, 1029–1035**

Ein weiterer positiver Aspekt wird in der Verbesserung von Transparenz im Team gesehen. Dank der Dokumentation gelingt es, den Überblick zu behalten, zum Beispiel in Bezug auf das, was mit dem Jugendamt oder der Familie vereinbart wurde.

> „Das unbedingt, also das bringt eine Transparenz, das bringt (-) das bringt auch eine Orientierung im Hilfeverlauf, auch Transparenz innerhalb des Teams, ja. Also wir greifen auch immer gerne noch mal darauf zurück, auch."
>
> **Qualitätsbeauftragte 9, 629–631**

> „Ich kann jetzt den Wert, natürlich für den Alltag besteht der Wert darin, dass die Kollegen, wir arbeiten ja im Schichtdienst, und dass die Kollegen halt dann einfach über die Dokumentation informiert werden, weil halt auch nicht die Zeit bleibt, um jetzt eine große Übergabe zu machen oder Übergabegespräche oft nicht so ausführlich sein können, weil ja die Kinder auch in der Gruppe da sind."
>
> **Leitung 1, 481–488**

Das über die gesamte Anwesenheit eines jungen Menschen standardisierte Ablaufschema biete auch Orientierung und Kontinuität im Hilfeverlauf, die Dokumentation von Zielen, Handlungen und Ereignissen stelle eine Basis für Entwicklungsberichte und Hilfeplanberichte dar und helfen auf dieser Ebene eine einheitliche Qualität zu erreichen.

> „Für uns ist es wichtig, ganz wichtig. Erstens, weil wir auch die Berichte ans Jugendamt schreiben müssen zu jedem Hilfeplan, der immer halbjährlich stattfindet. Und auch, um mal nachzugucken oder mal so zu verfolgen. ‚Da hat es angefangen mit dem Problem', ‚das war vielleicht der Knackpunkt', ‚Und seitdem läuft es eigentlich ein bisschen schief'."
>
> **Erzieherin 12, 533–538**

Auch wird von der Erfahrung berichtet, dass eine strukturierte Dokumentation die Reflektion positiv anregt und dazu beiträgt, das Richtige zu tun.

> „Das hilft uns für die Reflektion. Also wenn wir an diesen Sachen arbeiten, dann muss ich sagen, hilft es uns, unsere Arbeit wieder neu zu überdenken. Also dieses Reflektieren, einfach auch mal was niederzuschreiben, hinzuschreiben ‚So, so, so', dieses alles, das hilft, um den eigenen Standort wieder zu bestimmen und zu sagen ‚Da wollten wir mal hin', oder ‚Sind wir da noch – läuft das noch?'"
>
> **Leitung 1, 314–320**

Insbesondere in Ausnahmesituationen, sei es einfach nur aufgrund seltener Ereignisse oder weil Situationen eskalieren und als Krise erlebt werden, sollen Festlegungen im Rahmen des Qualitätsmanagements dazu beitragen, dass die Qualität des Einrichtungshandelns erhalten bleibt. Solche Situationen gelten als riskante Situationen, da sie meist mit fehlender Handlungssicherheit von Mitarbeitenden einhergehen und sich damit auch die Fehlerhaftigkeit von Reaktionen erhöhen kann. Aus Sicht einer Qualitätsbeauftragten schaffen entsprechende Festlegungen im Qualitätshandbuch, die sie als „dokumentierte Informationen" bezeichnet, es tatsächlich, die Wahrscheinlichkeit einer richtigen Reaktion zu erhöhen und dem Mitarbeitenden das Gefühl zu geben, nicht allein gelassen zu werden.

> „Zum Beispiel Krisenmanagement, dann gehen sie ins QM-Handbuch, holen sich den Krisenfall, lesen das durch, ‚Wie läuft das hier ab?', ‚Wen rufe ich an, wenn ich jetzt eine Krise habe, die ich vielleicht melden muss?', so dass der Mitarbeiter hier auch nicht alleine steht, wenn es mal richtig brennt, in Anführungszeichen."
>
> **Qualitätsbeauftragte 14 (GI), 658–663**

Verantwortlichkeiten und Abläufe seien so einfach zu klären und die Legitimation des Einrichtungshandelns wird insgesamt erhöht. Über ein solches Verfahren werden auch kompakte Informationen bereitgestellt. Als Vorteil und Qualitätsmerkmal gilt, wenn die Ziele der Arbeit und die Arbeitsschritte selbst genau beschrieben sind und anhand einer Dokumentation auch sichtbar gemacht werden können.

> „(...) ist für mich ganz wichtig, dass die Arbeit, die geleistet wird, transparent gemacht wird als Qualität, weil diese Hilfeplansteuerung, die wird ja über Ziele gemanagt. (...) Und dem muss man dieses Management, was es hier gibt, da muss man andocken und gucken ‚Welche Instrumente brauchen die Mitarbeiter, um ihre Arbeit, also die beschriebene Arbeit, die sie da leisten sollen, so zu transportieren, dass das hinterher sichtbar wird?' (...) In einem Bericht zum Beispiel oder in einem Gespräch beim Hilfeplan. Dass die Mitarbeiter also so gut vorbereitet sind, dass sie die Arbeit des kompletten Teams verkaufen, wenn sie im Hilfeplangespräch sitzen."
>
> **Qualitätsbeauftragte, 14 (GI), 128–151**

Die zitierte Qualitätsbeauftragte sieht hier nicht nur die Möglichkeit, die Fortschritte in spezifischen Förderbereichen jedes Einzelfalls, sondern auch die individuellen Arbeitsschritte der einzelnen Fachkräfte dem Jugendamt (als Teamleistung) zu präsentieren („verkaufen").

Einen anderen, ebenfalls positiven Aspekt, der sich aus der Anwendung eines QM-Systems ergeben kann, wird in der Verknüpfung der im Hilfeplan festgelegten Ziele mit den alltäglichen Handlungen einzelner Mitarbeitender gesehen.

> „Das heißt, wir haben uns einen Katalog angeschafft über unser Dokumentationssystem, wo wir praktisch unsere Tagesarbeit mit dem Hilfeplanziel verknüpfen."
>
> **Qualitätsbeauftragte 14 (GI), 854–857**

> „Und dann hilft es sehr, wenn ich den einzelnen Jugendlichen aufklicke, und ganz schnell mit einem Klick sehe, wir haben das Ziel 1,2,3, ‚Was heißt das für mich heute im Alltag?', ich bin im Dienst, ich lese ‚Er soll lesen lernen, als Ziel'. Habe ich sofort vor Augen. Ich habe zehn Minuten Zeit, setze mich hin und mache mit ihm eine Leseübung. Wenn ich die Akte raus kramen muss, dauert das viel länger."
>
> **Betreuerin 14 (GI), 962–968**

Die leichte Verfügbarkeit wichtiger Informationen kann so dazu beitragen, dass das Wissen über die Absprachen und individuellen Hilfeziele präsent ist und somit auch handlungsleitend wird. Im selben Interview wird auch darauf hingewiesen, dass man sich damit auch vom Funktionieren der digitalen Technik abhängig mache und dies sei nicht immer gewährleistet.

Als weitere Stichwörter für den Nutzen von solchen Prozessbeschreibungen werden in einem Interview mit einem Betreuer folgende Themen genannt: „Einarbeitung von neuen Mitarbeitern", „Anleitung von Praktikanten und Praktikantinnen", „Aufnahme", „Entlassung", „Gestaltung von HPG's

[Hilfeplangesprächen, Anmerkung d. A.]", „Elternarbeit" und Beschwerdemanagement" (Betreuer 18, 369–373).

4.4.3 Risiken im Umgang mit QM-Verfahren

Dieser positiven und der Idee einer Qualitätssicherung durch Verfahren zugeneigten Argumentation wird in verschiedenen Interviews auch eine Liste möglicher Risiken gegenübergestellt. Es geht hierbei jedoch weniger um eine generelle Abwehr solcher Verfahren zum Qualitätsmanagements, sondern eher ist die Kritik und die Beschreibung der Risiken als Ergebnis eines Reflektionsprozesses der Erfahrungen mit solchen Managementsystemen zu betrachten. Damit stehen die Fachkräfte aus den erzieherischen Hilfen nicht allein. Michael Power (2010) beschreibt die Risiken einer auf Audits fixierten Beurteilung der Perfomance von Organisationen so: „If auditing processes get decoupled from core organizational activities, these effects may be minimal and the audit process becomes an expensive but harmless ritual, which is important for external legitimacy" (Power 2010, S. 115).

Qualitätsmanagementverfahren werden offensichtlich vor allem dann zu einer Gefahr für die Qualität, wenn die Verfahren nicht mehr kontextuell in die Zielsetzungen und Werteorientierungen sowie die situationsspezifischen Bedingungen eingebunden sind, sondern sich quasi verselbstständigt haben. In der Studie von Herrmann (2016) formuliert ein Verantwortlicher aus dem Bereich Jugendwohnen die mit einem standardisierten Verfahren verbundenen Hoffnungen so: „…ich will gerade mit dieser Form der Normierung, der Prozessnormierung, die wir haben, will ich erreichen, dass wir das Individuum individuell behandeln können" (Herrmann 2016, S. 156). Wird der zweite Teil des Satzes vergessen, nämlich die Notwendigkeit auf den und die Einzelne angemessen zu reagieren, so kehren sich die Vorteile zu Nachteilen um. Zum Beispiel wird in einem Interview darüber geklagt, dass die im Qualitätshandbuch beschriebene und für die Mitarbeitenden zum verbindlichen Standard erklärte Vorgehensweise bei Telefonaten mit Mitarbeitenden aus dem Jugendamt zu völlig unnatürlichen Gesprächssituationen führe, die die Zusammenarbeit mit Jugendämtern erschwere.

> „Also, was weiß ich, es gäbe ein Papierchen für ‚Erstaufnahmeanfragen', wenn das Jugendamt anruft. Das verwende ich mal, und mal nicht. Manchmal passt das einfach nicht, weil man im Gespräch, so wie wir jetzt auch sprechen, erzählt das Jugendamt halt am Telefon eine Kurzversion von einem Jugendlichen, und dann mag ich da manchmal nicht so diese Raster so abfragen, oder dann hundertmal in den drei Seiten hin und her blättern und springen, während ich telefoniere und mich konzentriere, in welches Raster ich das jetzt reinschreibe. Weil Herrschaft, ich will mich auf das

konzentrieren, was die Kollegin da sagt, und dann schreibe ich es halt einfach auf einen Schmierzettel für mich runter, dann passt das auch so. Und das ist mir, also es muss mir schon nützen, ansonsten lass ich es weg – so. Also ich mag das nicht, ehrlich gesagt, akribisch ausfüllen, nur weil – also ich will nicht von einem QM-System gesteuert werden, sondern ich möchte bitte das QM-System steuern."

Bereichsleitung 2, 1048–1064

Die Verfahren folgen – so zumindest der Eindruck aus Interviews – eher den Anforderungen des formalen Verfahrens als den Inhalten der Arbeit in stationären Einrichtungen und scheinen auch wenig anschlussfähig an das Verständnis der Arbeit in den Augen der Mitarbeitenden zu sein. Es werde nämlich, so die Kritik, die pädagogische Arbeit zu stark bürokratisiert, ein hoher Zeitaufwand gefordert („es zieht unfassbar viel Zeit, die am Kind fehlt" Qualitätsbeauftragte 14 (GI), 938–939), der zu viele Ressourcen an falschen Stellen bindet, und die Aufgabe Daten zu erheben, die nicht interessieren, und solche, die interessieren, nicht zu erheben. In einem Interview berichtet die Qualitätsbeauftragte von der Erschöpfung mit dem Instrument zur Messung ihrer Qualität „XX [das Instrument, Anmerkung d. A.] erschöpft sich hier für uns, es wird lästig" (Qualitätsbeauftragte 9, 576–577). Es sind Ermüdungseffekte zu beobachten, die bei einem mit Arbeit verbundenen System, dessen Sinnhaftigkeit im Arbeitsalltag nicht oder nur eingeschränkt erlebt wird, wohl nicht zu vermeiden sind. Das Risiko der Eigenlogik solcher Verfahren zu erliegen, wird in Interviews explizit angesprochen. Es ist davon die Rede, dass das QM zum Selbstzweck wird:

„… gibt's meines Erachtens viel Hilfreiches, aber auch viele Dinge, die sich meinem Geschmack nach irgendwann dann halt verselbständigen."

Bereichsleitung 2, 1041–1043

Die eigentlichen Ziele geraten aus dem Blick, nämlich die Qualitätssicherung und -entwicklung.

Die Zweckentfremdung solcher Systeme, auch zur Kontrolle von Mitarbeitenden, welche ein Ausdruck unzureichenden Vertrauens in deren Kompetenz ist, wird auch in anderen Studien herausgearbeitet (Pluto 2007). In der bereits zitierten Studie von Cora Herrmann (2016), sieht eine Leitungskraft in den standardisierten Verfahren ein notwendiges Korsett für Mitarbeitende, das, so die Schlussfolgerung der Autorin, „eine fundierte berufliche Qualifikation und kontinuierliche Weiterbildung von (Sozial-)Pädagoginnen und Pädagogen – ersetzbar und überflüssig wird" (S. 153). Eine zweite Ebene einer sehr eingeschränkten Funktionalisierung wird ebenfalls angesprochen und diese hilft auch zu verstehen, warum solche Verfahren von einigen als von außen auferlegt erlebt werden. Bedingt durch die standardisierenden Vorgehensweisen und die ursprüngliche Zielsetzung solcher Verfahren, nämlich, den Nachweis zu erbringen, die Produktanforderungen gemäß den Vorgaben der abnehmenden Industriebetriebe zu erfüllen, wird im Bereich der Sozialen Arbeit die Erfahrung gemacht, dass stark formalisierte Vorgaben, die aber als eher randständig für die Erziehungsarbeit angesehen werden, bei der Beschreibung der Qualität einer Einrichtung dominieren. Hierzu gehört die Dokumentation der Einhaltung der Brandschutz- sowie Hygienebestimmungen oder auch die Einhaltung formaler Ablaufschemata im Kinderschutz.

Formale Verfahren bergen nach den Erfahrungen von Interviewten ein weiteres Risiko, denn ihrer Eigenlogik nach scheint es inhärent zu sein, dass Qualität zu einem formalen Problem wird. Am Ende zählt dann nur mehr die Schlüssigkeit des Qualitätsmanagements und nicht mehr die eigentlichen Inhalte.

> „Also da arbeiten wir gerade – ja, genau, wo alle sagen ‚Wir haben doch unseres, warum müssen wir jetzt das [andere QM-Formular, Anmerkung d. A.] nehmen?'. Und das Problematische an der Sache ist, und da ist QM wirklich, da muss man aufpassen, dass es nicht ein formales Problem ist, und das Inhaltliche dann vergessen wird, (…)."
>
> **Qualitätsbeauftragte 3, 229–233**

Am Beispiel der Pflegeeinrichtungen und deren Zertifizierung ist eine solche Entwicklung auch in der breiten Öffentlichkeit diskutiert worden. Die Qualitätseinschätzungen, die zwischenzeitlich ausgesetzt und reformiert wurden, beruhten offensichtlich auf einer formalen Erfüllung von Anforderungen aus dem Zertifizierungssystem und nicht auf einer Bewertung der inhaltlichen Arbeit.

Die Erfahrungen, die mit QM-Verfahren, sofern sie einen hohen Standardisierungsgrad aufweisen, beschrieben wurden, lassen die Vermutung aufscheinen, dass am Ende in etlichen Einrichtungen eher das Qualitätsmanagementverfahren und dessen Einhaltung als die Qualität der Arbeit in stationären Einrichtungen überprüft wird. Die Verfahren erscheinen zumindest einigen der Anwendern als zu detailliert und damit eher verwirrend als qualitätssichernd.

4.5 Die Beschreibung der Grundphilosophie und des Umgangs mit Ambivalenz als Grundlage für Qualität – eine Zusammenfassung

Es konnten drei Grundphilosophien rekonstruiert werden, die auch als Leitbild und Legitimationsgrundlage für das Handeln der Einrichtung dienen. Zwei von diesen beziehen sich dabei explizit auf die Frage, wie durch das Handeln in der Einrichtung die gewünschte Veränderung des Kindes bzw. Jugendlichen hergestellt werden kann. Interessanterweise spielt dabei der im Gesetz formulierte Auftrag der Wiederherstellung der Erziehungsfähigkeit der Eltern kaum eine

Rolle. Die dritte Grundphilosophie orientiert sich stark auf den Aspekt, wie durch Verfahren eine Gleichförmigkeit und Wiederholbarkeit des Handelns gesichert werden kann.

In der Grundphilosophie „Gestaltung des Settings“ (vgl. 4.2) steht die Eröffnung neuer Erfahrungsräume im Vordergrund, die eine Änderung des bisherigen Verhältnisses zur Welt ermöglichen sollen. Hierfür bedarf es weniger einer genauen Diagnostik der Ursachen der Probleme, die zu der stationären Hilfe geführt haben, als einer Sensibilität in der Wahrnehmung dessen, welche Entwicklungsoptionen in neuen Erfahrungsräumen liegen. Durch die Gestaltung des Settings stationäre Einrichtung und die damit verbundenen Erfahrungsräume soll dies erreicht werden.

Manche Einrichtungen orientieren sich dabei an dem Modell einer Familie, das in ihren Augen die bestmöglichen Entwicklungsvoraussetzungen für einen jungen Menschen bietet. Andere Einrichtungen hingegen betonen die (Haus-) Gemeinschaft, bestehend aus Fachkräften und jungen Bewohnerinnen und Bewohnern, und halten es für kontraproduktiv, das Setting familial zu gestalten. Spezialeinrichtungen wie eine Inobhutnahmestelle oder eine geschlossene Einrichtung forcieren durch die Gestaltung ihres funktionalen Settings spezifische Welterfahrungen.

Bei Inobhutnahmestellen stehen Aspekte im Vordergrund, die Sicherheit, Schutz und Wertschätzung vermitteln sollen und so zur Beruhigung in grundsätzlich krisenhaften Situationen beitragen können. Geschlossene Einrichtungen hingegen versuchen durch Geschlossenheit, durch Kontrolle oder andere Methoden der Restriktion zu bestimmen, welches Verhältnis junge Menschen zur Welt entwickeln, statt ihnen Chancen zu geben, ihren eigenen Weg zu finden.

In der zweiten Grundphilosophie steht die gezielte pädagogische, im Kern klinisch-therapeutisch ausgerichtete Intervention am einzelnen Kind/Jugendlichen im Vordergrund. Hier soll Veränderung durch „Heilung“ erzeugt werden. Untersuchungen, Tests und Diagnosen geben scheinbar genauen Aufschluss über die Förderbedarfe des jungen Menschen. Handlungsstrategien, Therapien und gezielte Förderungen sollten an das Ergebnis der Diagnose anknüpfend so ausgewählt werden, dass die gewünschten Verhaltensänderungen wahrscheinlich werden. Manche Einrichtungen setzen auf sanktionierendes Verhalten, um bestimmte Verhaltensweisen zu unterbinden oder andere zu fördern bzw. insgesamt zu steuern. Andere Einrichtungen verfolgen einen eher therapeutischen Ansatz und möchten die jungen Menschen durch gezielte Therapien, Programme oder Kurse stärken und eventuelle Entwicklungsdefizite ausgleichen. Ein Teil der hier befragten Fachkräfte setzt zum Dritten auf eine bejahende und annehmende Haltung den jungen Menschen gegenüber und möchte sie ressourcenorientiert fördern. Ressourcen sind dabei nicht unbedingt spezielle Fähigkeiten eines jungen Menschen, sondern auch seine Motivation, seine Interessen und seine Erfolge, an denen sich ein junger Mensch weiterentwickeln kann.

Die Grundphilosophie, dass die Qualität der pädagogischen Arbeit durch die Anwendung von Verfahren hergestellt werden kann, zeugt von einem eher technokratischen Ansatz. Hier steht stärker eine Orientierung an den finanziellen Auftraggebern als an den Adressatinnen und Adressaten der stationären Kinder- und Jugendhilfe im Zentrum. Die Verfahren dienen der Standardisierung von Prozessen und versprechen so eine Verlässlichkeit, die unabhängig von den konkreten Bedingungen (z.B. Personalmangel, einzelne Hilfebedarfe, Einflüsse durch Dritte wie z.B. Schule) gegeben scheint. Sie kommen somit dem Wunsch entgegen, wissen zu wollen, welche Hilfeleistung man eigentlich bezahlt. Die Schwierigkeiten und Grenzen, die mit einer solchen Herangehensweise verbunden sind, wurden im Abschnitt 4.4 beschrieben. Die Erfahrungen aus dem Pflegebereich zeigen zudem, wie schwierig es ist, mit solchen Verfahren den Alltag in Einrichtungen angemessen abzubilden.

In Anbetracht der drei hier rekonstruierten Grundphilosophien stationärer Einrichtungen – möglicherweise ließen sich bei einer Ausweitung der Stichprobe noch weitere finden – wird die Komplexität des Qualitätsbegriffs einmal mehr deutlich. Alle drei dieser Grundphilosophien haben in Bezug auf Qualität ihre Plausibilität und stehen doch in einem Spannungsverhältnis zueinander. Die Idee, das Beste aus allen Welten miteinander zu kombinieren, trägt in diesem Fall nicht, da man sich dann in unauflösbaren Widersprüchen verheddern würde. Denn die Logik einer klinischen Perspektive und die einer an der Gestaltung von Settings ausgerichteten Pädagogik unterscheiden sich grundlegend. Erstere ist auf intensive diagnostische Prozesse und damit auf eine Orientierung an normativen Modellen einer guten Entwicklung angewiesen, letztere hingegen will möglichst vielfältige Entwicklungsanregungen zur Förderung des Eigensinns, zur Entwicklung der eigenen Form des zu Erziehenden, wie es Wolf (2010, S. 541) mit Verweis auf Nohl formuliert, geben. Diese Differenz wird auch nicht dadurch aufgehoben, dass auch in einer klinischen Perspektive die Entwicklung der Persönlichkeit im Zentrum steht.

Die drei Grundphilosophien kommen bei den Grundsatzfragen stationärer Hilfen zu unterschiedlichen, in Teilen sogar gegensätzlichen Antworten. Beispielsweise werden in einer familialen Kleinsteinrichtung ganz andere Beteiligungsformen gelebt, als in einer Einrichtung, die den Fokus auf verfahrensgestützte Qualitätsentwicklung legt. Einrichtungen sollten daher nicht nur darüber reflektieren, ob sie setting-, individuums- oder verfahrensorientiert arbeiten, sondern auch über die Auswirkungen dieser Entscheidung auf zentrale pädagogische Themen.

Akzeptiert man, dass es vor dem Hintergrund der heterogenen Zielgruppen stationärer Hilfen und den in hohem Maße unterschiedlichen Hilfebedarfe, die abhängig sind von den spezifischen Bedingungen der Familien (inklusive ihrer Möglichkeiten, die durch gesellschaftliche Bedingungen beeinflusst werden), nicht das eine Konzept einer guten Heimerziehung geben kann, so stellt sich die Frage, wie kann man unterschiedliche Konzeptionierungen von Qualität begründen und wie tun dies die Fachkräfte.

Vor dem Hintergrund der bisherigen Ergebnisse wird deutlich, dass für die Beschreibung dessen, was die Qualität einer Einrichtung kennzeichnet, ein zweistufiges Vorgehen sinnvoll erscheint. In einem ersten Schritt sollten die in der jeweiligen Grundphilosophie anklingenden zentralen konzeptionellen Fragen soweit ausgearbeitet sein, dass das darin enthaltende Wirksamkeitsmodell (also wie man eine Veränderung der Adressatinnen und Adressaten anregen möchte) erkennbar und nachvollziehbar wird. Es reicht eben nicht Schlagwörter in Konzeptpapieren schön aneinander zu reihen, um am Ende einen Qualitätsanspruch postulieren zu können. Vielmehr erscheint es notwendig, ein „fachlich fundiertes Konzept" zu haben, „das Aussagen zu Leitbild, Menschenbild, Zielen, Zielgruppen, Angeboten, Methoden, Verfahren, Vorgehensweisen, Personal und Ausstattung sowie Kooperationen beinhaltet" (Schwabe/Thimm 2018, S. 72) und darüber hinaus dies alles in einem sinnvollen Modell so miteinander verknüpft, dass eine Erwartung, hierüber eine Wirksamkeit zu erreichen, begründbar erscheint. Notwendiger Bestandteil einer Grundphilosophie sind auch Aussagen dazu, wie es gelingt, diese Grundphilosophie in der Einrichtung lebendig zu halten und zu einem tatsächlichen Orientierungsrahmen für alle Mitarbeitende werden zu lassen. In einem zweiten Schritt erscheint es erforderlich, den Umgang mit den unvermeidbaren Ambivalenzen im erzieherischen Handeln darzulegen. Dabei kann es nicht darum gehen, standardisierte Antworten darauf zu geben, wie beispielsweise mit der Ambivalenz von Aushandlungsprozessen, die nach Offenheit verlangen, auf der einen Seite und restriktiven Vorgaben, an denen sich die Fachkraft orientieren soll und die möglicherweise Aushandlungsergebnissen entgegenstehen, auf der anderen Seite umgegangen wird. Vielmehr wird es Aufgabe von Qualitätsbeschreibungen sein, einen Eindruck davon zu vermitteln, wie im Einzelfall eine Ausbalancierung widersprüchlicher Anforderungen erfolgt.

Im Folgenden soll am Beispiel von drei für die stationäre Jugendhilfe zentralen Fragestellungen (Rolle der Fachkraft, Beteiligung und Normalität als Zielvorstellung) gezeigt werden, wie sich die Entscheidung für eine der drei in dieser Studie rekonstruierten Grundphilosophien auswirkt. Dabei wird deutlich, dass jede dieser grundsätzlichen Entscheidungen zu spezifischen Ambivalenzen bzw. Dilemmata führt.

4.5.1 Rolle der Fachkraft

Die Grundphilosophie hat einen wesentlichen Einfluss darauf, welche Eigenschaften eine Fachkraft mitbringen muss, um gut in die hierdurch konstituierte Umwelt zu passen und die Wirksamkeit des Arrangements zu unterstützen. In einem familialen Setting wird eher eine Mutterfigur benötigt, der es gelingt, trotz des künstlichen Rahmens die Idee einer Familie lebendig werden zu lassen. Verfolgt man die Debatten über die angemessene Qualifizierung von zum Beispiel Kinderdorfmüttern (Speck 2013; Rudeck/Sierwald/Strobel-Dümer 2015), dann entsteht der Eindruck, dass hier noch immer um das richtige Maß an Professionalität und „Natürlichkeit" gerungen wird. In diesem Ringen, das sich nicht nur bei Kinderdörfern finden lässt, geht es im Kern um eine der größten Ambivalenzen von Einrichtungen, die eine möglichst große Ähnlichkeit mit Familien anstreben: Sie müssen damit umgehen, dass sie keine Chance haben, die Illusion einer Familie herzustellen, sie ihre Mitarbeitenden damit regelmäßig in Dilemmasituationen bringen und dass unweigerlich das Gefühl der Unzulänglichkeit entsteht (vgl. 4.2.1). Eine Auflösung in die Richtung, dass Betreuerinnen einfach nur Mutter sein sollen, um so auch professionellen Deformationen zu entgehen, wird diesem Arrangement jedoch genauso wenig gerecht, wie eine Form von Professionalisierung, die am Ende keine emotionale Nähe mehr zulässt und auf Abgrenzung setzt.

In einem gemeinschaftsorientierten Setting werden Fachkräfte gebraucht, die sich ihrer Fachlichkeit sicher sind, sich auf Aushandlung und das Nebeneinander von mehreren Positionen einlassen können. Sie brauchen ein hohes Maß an Ambiguitätstoleranz, da gemeinschaftliche Entscheidungsprozesse, an denen ja nicht nur die Fachkräfte und die Kinder und Jugendlichen der einen Gruppe, sondern darüber hinaus alle anderen, die von den Entscheidungen betroffen sind, beteiligt sind, meist langwieriger sind, als wenn die Fachkraft die Entscheidung autonom treffen könnte. Die Herstellung von Gemeinschaft bedeutet auch, als Person greifbar zu sein und sich auf Auseinandersetzungen einzulassen. Diese lassen sich dann nicht durch machtvolles Handeln beenden, ohne die Grundprinzipien der Einrichtung zu gefährden.

Steht die Funktionalität des Settings im Fokus, wie bei Inobhutnahmestellen oder auch bei geschlossenen Einrichtungen, so verändert sich die Rolle der Fachkraft hin zu jemandem, der die Abläufe während der Hilfe und die Übergänge beim Verlassen der Hilfe gestaltet. Es ist eine hohe Identifikation mit der Funktion der Einrichtung vonnöten, um angemessen mit den Restriktionen, die diese mit sich bringt, umgehen zu können. Man muss sich beispielsweise auf Beziehungen einlassen, obwohl die gewünschte Verweildauer kurz ist.

Folgt man einer der Grundphilosophien, die auf eine Form individuumszentrierter Intervention setzen (vgl. 4.3), so werden Anforderungen an die einzelne Fachkraft in Abhängigkeit der internen Arbeitsteilung und des bereits in der Einrichtung vorhandenen Qualifikationsprofils gestellt. Bei den beiden therapeutischen Grundideen folgenden Philosophien (Ressourcenorientierung und gezielte Förderung) ist es für die Einrichtung erforderlich, über Personal zu verfügen, das über diagnostische und daran anschließende therapeutische Qualifikationen verfügt. Der Tagesablauf wird strukturiert durch die Interventionen, seien es Einzeltherapien bzw. Förderstunden, entsprechende

Gruppenstunden oder Besuche bei externen Anbietern. Erzieherinnen und Erzieher verlieren in einem solchen Modell möglicherweise an eigenständiger Kompetenz, da sie entweder nur für die Gestaltung der „therapeutischen Zwischenzeiten" zuständig sind oder eben nur auf Anweisung arbeiten. Eine solche Zerstückelung beruflicher Kompetenzen und den darin implizit vorhandenen Bewertungen bleibt sicherlich nicht ohne Folgen für die tägliche Arbeit.

In den Einrichtungen, die auf Beeinflussung durch Grenzsetzungen und Sanktionen setzen, sind die Anforderungen an die Fachkräfte wiederum anders gelagert. Von ihnen wird einerseits verlangt, dass sie der Idee folgen, es besser zu wissen oder darauf vertrauen, dass es die Leitung besser als alle anderen weiß, und andererseits sich gleichzeitig in die hierarchische Struktur der Einrichtung einzufügen.

In Einrichtungen, die bei der Erreichung und Sicherung von Qualität auf die Anwendung definierter Verfahren setzen, müssen Fachkräfte neben der Fähigkeit, Anliegen der Auftraggebenden schnell zu erkennen, auch eine Offenheit für solche Verfahren mitbringen, sollen sie denn Wirkung entfalten. Die Wirksamkeit des einen oder anderen QM-Verfahrens für die Einrichtungen, die an der Untersuchung teilnahmen, kann bezweifelt werden, da in den Interviews immer wieder ausgesagt wurde, dass man nicht ins Qualitätshandbuch schaue und die darin formulierten Anforderungen als unproduktive Dokumentationspflichten betrachte, die viel Zeit in an Anspruch nehmen.

4.5.2 Beteiligung

Die Beteiligungsrechte von Kindern, Jugendlichen und ihren Eltern an den Hilfen zur Erziehung sind durch internationales und nationales Recht abgesichert und deshalb bei der Ausgestaltung stationärer Hilfen unbedingt zu beachten. Daneben spricht, zumindest aus der Perspektive einiger fachlicher Richtungen (z. B. Höfer u. a. 2017; Wolf/Hartig 2013; Moos 2012; Wolf 2008; Pluto 2007), vieles dafür, dass die Ermöglichung ernsthafter Beteiligung eine wichtige Qualitätsdimension darstellt.

Folgt man dieser Perspektive und nimmt gleichzeitig ernst, dass Hilfen zur Erziehung immer einen Veränderungsauftrag haben, also so auf die Adressatinnen und Adressaten einwirken sollen, dass sich ihre alltägliche Lebensführung in eine im Hilfeplan festgelegte Richtung ändert, werden einige grundlegende Spannungsfelder bei der Realisierung von Hilfen zur Erziehung sichtbar: Wie kann man einen jungen Menschen und seine Familie annehmen und sie an allem, was sie betrifft, beteiligen und sie gleichzeitig verändern wollen? Wie kann eine an den Ressourcen ansetzende Einflussnahme, die die jungen Frauen und Männer über eigene Erfolge motivieren und unterstützen will, gleichzeitig

Defizite diagnostizieren und einen Fokus auf die Verbesserung und Veränderung unerwünschter Verhaltensweisen legen? Wie lassen sich diese Ansätze in Einklang bringen? Wie können Fachkräfte die jungen Menschen auf ihrem selbstbestimmten und selbstgewählten Weg unterstützen und sie gezielt verändern, damit sie sich normkonform(er) verhalten (können), Bildungsabschlüsse bestehen und sich gesellschaftlichen Anforderungen anpassen oder zumindest unterordnen?

Besonders schwierig wird es mit der Vereinbarkeit von Beteiligung mit einer auf Sanktion und Begrenzung ausgerichteten Grundphilosophie einer Einrichtung. In einem der Interviews wird Beteiligung darauf bezogen, dass die Jugendlichen bei der Auswahl der Sanktion beteiligt werden. Dass es sich hier nicht um Beteiligung handelt, sondern um eine Strategie, die scheinbare Unausweichlichkeit der Reaktion zu verstärken, bedarf wohl keiner weiteren Erläuterung.

Eine beteiligungsorientierte Ausgestaltung der Hilfen zur Erziehung wirft darüber hinaus eine Vielzahl von Fragen auf, die das Verhältnis von Fachkraft und Familie, von Jugendamt und Einrichtung, von Ergebnisoffenheit und Zielorientierung, von Bedeutung von Diagnostik und Veränderungshoffnung auf Seiten der Adressatinnen und Adressaten und vieles anderes mehr berührt. Möchte eine Einrichtung hinsichtlich ihrer Beteiligungsqualität überzeugen, so die Konsequenz aus den rekonstruierten Aussagen, dann sollte es ihr gelingen, überzeugende Antworten zum Umgang mit den größten Ambivalenzen zwischen ihrer Grundphilosophie und der Anforderung einer Beteiligungsorientierung zu geben.

4.5.3 Normalität als Zielvorstellung

Qualitätsvorstellungen, die an einer allgemeinen Normalitätsvorstellung orientiert sind, laufen Gefahr, unrealistische Anforderungen und so Druck zu erzeugen. Dies können Vorstellungen einer Normalbiographie oder Vorstellungen einer „richtigen Familie“ oder „Mittelschichtsfamilie“ sein, die an einem bürgerlichen Familienideal orientiert sind. Daran knüpfen sich Vorstellung von einer bestimmten räumlichen und materiellen Ausstattung, von der einen Mutter und dem einen Vater, die zusammenleben, von Vereinsmitgliedschaften und schulischer Förderung, von einer Berufsbiographie mit abgeschlossenen Abschlüssen, von einem Arbeitsplatz und einem insgesamt normkonformen Leben mit eigener Partnerschaft und sozialer Vernetzung.

Es ist offensichtlich, dass die Erfüllung dieser aus den Interviews herausgearbeiteten Kriterien auch für sogenannte Mittelschichtsfamilien eine Herausforderung darstellt. Viele Fachkräfte thematisieren in den Interviews, dass nicht alle jungen Menschen eine Ausbildung abschließen können – aus welchen Gründen auch immer. Die Fachkräfte bemängeln eine geringe gesellschaftliche

Offenheit für ungewöhnliche oder originelle Berufs- und Lebensentwürfe. Bestimmte gering qualifizierte Tätigkeiten sind zudem mit prekären finanziellen Lebenslagen dauerhaft verbunden. An vielen Stellen ihrer Ausbildungs- und Berufsbiographie gibt es Selektionsmechanismen, die – blind für individuelle Lebensgeschichten – einige junge Menschen systematisch ausschließen oder prekarisieren. Solche Ausgrenzungsmechanismen verstärken zudem vorhandene Stigmatisierungserfahrungen, wie es einige Befragte deutlich formulieren. Diese negativen Folgen zeigen jedoch auch, dass eine Aufgabe des Ziels, dass „Heimkinder" sich hinsichtlich solcher Dimensionen wie Bildung, Integration in (reale) soziale Netzwerke, Zugang zum Arbeits- und Wohnungsmarkt oder Einkommenschancen an den „normalen" Erwartungen orientieren und quasi freiwillig immer darunter bleiben, keine zufriedenstellende Lösung sein kann. Man würde sonst wieder bei einem Automatismus landen, vergleichbar mit den Werkstätten für Menschen mit Beeinträchtigungen, die in der Kritik stehen (z. B. Aichele u. a. 2019; Schreiner 2017), weil sie Inklusion erschweren (z. B. Trescher 2018) und gegen den sich die Menschen mit Beeinträchtigungen zu wehren beginnen. Daraus ergibt sich die Anforderung, mit der Ambivalenz der Orientierung an Normalitätsvorstellungen umzugehen. Wie eng ist der Bereich, der als normal betrachtet wird? Welche Abweichung von der Norm ist nicht mehr zu tolerieren? Welche als Entlastung gemeinte Strategie der Absenkung von Erwartungen wirkt exkludierend, verhindert, dass sich Potentiale entwickeln und entfalten können? Wann wird die Orientierung an der Mittelschicht zur Belastung? Wie können junge Menschen, die aus der Mehrheitsgesellschaft herausfallen, dennoch selbstständig leben und ein anerkanntes Mitglied einer vielfältigen Gesellschaft sein? Wie können Fachkräfte junge Menschen positiv fördern, sie an ihren eventuell kleinen Erfolgen wachsen lassen, sie bedingungslos annehmen, wenn gesellschaftlich diese Entwicklungen nicht als Erfolge gewertet werden? Die Einrichtungen agieren hier gleichzeitig als Schutz bietende Gemeinschaft und als Lernort für eine kompetitive Leistungsgesellschaft.

Im Hinblick auf eine Orientierung an der „Normalfamilie" lässt sich in besonderer Weise beobachten, wie träge sich institutionalisierte Vorstellungen von Normalität verändern. In der Gesellschaft ist längst eine Pluralisierung der Familienformen eingetreten, trotzdem wird in etlichen stationären Einrichtungen an einer Idealisierung der „bürgerlichen Familie" (Kappeler 2018) festgehalten. Hieraus entstehende Spannungen zwingen zu Fragen, die an den Grundfesten der konzeptionellen Ausrichtung von Einrichtungen rühren können. Hier sind Einrichtungen gefordert, neue, auch den gesellschaftlichen Entwicklungen angemessene Formen der Herstellung sozialer Nähe zu entwickeln. Eine Reflektion der in der Einrichtung angestrebten und realisierten Familienbilder erscheint erforderlich.

Die Untersuchung zeigt, dass die meisten befragten Fachkräfte individuell und/oder einrichtungsintern ihre Ziele und pädagogischen Orientierungsbilder reflektieren, Ambivalenzen benennen und so Qualitätsvorstellungen entwickeln, die ihr Handeln leiten und auch zur Bewertung der Qualität herangezogen werden können, auch wenn sie sich standardisierten Beurteilungsverfahren entziehen. Auf der anderen Seite zeigen Beispiele im Sample ebenso deutlich, dass nicht immer ein systematischer Bezug zwischen den Annahmen über Wirkmechanismen und den daraus unweigerlich entstehenden Ambivalenzen und Spannungsfeldern hergestellt wird. Fachkräfte werden mit dem Ausbalancieren von Widersprüchen alleingelassen und damit bleiben Chancen auf eine im Sinne der Qualitätsentwicklung produktive Auseinandersetzung mit den drei zentralen Perspektiven auf Qualität (adressatenbezogen, organisationsbezogen und fachbezogen, Merchel 2013, S. 41) ungenutzt. Es spricht in den Interviews vieles dafür, dass hierdurch das Erreichen der Organisationsziele erschwert wird, ein unreflektiertes Festhalten an Handlungspraxen, die zu unerwünschten Effekten führen können, gefördert wird.

Daher kristallisiert sich eine einrichtungsinterne und strukturell verankerte Reflektion von Komplexität und Ambivalenz in der Innenperspektive als ein zentrales Qualitätskriterium heraus. Komplexität – dass zeigen die Interviews mit den Fachkräften deutlich – darf nicht ignoriert werden, sondern erst ein angemessener Umgang mit Komplexität stellt Qualität her. Qualität bedeutet, Komplexität anzuerkennen, zu reflektieren und Umgangsweisen zu finden, die der Komplexität gerecht werden.

5 Qualität aus Sicht der Jugendämter und Landesjugendämter (Außenperspektive)

5.1 Jugendamt

Das Jugendamt trägt die Gesamtverantwortung für die Planung und die Qualität aller Jugendhilfeleistungen in seinem Zuständigkeitsbereich. Zudem obliegt dem Jugendamt die Steuerung und die Finanzierung der stationären Hilfen zur Erziehung. Das Jugendamt kann auf drei Ebenen Einfluss auf die Hilfen zur Erziehung nehmen, und zwar auf individueller (z. B. Hilfeplanung), auf einrichtungsbezogener (z. B. Leistungs- und Qualitätsentwicklungsvereinbarung) und auf infrastruktureller (z. B. Jugendhilfeplanung) Ebene (Marquard 2011, S. 810). Inwiefern die Ergebnisse diese Studie dazu beitragen können, Qualitätsentwicklungsvereinbarungen zu qualifizieren, wurde in einem weiteren Projekt erarbeitet (Merchel 2020).

5.1.1 Qualitätsmerkmale aus Sicht des Jugendamts

Ähnlich wie bei den Interviews aus der Innenperspektive zeigt sich auch bei den Interviews mit Fachkräften aus Jugendämtern, dass es eine Herausforderung darstellt, sprachlich zu fassen, was die Qualität einer stationären Einrichtung kennzeichnet, woran man erkennen kann, dass eine stationäre Einrichtung gut arbeitet. Eine Beurteilungsfolie, die in den Interviews immer wieder durchscheint, lässt sich mit der Frage umschreiben, inwiefern das Handeln der Einrichtung unterstützend für die Erfüllung des Auftrags des Jugendamtes ist. Man könnte dies auch provozierend und sicherlich etwas überzogen in die Aussage packen, dass eine gute Einrichtung eine solche ist, die die Wünsche des Jugendamts erfüllt. Insofern fühlen sich all diejenigen Einrichtungen zumindest in einem ersten Zugang bestätigt, die das Thema Qualität mit Hilfe von Qualitätsmanagementverfahren bearbeiten wollen. Denn viele dieser Verfahren setzen im Kern darauf, dass die zu erfüllenden Kriterien entweder von außen, z. B. von den Auftraggebern, gesetzt oder doch von diesen zumindest geteilt werden. Auf den zweiten Blick wird deutlich, dass das, was als nützlich wahrgenommen wird, weitaus differenzierter ist und sich sowohl auf komplexe Prozesse (Kap. 5.1.2.1 – 5.1.2.4) als auch kondensierte Erfahrungen (Kap. 5.1.2.5) bezieht.

5.1.1.1 Der Aufnahmeprozess als Weichenstellung

Jugendämter und stationäre Einrichtungen sind im Kontext stationärer Erziehungshilfen zwar die wichtigsten Akteure auf der Jugendhilfeseite, trotzdem haben sie in der Regel nicht allzu viele unmittelbare Berührungspunkte. Strukturell stellt das Prozedere rund um die Aufnahme eines Kindes bzw. Jugendlichen einen der intensiveren Kontakte zwischen einer Fachkraft des ASD und einer stationären Einrichtung dar. Andere Orte der Kommunikation über Qualität, z. B. Gespräche über Qualitätsentwicklungsvereinbarungen, Diskussionen im Kinder- und Jugendhilfeausschuss oder einer AG nach § 78 SGB VIII werden in der Regel nicht von ASD-Mitarbeitenden geführt. Es verwundert also nicht, dass gerade den Erfahrungen in den Aufnahmephasen, die von der ersten Anfrage, ob ein Platz frei ist, bis zur endgültigen Aufnahme des Kindes bzw. Jugendlichen reicht, eine besondere Aussagekraft in Bezug auf die Qualität einer stationären Einrichtung zugeschrieben wird. Woran nun aus Jugendamtssicht eine gute Aufnahme festgemacht und damit die Erwartung begründet wird, eine gute Einrichtung vor sich zu haben, wird im Folgenden ausgeführt.

Die Befragten erleben eine Aufnahmesituation dann als gelungen, wenn es den Fachkräften des Jugendamts zusammen mit den Fachkräften der Einrichtung gelingt, eine Passung zwischen Einrichtung und jungem Menschen herzustellen. Gute Qualität liegt dann vor, wenn eine Fachkraft des Jugendamts das spezielle Angebot einer Einrichtung auf Grundlage der Einrichtungskonzeption erfassen und zielgerichtet mit den Bedarfen eines jungen Menschen abstimmen kann. Ein ASD-Mitarbeiter sieht beispielsweise seine zentrale Aufgabe darin, als Vermittler zwischen Jugendamt und Adressatinnen und Adressaten zu fungieren. Von beiden Seiten braucht er möglichst konkrete Informationen, um eine passende Vermittlung zu ermöglichen. Er bezeichnet sich selbst als „Makler“ und betont dabei seine Rolle in der Ermöglichung qualitativ hochwertiger stationärer Jugendhilfe:

> „Wenn ein Träger zurückmeldet: ‚Es gibt Kapazitäten‘, dann mache ich einen Termin aus zum Erstgespräch, und fahre da mit den Eltern und dem Kind hin, oder dem Jugendlichen, und schaue mir die Einrichtung an. Und dann ist das quasi ein ‚Vorstellungsgespräch‘. Den Jugendlichen, Kindern erkläre ich das auch immer ein bisschen, also im Vergleich, wenn man Wohnung sucht. Bei Wohnungen gibt es jetzt dann einen Makler, und der Makler bin ich. Das heißt, ich gucke: ‚Was hat das Kind für Interessen?‘ Ich gucke aber auch: ‚Was will der Träger?‘, also der Vermieter sozusagen. Und beide können ‚Ja‘ oder ‚Nein‘ sagen.“
>
> **ASD Mitarbeiter 22, 45–55**

Im Folgenden soll dargelegt werden, welche Art von Informationen die Mitarbeitenden des Jugendamts brauchen, um eine Entscheidung zu fällen, von der sie die Erwartung haben, auch langfristig mit ihr zufrieden sein zu können.

In einem aus Jugendamtsperspektive idealen Aufnahmeverfahren ist eine Einrichtung dazu in der Lage, sich in Kooperation mit dem Jugendamt flexibel auf die Bedarfe eines jungen Menschen einzustellen und so die Passung aktiv herzustellen oder aber im klaren Bewusstsein der Grenzen der eigenen Kompetenzen eine Aufnahme abzulehnen. Es gibt in Abhängigkeit des Einzelfalles und der regionalen Besonderheiten eine Reihe von immer wiederkehrenden Fragen, mit deren Hilfe Jugendamtsmitarbeitende versuchen, sich einen Eindruck von der Geeignetheit einer Einrichtung zu verschaffen. Folgende Themen wurden in den Interviews immer wieder genannt:

- Welche Spezialisierungen hat die Einrichtung, welche besonderen Kompetenzen liegen vor (Konzeption der Einrichtung)?
- Welche pädagogische Richtung verfolgt die Einrichtung? „Sozialtherapeutisch, therapeutisch, heilpädagogisch"?
- Inwiefern kann flexibel auf besondere Bedürfnisse eingegangen werden, z. B. gleich- und gemischtgeschlechtliche Gruppen, besondere Angebote (z. B. tiergestützt) etc.
- Ist die Gruppengröße und Altersmischung für eine Heranwachsende passend?
- Ist eine Schule vor Ort oder in der Einrichtung? Welche Arten von Schulen sind verfügbar?
- Wo liegt die Einrichtung? Nähe zum Herkunftsort des jungen Menschen, Stadt, Land etc.
- Welche und wie viele Fachdienste gibt es in der Einrichtung?
- Gibt es therapeutische Angebote?
- Kosten[54]

Können diese Punkte gemeinsam, also auch mit den Adressatinnen und Adressaten, erörtert werden und gelingt es einer Einrichtung, sich im Aufnahmegespräch sowohl klar und inhaltlich begründet zu positionieren als auch flexibel und sensibel für die besonderen Bedürfnisse zu zeigen, dann wird dies von Jugendamtsseite als ein Indikator für gute Qualität gewertet.

Im Alltag des Jugendamtshandelns kann aufgrund der aktuell zu geringen Kapazitäten stationärer Einrichtungen die Auswahlentscheidung jedoch nicht

54 Insbesondere die Fachkraft der Steuerungsebene eines Jugendamts führt die Kostenfrage aus: „Im Besonderen auch Kosten, die spielen auch eine Rolle. Wobei wir hier jetzt nicht die Einstellung haben: ‚Wir wollen das Billige, damit es nicht so viel kostet', sondern es soll auch in dem Sinne geeignet sein. Aber das hängt auch wiederum davon ab, wenn welche das Gleiche anbieten, sage ich jetzt mal, und die sind am Tag fünfzehn Euro auseinander, am Tag fünfzehn Euro, oder zwanzig // zwanzig mal dreißig macht sechshundert im Monat. So Plätze // das ist immer interessant. Wenn ich mal mit welchen, die sich in der Problematik nicht so auskennen, Jugendhilfe, mal rede: ‚Was kostet das?', ‚Was meinst Du, was so ein Heimplatz kostet?' (…) Also heilpädagogisch günstig wäre 170, 150, 170. Wenn ich jetzt 150 mal 30 nehme, bin ich bei 4.500. Therapeutische Einrichtung. 250. 250 mal 30 ist 7.500 oder so was, ne?" (ASD Sachbereichsleitung 4, 176–195)

immer nach Qualitätskriterien erfolgen. Manchmal ist das einzig relevante Kriterium, ob eine Einrichtung das Kind bzw. den Jugendlichen aufnimmt.

> „Also wir müssen nach etwas suchen, was der Problematik entspricht, zum Beispiel von heilpädagogischer bis heilpädagogisch-therapeutisch. Also, und da muss so eine Einrichtung auch noch einen Platz frei haben. Und da muss die Einrichtung auch noch sagen: ‚Ja, wir sind sogar bereit, diese Person im Besonderen aufzunehmen', weil ‚wir haben ein Platz frei, aber fünf Anmeldungen.' Also das heißt, da müssen wir uns in dem Sinne uns in die Warteschlage stellen und versuchen, mit einer Art Profilerstellung Werbung zu machen, dass vielleicht diese, die wir jetzt in petto haben, auch genommen wird."
>
> **ASD Sachbereichsleitung 4, 77–86**

Teilweise stehen Fachkräfte des Jugendamts unter Druck, wenn ein junger Mensch dringend einen Platz braucht. Es entstehen Wettbewerbsbedingungen um einen freien Betreuungsplatz. Die Wortwahl im obigen Zitat erinnert an einen Markt („Werbung machen"), bei dem nachfragende Jugendämter um die bestehenden Angebote konkurrieren. Manchmal muss der Platz genommen werden, der frei ist, ohne berücksichtigen zu können, wie gut dieser für das Kind, den Jugendlichen geeignet ist:

> „Im Zweifel wählt man halt leider auch mal was, wo man sagt, okay, ich hätte gern noch was anderes, weil eben einfach kein [anderer; Anmerkung d. A.] Platz so schnell frei ist."
>
> **ASD Sachbearbeitung 8, 46–48**

Dies bedeutet auch, dass das Wunsch- und Wahlrecht der Adressatinnen und Adressaten nicht in allen Fällen realisiert werden kann. Im Idealfall sollten Adressatinnen und Adressaten die Möglichkeit haben, aus mehreren geeigneten Einrichtungen die in ihren Augen passendste Einrichtung auszuwählen.

> „Im Idealfall, manchmal klappt's [das Wunsch- und Wahlrecht, Anmerkung d. A.] nicht."
>
> **ASD Mitarbeiterin 13, 786**

> „Im Idealfall. Also wenn wir natürlich vorher die Anfragen stellen, und wir haben nur einen Platz, brauchen wir uns kein zweites [Heim, Anmerkung d. A.] angucken."
>
> **ASD Mitarbeiter 13, 787–788**

Trotz intensiver Bemühungen der Fachkräfte, den bestmöglichen Platz für einen jungen Menschen zu finden, kann dies nicht immer gelingen. Dies liegt unter anderem auch daran, dass es sich Einrichtungen kaum leisten können, Plätze für junge Menschen freizuhalten, für die ihr Angebot bestmöglich passen würde. Schließlich werden in Entgeltverhandlungen zum Teil hohe Auslastungsquoten festgelegt, üblicherweise bewegen sie sich bei 93 bis 95 Prozent (Gerlach 2018, S. 217), so dass jeder Platz im Prinzip durchgängig belegt sein muss, möchte die Einrichtung Verluste vermeiden.

5.1.1.2 Hilfeplanverfahren als gemeinsamer Prozess

Das Hilfeplangespräch ist ein für den weiteren Hilfeverlauf sehr entscheidender Ort. Das Hilfeplangespräch erfüllt im besten Fall mehrere Funktionen:

- es findet eine Verständigung über den Hilfebedarf und die Hilfeziele statt;
- es ist der Ort der Aushandlung zwischen Familie und Jugendamt über die Hilfeform und deren Ausgestaltung. Es geht darum, dass auf beiden Seiten die Hoffnung darauf entsteht, dass durch die vereinbarte Hilfe eine Veränderung in die gewünschte Richtung erreicht werden kann;
- es werden die verwaltungsrechtlichen Grundlagen für die Finanzierung der Hilfe(n) geschaffen
- es wird ein Zeitraum festgelegt, nach dem die Hilfeplanung spätestens überprüft und gegebenenfalls weiterentwickelt wird.

Findet im Rahmen der Hilfeplangespräche, zu deren Ende hin meist Fachkräfte aus den Einrichtungen einbezogen werden, keine ausreichende Verständigung über Hilfebedarf und -ziele statt, gelingt es nicht bei den Familienmitgliedern eine positive Veränderungshoffnung zu wecken oder doch zumindest ein gewisses Einverständnis mit der gewählten Hilfeform herbeizuführen, so wird es schwieriger werden, das gewünschte Ergebnis zu erreichen. In den Interviews zeigt sich, dass von Hilfeplangesprächen erwartet wird, dass es Raum für eine gemeinsame Prozessplanung mit gemeinsamer Zielfindung und Koordination der Hilfen bietet. Ziele sollten von Anfang an festgelegt und alle relevanten Fragestellungen angesprochen werden, auch wenn es zum Gesprächszeitpunkt noch keine Antworten darauf gibt.

> „Wir terminieren zeitnah ein Hilfeplangespräch, ein erstes Hilfeplangespräch, wo wir dann auch Ziele festhalten, an denen gearbeitet wird. Und auch eben über den Punkt Rückführung sprechen. Rückführung ist bei uns in den Hilfeplänen immer mit drin. (…) Es ist aber auf jeden Fall ein Thema, was angesprochen werden muss, sollte. Und wenn eben es eben angesprochen wird, wir können da zu diesem Zeitpunkt noch nichts dazu sagen."
>
> **ASD Mitarbeiter 22, 63–75**

Eine weitere Fachkraft betont die Wichtigkeit der Zielorientierung, die nicht erst nach einigen Monaten, sondern direkt im Anschluss an die Aufnahme, oder besser noch davor, erfolgen soll:

„Man sagt, die Ziele sollen von Anfang an, bevor überhaupt in eine Einrichtung gegangen wird, feststehen. Und die Überprüfung findet dann auch nicht erst nach drei Monaten statt, sondern schon nach sechs Wochen."

Steuerung HzE 5, 691–694

Da es Aufgabe des Jugendamts ist, im Hilfeverlauf zu überprüfen, ob die vereinbarten Ziele erreicht wurden oder es Argumente dafür gibt, warum sie nicht weiterverfolgt wurden, gibt es ein Interesse daran, dass in der Vorbereitung zu Hilfeplanüberprüfungen Aussagen gemacht werden, inwiefern vereinbarte Ziele erreicht wurden. In einer Reihe von Jugendämtern finden sich Konzepte einer Steuerung über so genannte SMARTE Ziele[55]. Dies kann nach Aussagen einiger Fachkräfte dann besonders fundiert erfolgen, wenn der Grad der Zielerreichung schnell erkennbar ist.

„Das Ziel wurde zu, ich glaube, jetzt steht es mit Zahlen drin, aber ich weiß es nicht genau, zu 33 Prozent, zu 66 Prozent, zu 100 Prozent, so gedrittelt irgendwie, erreicht. Und dann kann man darüber ins Gespräch kommen, oder das beim nächsten Hilfeplangespräch dann auch wirklich mit allen dann nochmal diskutieren."

Steuerung HzE 5, 616–620

Die Aussage „und dann kann man darüber ins Gespräch kommen" verweist darauf, dass die Einschätzung der Zielerreichung keinesfalls als eine quasi objektive betrachtet wird. Vielmehr scheint es ein Instrument zu sein, mit dessen Hilfe man das Gespräch auf wesentliche Aspekte fokussieren kann. In den Diskussionen gibt es aber immer wieder auch Hinweise darauf, dass es im Prinzip nicht schwierig sei, SMARTE Ziele zu formulieren, deren Erfüllung zudem einfach deren Nutzen für die Familie aber gering sei. Solche Zielformulierungen würden dann auch nicht weiterhelfen.

Eine explizite Moderation des Hilfeplangesprächs, durch die gewährleistet wird, dass alle Beteiligten zu Wort kommen, erzeugt ein Gefühl der Sicherheit:

„Sehr gut fand ich da, und das gibt auch ein Gefühl der Sicherheit, als, ich sage eine ‚Hilfekoordinatorin', dass beim Hilfeplangespräch alle Beteiligten an einem Tisch sitzen, also Schule, Therapeutin, eine Bezugsbetreuerin und die Familientherapeutin oder Familienberaterin."

ASD Mitarbeiter 22, 415–420

---

55 **SMART** steht für **S**pecific **M**easurable **A**chievable **R**easonable **T**ime Bound, es handelt sich dabei also um Zielfestlegungen, die gut überprüfbar (im Sinne einer Messbarkeit des Grades an Zielerreichung) und in angemessener Zeit erreichbar sein sollen.

Anhand der Ziele, insbesondere bei Hilfeplanüberprüfungen, sollen die Fachkräfte die Maßnahmen gut begründen können. Die Fachkraft des Jugendamts verweist in dem folgenden Interviewausschnitt implizit auf ihre Aufgabe, die Vereinbarungen aus dem Hilfeplangespräch am Ende auch im Jugendamt durchzusetzen. Um dieses zu erleichtern, sollen ihr die Fachkräfte aus den Einrichtungen bereits die richtigen Begründungen liefern.:

> „(…) ein guter Hilfeplan, wo wirklich sehr detailliert auch der, der notwendige erzieherische Bedarf auch belegt ist. Darum ist diese Hilfe notwendig. Und da bin ich natürlich immer also nicht an der Stellschraube, aber immer so an der Stelle zu sagen, das müssen die gut begründen."
>
> **ASD Teamleitung, 202–206)**

Für manche Fachkräfte beweist sich eine Einrichtung als gute Einrichtung, wenn sie Struktur und Formalitäten, die mit dem Hilfeplan einhergehen, beherrscht und sich an alle Vorgaben hält:

> „Da gibt es einen Brief an alle freien Träger, wo nur dieses Hilfeplanverfahren nochmal erklärt wird, auch mit den entsprechenden Formularen, die dazu gehören. Es gibt ja den Hilfeplan an sich, und dann eben den Antrag, dann Hilfeplanentscheidung usw., das Fachteam. Und für jeden Schritt gibt es ja die entsprechenden Formulare. Und dann gibt es eben das Formular Zielvereinbarung, (…) das überlässt man dem Träger. Aber wir mischen uns bei den Zielen ein."
>
> **Steuerung HzE 5, 629–638**

Die hier angeführten Zitate sollen zeigen, dass die Fachkräfte des Jugendamts eine konkrete Vorstellung und Vorgaben haben, was ein gutes Hilfeplanverfahren kennzeichnet. Deutlich wird an den Interviewpassagen auch, dass eine wesentliche Stellschraube für die Chance, eine qualitativ gute Hilfe zu etablieren, das Zusammenspiel von Jugendamt und Einrichtung ist. Aus der Perspektive von Mitarbeitenden im Jugendamt tragen sie selbst federführend die Verantwortung für die Gestaltung von Hilfeplangesprächen und damit auch für die Organisation einer Moderation, die zur Verbesserung der Hilfeplangespräche beiträgt, weil diese dafür sorgen kann, dass alle Beteiligten im Hilfeplangespräch gehört werden. Ihre Aufgaben sehen die Mitarbeitenden des Jugendamtes darin, das Hilfeplangespräch rechtzeitig zu terminieren, es zielorientiert zu gestalten, festgelegte Ziele zu überprüfen und für eine Fortzuschreibung des Hilfeplans bzw. Beendigung der Hilfe zu sorgen. Die Einrichtung soll sich ihrerseits auf den Hilfeplanprozess einlassen, formale Vorgaben ernst nehmen, wesentlich dazu beitragen, dass die richtigen Ziele formuliert werden und Kriterien zur Bewertung der Zielerreichung mittragen sowie schließlich auch gute fachliche Begründungen für die Notwendigkeit einer stationären erzieherischen Hilfe liefern, so dass die Mitarbeitenden des Jugendamts bei der Begründung für diese Hilfeform entlastet werden.

Hilfeplanung und Aufnahmeverfahren sind aus Perspektive des Jugendamts Schlüsselprozesse, an denen sich für sie die Qualität einer Einrichtung erkennen lässt.

5.1.1.3 Konzept und spezifische Kompetenzen

In dem folgenden Interviewabschnitt zeigt sich, dass die Erwartungen an die Leistungen von Einrichtungen in Abhängigkeit vom Einzelfall variieren und die Qualität einer Einrichtung in Bezug auf den jeweiligen Einzelfall eingeschätzt wird. Eine Anfrage zur Aufnahme wird je nach spezifischem Bedarf gestaltet und es werden andere Kriterien zur Beurteilung angelegt. Ein Indikator für gute Qualität ist, wenn nach bisherigen Erfahrungen, Aussagen in der Konzeption und der aktuelle Eindruck übereinstimmen:

> „Es ist ja so, dass wir doch schon überwiegend mehrjährige Erfahrung haben, also mit vielen Einrichtungen. Dann kann es sein, dass jemand sagt: ‚Oh, da habe ich gute Erfahrungen gemacht, das war so ein ähnlicher Fall, die sind da gut!' Sage ich mal: ‚spezifisch in der Richtung unterwegs, um diese Verhaltensweisen zu korrigieren'. Dann gibt es so etwas wie Konzeptionen. Einrichtungen aussuchen konzeptionell: ‚Haben die das im Programm drin?' Sind das große Gruppen, kleine Gruppen? Können die im Besonderen? Die preisen sich ja auch an. Können sie das vorhalten, was wir hier meinen, unbedingt brauchen zu müssen für diese Person?"
>
> **ASD Sachbereichsleitung 4, 159–169**

Das Zitat zeigt die Aufnahmeanfrage als eine Art Suche nach dem besten Angebot. Die Einrichtungskonzeption ist für diese Mitarbeiterin eines Jugendamtes dann von guter Qualität, wenn die Einrichtung ihre tatsächlichen Kompetenzen auflistet: „Was haben die im Programm, [was; Anmerkung d. A.] können die im Besonderen?"

Eine Sachbearbeitung eines anderen ASD hebt die Individualität der Einrichtungskonzeption als Zeichen von Qualität hervor. Zielgruppe und die Arbeitsweise der Einrichtung sollten klar aus der Konzeption hervorgehen:

> „Also da sollen // dürfen die auch wirklich individuell sein, das find ich einfach wichtig, dass man da mit den Kindern gucken kann, wo passen die vielleicht hin. Manche nehmen ja auch mit // zum Beispiel Jugendliche mit Drogenhintergrund auf, und bei manchen ist das Ausschlusskriterium. Soll ja auch so sein, ist ja auch in Ordnung. Oder manche sagen, wir sind eine spezialisierte Mädcheneinrichtung, wir nehmen traumatisierte Mädchen auf. Braucht man ja auch manchmal."
>
> **ASD Sachbearbeitung 8, 409–416**

In dem Nachsatz „Braucht man ja auch manchmal" wird ein utilitaristischer Blick auf die Einrichtung deutlich. Die Einrichtung soll ein eindeutiges Angebot machen, damit Aufnahmeanfragen gezielt und bedarfsorientiert gestellt werden können.

> „Es gibt ja die verschiedenen Ausrichtungen der Einrichtungen, sozialpädagogisch, heilpädagogisch, therapeutisch. Da muss ich erst schauen: ‚Was passt für meinen Klienten?' Ist es gemischtgeschlechtlich? Oder habe ich jetzt eine reine Mädcheneinrichtung? Alter (…) Wo liegt die Einrichtung? Wenn vielleicht eine Schule (…)."
>
> **Steuerung HzE 5, 435–440**

Eine Einrichtung zeigt ihre Qualität nicht durch allgemeine Aussagen oder die Bereitschaft, für alle Kinder und Jugendlichen eine Lösung zu bieten, sondern durch ihre Spezialisierung („spezielle pädagogische Angebote"; ASD Sachbearbeitung 8, 191–192) und „Individualität" (ebd., 402). Mitarbeiterinnen und Mitarbeiter aus Jugendämtern sehen Qualität dann gegeben, wenn eine Einrichtung sich wie das richtige Werkzeug für eine bestimmte Aufgabe darstellt.

5.1.1.4 „Empfehlungskultur"

Die Fachkräfte eines Jugendamts sind zwar ab und zu in einzelnen Einrichtungen zu Gast, sie kennen jedoch nicht alle Einrichtungen hinsichtlich ihrer Arbeitsweise, ihrer pädagogischen Konzeption und ihren Spezifika aus eigener unmittelbarer Anschauung. Die meisten Befragten machen im Zuge von Hilfeplangesprächen und vor allem von Aufnahmeanfragen und Einrichtungsbesuchen konkrete Erfahrungen mit den Einrichtungen. Auf diese Art und Weise entsteht ein subjektives, erfahrungsbasiertes Bild der Qualität und Arbeitsweise einer Einrichtung. Dieses Bild wird ergänzt durch den Austausch mit Kolleginnen und Kollegen im Jugendamt. Insbesondere bei Aufnahmeanfragen sind Einschätzungen von Kolleginnen und Kollegen relevant. Teilweise sind die Kenntnisse über einzelne Einrichtungen sehr spezifisch, teilweise vage und zwischen den Fachkräften uneinheitlich:

> „Und da muss man mal ganz klar sagen, wir haben natürlich aufgrund unserer langjährigen Tätigkeit, haben wir Einrichtungen, wir kennen Einrichtungen, und das ist auch mitunter sehr unterschiedlich von der Kollegschaft her, wie wer zufrieden ist. Ich sage, das hängt einfach auch zusammen mit der Pädagogik, mit dem Personal. Also in einer Einrichtung, Beispiel: zehn Gruppen. Da sind nicht alle zehn Gruppenleitungen, pädagogisches Personal, in allen zehn Gruppen gleich. Da kann es sein, der eine hat schlechtere Erfahrungen gemacht mit jemandem in der Gruppe Acht. Und dass jemand sagt ‚Ich bin voll zufrieden, weil in der Gruppe zwei funktioniert alles'."
>
> **ASD Sachbereichsleitung 4, 66–77**

Deutlich wird hier, dass diese Einschätzungen auf konkreten Einzelerfahrungen und deren Deutung hinsichtlich der Qualität einer Einrichtung beruhen. Mit manchen Kolleginnen und Kollegen in der Einrichtung klappt die Kommunikation besser als mit anderen. Die im Folgenden zitierte Jugendamtsleitung betont, dass diese ‚Empfehlungskultur' für die Praxis wichtige Entscheidungshinweise liefert, denn trotz der Subjektivität basiert sie auch auf fachlichen Erfahrungen und Einschätzungen und stellt daher für die alltägliche Praxis Handlungsfähigkeit her:

> „Meine eigenen Mitarbeiterinnen berichten über gute Erfahrungen und Eindrücke, empfehlen die Einrichtung weiter. Dahinter verbirgt sich natürlich ein Gesamtbild von guter Kommunikation zur Einrichtungsleitung, zu den Fachkräften dort und auch, wenn sie die Einrichtung besuchen, bekommen sie mit, wie es den Kindern dort geht. Also so findet es ja im Jugendamt statt, dass natürlich die Sozialarbeiterinnen im Jugendamt sich Einrichtungen untereinander empfehlen, ja, und diese Empfehlungskultur, die es da gibt, ja, die beschreibt natürlich einen Qualitätseindruck, der nicht operationalisiert ist. Ja. Aber der ist in der Praxis wichtig."
>
> **Jugendamtsleiter 13 (GD), 309–318**

Die Qualität der Kooperation zwischen Jugendamt und Einrichtung lässt sich aus Sicht von Jugendämtern eigentlich nicht personenunabhängig messen und wenn überhaupt nur mit großem Aufwand bestimmen. Subjektive Einschätzungen, die auf Erfahrungen basieren, sind daher wichtige Kriterien für Qualitätseinschätzungen.

Als wichtige Qualitätsindikatoren für Jugendämter haben sich die Gestaltung des Aufnahmeprozesses und der Hilfeplangespräche, die Hoffnung auf eine für den Einzelfall passende Kompetenz und die entsprechende Gestaltung des Settings sowie die bisherigen eigenen Erfahrungen und die der Kolleginnen und Kollegen herausgestellt.

5.1.2 Pragmatische Sicht auf Schlüsselprozesse

Im Vergleich zu den Interviews mit Fachkräften aus den Einrichtungen zeigt sich in denen mit Jugendamtsmitarbeitenden, dass weitere pädagogische Schlüsselprozesse, also solche nach der Aufnahme, weit weniger und teilweise nur auf Nachfrage in den Interviews thematisiert werden. Man kann dies als einen Hinweis darauf sehen, dass die konkrete Ausgestaltung der stationären Hilfe aus Jugendamtsperspektive weniger wichtig ist, als das begründete Versprechen zu Beginn der Hilfe und vielleicht auch messbare Ergebnisse im Verlauf und am Ende. Eine Ergebnisvariable, die immer wieder angesprochen wird, ist, dass es zu keinem Abbruch von Hilfen kommt – wahrscheinlich auch, weil damit viel zusätzliche Arbeit verbunden ist. Eine andere Ergebnisvariable ist die Erreichung der Hilfeplanziele. An den Themen Beteiligung, Zusammenarbeit mit Eltern und Förderung der Verselbstständigung wird die eher pragmatische Sicht auf Schlüsselprozesse im Folgenden näher beleuchtet.

5.1.2.1 Beteiligung

Das Thema „Beteiligung“, also Fragen zur Umsetzung von Beteiligung in der Einrichtung, zur Einhaltung der diesbezüglich rechtlichen Vorgaben in den Einrichtungen und zum Stellenwert von Beteiligungserfahrungen im alltäglichen pädagogischen Prozess, wird in den Interviews mit Mitarbeitenden aus Jugendämter kaum erwähnt. In Anbetracht des pragmatisch-zielorientierten Blicks auf Qualität verwundert dies auch nicht, denn die Realisierung von Beteiligung wirkt auf den ersten Blick als eine einrichtungsinterne Angelegenheit, ein Thema, das die Interaktion zwischen Fachkraft und Adressat betrifft. Auf Nachfrage äußert sich eine Fachkraft wie folgt zum Thema Beteiligung:

> „Genau, das meinte ich ja auch mit den Kindern. Mit den Kindern und mit den Eltern, dass die da auch mit dran beteiligt sein müssen. Auch in der Lage zu sein, ein Krisenmanagement zu betreiben. Wenn eine Krise eintritt, dass nicht sofort dann das Jugendamt irgendwie jetzt was regeln muss, sondern dass die eben auch in der Lage sind, Krisenpläne aufzustellen und Krisenmanagement eben auch selbständig eben durchzuführen, ohne dass es dann gleich mit dem Jugendamt geklärt werden muss.“
>
> **ASD Mitarbeiterin 11, 186–194**

Die befragte Fachkraft versteht die Frage nach Beteiligung dahingehend, dass die Beteiligung von Kindern und Eltern das Krisenmanagement verbessert und somit verhindert, dass bei Krisen das Jugendamt eingeschaltet werden muss. Dies wirkt, als hätte die Fachkraft einen sehr eingeschränkten Beteiligungsbegriff. In einem anderen Interview wird das Thema Beteiligung auf Nachfrage unterschiedlichen Themen und Stichwörtern unspezifisch zugeordnet:

> „Was bei uns jetzt auch im Zusammenhang mit der UN-Kinderrechtskonvention Thema war, ist das Thema Partizipation, wo ich gerade schaue, also, und eben mehr wie nur Zusammenarbeit mit dem Herkunftssystem (…). Aber das war dann auch Bedingung sogar von der Heimaufsicht, dass dann jede Einrichtung ihr Konzept zum Thema eben Mitwirkung, also, genau Beschwerdemanagement, das waren die Themen Beschwerdemanagement, Partizipation. Und das war auch Thema bei uns hier im Jugendamt. Es gibt hier bei uns die Kinderrechtsbeauftragte, die da zu dem Thema auch was entwickelt hat und gibt Fortbildungen jetzt zum Thema Partizipation usw.“
>
> **Steuerung HzE 5, 781–792**

Die Idee von Beteiligung wird von der Jugendamtsmitarbeitenden inhaltlich nicht ausgeführt, sondern als eine Vorgabe verstanden, die irgendwie umgesetzt werden muss. Die Änderungen hinsichtlich der Anforderungen für eine Betriebserlaubniserteilung, die mit dem Bundeskinderschutzgesetz in Kraft getreten sind, nämlich den Nachweis für ein Beschwerdeverfahren und die Sicherstellung der Beteiligungsrechte, werden ebenso mit dem Stichwort assoziiert, wie die Zusammenarbeit mit der Herkunftsfamilie. Auch wenn es nicht das eigentliche Thema dieser Studie ist, so sprechen die Ergebnisse doch sehr dafür, die fachliche Auseinandersetzung darüber, was denn Beteiligung in der Jugendhilfe bedeutet, voranzubringen.

5.1.2.2 Zusammenarbeit mit Eltern

In den Interviews sowohl mit den Fachkräften aus Jugendämtern als auch aus Einrichtungen entsteht sehr oft der Eindruck, dass die stationären Hilfen zwar in der Gesetzessystematik den Hilfen zur Erziehung zugeordnet sind, es eigentlich aber um Hilfen zum Aufwachsen für Kinder und Jugendliche geht. Die Aufgabe, wie sie in § 34 (1) SGB VIII formuliert ist (Rückkehr in die Familie), wird sehr selten angesprochen, ebenso wie Eltern als Teil des notwendigen Arbeitsbündnisses selten erwähnt werden. Dies ändert sich etwas, wenn die Zusammenarbeit mit den Eltern in den Interviews explizit angesprochen wird. Diese wird dann in Bezug auf damit verbundene Herausforderungen und die (Entlastungs-) Funktion der Zusammenarbeit thematisiert:

> „Sehr gut fand ich da die Elternarbeit. Ich finde, Elternarbeit sollte einen ganz großen Raum einnehmen, je nach Alter. Nicht, wenn es um eine Verselbständigung geht, aber vorher schon. Weil Ziel jeder Unterbringung eigentlich >lacht<, oder nehmen wir das Wort ‚grundsätzlich' die Rückführung ist. Und dafür brauche ich die Eltern. Und wenn die Eltern sich nicht verändern wollen oder können, dann kann ich das Kind auch nicht zurückführen. Deshalb brauche ich Elternarbeit. Und die haben sehr intensiv Elternarbeit gemacht. Sehr flexibel bei Schwierigkeiten. Sprich, da war es so, dass das Kind nach Besuchen zu Hause über das Wochenende oder Urlauben mit der Mutter sehr große Schwierigkeiten hatte, wieder in der Gruppe anzukommen, sich verweigert hat, sich nicht weiter entwickeln konnte, und dann der Vorschlag der Einrichtung: ‚Dann kommt die Mutter jetzt mal in unser Familienappartement, statt dass das Kind dorthin fährt', also die Mutter auch mit, noch mehr heranziehen in die Arbeit. Das fand ich sehr gut."
>
> **ASD Mitarbeiter 22, 420–426**

Die Notwendigkeit der Zusammenarbeit mit Eltern wird herausgestellt, da sie ‚gebraucht' wird um das eigentliche Ziel der Rückführung erreichen zu können. Im angeführten Beispiel bestand das Problem, dass das Kind sich nach Aufenthalten bei der Mutter nicht mehr richtig in die Einrichtung einpassen wollte und es immer wieder zu Konflikten kam. Es wird als Qualität der Einrichtung gewertet, dass diese versucht, das Problem dadurch zu lösen, dass nicht das Kind zur Mutter fährt, sondern die Mutter in die Einrichtung kommt. Es besteht die Hoffnung, die Mutter so erfolgreicher zu „verändern" und damit eine Rückführung des Kindes zu ermöglichen.

Die Zusammenarbeit mit Eltern gilt vielfach als eine herausfordernde Aufgabe. Die Fachkräfte müssen sich unter anderem Eltern gegenüber einfühlsam zeigen und flexibel auf Situationen und Personen reagieren (einschwingen) können, um eine bestmögliche Beziehung anzubieten. Das folgende Zitat zeigt, dass die Beurteilung der Beziehungsqualität mit den Eltern zum Teil auf persönlichen Präferenzen und Einstellungen beruht:

> „Ich find's immer wichtig, einfach auch diese Tür- und Angelgespräche, so diese, diese kleinen Momente einfach, (…) dass man da schwingungsfähig ist und eben auf die Eltern eingehen kann und da eben auch merkt: ‚Oh, die sind heut nicht gut gelaunt, ich halte das Gespräch kurz', oder: ‚Heute sind sie gut drauf, jetzt kann ich mal noch ein bisschen erzählen, mich mit denen unterhalten.' (…) Und auch regelmäßige Gespräche mit den Eltern find ich halt auch ganz wichtig, dass die da einfach in Kontakt mit den Eltern stehen und denen auch immer signalisieren: ‚Ihr Anruf ist willkommen, Sie sind willkommen.' Das find ich immer so ganz wichtig."
>
> **ASD Sachbearbeitung 8, 142–157**

Eine andere Fachkraft spricht im Zusammenhang mit dem Wunsch, dass eine gute Beziehung zwischen Kind bzw. Jugendlichen und den Fachkräften in der Einrichtung bestehen soll, auch die Notwendigkeit einer Zusammenarbeit mit den Eltern an. Sie beschreibt – ohne es explizit zu benennen – ein unvermeidbares Spannungsfeld für die Arbeit stationärer Einrichtungen:

> „Dann sag ich mal statt Familienersatz, ein Zuhause bieten, vielleicht ein zweites Zuhause, weil die haben eine Familie. Das ist also auch noch mal // die haben eine Familie, (…) Die müssen sagen, das ist auch für die Kinder // dass die Familie nicht ins Abseits gestellt wird, sondern dass die Familie, die Herkunftsfamilie, egal, was da vorgefallen ist und bei aller Solidarität und Parteilichkeit für die Jugendlichen, trotzdem der Fokus darauf gerichtet wird, dass die Kinder diese Familie auch nach dem Heimaufenthalt noch brauchen oder wieder brauchen. Also es gibt von, von Frau XY glaub ich, ist dieser Satz, die gesagt hat, wir können zwar die Kinder aus den Familien nehmen, aber die Familien nicht aus den Kindern."
>
> **ASD Teamleitung 10, 354–365**

Obwohl die Zusammenarbeit mit Eltern bisher in der Fachpraxis immer noch einen schwierigen Stand hat, der sich auch darin ausdrückt, dass es in der SGB VIII-Reform als notwendig angesehen wurde, die Verpflichtung mit den

Eltern zusammenzuarbeiten, egal ob das Kind in einer Einrichtung oder bei einer Pflegefamilie ist, zu verstärken, ist die Zusammenarbeit mit Eltern zu einem wichtigen Aspekt der Qualitätseinschätzung durch Jugendamtsmitarbeitende geworden. Möglicherweise folgt dies der Logik, dass wenn es Probleme zwischen Eltern und der Einrichtung gibt, das Jugendamt deutlich stärker in die Hilfe involviert wird, als wenn diese Beziehung gut funktioniert. Die Zusammenarbeit mit den Eltern würde in einer solchen Perspektive dann zu dem Eindruck einer guten Qualität führen, wenn das Jugendamt zwischen den Hilfeplangesprächen möglichst wenig mitbekommt und somit entlastet ist. Angesichts der Arbeitssituation in etlichen Jugendämtern ein durchaus nachvollziehbares Qualitätskriterium.

5.1.2.3 Förderung der Verselbstständigung

Mit der Gründung des Careleaver e. V.[56], seine Einmischungen in die Fachdebatte, den nationalen und internationalen Studien zum Careleaving[57], den Auseinandersetzungen über die Hilfen für junge Volljährige und anderes mehr, hat die Auseinandersetzung darüber, wie gut es Einrichtungen gelingt, junge Menschen auf ein eigenständiges Leben vorzubereiten, zusätzlich an Bedeutung gewonnen.

Verselbstständigung gilt dann als gut gelungen, wenn sie schneller erfolgt, als bei Jugendlichen, die bei ihren Eltern leben, und Jugendliche möglichst frühzeitig, am besten mit dem Erreichen des achtzehnten Lebensjahres, selbstständig leben können:

> „Naja, entsprechend der Fähigkeiten des Jugendlichen, sind es ja dann in der Regel zu schauen: ‚Was kann der jetzt schon?‘ und ‚Wo kann ich ihn dann eben // Wo braucht er noch die Unterstützung?‘, und ‚Wo sollte er es dann alleine schaffen?‘. Weil die Kinder, die wir betreuen, die werden viel, also die müssen schneller selbständig werden, als die, die jetzt bei ihren Eltern groß werden und aufwachsen. Also die müssen da recht schnell da auch das können. Das fängt schon bei so kleinen Sachen an. ‚Wie teile ich mein Taschengeld ein? Was brauche ich an Sachen?‘ Solche Sachen. Dass dann eben regelmäßig auch geschaut wird: ‚Ok, jetzt ist Winter, wir sollten vielleicht mal den Klamottenschrank durchgucken?‘, ‚Was braucht es da?‘. Dann auch Lebensmittel: ‚Was brauche ich für meinen täglichen Bedarf?‘, Kochen, auch mit dem Kind so kochen, dass es da solche Fertigkeiten eben auch lernt. Und das fängt dann auch an, dass ein Konto eröffnet wird mit dem Kind: ‚Was zahle ich ein? Wie funktioniert das dann?‘. Auch entsprechend Ämter und Behörden frühzeitig auch mit einzubinden.“
>
> **ASD Mitarbeiterin 11, 241–258**

56 https://www.careleaver.de/

57 vgl. z. B. https://www.careleaver-kompetenznetz.de/index.php?article_id=13

Es zeigt sich ein sehr stark von Pragmatismus geprägter Blick auf Verselbstständigung. Verselbstständigung wird dann als erfolgreich angesehen, wenn bestimmte Alltagshandlungen ausgeführt und Behördengänge erledigt werden können sowie eine gewisse Zukunftsplanung zu beobachten ist. Innere Reife, soziale Kompetenzen, emotionales Gefestigt-Sein etc. werden von der befragten Fachkraft nicht im Zusammenhang mit Verselbstständigung genannt. Auch am Beispiel des gemeinsamen Kochens, das aus Sicht der Fachkräfte der Innenperspektive in erster Linie eine beziehungs- und gemeinschaftsbildende soziale Interaktion darstellt, führt die Fachkraft die erlernte „Fertigkeit" an, die einen Menschen zu einem selbstständigen Leben befähigt, nämlich ein Gericht zuzubereiten und sich zu ernähren.

5.1.2.4 Haltung

Ein weiterer Indikator für Qualität besteht aus Perspektive von Jugendamtsmitarbeitenden in der richtigen Haltung der Fachkräfte in der Einrichtung. Haltung bzw. pädagogische Haltung gehört zu den viel strapazierten Begriffen in der Diskussion darüber, was den Kern pädagogischer Profession ausmacht. Claudia Solzbacher (2017) verweist auf eine 200-jährige Geschichte dieses Begriffes und der nach wie vor fehlenden, empirisch tragbaren Begriffsdefinition. In ihrer Auswertung von historischen und aktuellen psychologischen, philosophischen und pädagogischen Zugängen kommen Christina Schwer und Claudia Solzbacher (2014) zu dem Ergebnis, „dass eine professionelle pädagogische Haltung ein professionelles Rückgrat meint, das mehr umfasst als eine Einstellung" (Solzbacher 2017, S. 314). Eine professionelle Haltung zeigt sich – vereinfacht gesagt – einerseits in den Vorstellungen und Zielen und andererseits in dem ‚Bauchgefühl', mit dem pädagogische Fach- und Lehrkräfte den diversen und ständig steigenden Anforderungen oder auch den Qualitätskriterien (…) gegenübertreten" (Solzbacher 2017, S. 314). Die Haltung wirke dabei wie ein innerer Kompass (Kuhl/Schwer/Solzbacher 2014, S. 107), der auch in schwierigen, ambivalenten, uneindeutigen Situationen es ermöglicht, dass Handlungen als übereinstimmend mit der handelnden Person und trotzdem ausreichend kontextsensitiv erlebt werden. Obwohl sich Haltung als komplexe Persönlichkeitseigenschaft einer Messbarkeit entzieht (Schmid 2016) wird sie in den Interviews zu einem Hinweis auf die Qualität erhoben.

Vor allem die ASD Teamleitung 10 vertritt die Ansicht, wichtiger als die Ausbildung der Fachkräfte sei deren Haltung zu ihrem Beruf.

> „Also wenn ich's mal ganz idealistisch ausdrücke, dann dürfen in der Heimerziehung nur Leute arbeiten, die das wirklich als ihre Berufung empfinden. (…) Die das wirklich wollen, die mit ganz viel Herzblut da dranhängen. Ich weiß, es ist ein Knochenjob."
>
> **ASD Teamleitung 10, 301–306**

Die sozialpädagogische Arbeit mit jungen Menschen hebt sich nach Ansicht dieser Befragten von anderen Jobs ab, denn man muss ihn gern und mit Herz machen, quasi dafür geboren sein. Haltung wird nicht als ein fachliches Grundverständnis wahrgenommen, an dem es zu arbeiten gilt, sondern als ein Talent, das manche mitbringen, andere nicht:

> „Hat jemand das Lehrer-Gen oder das Erzieher-Gen oder nicht? So, kö // zumindest hör ich das öfter mal. Hat jemand es einem // das gegeben, empathisch mit Kindern zusammenzuarbeiten? Manchen Menschen ist das nicht gegeben und die werden trotzdem Erzieher. (…) Und die kriegen wir // die kriegen das nicht hin, diesen Funken überspringen zu lassen zum Kind."
>
> **Jugendamtsleiter 13 (GD), 2130–2139**

Eine andere Deutung von Haltung, die in den Interviews an Jugendämtern sichtbar wird, ist ein Bewusstsein der pädagogischen Fachkräfte dafür, dass sie an ihrem Arbeitsplatz Normalität für die jungen Menschen herstellen sollen.

> „Also die die Haltung zu dieser Hilfeform auch haben und sagen, okay, ich stell mich dem mit dem Schichtdienst, und ich bin, wenn auch nur temporär, aber zu den Zeiten, wo ich hier arbeite // arbeite ich nicht nur und arbeite was ab, sondern ich bin im Prinzip ein Teil des sozialen Umfelds für dieses Kind, für diesen Jugendlichen. Und ich muss hier auch mit diesem Heimcharakter Familienersatz bieten. Also das ist so ganz viel Haltung zu den Kindern. Ich will so viel wie möglich in einem Heim Normalität."
>
> **ASD Teamleitung 10, 220–227**

Der in Interviews mit Fachkräften aus den Einrichtungen immer wieder hergestellte Bezug zu einer vorgestellten „Normalität" wurde bereits in Kapitel 4 dargelegt und diskutiert. Auch aus der Perspektive der Jugendämter zeigt sich in einigen Interviews – ähnlich wie in der Innenperspektive –, dass Normalität und Familie als Garanten für eine gute Entwicklung der jungen Menschen angesehen werden. Was genau darunter zu verstehen ist, wird auch von der hier zitierten Jugendamtsmitarbeiterin nicht expliziert. Es ist anzunehmen, dass sie darauf abzielt, den Heimalltag so familienähnlich wie möglich zu gestalten. Wobei offenbleibt, woran Familienähnlichkeit unter den Bedingungen des Schichtbetriebs und der wechselnden Zusammensetzung der Gruppe festgemacht wird. Wichtig scheint zu sein, dass dem Besonderen, nämlich dem Aufwachsen im Heim, zumindest keine negative Bedeutung gegenüber einem Aufwachsen in einer Familie beigemessen wird. Es geht hier um die Grundeinstellung den jungen Menschen gegenüber, sie als Personen und das Heim als Ort ihrer Kindheit und Jugend wertzuschätzen und nicht zu problematisieren.

In der Haltung der Mitarbeitenden kommt ihr Talent zum Ausdruck und eine gute Einrichtung besteht aus vielen talentierten Fachkräften, wobei das Talent wenig beeinflussbar, sondern eher als naturgegeben erscheint. Würde man einer solchen Vorstellung von Qualität folgen, dann würde Qualität bei einem Arbeitsmarkt, der von Fachkräftemangel geprägt ist, zu einem Glücksspiel werden. Qualität hinge dann im Wesentlichen davon ab, ob eine Einrichtung Glück bei der Personalauswahl hat. Dies kann für ein professionelles Handlungsfeld nicht ausreichend sein. Zumal die Entwicklung einer professionellen Haltung durchaus auch das Ergebnis von Aus- und Weiterbildung sein kann.

Ein weiteres wichtiges Kriterium für die Qualitätsbeurteilung durch Jugendämter wird mit dem Stichwort Verlässlichkeit thematisiert. Was damit gemeint ist, wird im folgenden Kapitel dargestellt.

5.1.3 Verlässlichkeit

Das Jugendamt trägt in seiner Wächterfunktion auch dann Verantwortung für den Minderjährigen, wenn dieser in einer stationären Einrichtung untergebracht ist. Die Fachkräfte stehen in der Verantwortung, dass die ausgewählte Hilfe inhaltlich zu rechtfertigen ist und dass das Kind in einer Umgebung aufwächst, die dem Kindeswohl dienlich ist, es zumindest vor Kindeswohlgefährdungen schützt. Vor diesem Hintergrund wundert es nicht, dass die Verlässlichkeit einer Einrichtung zu einem wichtigen Qualitätskriterium erhoben wird. Verlässlichkeit wird in den Interviews auf verschiedenen Ebenen gefordert: sie bezieht sich auf die Beziehung zu dem jungen Menschen, dem Verhältnis gegenüber dem Jugendamt, dem Umgang mit Krisen und eine zielorientierte Arbeitsweise.

5.1.3.1 Beziehungsarbeit

Wie die Einrichtungsfachkräfte verbinden auch einige Jugendamtsfachkräfte familienähnliche Settings, die eher klein und individuell sind und feste Bezugspersonen bieten, oder Pflegefamilien mit hoher pädagogischer Qualität.

> „Also genau aus diesem Grund mit diesem familiären Kontext, weil die Kinder dann nur eine Bezugsperson haben in den Pflegefamilien, sich da sehr schnell meistens orientieren können auch und da sehr viel individuelle Zuwendung auch erhalten"
>
> **Interview 8, 118–221**

In der engen Beziehung, die durch das familienähnliche Setting möglich wird, entsteht Verlässlichkeit, wird die Erzieherin zu einer signifikanten Person.

Gute Beziehungsarbeit soll eine eigenständige Beziehung zwischen Fachkräften und jungen Menschen ermöglichen und nicht mit den Eltern konkurrieren. Ein weiteres Qualitätszeichen für gute Beziehungsgestaltung ist, wenn es gelingt, dem jungen Menschen die Gewissheit zu vermitteln, dass er sich darauf verlassen kann, unterstützt zu werden:

> „Und vor allem, also auch diese Zuwendung von pädagogischer Seite her. Es reicht nicht, dass man [die Fachkraft, Anmerkung d. A.] sie versorgt, sondern man muss tatsächlich auch sich mal die Zeit nehmen, hier in diese Beziehungsarbeit zu gehen. (…) aber ich [die Fachkraft, Anmerkung d. A.] muss ihm zumindest vermitteln: ‚Wenn Du ein Problem hast, kannst Du zu mir kommen', und ‚Wenn ich das nicht lösen kann, dann suchen wir uns eine Hilfe.'"
>
> **ASD Sachbereichsleitung 4, 252–259**

Es wird allgemein davon ausgegangen, dass gute Beziehungsarbeit die Grundlage für bestmögliche Entwicklung bietet, auch wenn die Art und Weise der Herstellung dieser unterstützenden Beziehung von der Fachkraft nicht weiter ausgeführt wird. Eine ausführliche Auseinandersetzung mit unterschiedlichen Rollen, wie der Mutterrolle, der Rolle des Case-Managers oder einer therapeutischen Rolle der Fachkraft, auch in Abhängigkeit des jeweiligen Settings, fehlt in den Interviews mit Jugendamtsmitarbeitenden. In ihrem Fokus steht vielmehr das Ergebnis, dass der junge Mensch sich nicht allein gelassen fühlt und man sich Zeit für ihn nimmt.

Eine Fachkraft liest an der Inneneinrichtung und Atmosphäre der Einrichtung die Beziehungsqualität ab. Kindgerechte Gestaltung der Räume und Umgangston zeigen ihr, ob freundliche, wertschätzende Beziehungen vorherrschen, oder nicht:

> „Ja, das sind so Kleinigkeiten. Ob dann Kinderzeichnungen gerahmt an der Wand hängen. Oder an den Türen der Kinder die Fotos hängen. Oder wie die Zimmer überhaupt eingerichtet sind. Und manchmal sieht man ja auch Kinder, die, weil sie krank sind, eben nicht in der Schule sind, während ich da gerade zu Besuch bin. Auch dann, wenn man so ein bisschen auch mal hört, wie ein Betreuer ein Kind anredet. Das ist ein ganz, ganz kleiner Ausschnitt. Aber ich denke, alles zusammen ist dann zumindest so ein erster Einblick. Und gut, wenn man dann auch noch, wenn es zum Beispiel um die Leistungsbeschreibung geht, da öfters im Kontakt ist, und dann telefonisch oder viel auch per Mail dann sich da austauscht und man so das Gefühl hat ‚Ok, wir kooperieren ganz gut', und hat dann so das Bild auch der Einrichtung vor Augen, und kann sich das einfach besser vorstellen, auch wie es da abläuft."
>
> **Steuerung HzE 5, 396–408**

Atmosphäre der Einrichtung, Gestaltung der Räume und der Umgangston sollten sich auch in der Kooperationsbereitschaft der Fachkräfte zeigen. Auf diese Art und Weise entsteht ein Gesamteindruck der Einrichtung, der für die Qualitätsbeurteilung ausschlaggebend ist.

Alles in allem ist den Jugendamtsmitarbeiterinnen und -mitarbeitern die Kompetenz wichtig, stabile Beziehungen aufzubauen, da so erfolgreiche Hilfeverläufe zu erwarten sind.

5.1.3.2 Reflektion

Als Negativbeispiel für Qualität führt eine Jugendamtsleitung das Beispiel eines Heims an, das sich zwar nach außen offen zeigt, im Inneren aber ein geschlossenes System erschaffen hat, in das niemand von außen Einblick bekommt:

> „Und das war eine Einrichtung, die war eigentlich sehr sozialraumorientiert, sozialraumoffen, also die Kinder waren viel im Gemeinwesen verankert. Und im Inneren hat eine fast sektenähnliche Kultur des Einrichtungsleiters so Mitarbeiterschaft geherrscht. (…) Also die waren alle in einem Beziehungsgeflecht ganz dicht beieinander, (I1: Aha), so dass da diese Reflektionsarbeit, die man auf der Fachkräfteebene braucht, die hat da nicht mehr stattgefunden. Und solche Antworten wie // die Kriminalpolizei hat da ja ermittelt // also alle Kinder haben da Psychopharmaka gekriegt und die Fachkräfte haben dann geantwortet: ‚Na ja, wie anders hätten wir denn mit den Kindern klarkommen sollen?' Das sind natürlich Antworten // Eh ja."
>
> **Jugendamtsleitung 13 (GD), 243–247**

Offenheit meint hier weit mehr als sich im Sozialraum zu engagieren und zu zeigen. Eine gute Einrichtung ist auch und vor allem im Inneren offen und bietet institutionalisierte „Reflektionsarbeit". Dies bietet für diese befragte Fachkraft den besten Schutz vor „sektenähnlichen" bzw. hierarchischen und unhinterfragbaren Strukturen, die im Endeffekt zu gefährlichen pädagogischen Haltungen und Verhaltensweisen führen und eine Schließung der Einrichtung zur Folge haben können.

Reflektion bzw. Selbstreflektion der eigenen Handlungen wird, wie auch in der Innenperspektive, als Zeichen von Qualität gesehen. Eine ASD-Teamleitung erklärt, was sie mit Selbstreflektion der pädagogischen Fachkräfte in den Einrichtungen verbindet:

> „Teams, die Fachkräfte sich selber in Frage stellen, eben nicht sagen, was wir wissen und was wir tun, war richtig und mach das mal auch so, sondern dass man wirklich immer wieder guckt, was passt für den einzelnen Jugendlichen oder für eine kleine Gruppe, also das erscheint mir ein zentraler Punkt, die Bereitschaft dazu, einfach das zu tun und das auch zu pflegen als klassisches Handeln im Alltag."
>
> **ASD Teamleitung 13 (GD), 382–387**

Die Reflektionsfähigkeit bzw. die fest in die Struktur der Einrichtung verankerte Reflektion der eigenen Handlungen (vgl. Kapitel 4), wird hier zwar genannt, aber kaum weiter ausgeführt. Deutlich wird jedoch, dass die Besonderheit eines jeden Falles einer jeden Familienkonstellation eine einfache Übertragbarkeit bewährten Handelns („was wir tun, war richtig“) nicht erlaubt. Vielmehr ist ein einzelfallbezogenes Nachdenken über angemessene und sinnvolle Vorgehensweisen erforderlich.

Die Notwendigkeit von Supervision als eine Bedingung für gute Qualität wird in dem folgenden Ausschnitt bekräftigt, auch wenn die Begründung nur einen Teil der Funktionen beschreibt:

> „Ein Qualitätsmerkmal ist eben auch, dass die Supervisionen machen, die Heimeinrichtungen. Und auch entsprechend regelmäßig Fallbesprechungen machen. Dass so eine gute Psychohygiene eben auch bei den Mitarbeitern stattfindet.“
>
> **ASD Mitarbeiterin 11, 335–339**

Zwar haben Supervisionen und Fallbesprechungen durchaus den positiven Nebeneffekt für die Fachkräfte, sich auch mal ihren Frust von der Seele reden zu können. Es handelt sich aber in erster Linie um Strategien, um die Handlungen der Fachkräfte zu reflektieren und die Dynamiken in den Interaktionen besser zu verstehen. Über verschiedene Interviews hinweg wird deutlich, dass eine systematische Reflektion als ein wichtiger Beitrag zur Sicherung und Herstellung guter Qualität angesehen wird.

5.1.3.3 Krisenfestigkeit – Aushalten können

Ein gutes Heim soll auf die Bedarfe des jungen Menschen eingestellt sein und mit Schwierigkeiten umgehen können. Im folgenden Beispiel betont die interviewte Fachkraft eines Jugendamtes, dass es hin und wieder notwendig ist, sowohl das Kind als auch seine Eltern auszuhalten, obwohl es schwer erträglich ist und obwohl die Einrichtung und die Mitarbeitenden dabei an ihre Grenzen gehen müssen. In der Bereitschaft und der Kompetenz dies zu tun, liege eben auch eine besondere Qualität stationärer Einrichtungen.

> „Ein gutes Heim macht für mich aus, wenn die die Kinder nehmen, wie sie sind, und auch die Herkunftsfamilie nehmen wie sie sind. Also weil die gehören, die gehören da mit dazu. Also das Kind kommt ja immer auch mit einem Paket an, ne? Das kommt ja nicht einzeln. Und dann auch, dass Kinder ausgehalten werden mit ihren Problemen, die sie so mitbringen, ne? Wo auch entsprechend Krisenintervention eben auch stattfindet mit dem Kind, aber dem Kind auch gezeigt wird: ‚Wir wollen Dich so haben‘, ‚Du bist so in Ordnung, wie Du bist‘. Ja, manchmal kriegt man die dann halt wieder auf den Tisch gesetzt, ne, so: ‚Das geht jetzt nicht!‘ oder: ‚Wir können das so nicht weitermachen!‘ Manchmal macht das Sinn, aber in erster Linie ist es für mich eben auch

wünschenswert, wenn das Kind auch ein Stück weit mit seinen Problemen ausgehalten wird, ne? Und auch eben die Eltern, egal, wie die sind.“

ASD Mitarbeiterin 11, 57–70

Die Fachkraft wünscht sich, dass in den Einrichtungen mit auftretenden Problemen strukturiert und geplant umgegangen wird. Ein Abbruch der Hilfe stellt für den jungen Menschen eine negative und unter Umständen (re-) traumatisierende Erfahrung dar. Auch Eltern können es als einen Rückschlag erleben und verlieren so vielleicht einen Teil ihrer Hoffnung darauf, dass sich die Situation verbessern könnte. Zudem erfordert ein Abbruch immer auch eine erneute Suche nach einem geeigneten Platz, die meist nicht einfach ist. Daher ist es im Interesse der Mitarbeiterin im Jugendamt, eine ungeplante Beendigung einer Hilfe zu verhindern – auch wenn es Konstellationen gibt, in denen dies für den Minderjährigen und/oder die Familie sinnvoll sein kann. Das Jugendamt wünscht sich daher eine Zusammenarbeit mit Einrichtungen, die zielgerichtete Angebote machen, diese kompetent umsetzen und vor allem, dass sie mit Rückschlägen und unvorhergesehen Schwierigkeiten kompetent umgehen können. Eine gute Einrichtung sollte junge Menschen annehmen und „aushalten“ können und von sich aus ein großes Interesse daran haben, die Hilfe nicht vorzeitig zu beenden.

5.1.3.4 Funktionalität und Zielorientierung

Die Fachkräfte des Jugendamts legen Wert darauf, dass die Einrichtungen ihre Strukturen und ihre pädagogischen Handlungen reflektieren und blicken dabei weniger auf das Wie. Solche Fragen entstehen erst, wenn Störungen auffallen oder Unzufriedenheit mit der Kommunikation, der wahrgenommenen Beziehung zwischen Betreuer und Adressat beobachtet wird oder Probleme im Team oder das Nicht-Einhalten von Absprachen auffallen. Kommt es zu ‚Funktionsstörungen‘, dann wird ein skeptischer Blick auf die Bedingungen, die für qualitativ gute Arbeit erforderlich scheinen, geworfen:

„Ja >lacht<, läuft im Sinne von: die Beziehungsgestaltung funktioniert, ich kann mit denen kooperieren, die Schlüsselprozesse funktionieren (…). Dann hinterfrage ich das in der Regel auch gar nicht: ‚Machen Sie denn Supervision oder so was?‘ Also ich kann jetzt nur für mich so sprechen. Was wir ja mit unseren Einrichtungen machen, sind auch so was wie Kooperationsgespräche, auch so Kooperationstreffen. Aber eher so mit den hiesigen Einrichtungen, wo solche Fragen auch gestellt werden, also unabhängig von den Eltern, wo wir sagen: ‚Naja, wie machen Sie denn Ihre Teambesprechung?‘, ‚Wie ist Ihr Aufnahmeverfahren.‘ Nochmal so persönlich: ‚Machen Sie auch Supervision regelmäßig?‘ Also dann eher so im ständigen Austausch. Von dem her hinterfrage ich das gar nicht. Das würde ich erst hinterfragen wahrscheinlich, wenn ich merke, dass Beziehungsgestaltung nicht mehr funktioniert, der Betreuer ist vielleicht zu weit weg oder zu nah dran. Oder ich merke, vielleicht stimmt's auch in dem Team // irgendwas stimmt da nicht. Oder die Ziele, das haut hier an der Stelle nicht mehr so wirklich hin. Das kriege ich ja dann im Hilfeplanverfahren vielleicht auch mit, oder aber auch wenn die mich dann anrufen und kein geeignetes Krisenmanagement oder so machen. Oder ich das Gefühl habe, dass die untereinander, dass Absprachen vielleicht nicht funktionieren, ja? Dann würde ich so was auch hinterfragen."

ASD Mitarbeiterin 11, 913–936

„Funktionieren" bezeichnet im allgemeinen Sprachgebrauch einen technischen Vorgang. Eine Maschine funktioniert, wenn sie ihrer Funktion entsprechend das Ergebnis liefert. Übertragen auf Personen und Organisationen kann es auch funktional sein, sich nomkonform und unangepasst zu verhalten. Auch kann man seine gesellschaftlichen Funktionen erfüllen, selbst wenn man es eigentlich nicht möchte oder man sich dabei unwohl fühlt. Beispiele hierfür finden sich im Kontext von geschlossenen Einrichtungen oder wenn Verhaltensweisen individualisiert werden, obwohl ihnen strukturelle Ursachen, wie z. B. Armut zugrunde liegen. „Funktionieren" wird damit zu einer sehr stark kontextgeprägten Beurteilungskategorie, die deutlich macht, wie sehr die Beantwortung der Frage nach der Qualität einer stationären Einrichtung von der Beurteilungsperspektive abhängt.

Aus Jugendamtsperspektive gehört zu einem guten Funktionieren einer Einrichtung dazu, dass sie sich dafür einsetzt, dass Hilfeplanziele erreicht werden. Damit dies besser gelingt, soll in Gesprächen mit den Adressatinnen und Adressaten eine Fokussierung auf eine überschaubare Anzahl von Zielen – in dem folgenden Interviewausschnitt werden sie „Kernzielfelder" genannt – stattfinden und Fortschritte zur Stärkung der Motivation visualisiert werden:

„Zielerreichung, Analyse heißt ja nichts anderes, als dass man sagt // und ich habe selbst damit gearbeitet, bin selbst darin ausgebildet, sonst würde ich darüber vielleicht nicht ganz so überzeugt reden // dass man zu Anfang ja im Hilfeplan letztendlich sagt: ‚Okay, was sind so die Zielfelder, in denen wir arbeiten wollen?' Und dann, wenn ich mal jetzt: ‚Ich streite mich mit meinem Kollegen oder Kollegin in der Gruppe jeden Tag drei Mal.' Und ich sage, das Ziel nach einem halben Jahr ist: ‚Ich streite mich nur noch einmal die Woche.' Dann kann man das festlegen. Und das kann man, denke ich, in der Arbeit auch ganz gut benennen. Und wir sind ja in einer Gesellschaft, wo wir wirklich alles messen, wiegen und zählen. Das ist doch ganz klar. Also wie alt bin ich, wie groß bin ich, wie viel Geld habe ich // es geht immer um so was in der Bewertungsform. Das heißt, ob man das nun gut oder schlecht findet, so ist die Realität. (...) Und ich glaube ich, ist das für Jugendliche sehr eingängig. (...) Diese Klarheit ist, glaube ich, ganz hilfreich, und das kann man da dann an den fünf Kernzielfeldern // Das kann man ja auch mal untergra // untermauern, wenn man das jetzt noch vertieft machen will, kann man den zweiten (unverständlich) danebenlegen. Und ich habe den Eindruck bekommen, dass Jugendliche, wenn sie plötzlich sehen, Mensch, ich habe mich hier entwickelt, der Pfeil geht nach oben oder der ist gleich geblieben, dass man darüber wunderbar reden kann. Das visualisiert ja was. Und im Bericht ist eher was Verbalisierendes, und das ist für viele Jugendliche nicht so eingängig. Also es hat ein paar Effekte, die ich nicht schlecht finde."

ASD Teamleitung 13 (GD), 1647–1673

Messbarkeit, Prüfbarkeit, Abbildbarkeit von Ergebnissen – all diese Faktoren werden als gute Möglichkeit gesehen, die Entwicklung eines jungen Menschen darzustellen und darüber ins Gespräch zu kommen. Der Befragte verbindet auch Modernität und einen bestimmten Zeitgeist damit, dem man sich nicht entziehen kann und sollte. Modernität und gute Qualität zeigen sich hier daran, dass Entwicklungsschritte durch Messungen gezeigt werden können. Die Möglichkeit, Gewicht und Größe zu messen und sie in Zahlen auszudrücken, wird in diesem Beispiel mit dem Messen vom Erreichen vereinbarter Entwicklungsziele gleichgesetzt. Die „Messergebnisse" erhalten dadurch Tatsachencharakter. Auf der Grundlage kann man dann ins Gespräch über die bisherigen und weiteren Schritte oder aber auch über die Bewertungsschritte, die zu diesem Ergebnis geführt haben, kommen. Welche dieser Möglichkeiten die Fachkraft hier hervorheben wollte, bleibt unklar.

Das Zitat verweist auf ein Verständnis von Qualität, das auf einem mechanischen Menschenbild basiert. Mit Hilfe von Interventionen können Wirkungen erzeugt werden, die mess- und visualisierbar sind. Qualität zeigt sich nicht nur in der funktionierenden Intervention mit einer messbaren Wirkung, sondern auch im Messen an sich. Messergebnisse zeigen den Fachkräften und dem jungen Menschen selbst, wie erfolgreich die Arbeit war. Anhand dieser Messergebnisse, kann dann ein Reflektionsprozess eintreten und weitere Schritte eingeleitet werden.

Eine Orientierung an Funktion und vereinbarten Zielen wird als ein wichtiger Baustein für die Etablierung einer verlässlichen und damit potentiell guten Arbeit angesehen. Aus Sicht des Jugendamts scheint eine gute Einrichtung eine solche zu sein, die auch eine Ausrichtung ihres Handelns an den Interessen des Jugendamts vornimmt. Diese Interessen fallen bestenfalls mit denen der Einrichtung und den Adressatinnen und Adressaten zusammen, was aber nicht immer der Fall sein wird. In den Interviews lässt sich im Unterschied zu stark verfahrensbezogenen Methoden der Qualitätssicherung kein Versuch erkennen, Prozesse definieren oder gar standardisieren zu wollen. Ganz die Autonomie des freien Trägers achtend werden zwar Bereiche benannt, die bearbeitet werden sollen, aber zu der Art und Weise der Bearbeitung werden keine Aussagen gemacht. Orientiert man sich an den klassischen Kategorien, dann könnte man die Interviewzitate in diesem Abschnitt (5.1.3.4) dahingehend zusammenfassen, dass Jugendamtsmitarbeitende eher auf Ergebnis- als auf Prozess- oder Strukturvariablen schauen. Bei einer solchen Interpretation sollte man nicht vergessen, dass es offensichtlich ein sehr weitreichendes Verständnis von Ergebnissen gibt, deren Erreichen auch nicht immer unmittelbare Folge des Handelns der Einrichtung sein muss, wie „dass Jugendliche, wenn sie plötzlich sehen, Mensch, ich habe mich hier entwickelt“ (siehe Interviewzitat von ASD-Teamleitung 13 weiter oben).

5.1.3.5 Kooperation

Ein weiterer Aspekt, der von Fachkräften aus Jugendämtern in den Interviews angesprochen wurde, kann als eine weitere Dimension von Verlässlichkeit verstanden werden. Diesmal geht es um die Qualität der Beziehung zum Jugendamt. Dieser Aspekt überrascht vor dem Hintergrund des bisher Zusammengetragenen nicht. Aus Jugendamtsperspektive gibt es zwei deutlich voneinander unterscheidbare Qualitätsbereiche: Der erste bezieht sich auf die eigentliche Aufgabe, also die Hilfe zur Erziehung, der zweite auf die Erfüllung der ‚Jugendamtsbedürfnisse‘. Da zumindest für den ersten Bereich dem Jugendamt häufig die Mittel fehlen, um zu einer fundierten Einschätzung zu kommen und sich die Mitarbeitenden, insbesondere zu Beginn und am Ende einer Hilfe, auf Indikatoren beschränken müssen, gibt es ein Interesse daran, über positive und verlässliche Kooperationserfahrungen Vertrauen aufzubauen. Kooperationen werden in dem folgenden Ausschnitt aus einer Gruppendiskussion dann als gut eingeschätzt, wenn sich eine Einrichtung im Umgang mit formalen Anforderungen verlässlich und an einer offenen Kommunikation interessiert zeigt:

> „[Das, Anmerkung d. A.] ist so ein ausführlicher Entwicklungsbericht, der ist, ich habe den immer rechtzeitig vorher, das ist noch nicht passiert, dass aus irgendwelchen Gründen das nicht da war, sondern ich habe, ich kann mich da wirklich 100-prozentig drauf verlassen, ich habe den Bericht, was auch sehr wichtig ist, der ist mit den Kindern kindgerecht besprochen worden, der ist mit den Eltern und mit dem Vormund besprochen worden, also der liegt einfach vor, liegt.“
>
> **ASD Mitarbeiterin 13 (GD), 1350–1356**

Sollten Absprachen nicht eingehalten werden können, so zeichnet sich eine gute Einrichtung dadurch aus, dass sie Schwierigkeiten rechtzeitig kommuniziert, Fragen stellt und bereit ist, mit dem Jugendamt ins Gespräch zu kommen.

> „Genau, kooperieren, an Absprachen halten, das, was wir auch besprechen. Oder wenn klar ist, dass die Absprachen nicht eingehalten werden können aus, manchmal sind es ja dann bestimmte Zwänge, die damit verbunden sind, ist ja auch eher von

außen, muss ja nicht immer was so sein, dass die dann anrufen und sagen: ‚Wir haben die und die Situation, wir würden das und das jetzt machen. Wie stehen Sie dazu?' Und dann kann man da in den Austausch treten. Aber wenn man es dann hinterher mitbekommt, ja // das geht dann eben so nicht."

ASD Mitarbeiterin 11, 660–668

5.1.4 Zusammenfassung: Qualitätsindikatoren aus Sicht von Jugendämtern

Einrichtungen stationärer Jugendhilfe sollen einen Beitrag zu einer möglichst bedarfsgerechten Angebotsstruktur leisten, damit das Jugendamt in allen auftretenden Fällen (Familien und junge Menschen, bei denen eine stationäre Hilfe erforderlich ist) eine spezifische und passgenaue Lösung anbieten kann. Die Einschätzung der Qualität einer Einrichtung hängt also sehr stark davon ab, inwiefern das Einrichtungsprofil zu den Bedarfseinschätzungen der handelnden Personen im Jugendamt passt. Dies ist angesichts der nicht sehr ausgeprägten Jugendhilfeplanung (z. B. Gadow u. a. 2013) im Bereich der Hilfen zur Erziehung ein schwieriges Qualitätskriterium – zumindest aus Perspektive der stationären Einrichtungen, da Bedarfe bzw. Annahmen über mittelfristige Entwicklungen von Bedarfen nicht expliziert werden.

Die Schwierigkeit von Mitarbeitenden aus Jugendämtern, sich einen umfassenden Eindruck von der Arbeit stationärer Einrichtungen verschaffen zu können, wirkt sich auf ihre Strategien, zu Qualitätseinschätzungen zu kommen, dahingehend aus, dass einerseits solche Prozesse in den Fokus geraten, in denen eine unmittelbare Begegnung stattfindet, und die dort gemachten Erfahrungen als Hinweise auf die Qualität einer Einrichtung gewertet werden. Hierzu gehören das Aufnahmeverfahren und die Hilfeplanung, ebenso wie eine gute Konzeption und entsprechende Hinweise darauf, dass die Konzeption tatsächlich handlungsleitend ist. Auch der Ruf einer Einrichtung stellt eine wichtige Quelle für die Qualitätseinschätzung dar. Andererseits sind die Interviewten bemüht, die Bewältigung zentraler fachlicher Aufgaben, wie die Sicherstellung von Beteiligung, die Zusammenarbeit mit Eltern oder die Förderung der Verselbstständigung, bei ihren Qualitätseinschätzungen zu berücksichtigen. Dass man durchaus Fragen an die in diesen Kontexten geäußerten fachlichen Vorstellungen formulieren kann, ändert nichts daran. Und schließlich erhält die Dimension Verlässlichkeit sowohl gegenüber den Adressatinnen und Adressaten als auch gegenüber dem Jugendamt eine herausgehobene Bedeutung für den Qualitätseindruck.

In den Interviews wird deutlich, dass eine vertiefende Befassung mit der Qualität stationärer Einrichtungen dann eher stattfindet, wenn es eine gewisse Unzufriedenheit mit dem gibt, was vorab als Ergebnis definiert wurde. Wobei Ergebnis nicht nur mit ‚klassischen' Variablen, wie Symptomreduktion oder bessere

Integration in Schule oder Ausbildung operationalisiert wird, sondern auch relativ unbestimmte Dinge wie „das haut hier an der Stelle nicht mehr so wirklich hin“ (ASD Mitarbeiterin 11, 931) herangezogen werden. Eine Orientierung an Ergebnissen – und seien die Erwartungen noch so unbestimmt formuliert – verwundert nicht, denn im Arbeitsalltag der Fachkräfte des Jugendamts spielt die alltägliche pädagogische Arbeit in den Einrichtungen nur in ihrem Ergebnis eine Rolle, weniger in ihrer Umsetzung. Die Analyse zeigt deutlich, dass von Jugendamtsseite ein weitaus pragmatischerer Blick auf Qualität zu verzeichnen ist, als ihn die Fachkräfte aus der Innenperspektive an den Tag legen. Hierzu gehört auch, dass ein wichtiges Qualitätskriterium aus Sicht der Jugendämter der Grad der Dienstleistungsorientierung im Sinne einer Nutzbarkeit für die Erfüllung des Auftrags der Jugendämter ist.

Beantwortet man die leitende Forschungsfrage des Projekts, nämlich welche Idee von Qualität liegt den impliziten und expliziten Einschätzungen von Jugendämtern zugrunde und was kann man daraus für die Weiterentwicklung der Qualität stationärer Angebote lernen, so lässt sich Folgendes zusammenfassen:

Qualität zeigt sich in der Erfüllung einer Aufgabe, die einerseits darin besteht, für das Jugendamt nützlich zu sein, und andererseits keinen Anlass zu geben, an der Qualität des pädagogischen Handelns in der Einrichtung zu zweifeln. Dies geschieht am besten dadurch, dass die Konzeption der Einrichtung tatsächlich eine Orientierungsfunktion für das alltägliche Handeln entfaltet, es verlässliche und vertrauensvolle Beziehungen zu Jugendamt und Adressatinnen und Adressaten gibt, Probleme angesprochen werden und eine Orientierung an den Herausforderungen des Einzelfalls einem starren Festhalten an bisherigen Vorgehensweisen entgegengesetzt wird.

5.2 Landesjugendamt

5.2.1 Die Aufgaben der Landesjugendämter im Zusammenhang mit Qualität

Landesjugendämter als Landesbehörden haben sowohl eine aufsichtliche als auch eine beratende Funktion gegenüber der örtlichen Ebene. Sie erarbeiten fachliche Empfehlungen, definieren bundeslandbezogene Standards und sind in den meisten Bundesländern die Betriebserlaubnis erteilende Stelle für den Betrieb einer Einrichtung, in der Kinder ganztägig oder für einen Teil des Tages betreut werden (§ 45 SGB VIII). Die Betriebserlaubnis kann ganz oder teilweise entzogen werden, wenn das Wohl des Kindes gefährdet ist und der Träger die Gefährdungslage nicht behebt. Mit den Anforderungen an die Erteilung einer Betriebserlaubnis wird im Prinzip eine Mindestqualität definiert. Um sicherzugehen, dass die Anforderungen, die bei der Erlaubniserteilung gestellt wurden, auch im laufenden Betrieb eingehalten werden und damit die Voraussetzungen für den Erhalt der Betriebserlaubnis weiter bestehen, haben die Betriebserlaubnis erteilenden staatlichen Behörden die Aufgabe, örtliche Prüfungen der Einrichtungen durchzuführen (§46 SGB VIII). Außerdem hat die Einrichtung gegenüber der überörtlichen Stelle eine Meldepflicht (§47 SGB VIII). Unter anderem muss die Zahl der verfügbaren und belegten Plätze gemeldet werden, ebenso wie die Anzahl und die Ausbildungen aller beschäftigten Personen und alle kindeswohlrelevanten Vorkommnisse. Die Betriebserlaubnis erteilende Stelle hat auch die Aufgabe, die Eignung der Fachkräfte zu prüfen und in begründeten Fällen ihre Beschäftigung ganz oder für bestimmte Teilaufgaben zu untersagen (§48 SGB VIII). Oberstes Ziel der Betriebserlaubnis erteilenden Stelle ist die Sicherstellung des Kindeswohls. Wenn Kinder und Jugendliche in stationären Einrichtungen der Kinder- und Jugendhilfe aufwachsen und betreut werden, haben Eltern – die meist nach wie vor das Sorgerecht über ihre Kinder haben – nur begrenzt Einfluss auf das Erziehungsgeschehen innerhalb der Einrichtung.

> „Die Notwendigkeit einer staatlichen Einrichtungsaufsicht lässt sich also nicht aus dem Wächteramt über die elterliche Sorge ableiten, sondern direkt aus den Grundrechten des Kindes und seiner Schutzbedürftigkeit."
>
> **Mühlmann 2014, S. 63**

Für eine bessere Einordnung der Aussagen der Befragten ist es hilfreich, sich ein Bild davon zu machen, welche Aufgaben und Funktionen die sechs Interviewten wahrnehmen, was ihren Blick auf die Einrichtungen und die Frage nach der Qualität prägt. Gefragt nach den Aufgaben und ihrer Funktion innerhalb des Landesjugendamts wurden in den Interviews folgende Aspekte hervorgehoben:

- Die Wahrnehmung der Anregungsfunktion zur fachlichen Weiterentwicklung des Feldes. Hierzu gehört die Mitwirkung an der Erstellung fachlicher Empfehlungen und die Befassung mit Grundsatzfragen ebenso wie die Organisation von Fortbildungen, Tagungen, Fachtagen, Beratung, Aufklärung und Bereitstellung von Informationen für Einrichtungen, Träger und Jugendämter;
- Aufgaben, die unmittelbar mit der Erteilung einer Betriebserlaubnis nach §45 SGB VIII zusammenhängen und alltagssprachlich als Heimaufsicht bezeichnet werden. Hierzu gehört es, Aufsichtsbesuche durchzuführen und Meldungen nach §47 SGB VIII bzw. allen Meldungen, die sich auf „Ereignisse oder Entwicklungen beziehen, die geeignet sind, das Wohl der Kinder und Jugendlichen zu beeinträchtigen" (§47 (2) SGB VIII), nachzugehen. Außerdem wurde das Erstellen von Prüfberichten genannt und die Kontrolle von Stichtagsmeldungen der Einrichtungen;

- Zum Teil auch behördeninterne Aufgaben, wie Personalführung oder Koordination innerhalb des Amtes, die mit der hier im Zentrum stehenden Frage nach dem, was die Qualität stationärer Einrichtungen kennzeichnet, eher wenig zu tun haben.

Die Aufgabenbeschreibungen spiegeln die Doppelfunktion der Landesjugendämter (Fachberatung und Rechtsaufsicht) wider. Das Landesjugendamt steht bei der Behebung von Mängeln beratend und begleitend zur Seite, um Schließungen oder auch Teilschließungen einer Einrichtung zu verhindern. Der Wechsel zwischen Beratung und Kontrolle ist in solchen Fällen häufig fließend. In den Interviews wird deutlich, dass sich die Befragten vornehmlich in einer beratenden bzw. begleitenden Rolle sehen. Insbesondere in der Rolle als Prozessbegleitung sehen einige Befragte ein großes Potential des Landesjugendamts, um Themen ins Feld zu bringen und Entwicklungen anzustoßen.

> „Wir sind Prozessbegleiter und wir sind manchmal auch Motor; also manche Themen, die bringen wir einfach in die Fläche."
>
> **Referatsleitung 27, 1123–1124**

Ein Teil der Befragten sieht sich auch in einer Vermittlerrolle zwischen Jugendamt und Einrichtung bzw. Einrichtungsträger. Diese Rolle käme zum Beispiel dann zum Tragen, wenn Leistungsbeschreibungen verfasst, Entgeltverhandlungen moderiert oder die Zusammenarbeit grundsätzlich verbessert werden soll. Eine interviewte Person sieht sich als Teil eines Dreiecks aus Landesjugendamt, örtlichem Jugendamt und Träger der Einrichtung. Bedarfe und Bedürfnisse von Seiten des Jugendamts und des Trägers werden beim Landesjugendamt gebündelt, um auf dieser Wissensbasis Fortbildungen, die sich sowohl an Träger als auch an Jugendämter richten, zu konzipieren und die Kooperation zwischen diesen beiden Akteuren auf diese Weise zu stärken.

Im nächsten Abschnitt werden die aus dem Interviewmaterial rekonstruierten Kriterien zur Beschreibung von Qualität stationärer Einrichtungen dargestellt.

5.2.2 Qualitätskriterien aus Sicht der Landesjugendämter

5.2.2.1 Offenheit gegenüber dem Landesjugendamt

Wesentliche Voraussetzungen, dass die Betriebserlaubnis erteilende Stelle ihrer Aufgabe einer Kriterien geleiteten Überprüfung nachkommen kann und mit ihren Beratungsangeboten auch den Bedarfen der Einrichtungen entgegenkommt, sind Offenheit und Transparenz der Einrichtungen gegenüber der Betriebserlaubnis erteilenden Stelle. Dies kristallisiert sich aus allen Interviews als zentrales Gütekriterium für stationäre Einrichtungen der Kinder- und Jugendhilfe heraus:

> „Ich kenne keinen Weg, der an einer Transparenz, an einer Offenheit des eigenen Verfahrens, sich in die Karten schauen lassen, so als Bild gesprochen, der daran vorbeiführt."
>
> **Teamleitung 15, 475–477**

Was die Kriterien Offenheit und Transparenz für die Landesjugendämter bedeuten, soll im Folgenden ausdifferenziert werden.

Reflektion und aktive Nutzung der „Doppelfunktion" der Landesjugendämter
In dem folgenden Interviewausschnitt wird herausgestellt, wie unterschiedlich Einrichtungen nach Wahrnehmung der Interviewten dem Landesjugendamt gegenübertreten. Ein Teil der Einrichtungen betont die Kontrollfunktion und verhält sich entsprechend. Sie verfahren nach dem Motto, nur Ausgewähltes von sich zu berichten und mit Informationen grundsätzlich zurückhaltend zu sein. Andere Einrichtungen hingegen erkennen auch die Beratungsfunktion an und erscheinen damit auch kooperationsbereiter.

> „Also und das ist manchmal nicht so einfach, auch wie wir von den Einrichtungen wahrgenommen werden. Die einen, die eher so ein bisschen tricksen und mal ein bisschen was verschweigen oder mal was untern Tisch fallen lassen, die sehen das Landesjugendamt als Kontrollbehörde, und diejenigen, die im Sinne von Qualitätsentwicklung und die im Sinne von Zusammenarbeit und im Sinne von Bildung mit uns sich zusammentun, die empfinden das Landesjugendamt als beratende, fachliche, in Anführungszeichen ‚kollegiale' Behörde."
>
> **Referatsleitung 27, 241–249**

Reflektieren die Einrichtungen die Doppelfunktion (Beratung und Kontrolle) der Betriebserlaubnis erteilende Stelle, wozu sie nach Ansicht der interviewten Mitarbeiterin in der Lage sein sollten, dann befördert das die Arbeit an der Qualität der Einrichtung.

> „Da sind auch viele, die sich auch dann auf einen Prozess einlassen mit uns. Die meisten Leute hier haben ja bei uns eine pädagogische, erziehungswissenschaftliche, sozialwissenschaftliche Ausbildung, und das heißt, die müssen auch reflektieren können selbst, eben mit dieser Janusköpfigkeit klarkommen, da gehört Reflektionsvermögen dazu, sonst geht's nicht."
>
> **Referatsleitung 27, 598–604**

Offenheit bezieht sich also nicht nur auf die Anforderungen, die sich aus der Arbeit mit der oder den Zielgruppen ergeben, sondern auch auf die Akzeptanz der Doppelrolle der Landesjugendämter. Sie erst erlaubt es, zu einer an inhaltlichen Themen orientierten Weiterentwicklung der Einrichtung zu kommen.

Eigeninitiative der Einrichtungen als Entlastung und Ermöglichung

Wird die Betriebserlaubnis erteilende Stelle in erster Linie als ‚kollegiale Behörde' wahrgenommen, steigt die Wahrscheinlichkeit, dass die einzelne Einrichtung proaktiv auf sie zugeht, so die Erwartung einiger befragter Fachkräfte. Damit würde die Einrichtung auch ihr Interesse an einer kontinuierlichen Qualitätsentwicklung signalisieren.

Aus Sicht der Behörde ist eine erkennbare Eigeninitiative im Austausch mit dem Landesjugendamt ein Indikator für eine gute Qualität einer stationären Einrichtung, sie ist Ausdruck des Interesses sich fachlich weiterzuentwickeln. Zudem entlastet sie auch das Landesjugendamt, dadurch dass Vertrauen aufgebaut wird und Kontrollen weniger aufwändig werden. Als Beispiele für Eigeninitiative werden in den vier Interviews genannt:

- eigene Themen in die Gespräche einbringen und dabei auch „heikle" Themen (z. B. den Umgang mit sexualisiertem Verhalten) ansprechen;
- Beratungsanfragen stellen und Beratungsangebote, Fachveranstaltungen etc. nutzen;
- fachliche Empfehlungen als Gesprächsanlass nutzen, Referenten des Landesjugendamtes einladen;
- in konzeptionellen Fragen eine Beratung suchen;
- Nachfragen bzgl. der Umsetzung von Gesetzesänderungen;
- verbesserungswürdige Dinge mit dem Landesjugendamt angehen und Kritik und Hinweise auf Fehler als Entwicklungsmöglichkeit sehen (Fehlerfreundlichkeit);
- Verlässlichkeit hinsichtlich der Wahrnehmung der rechtlichen Verpflichtungen, wie unaufgeforderte Einhaltung von Terminen, z. B. bei Stichtagsmeldungen, zuverlässige Meldung von Vorkommnissen nach § 47 SGB VIII.

Folgende Befragte sprechen implizit die entlastende Funktion der Eigeninitiative auf Einrichtungsseite an. Sie betonen, dass es als Indikator für ein pflichtbewusstes Arbeiten und für ein Interesse an Qualitätsentwicklung angesehen wird, wenn eine Einrichtung ihrer Meldepflicht nachkommt. Einrichtungen hingegen, die wenig oder keine Meldungen machen, erwecken eher Skepsis und erfordern einen zusätzlichen Aufwand, damit die Meldepflicht zukünftig eingehalten wird.:

> „Von daher ist es, kann nicht davon ausgegangen werden, dass irgendeine Einrichtung gibt, bei denen es nie zu Vorkommnissen kommt. Und je größer eine Einrichtung, desto mehr Meldungen müssten, nicht weil die schlecht arbeiten, damit hat das nichts zu tun, müssten eigentlich Meldungen eingeben. Aber es ist nicht der Fall. Es ist sehr

unterschiedlich, vielfältig. Wir haben kleinere Einrichtungen, die melden viel, weil sie sich ihrer Pflicht bewusst sind und auch sich beraten lassen möchten, aber es gibt auch Einrichtungen – es kann sein, dass die denken: ‚Wenn wir das melden, haben wir mehr Arbeit damit', da müssen wir vielleicht nochmal dranbleiben oder Antworten liefern."

Sachbereichsleitung 17 (GI), 858–869

„Oder: ‚Wir stehen in einem schlechten Licht beim Landesjugendamt'. Also ich glaube, viele Einrichtungen glauben immer noch: ‚Wenn ich nichts zu melden habe, dann glaubt das Landesjugendamt, dann bin ich gut'. (…) Und da müssen wir transportieren, dass wir einen anderen Auftrag haben."

Abteilungsleitung (GI) 17, 870–876

Prinzipielle Offenheit als Mittel gegen Machtmissbrauch

Offenheit als ein Qualitätskriterium beschränkt sich jedoch nicht auf das Verhältnis zur Betriebserlaubnis erteilenden Stelle, sondern richtet sich auch auf die Atmosphäre in der Einrichtung und das Verhältnis zu den Eltern der betreuten Kinder und Jugendlichen, sowie auf eine Öffnung hin zum Sozialraum. Die Einrichtung sollte ein „Punkt im sozialräumlichen Koordinatensystem" (Referatsleitung 27, 789–790) sein, in Vereinen, Bildungsstätten und „zivilgesellschaftlich" (ebd., 757) vernetzt sein. In den Interviews wird die Forderung nach Offenheit auch damit begründet, dass es sich bei den stationären Hilfen zur Erziehung um eine „öffentliche Form der Erziehung" handelt. Der Staat ist in einer besonderen Verantwortung dafür, dass die Erziehung der Kinder und Jugendlichen in den Einrichtungen zumindest entlang von Mindeststandards erfolgt und die Kinder und Jugendlichen als Subjekte eigenen Rechts anerkannt werden. Alles was in der Einrichtung geschieht, sollte daher für die örtlichen Jugendämter, die eine Art Elternfunktion für die jungen Menschen einnehmen (siehe Zitat unten), transparent und nachvollziehbar sein, ähnlich wie in einer Kita. Es sollte möglich sein, dass verschiedene Akteure (Lehrer, Ausbilder, Eltern, Jugendamt etc.) täglich einen Eindruck darüber gewinnen können, wie es den jungen Menschen geht:

„weil ein Heim ist für mich keine geschlossene Einrichtung, sondern das ist eine Einrichtung, die muss eine gewisse Transparenz nicht nur geschichtlich begründet, sondern die muss auch eine Transparenz herstellen, weil es eine öffentliche Einrichtung ist, eine öffentliche Form der Erziehung, die im Grunde genauso rein-, wo man genauso reinschauen kann oder soll wie bei einer Kita auch! Ja? Da kommen die Eltern jeden Tag, das ist ja keine stationäre Einrichtung, aber die kommen jeden Tag, die kriegen einen Eindruck, was da passiert, und so muss ein Kinderheim auch sein! Und viele denken so irgendwie, sie hätten da so ein Modell-Kinderheim, und: ‚Ja, wir haben eine ganz besondere Erziehung, (…) und überall hängen Tücher!' Und ich sehe überhaupt nix, weil alles vollgehängt ist mit Tüchern. Ich sag's jetzt mal als Metapher, ja? ‚Ja, kann ich mal bei Ihnen reingucken? – ‚Ja bitte, gucken Sie rein.' Und

> es hängt alles voll mit Tüchern. ‚Ja, wo sind denn die Kinder?' – ‚Ja, die sind hinter den Tüchern.' Also – es ist so ein bisschen zugespitzt."
>
> **Referatsleitung 27, 757–773**

In zwei Interviews wird auf Goffmans Begriff der ‚totalen Institution'[58] als Kontrastbeispiel zu einer offenen Einrichtung verwiesen (Referatsleitung 27, 845; „in sich geschlossene Machtsysteme" (Teamleitung 15, 386–387)). Die ‚totale Institution' gilt als Inbegriff eines für die jungen Menschen gefährlichen und entwicklungshemmenden Ortes. Es darf in Einrichtungen weder undurchschaubare „Machtsysteme" geben noch „unsichtbare Räume" (Teamleitung 15, 526). Nur durch Offenheit und Transparenz in alle Richtungen, darüber sind sich mehrere Befragte einig, kann Machtmissbrauch verhindert und ein „demokratischer" (Referatsleitung 27, 782) Umgang gefördert werden. Offene Türen für Menschen aus dem Nahraum, öffentliche Veranstaltungen, Informationsabende, Jahresfeste etc. fördern Partizipation und verhindern somit „geschlossene Machtsysteme".

Offenheit und Transparenz gegenüber der öffentlichen Jugendhilfe, den Familien und dem Sozialraum kann als ein zentrales Qualitätskriterium aus Sicht der Betriebserlaubnis erteilenden Stellen gesehen werden, da diese in allen Interviews genannt und ausgeführt werden.

5.2.2.2 Kongruenz von Konzeption und Handeln

Um eine stationäre Einrichtung der Hilfen zur Erziehung verlässlich einschätzen und gezielt beraten zu können, ist es aus Sicht der Landesjugendämter besonders wichtig, dass die Konzeption der Einrichtung mit dem übereinstimmt, was im Alltag der Einrichtung auch umgesetzt wird:

> „In dem Kontext der stationären Einrichtungen, in der Erziehungshilfe ist ja Qualität letztendlich die Kongruenz aus dem, was eine Leistungsbeschreibung eines Trägers beinhaltet in Abgleich mit dem Alltagshandeln."
>
> **Teamleitung 15, 103–106**

Dieser Anspruch setzt auf Seiten der Konzeption voraus, dass diese nicht nur aus Überschriften bzw. einer Aneinanderreihung von Schlagwörtern besteht, sondern auch eine innere Konsistenz aufweist und den Mitarbeitenden vertraut ist. Eine Konzeption kann erst dann eine orientierende und damit auch qualitätsförderliche Funktion entfalten, wenn sie Relevanz für das alltägliche Handeln

58 Vgl. dazu Goffman 2016, der 1961 anhand von in „Irrenanstalten" lebenden psychisch kranken Menschen die Kennzeichen einer ‚totalen Institution' herausarbeitet. Verkürzt dargestellt, werden die ‚Insassen' entindividualisiert und sind in allen Lebensbereichen einem institutionalisierten Machtgefüge unterworfen.

aller in der Einrichtung hat. Damit dies gelingt, ist es überaus hilfreich, wenn Konzeptionen nicht von einer kleinen Arbeitsgruppe erarbeitet und von der Leitung verabschiedet werden, sondern wenn möglichst viele in den Entstehungs- bzw. Überarbeitungsprozess einbezogen sind (siehe auch Schwabe/Thimm 2018 sowie Unterabschnitt Konzept- und Leitbildarbeit).

Die Möglichkeiten der Mitarbeitenden der Betriebserlaubnis erteilenden Stellen, den Alltag mit der Einrichtungskonzeption abzugleichen, bleiben angesichts der Kapazitäten für Vor-Ort-Besuche notwendigerweise beschränkt. In den Interviews wird mehrfach die Ferne zu den Einrichtungen im Allgemeinen und zu den jungen Menschen und deren Heimalltag im Besonderen angesprochen. Thomas Mühlmann (2014) kam in seiner Studie zur Arbeit der Landesjugendämter in NRW zu dem Ergebnis, dass den Mitarbeitenden in der Regel eine Zeitspanne von 30 Minuten bis zu zweieinhalb Stunden zur Verfügung steht (S. 277). Die Befragten bedauern es, zu selten die Heime tatsächlich besuchen zu können und daher auch für die dort lebenden jungen Menschen nicht präsent zu sein:[59]

> „Da sind wir dann als Behörde einfach viel zu weit entfernt. Die Kinder und Jugendlichen kennen vielleicht noch ihren Vormund, die kennen vielleicht noch den Sachbearbeiter im Jugendamt, aber dann zu wissen, auch wenn die Träger das aushängen und irgendwo hin schreiben ‚Da gibt es ein Landesjugendamt mit der Möglichkeit der Aufsicht, und dadurch auch mit der Möglichkeit der Beschwerde', das ist nicht der Weg, den die Jugendlichen wählen."
>
> **Abteilungsleitung 17 (GI), 147–154**

Die Befragten sind eher mit Jugendämtern und Heimleitern, z. B. auf Heimleitertreffen, in Kontakt. Auch um den Bezug zur Basis nicht zu verlieren, besucht ein Befragter daher bewusst – zwar „nicht oft" aber – „immer wieder" Einrichtungen, um sich Vorort ein Bild zu machen:

> „Ich fahre nicht oft hin, aber ich fahre immer wieder hin, ich mache immer wieder mit Einrichtungen Termine aus, um da einen Eindruck zu bekommen und um wirklich dann auch nah dran zu sein, was da passiert."
>
> **Referatsleitung 27, 438–441**

Wegen dieser eingeschränkten Möglichkeiten, sich einen unmittelbaren Eindruck vom Alltag in Einrichtungen machen zu können, haben die Mitarbeitenden Strategien entwickelt, verschiedene Informationsquellen zu nutzen. Es sind dies insbesondere die Eindrücke und Erfahrungen von Kolleginnen und Kollegen, die ebenfalls in Kontakt mit den Einrichtungen sind, z. B. im Zuge der Erteilung von Betriebserlaubnissen oder in Reaktion auf „Meldungen" sogenannte

59 Dies korrespondiert mit Ergebnissen von Mühlmann (2014).

„Aufsichtsbesuche"/ „Einrichtungsbesuche (Teamleitung 15, 179–180; Referatsleitung 27, 106–108) in Heimen durchführen. Auch die eigenen beruflichen Vorerfahrungen sowie Eindrücke aus Begegnungen an anderen Orten oder aus anderen Anlässen werden einbezogen.

Die Anforderung einer Kongruenz zwischen Anspruch (Konzeption bzw. Leistungsvereinbarung) und Alltag wird insbesondere im Hinblick auf die Dimensionen Atmosphäre, übergeordnete Ziele, Konzept- und Leitbildarbeit, sowie die Stimmigkeit und Flexibilität in der Zusammenarbeit mit dem Jugendamt hervorgehoben. Ähnlich wie in der Innenperspektive wird damit das Vorhandensein eines Modells, das beschreibt, wie und warum die Einrichtung eine Wirksamkeitserwartung hat, als eine wesentliche Grundlage für die Beschreibung der Qualität einer Einrichtung angesehen.

Als ein Indikator für die Beurteilung der Kongruenz von Konzeption und Alltag wird die Atmosphäre in der Einrichtung genutzt. Wenn beispielsweise „eine Carrera-Rennbahn kreuz und quer durch den ganzen Flur" (Referatsleitung 27, 486–487) geht, so wird dies als Ausdruck einer Orientierung an Bedarfen der Kinder gewertet und damit als Indiz dafür, dass die in der Konzeption zu findende Aussage ‚Bei uns steht das Kind im Mittelpunkt' ernstgemeint ist. Denn es scheint, als würde die Atmosphäre des Heims mehr durch die Spiele der Kinder und Jugendlichen, als durch Ordnungsansprüche der Erwachsenen bestimmt.

Zur Beschreibung einer guten Atmosphäre werden vor allem Aspekte des sozialen Miteinander genannt, die wichtiger gewertet werden, als zum Beispiel die Ausstattung:

> „Wie ist die Stimmung, wenn der Einrichtungsleiter in die Küche kommt >lacht<? (…) Ob jetzt baulich alles in Ordnung ist oder schön ist, das ist, glaube ich, nachrangig."
>
> **Teamleitung 15, 1026–1030**

Auch der Geruch („man riecht es also auch" (Referatsleitung 27, 474)) der Einrichtung und die Gestaltung der gemeinsamen Essensituation gelten als Indikatoren für die Stimmung innerhalb der Einrichtung bzw. der Gruppe. In der Studie von Michael Behnisch (2018) wird diese Herangehensweise eindrucksvoll belegt, da gerade an Essenssituationen besonders gut sichtbar wird, welcher Respekt gegenüber den Kindern und Jugendlichen gelebt wird.

> „Also die Art und Weise, wie gegessen wird, wie das Essen zubereitet wird, ob's schöne Servietten gibt, ob die Kinder selber auch den Tisch decken, ob sie sich selber schöpfen, ob sie sich fragen: ‚Magst du noch was haben?', und so weiter und so fort. Das ist lauter so Mosaiksteine von einer, von einer Atmosphäre von Erziehung, wo ich merke, den Kindern geht's da, ich sag mal, verhältnismäßig gut, ja?"
>
> **Referatsleitung 27, 457–462**

Eine gute „Atmosphäre von Erziehung" herrscht aus Sicht der interviewten Person dann vor, wenn im Alltag die konzeptionellen Ideen der Einrichtung spürbar werden, in diesem Fall, der junge Mensch ins Zentrum gestellt wird.

Im folgenden Beispiel beschreibt eine Fachkraft eine ihr bekannte Einrichtung, die sie als Best-Practice-Beispiel anführt. Die Stimmigkeit zwischen Konzeption und Alltagsgestaltung in der Einrichtung ist in ihren Augen besonders gut gelungen. In der Einrichtung ist eine sportorientierte Pädagogik konzeptionell verankert. Es gibt in dieser Einrichtung eine innere Kohärenz im Erziehungsverhalten mit den sportlichen Werten der Einrichtung, wie z. B. Durchsetzungsvermögen und Teamgeist:

> „Da gibt's zum Beispiel eine, da spielt der Sport noch eine große Rolle. Da sind Mitarbeiter, die selber den Sport betreiben, und die Jugendlichen dann auch, mit denen immer wieder spielen (…), also da ist das praktisch schon ein eigener Sportverein, in Anführungszeichen; und das wird insofern dann auch gelebt, dass diese sportlichen Kompetenzen, die werden immer dann auch wieder in Verbindung gebracht, was es heißt, einen guten Alltag zu bewältigen, oder berufliche Laufbahn zu machen, da brauche ich aber Durchsetzungsvermögen, brauche ich Kraft, da brauche ich Kondition, ich brauche einen gewissen Teamgeist, und so weiter und so fort; und die leben das auch vor. Also die machen auch so erlebnispädagogische Dinge mit ihnen, dass sie hin und wieder mit denen rausfahren, und das aber gut verknüpfen mit dem, ich sag mal, eher Einfacheren, oder, wie es uns ja auch geht, mit der Routine, mit dem Alltag! Der ist ja nicht unbedingt immer so interessant! Aber da es immer wieder interessante Dinge gibt, kann man dann auch vermitteln: ‚Schau her, das ist jetzt interessant, das ist jetzt Erlebnis, das ist Abenteuer, aber du musst auch Dinge machen, die können wochenlang immer wieder gleich sein. Und das musst du halt auch durchhalten! Das Leben ist eben so! Da gehört das und jenes dazu…' Und die leben das. Auch schon räumlich. Die Häuser sind dementsprechend gestaltet. Die Kommunikationswege zwischen den Mitarbeitern und äh den Mitarbeiterinnen sind schon dementsprechend. Und… [Interviewte sucht Unterlagen, zeigt einen Einrichtungsprospekt, Anmerkung d. A.] wir machen ja keine Werbung, aber wenn Sie das einfach mal sehen, die meine ich; da spürt man schon, wenn man das anschaut, merkt man schon, wenn Sie da mal reinblättern, sehr viele Dinge drin, wo – mit Jugendlichen gemeinsam gemacht werden, ein sehr buntes Spektrum, und es ist eine Einrichtung, die auch eine eigene Beruf-, eine eigene Ausbildungswerkstatt hat, also die haben da auch die Möglichkeit, sich auf Berufe dort vorzubereiten ganz praktisch, sind eingebunden in, in den Tagesablauf, dass sie da immer wieder auch selber Aufgaben übernehmen und so weiter und so fort. Also lernen Verantwortung fürs eigene Leben; und die arbeiten aber auch mit Kindern und Jugendlichen, die mehr brauchen, die intensivere Hilfe brauchen, und dieses Spektrum, das kriegen die gut hin. (…) Das ist toll gemacht; und da ist es natürlich auch so, da bin ich jetzt zum Beispiel auch mal einen halben Tag dort und mache da, mach da was, also bin eingeladen, für eine

Diskussion und so weiter und so fort; da, da merkt man auch daran, dass natürlich auch dem Landesjugendamt gegenüber eine gewisse Offenheit da ist."

Referatsleitung 27, 615–668

Für den Befragten der Betriebserlaubnis erteilenden Behörde zeigt diese Einrichtung vorbildlich, wie gesellschaftlich anerkannte Vorstellungen eines erfolgreichen Lebens („guten Alltag zu bewältigen", „berufliche Laufbahn zu machen" und „Durchsetzungsvermögen", „einen gewissen Teamgeist", „Verantwortung fürs eigene Leben" übernehmen) in Pädagogik übersetzt und umgesetzt werden. Die genannten Erziehungsziele bilden sich in kongruenter Weise in der Einrichtungskonzeption und in der Alltaggestaltung ab. Zudem stellt sich das Heim durch die starke Sportfokussierung mit einem individuellen Profil dar, das die Heimatmosphäre prägt und die jungen Menschen auf Herausforderungen des Lebens („Und das musst du halt auch durchhalten! Das Leben ist eben so!") – so wie sie vom Interviewpartner antizipiert werden – vorbereitet, und somit seine pädagogische Funktion erfüllt.

Die interviewte Person gewinnt so den Eindruck, sich auf die Leistungsbeschreibung und die Einrichtungskonzeption verlassen zu können.

Um Kongruenz zwischen Konzept und Alltag herzustellen ist für einige Befragte die partizipative Leitbild- und Konzeptarbeit besonders zentral. Dies wird im nächsten Kapitel ausgeführt.

Konzept- und Leitbildarbeit

Schriftlich ausgearbeitete Konzeptionen und Leistungsbeschreibungen können geeignete Mittel sein, eine Einrichtung und ihre Arbeit angemessen zu beurteilen, aber eben nur, wenn sie „lebendig" sind.[60] Wird eine Konzeption partizipativ erarbeitet und von den Mitarbeitenden verinnerlicht, hat die im Folgenden zitierte Befragte das Gefühl sich darauf verlassen zu können, dass es auch im Alltag umgesetzt wird.

„Ich glaube, ein Leitbild und Konzeptarbeit wird massiv unterschätzt, ja. (…) Also viele sagen ‚Papier ist geduldig' und schreiben dann da was auf und wir haben da eine andere Haltung dazu, weil das Konzept ist sozusagen das Herz der Einrichtung, ja, und sollte zwingend mit Leben erfüllt sein, ja. Also Konzeptarbeit heißt eigentlich Beteiligung aller am Prozess mitwirkenden Erzieher und Sozialpädagogen. Und das, was dasteht, ist nicht einfach bloß ein geschriebenes Wort, sondern sollte eigentlich in der

60 Konzept(ion) und Leistungsbeschreibung werden in den Interviews teilweise überlappend oder synonym verwendet: „Und da habe ich ja jetzt das Konzept der Einrichtung, was ja meistens sehr ähnlich ist mit Leistungsbeschreibung. Das deckt sich ja in den allerallergrößten Teilen. Und das muss dann aber auch ja so im Alltag wieder gelebt werden. Also es nützt ja nichts, wenn ich ein tolles Konzept habe in der Einrichtung X, aber der Gruppenalltag ist nicht danach ausgerichtet." (Teamleitung 15, 154–159)

Realität 1:1 abbildbar sein. Und da geht es schon los. Also da gibt es große Mankos. Also, dass die Konzeptarbeit im Bewusstsein nicht so verankert ist, wie das sein sollte."

Referentin 16 (GI), 565–578

Aus Sicht der befragten Mitarbeiterin des Landesjugendamts sollte die Konzeption auch stets fortgeschrieben werden, denn jede/jeder Mitarbeiterin oder Mitarbeiter sollte wieder an der Konzepterstellung beteiligt sein und diese auch durch sein individuelles Profil verändern können. Mitarbeitende sollten Fragen zur Konzeption beantworten können und sie sollte nicht nach dem Motto verfasst worden sein: „Papier ist geduldig" (Referentin 16 (GI), 569) bzw. „brauche ich für die BE [Betriebserlaubnis; Anmerkung d. A.]" (Referentin 16 (GI), 579).

Aber die „Geburtsstunde" (Referentin 16 (GI), 1505) der Einrichtung ist die Leitbilderstellung. Die Konzeption der Einrichtung fußt aus Sicht der Befragten auf dem Leitbild. Beide Interviewte betonen, dass die Erstellung eines Leitbildes „schwere Arbeit" ist. Es sollten im Leitbild konkrete Werte und Lebensorientierungen deutlich werden. Das Leitbild sollte keine „Phrasen" beinhalten, sondern möglichst konkrete „Lebensvorstellungen". Die beiden Befragten führen dies gemeinsam aus:

„F2: Gute Leitbilder sind nicht von Phrasen geprägt: ‚Wir werden immer gut zusammenarbeiten'.

F1: Nee, so was nicht.

F2: Ein Leitbild ist was Anderes. Also das ist eine Lebensvorstellung eigentlich, ja?

F1: Ja!

F2: Die griffig genug ist, die hat was mit mir zu tun, nur mit mir, ja?

F1: Welche Werte sind//

F2: Ja, welche Werte sind denn besonders wichtig?

F1: Sind mir besonders wichtig? Ja.

I: Ja.

F2: Also mein Leitbild ist, ich will am Wasser leben, ja, so.

I: Ok, das ist also konkret.

F2: Ja. Aber das ist ein konkretes „Leitbild", ja, was ich für mich festmache, nur für mich, ja. An diesem Wasser soll es Strand geben! Nicht Wiese! Auch kein anderes // es soll Sand sein! Ja, und so formt sich doch in Leitbild aus, ja?"

Referentinnen 16 (GI), 1556–1572

Die Einrichtungskonzeption und die Leistungsbeschreibung ist die schriftliche Operationalisierung des Leitbildes. Für diese Mitarbeiterinnen und Mitarbeiter eines Landesjugendamts ist es ein wichtiges Qualitätskriterium einer Einrichtung, wenn Konzeption und Leistungsbeschreibung auf einem möglichst plastischen und konkret vorstellbaren Leitbild basieren. Zentrale Werte und „Lebensvorstellungen" sollen dort beschrieben werden.

Von Landesjugendämtern werden Fortbildungen und In-House-Workshops zur Leitbild- und Konzeptionserstellung angeboten, um Einrichtungen dabei zu unterstützen, diese auch für die Entwicklung der Einrichtung zu nutzen. Die Befragten begrüßen es sehr, wenn Einrichtungen und Träger sich mit diesbezüglichen Fragen an das Landesjugendamt wenden. Auf diese Weise soll erreicht werden, dass Konzeptionen und Leitbilder in einem gemeinsamen Prozess so erstellt werden, dass diese die für die Betriebserlaubnis erteilende Stelle nötige Aussagekraft erreichen.

Stimmigkeit und Flexibilität: Hilfeplan-Erziehungsplan-Leistungsvereinbarung
In der konkreten Hilfeplanung und deren Umsetzung im Erziehungsplan, der sich genauer als der Hilfeplan auf den Alltag in der Einrichtung sowie die aktuell angestrebten Entwicklungsschritte bezieht, muss aus Sicht der interviewten Fachkräfte aus Landesjugendämtern die konzeptionelle Ausrichtung der Einrichtung erkennbar sein. Die im Rahmen der Leistungsvereinbarungen gemachten Zusagen sollen sich im konkreten Hilfeplan widerspiegeln. Dabei soll die Stimmigkeit zwischen Hilfeplan, Erziehungsplan und Leistungsvereinbarung prozesshaft hergestellt werden und einen ‚lebendigen' Hilfeplan zur Folge haben:

> „Wir haben ja auch von diesen Zielen hier zwei Ebenen. Ich habe ja einmal die smarte Zielformulierung aus dem Hilfeplanverfahren, und ich habe dann ja im Entwicklungs- und Erziehungsprozess der Einrichtung, habe ich ja auch nochmal die auf den Alltag herunter gebrochenen Ziele für den jungen Menschen, für die Elternarbeit und diese Punkte. Und die müssen natürlich auch übereinstimmen, das ist klar. Das eine ist der Auftrag, und das andere ist: ‚Wie setze ich es dann tatsächlich um?', von der praktischen Seite her gedacht. Und ich glaube, die Einrichtung wird irgendwann auch merken, die Zielsetzungen, die jetzt seitens aller Beteiligten in Federführung des Jugendamtes festgelegt worden sind, sind nicht erreichbar, oder sind erreicht worden, aber ich habe jetzt andere Ziele, oder ich habe neue Ziele, dann ist das die Fortschreibung. Und die halte ich für sehr, sehr wichtig. Also einmal am Anfang hinzuschauen und zu sagen ‚A bis Z soll erledigt werden', das wäre mir etwas zu wenig. Bedarfe verändern sich. Auch Zugänge verändern sich. Mitwirkungsbereitschaft verändert sich. Und darauf muss ich eingehen. Und das ist die Steuerungsverantwortung. (…) Die ja im Hilfeplanverfahren das Jugendamt hat, die in der Erziehungsplanung die Einrichtung hat, und das Ganze wieder aufgesetzt ja auf die Konzeption, auf die Leistungsvereinbarung mit dem Träger. Und ich glaube, ja, in diesem Dreieck bewegen wir uns. Das ist ein Dreieck, bildlich."
>
> **Teamleiter 15, 253–276**

Diese Befragte hebt das Hilfeplanverfahren als wichtiges Steuerungsinstrument hervor, aber auch als Instrument, das ein gemeinsames Fallverständnis zwischen Jugendamt und Einrichtung fördern kann. Eine gute Qualität ist dann erreicht, wenn die drei Planungsinstrumente (Hilfeplan für die Feststellung des Hilfebedarfs unabhängig von einer konkreten Einrichtung, Erziehungsplan, als Umsetzung in einer Einrichtung und Leistungsvereinbarung als Beschreibung und damit auch Planungsaussage zur Leistungsfähigkeit der Einrichtung unabhängig des konkreten Falls) in Einklang miteinander sind. Einklang wird hier durchaus als ein dynamisches Konzept konzipiert, denn der Hilfeplan wird nicht statisch betrachtet, sondern als Ausdruck der Analyse zu einem bestimmten Zeitpunkt. Verändern sich Parameter dieser Situation, soll sich der Hilfeplan der neuen Situation anpassen, Ziele können verändert werden.

Fasst man die bisher dargestellten Punkte zusammen, so lässt sich feststellen, dass Kongruenz zwischen Konzeption, Alltag und Hilfeplan als ein zentrales Qualitätskriterium aus Sicht der Landesjugendämter bezeichnet werden. Eine solche Kongruenz stärkt aus Sicht von Landesjugendämtern den Eindruck der Verlässlichkeit einer Einrichtung und hat entlastende Wirkung in Bezug auf die Wahrnehmung der eigenen Kontrollfunktion.

Werte und Ziele in der Konzeption und damit im Handeln in der Einrichtung sollen aber nicht nur den Umgang mit den jungen Menschen betreffen, sondern sich auch auf den Umgang mit den Fachkräften, das Klima im Team und die Personalentwicklungspolitik beziehen. Daher wird das interne Personalmanagement als ein wichtiges Qualitätskriterium genannt. Im folgenden Abschnitt wird näher darauf eingegangen.

5.2.2.3 Umgang mit spezifischen Herausforderungen

In den Interviews wurde der Umgang mit spezifische Herausforderungen, mit denen stationäre Einrichtungen sich auseinandersetzen müssen, als eine wichtige Quelle für die Qualitätseinschätzung beschrieben. Zu den Herausforderungen, die dabei herausgehoben wurden, gehören die des Personalmanagements und -bindung, eine realistische Einschätzung der eigenen Kompetenzen, die Möglichkeiten mit Krisen angemessen umzugehen und die Reflektionsbereitschaft, die in der Einrichtung strukturell verankert ist.

Personalmanagement und Personalentwicklung

Gut ausgebildetes Personal stellt einen der wichtigsten Faktoren für die Qualität sozialer Arbeit und damit auch für stationäre Hilfen dar. Die Aufarbeitung der Heimgeschichte zeigt unter anderem, dass Gewalt gegenüber den Kindern und Jugendlichen auch in der Überforderung und Hilflosigkeit, der in den Einrichtungen arbeitenden Erwachsenen, begründet war. Im SGB VIII spiegelt sich der hohe Stellenwert der Qualifikation des Personals in dem Fachkräftegebot (§ 72 SGB VIII) sowie in den Regelungen zur Betriebserlaubnis (§ 45 (2) und (3) SGB VIII) wider. Auch in den Vereinbarungen nach § 78a ff SGB VIII wird ein besonderes Augenmerk auf die fachliche Qualifikation der Mitarbeitenden gelegt.

Die Herausforderung, vor der stationäre Einrichtungen seit etlichen Jahren stehen, ist, dass sie mit vielen anderen Arbeitsfeldern, z.B. dem Feld der Kindertagesbetreuung, um Fachkräfte konkurrieren. Zudem wird seit Jahren ein Mangel an diesen Fachkräften konstatiert und prognostiziert (Rauschenbach u.a. 2017).

Eine adäquate Besetzung offener Personalstellen stellt für viele Einrichtungen eine große Herausforderung dar, dies kann u.a. dazu führen, dass der erforderliche Fachkräfteschlüssel nicht eingehalten werden kann. Die Betriebserlaubnis erteilenden Stellen stehen in solchen Konstellationen immer vor schwierigen Abwägungsprozessen und in Teilen auch Dilemmasituationen. Denn einerseits sind sie verantwortlich dafür, dass die für die Betriebserlaubnis erforderlichen Mindeststandards eingehalten werden, andererseits wäre eine auch vorübergehende Schließung einzelner Gruppen oder Einrichtungen aufgrund eines aktuellen Personalmangels nicht immer eine Lösung, die den Interessen der Kinder, Jugendlichen und Familien dient.

In den Interviews wird thematisiert, dass die Einhaltung der Mindestanforderung an Personalstandards noch keine gute Qualität gewährleistet:

> „die gesetzliche Grundlage erfordert nur das Minimum, sage ich mal. Es gibt zum Glück auch Träger, die sagen: ‚Wir bieten hier für Kinder was anderes, nicht nur das Mindeste, sondern darüber hinaus', und verhandeln dann auch entsprechend mit dem Kostenträger und sagen ‚Das ist unsere Haltung'."
>
> **Gruppeninterview 17, 131**

Das Personal („Faktor Mensch" im Qualitätswürfel, siehe Kapitel 2.2) wird auch von den Befragten der Betriebserlaubnis erteilenden Stellen mehrfach als unbedingt erforderliche Voraussetzung für gute Qualität gesehen. Die Mitarbeitenden prägen das Klima und die pädagogische Haltung der Einrichtung. Die Förderung und Bindung der Fachkräfte an die Einrichtung wird daher als zentrales Qualitätskriterium bzw. als wichtiger Faktor zur Sicherung und Weiterentwicklung der Qualität einer Einrichtung betrachtet.

In den Interviews werden verschiedene Aspekte angesprochen, die aus Sicht der Betriebserlaubnis erteilenden Stellen zur Attraktivität einer Einrichtung als Arbeitsort beitragen und so sowohl die Personalgewinnung vereinfachen als auch die Personalbindung erhöhen können. Es sind dies:

- „Leitsätze" der Einrichtung sollen sich im Umgang mit den Mitarbeitenden widerspiegeln
- Wertschätzung für die Mitarbeitenden
- Fehlerfreundlichkeit und Partizipation
- Kooperation mit Ausbildungsstätten
- Darstellung der Philosophie und Werte der Einrichtung in social media und anderen Präsentationsformen

- Incentives, z. B. Fortbildungen, unbefristete Verträge, gute Bezahlung
- Flexibilität in der Arbeitsgestaltung, insbesondere mit Blick auf die individuelle Situation einer Fachkraft (Vereinbarkeit Familie – Beruf, Alt werden im Erziehungsberuf)

Die ersten drei Punkte beziehen sich auf die Kongruenz zwischen Konzeption und Alltag in der Einrichtung. Ein wertschätzender und partizipativer Umgang mit den und unter den Mitarbeitenden sollte spürbar sein und aktiv hergestellt werden. Die besondere Herausforderung, eine fehlerfreundliche Kultur zu etablieren, wird von mehreren Befragten thematisiert. Gerade der Umgang mit Fehlern und Konflikten in hierarchischen Strukturen kann als Lackmustest für die Wertekongruenz zwischen Konzept und Alltag gesehen werden:

> „Was lebt man, oder was möchte man auch gelebt haben. Darum geht es ja. Feedback-Kultur, Fehlerfreundlichkeit, das sind Aspekte, an denen kann man messen, wie dort das Miteinander zum Beispiel ist. Was passiert, wenn ein Mitarbeiter sich fehl verhält? Wie geht man damit um? Oder, was lebt der Geschäftsführer auch vor? Das ist von großer Bedeutung, wenn solche Werte formuliert werden, Leitsätze formuliert werden, aber die Führungsebene ganz anders agiert.“
>
> **Sachbereichsleitung 17 (GI), 343–350**

Die nächsten vier Punkte beziehen sich auf Personalgewinnung und -bindung. Aufgrund des Mangels an Fachkräften sollten Einrichtungen Kontakte mit Ausbildungseinrichtungen aufbauen und bereits dort um neue Mitarbeitende werben. Sie könnten ihnen attraktive Angebote unterbreiten, wie z. B. themenbezogene „Langzeitweiterbildungen“ (Sachbereichsleitung 17 (GI), 326) zu finanzieren, nach „kurzen Probezeit einen unbefristeten Vertrag“ (ebd., 327–328) oder „Fort- und Weiterbildungen“ (ebd., 331) anzubieten. Dahinter steht die Frage: „Wie binde ich die auch an mich?“ (ebd., 330–331)).

Außerdem hat sich das Kommunikationsverhalten verändert und Einrichtungen müssen sich auf neue Wege der Ansprache einstellen und diese aktiv nutzen.

> „Und ja, es kristallisiert sich so raus, dass Träger, Einrichtungen sehr viel dafür tun müssen, sich in den Sozialen Medien bekannt zu machen. Also allein die Schaltung einer Anzeige: ‚Ich suche Fachkräfte‘, das bringt es nicht mehr, sondern man muss mit dem, was man tut und wie man es tut, und was man an besonderen Dingen gibt, auf den Kanälen Facebook, Instagram rausgehen und sich darüber bekannt machen.“
>
> **Abteilungsleiter 17, 305–312**

Die Einrichtung muss ihren Charakter sichtbar machen und sich als Partner ihrer Mitarbeiterinnen und Mitarbeiter darstellen, nicht nur als Arbeitsplatz.

Es sollte ein Ort sein, an dem private und professionelle Vorstellungen und Werteorientierungen zusammenkommen können. Wichtig ist außerdem das Verspechen an neue Mitarbeiter, eine ausgewogene Work-Life-Balance sicherzustellen:

> „Was hat dieser Träger für Wertvorstellungen?', ,Treffen diese Wertvorstellungen auch meine Lebensideen, Lebensinhalte?', und es geht den Fachkräften eher um dieses Life-Work-Balance, also: ,Wie schaffe ich es, dass ich eine zufriedenstellende Arbeit habe, aber eben auch den Ausgleich habe, den ich zu Hause brauche, um, ja, Familie oder meine eigenen Hobbies oder das, was ich gerne tue, zu pflegen'."
>
> **ebd., 298–304**

Befragte äußern, dass ländliche und strukturschwache Regionen besonders hart vom Fachkräftemangel betroffen sind und sie sich daher im Sinne einer Selbstdarstellung als attraktiver Arbeitgeber für Fachkräfte in Szene setzen müssen. Die Einrichtungen sollten sich flexibel zeigen und individuelle Lebenssituationen, z. B. alleinerziehende Mitarbeiterinnen und Mitarbeiter oder Angehörige pflegende Mitarbeiterinnen und Mitarbeiter etc., berücksichtigen:

> „Und wenn ich Teile einer Einrichtung eher im ländlichen Raum habe, wo Personen nicht so die große Lust haben, gerade die jüngeren Menschen, die jüngeren Fachkräfte nicht so die Lust haben hin zu ziehen, was vielleicht auch von Infrastruktur nicht so gut zu erreichen ist, dann tut sich für diese Teile immer wieder das Problem auf, da ein gutes Team zu formen und dauerhaft Personal sicherzustellen."
>
> **Abteilungsleitung 17 (GI), 216–222**

Aus Sicht der Betriebserlaubnis erteilenden Stellen weist auch eine konzeptionell durchdachte und aktiv gestaltete Altersmischung in den Teams der einzelnen Gruppen auf ein gutes Personalmanagement hin und wird als eine Grundlage für eine gute Qualität der Einrichtung angesehen:

> „Die sagten einfach ,Wir versuchen die ganze, auch die Altersbandbreite unserer Mitarbeiter, die teilweise jetzt ja auch immer früher als Bachelor Anfang 20 zu uns kommen, und dann haben wir eben auch noch die Kolleginnen und Kollegen, die viele, viele Jahrzehnte in der Einrichtung arbeiten, über 60 sind', dass die sagen ,Wir versuchen denen gerecht zu werden.'"
>
> **Abteilungsleitung 17 (GI), 369–374**

Ein kompetentes und motiviertes Fachkräfteteam stellt aus Sicht der Betriebserlaubnis erteilenden Stelle ein verlässliches Qualitätskriterium dar, denn es sind die Mitarbeiter, die zu den Kindern „in Beziehung gehen" (Sachbereichsleitung 17 (GI), 421) können:

> „Denn nur mit, sage ich mal, fähigen, gut qualifizierten Mitarbeitern ist eine gute Betreuung und Versorgung der Kinder und Jugendlichen möglich. Und das ist für uns so einer der Kernpunkte."
>
> **Abteilungsleitung 17 (GI), 409–412**

Zusammenfassend kann man festhalten, dass der Qualitätsaspekt Personalmanagement für die Landesjugendämter wichtig ist, weil die Einrichtungen damit eine aktive Haltung beweisen, Herausforderungen zu erkennen, anzugehen und zu lösen. Hierzu gehören, dass Träger und Einrichtungen ein detailliertes Personalentwicklungskonzept vorweisen können und sich aktiv um das für sie richtige Personal bemühen.

Aus Sicht von Landesjugendämtern ist es ein Zeichen von Qualität und Engagement, wenn Einrichtungen in Fragen des Personalmanagements an Jugendämter herantreten, um Materialien und/oder Beratung zu bekommen bzw. gemeinsam mit der Betriebserlaubnis erteilenden Stelle ein maßgeschneidertes Personalentwicklungskonzept zu erarbeiten.

Angemessene Selbsteinschätzung und Selbstbeschreibung

In Konzeption und Leistungsbeschreibung sollen sich die Kompetenzen einer Einrichtung und ihr spezielles pädagogisches Profil abbilden, so zumindest die Erwartung unserer Interviewpartner. Bei Aufnahmeanfragen sollte eine Einrichtung genau prüfen, ob sie für die Bedarfe des jungen Menschen und seiner Familie ein geeignetes Angebot sein kann. Eine Einrichtung muss „ihre Grenzen kennen":

> „Was ist ein gutes Heim? Ein gutes Heim weiß, was es leisten kann, sieht auch seine Grenzen, sieht seine Schwerpunkte, wo es eben bessere Ergebnisse erzielen kann, und in Abgrenzung auch dann, lässt auch die Finger von Sachen, wo es weiß, dass sie das nicht bewerkstelligen können."
>
> **Teamleitung 15, 294–298**

Alle Befragten sind sich in diesem Punkt einig und heben zudem hervor, dass Heime, die „alles können", Anlass zu Skepsis bieten.

> „Träger, die mir auch mit Hochglanzpapieren, mit tollen Leitbildern beschreiben, dass sie alles können, und egal, was ein Jugendamt fragen, das können sie bedienen. Das sind für mich Sachen, die ich dann, die wir dann auch gerne hinterfragen."
>
> **Abteilungsleitung 17 (GI), 479–483**

Die Betriebserlaubnis erteilenden Stellen bevorzugen also „griffige" (s. u.) Leistungsbeschreibungen und Leistungsprofile, gegenüber allgemeinen globalen Beschreibungen. Beim Lesen der Leistungsbeschreibung soll im besten Fall ein plastisches Bild vor Augen entstehen:

„Ja. Also die ich, also ich kann jetzt bloß für mich sprechen, die ich lese, und ich kriege ein Gefühl, es wird griffig. Das sind ja gute Leistungsbeschreibungen, ja, ich habe eine Vorstellung, es baut sich ein Bild in meinem Kopf auf, ich habe sogar Räume manchmal vor Augen. So, ja. Also das ist nicht nur Papier, es ist das, was die Einrichtung ausmacht, was da steht."

Referentin 16 (GI), 698–703

Als Beispiel für eine unzureichende Leistungsbeschreibung wird im Gruppeninterview 16 folgender Satz angeführt: „Wir machen regelmäßig Elternarbeit" (Interviewer 16 (GI), 706). Diese Aussage erscheint vage und nichtssagend. Besser wäre:

„F1: ‚Alle vierzehn Tage begleitet der Bezugserzieher das Kind mit nach Hause.'
F2: Weil // Begründung.
F1: Weil // ja.
I: Mit Begründung, mhm.
F1: Oder da steht drin: ‚Wir halten in unserer Einrichtung ein Zimmer vor, wo Eltern, die von weiter weg herkommen, auch mal schlafen können. Das stellen wir unentgeltlich zur Verfügung.' Ja?
I: Mhm, mhm.
F2: ‚Maßgebliche Säule, um Familienrückführung zu' // irgendwas, was weiß ich. (…) Die Eltern-Kind-Bindung zu stärken usw. Das muss geschrieben stehen. Es muss, das was sie tun, das, was sie jeden Tag tun, muss geschrieben stehen."

Referentinnen 16 (GI), 715–730

Je plastischer und konkreter die Einrichtung ihre Arbeit umreißt und damit sichtbar macht, wo ihre Stärken und Kompetenzen liegen, desto besser kann eine Eingangsdiagnostik erfolgen, um ‚punktgenaue Bedarfsanalysen'[61] zu erstellen. Auf dieser Grundlage kann dann eine fundierte Entscheidung getroffen werden, ob die spezifische Einrichtung geeignet scheint, einem jungen Menschen gute Entwicklungsbedingungen zu bieten (Teamleitung 15, 655–664). Diese Erwartung korrespondiert mit dem aus der Innenperspektive rekonstruierten Modell (vgl. Kap. 4), das in einem Zweischritt darauf aufbaut, dass die Einrichtung ihre Grundphilosophie, z. B. individuumsbezogene Intervention als

---

61 Der Begriff der ‚Punktgenauigkeit' wird häufig kritisch reflektiert. Aufnahmediagnostiken können nicht erfassen, ob sich ein junger Mensch in einer Einrichtung wohl fühlen wird oder nicht, ob er sich mit den anderen Kindern und Jugendlichen verstehen wird etc. Diese Faktoren können aber wesentlich wichtiger für die Entwicklung eines jungen Menschen sein, als die gezielte Bearbeitung einer bestimmten Symptomatik. Da junge Menschen in der Entwicklung sind und sich teilweise innerhalb kurzer Zeit rasant verändern, können sich auch ihre Bedarfe schnell verändern. Daher läuft die Vorstellung einer ‚punktgenauen' Förderung Gefahr, illusionistisch zu sein, was nicht bedeuten soll, dass eine eingehende Eingangsdiagnostik ohne Nutzen wäre (vgl. Burschel 2015).

Veränderungsstrategie, beschreibt und davon ausgehend herausstellt, wie die Einrichtung mit den unvermeidbaren Ambivalenzen im pädagogischen Handeln umgeht. Aus beiden Perspektiven (Einrichtung und Landesjugendamt) ist es für die Beschreibung der Qualität also erforderlich, die konzeptionelle Idee, wie Hilfeplanziele erreicht werden können, präzise zu beschreiben und sich ihrer jeweiligen Grenzen bewusst zu werden.

Die Befragten der Betriebserlaubnis erteilenden Stellen wissen dabei sehr wohl, dass die Kriterien für die Aufnahme von Kindern bzw. Jugendlichen nicht immer rein fachlich begründet sind. Es gibt Situationen, in denen dringend ein Platz für einen jungen Menschen gesucht wird. Hier stehen dann zuweilen aufgrund von Kinderschutzthemen oder anderen Gefährdungen Schutzbedarfe im Vordergrund, die es Einrichtungen nicht erlauben, eine Aufnahme abzulehnen. Darüber hinaus gibt es auch die gefühlte Verpflichtung, dem anfragten Jugendamt zu helfen, weil man auch sonst gut zusammenarbeitet.

> „Dann kann ich nicht ‚Nein' sagen, weil die belegen uns immer"
>
> **Sachbereichsleitung 17 (GI), 577**

Daher kommt es immer wieder zu Aufnahmen, obwohl eigentlich weder die nötige Kompetenz vorhanden noch die Kapazität in der Einrichtung frei ist. Die Betriebserlaubnis erteilende Stelle wird zum Beispiel bei „Stichtagsmeldungen" auf Überbelegungen aufmerksam. An dieser Stelle wird ein Abhängigkeitsverhältnis zwischen dem belegenden Jugendamt bzw. den belegenden Jugendämtern und der Einrichtung deutlich: Die Einrichtung traut sich nicht, die eigenen Kapazitäts- und Kompetenzgrenzen durchzusetzen. Die Qualität einer Einrichtung würde sich aus Sicht des Landesjugendamts in solchen Situationen darin zeigen, dass die Einrichtung bzw. der Träger sich hier seiner Verantwortung bewusst ist und die Aufsichtsbehörde einschaltet, um zu dritt (Einrichtung, Jugendamt und Landesjugendamt) eine Lösung zu entwickeln. Die Betriebserlaubnis erteilende Stelle sieht hier eindeutig eine Aufgabe für sich.

> „Und wenn wir ‚Ja' sagen [zu einer Überbelegung, Anmerkung d. A.], dann darfst Du das, und wenn wir ‚Nein' sagen, dann darfst Du das nicht. (I: Ok. Ok.) Und das kann ich in dieser Schärfe auch im Beisein des Jugendamts sagen, und das ist eine klare Botschaft an das Jugendamt. Wenn der Träger einfach aufnimmt und überbelegt, und der Träger dem Jugendamt nicht signalisiert „Ich muss das jetzt nochmal beim Landesjugendamt abfragen", dann liegt da, ja, eine Eigenständigkeit, eine Eigenmächtigkeit des Trägers vor, die vielleicht auch ein fachlich sauber handelndes Jugendamt zu der Fragestellung „Hast Du das denn eigentlich mit dem Landesjugendamt schon abgesprochen?" – das könnte eine Fragestellung sein. Was aber Jugendämter auch nicht tun, weil sie natürlich einen Druck haben"
>
> **Abteilungsleitung 17 (GI), 636–647**

Umgang mit Krisen

Ein weiterer zentraler Aspekt zur Qualitätsbeurteilung einer Einrichtung stellt deren Umgang mit herausfordernden Situationen, mit Konflikten mit jungen Menschen dar. Konfliktsituationen sollten als etwas zu Erwartendes wahrgenommen werden und dürfen – so unsere Interviewpartner – nur in allerletzter Konsequenz zu einem Ende der Hilfe führen. Aus Sicht der Betriebserlaubnis erteilenden Stellen zeigt eine Einrichtung dann eine hohe Qualität, wenn sie in herausfordernden Situationen Geduld und Durchhaltevermögen an den Tag legt:

> „Das ist, glaube ich, eine wesentliche Kompetenz, die manchmal in der Jugendhilfe bei uns zu kurz kommt mittlerweile. Wir haben auffällige Kinder und Jugendliche, und nicht alles gelingt am ersten Tag. Und da sind auch Rückschläge damit verbunden in so einem Erziehungsprozess. Und ich halte es da für ganz wichtig, eben, ja, aushalten können."
>
> **Teamleitung 15, 306–311**

Eine gute Einrichtung zeichnet sich dadurch aus, dass sie auf schwierige Situationen vorbereitet ist und Strategien entwickelt hat, mit diesen angemessen umzugehen, den Stress auszuhalten und sich die notwendige Zeit für die Verbesserung der Situation auch zu geben. In dem folgenden Interviewabschnitt verwendet die Referentin den Begriff „Interventionskonzept" und meint damit, dass eine Einrichtung auf eine krisenhafte Situation vorbereitet sein sollte, um dann handlungsfähig zu bleiben.

> „F2: Aber der Träger sollte ein Interventionskonzept haben. (I: ja)
> F1: Der Träger sollte eines haben, wie er das macht und wie er das managt. Also wenn so eine Zielgruppe in der Leistungsbeschreibung steht, wenn er sagt: ‚Ich wende mich dem zu', dann muss er uns schon sagen."
>
> **Referentinnen 16 (GI), 1243–1248**

Hohe Qualität drückt sich somit darin aus, dass die Leistungsversprechen einer Einrichtung auch gelten, wenn es etwas schwieriger wird. Das Landesjugendamt bzw. die Betriebserlaubnis erteilende Stelle möchte sich darauf verlassen können, dass die Selbstaussagen über die Kompetenzen der Einrichtung sich im Alltag bestätigen und sie auch in schwierigen Konstellationen ein Durchhaltevermögen zeigt. Sie soll den jungen Menschen nicht allzu schnell wieder abgeben und der Aufnahmegrund soll auf keinen Fall mit dem Abbruchsgrund identisch sein (Teamleitung 15, 730–740). Sollte es zu Schwierigkeiten kommen, sollte eine Einrichtung über entsprechende Handlungsstrategien oder auch Kooperationen verfügen, z. B. mit kinder- und jugendpsychiatrischen Einrichtungen oder mit spezifischen Therapeutinnen und Therapeuten.

In dem Gruppeninterview mit Mitarbeitenden eines Landesjugendamts wird deutlich, das sogenannte „Jugendhilfekarrieren" unbedingt zu verhindern sind:

> „Auch wenn wir uns dann als System selber den Vorwurf gefallen lassen müssen, dass wir auch Jugendhilfe-Karrieren hier mit verantworten. Ein ganz schlimmes Thema. Aber ich // ja, aber das ist ja so eigentlich mit diesen eigenen Stärken, mit dem eigenen Wissen um ‚Was kann ich?', umgehen zu können, so auf dieser Ebene. (…) Genau. Es gibt hervorragende Einrichtungen, die mit traumatisierten Kindern ganz tolle Ergebnisse bringen und tolle Konzepte haben und da gut arbeiten können. Das gibt es. Und andere können das eben gerade nicht. So, und das, glaube ich, muss man wissen, das muss man können. Und das hängt natürlich auch viel mit von der Motivation und Ausbildung von der Mitarbeiterschaft auch mit ab. Das ist auch eine Qualitätsgröße."
>
> **Teamleitung 15, 335–349**

Der Befragte schließt hier mit einem Verweis auf den Zusammenhang zwischen guten Interventionsstrategien und der Ausbildung und Motivation der Mitarbeitenden. Denn, so die dahinterliegende Annahme, sind Verlässlichkeit und Effektivität in Krisenfällen dann leichter zu erreichen, wenn die Fachkräfte über die richtigen Kompetenzen verfügen können, darin gefördert werden und Arbeitsbedingungen haben, die ihr Engagement und ihre Motivation in belastenden Situationen erleichtern oder gar gewährleisten.

Reflektionsbereitschaft und -kompetenz

Um mit herausfordernden Situationen umgehen zu können, bedarf es einer Reflektionsbereitschaft der Mitarbeitenden. Für einige Befragte der Landesjugendämter ist die einrichtungsinterne gemeinsame Reflektion pädagogischer Themen zentrale Voraussetzung dafür, dass Fachkräfte bereit und kompetent sind, mit Krisensituationen umzugehen. Um die Qualität zu verbessern und die Handlungskompetenz für krisenhafte Situationen systematisch zu steigern, bedarf es auch einer allgemeinen Reflexivität, im Sinne eines Von-Außen-Betrachtens der eigenen Abläufe. Systematische aber auch informelle Mitarbeiterbefragungen können ein Teil davon sein:

> „Aber ich kann natürlich auch, wenn ich einen Entwicklungsprozess mache, kann ich zum Beispiel die Praktikantin fragen und sagen: ‚Jetzt bist du drei Monate da. Was hast du denn für einen Eindruck, was würdest du uns denn sagen? Was würdest denn du anders machen?' Da krieg ich vielleicht Dinge mit, die kann ein Mitarbeiter, der 30 Jahre da ist, gar nicht mehr sehen! (…) Also es ist eine Riesenchance! Aber wenn ich die Leute gar nicht frage // Und das gehört für mich da rein. Also da geht's um Reflexivität, nicht nur um Reflektion. Das ist für mich noch mal ein Unterschied."
>
> **Referatsleitung 27, 1469–1481**

Als Beispiel für Reflektionsanlässe werden an einer anderen Stelle in diesem Interview die immanenten Machtverhältnisse genannt, die stets zwischen erwachsenen Fachkräften und jungen Menschen zu beobachten sind. Unreflektierte Macht ist für den Befragten eine Gefahrenquelle für Missbrauch und ineffektive Pädagogik (Wolf 1999):

> „Ich finde schon, dass die Pädagogen vorgeben, was gespielt wird, nicht die Kinder können in einer Einrichtung bestimmen, was gespielt wird, aber ich muss die S-, Asymmetrie in dem Machtverhältnis zwischen Erzieher und Kind, die muss ich so gestalten, dass aus Macht nicht Bevormundung und Herrschaft wird. (...) Aber Macht ist für mich zunächst mal nichts Negatives. Sondern nur dann, wenn die Macht ausgenutzt wird oder wenn sie ad absurdum geführt wird! Und da brauchen die Einrichtungen Regeln und Instrumente, dass das auch auffällt. Für eine gute Heimerziehung. (...) Da muss offen über Macht gesprochen werden //(...) Das kommt so gut wie nie vor. (...) //Ja, ich würde sagen, Macht kann ich auch so definieren, dass ich sage, ich nehme meine Verantwortung wahr, indem ich die Erfahrung, die ich habe, die Lebenserfahrung habe, indem ich die so mit dem Kind kommuniziere, dass das Kind nicht den Eindruck hat, es ist mir unterlegen. Sondern dass ich, dass ich das auf einer, in der Interaktion, in der erzieherischen Interaktion so kommuniziere, dass das Kind das auch annehmen kann. Und dann ist, kommt Macht gar nicht als Macht rüber, sondern als Verantwortung, als Sorge, als Zuwendung."
>
> **Referatsleitung 27, 1561–1596**

Der Befragte betont den Machtaspekt, da er strukturell im Setting verankert ist und die jungen Menschen in eine verletzliche Position gegenüber den Betreuerinnen und Betreuern bringt. Nur eine konsequente Reflektion dieses Beziehungsaspektes, die seiner Meinung nach zu selten stattfindet, kann viele kindeswohlrelevante Faktoren, die letztendlich zur Schließung einer Einrichtung führen können, ins Bewusstsein der Fachkräfte bringen und so grenzverletzendes Verhalten verhindern.

5.2.3 Zusammenfassung: Einrichtung als kompetenter Klient

Landesjugendämter haben gegenüber den Einrichtungen eine grundsätzlich andere Position als kommunale Jugendämter. Die Funktion der Landesjugendämter ist beratend und kontrollierend. Das Landesjugendamt muss sicherstellen, dass die Einrichtungen die Mindestanforderungen an Qualität erfüllen und in die Lage versetzt werden, an ihrer Qualität zu arbeiten und diese zu entwickeln.

Die Qualität einer Einrichtung zeigt sich daher für die Landesjugendämter darin, dass eine Einrichtung die Doppelfunktion des Landesjugendamts erkennt und anerkennt. Dies beinhaltet aus der Perspektive unserer Interviewpartner auch, dass sich Einrichtungen proaktiv an Landesjugendämter wenden, um deren beratende und unterstützende Funktion in Anspruch zu nehmen. Angesichts der beschränkten Ressourcen würde eine Erfüllung dieser Erwartung die Landesjugendämter jedoch schnell überfordern. Auch hier zeigt sich wieder eine Ambivalenz im Umgang mit dem Thema Qualität stationärer Jugendhilfe.

Für die Befragten der Landesjugendämter ist zudem von zentraler Bedeutung, dass eine Einrichtung sich selbst zutreffend einschätzen und beschreiben kann. Eine Einrichtung sollte die eigenen Kompetenzen, Grenzen, Stärken und Schwächen genau kennen und vermitteln können. Landesjugendämter sehen es als Teil ihrer Aufgabe, die Einrichtungen dabei zu unterstützen, ein aussagekräftiges Kompetenz-Profil zu entwickeln. So wird auch den Jugendämtern ihre Aufgabe erleichtert, den Familien eine passende Einrichtung vorzuschlagen. Ein allgemeines, unspezifisches Einrichtungsprofil wird nicht als Zeichen von Qualität angesehen. Der Anspruch, für jede Familie, für jeden Einzelfall eine passende Antwort zu haben, wird eher dahingehend gedeutet, dass sich die Einrichtung bisher nicht mit den eigenen Kompetenzen und deren Grenzen ausreichend auseinandergesetzt zu haben scheint. Damit eine Einrichtung eine hohe Qualität erreichen kann, ist strukturell sicherzustellen, dass die Arbeit in der Einrichtung regelmäßig, eigentlich stetig reflektiert wird.

Qualität erweist sich aus der Perspektive von Landesjugendämtern insbesondere im Umgang mit spezifischen Herausforderungen. Hierzu zählt einerseits der Umgang mit einer wichtigen Ressource, nämlich Personal, und andererseits der mit krisenhafte Zuspitzungen bzw. mit den Verlockungen der Macht. Systematische Konzepte, die zum einen auf organisationaler Ebene Reflektionen des Alltagshandelns befördern und zum anderen Ausdruck eines guten Personalmanagements sind, werden als ein wichtiger Hinweis auf gute Qualität gedeutet.

Ähnlich wie auch das Jugendamt möchte sich das Landesjugendamt darauf verlassen können, dass Aussagen in Konzeption und Leitbild umgesetzt werden. Zwischen Theorie und pädagogischem Alltagshandeln soll eine möglichst große Kongruenz bestehen. Leistungsvereinbarung, Hilfeplan, Erziehungsplan und Einrichtungskonzept sollen miteinander korrespondieren und aufeinander abgestimmt sein. Gleichzeitig muss aber auch eine gewisse Flexibilität vorhanden sein, denn die pädagogische Arbeit mit jungen Menschen kann nie starr und auf lange Sicht festgelegt sein, sondern muss flexibel auf neue Umstände und Entwicklungen reagieren können. Die Einrichtung muss hier also die Gratwanderung vollbringen, einerseits klar und eindeutig zu sein, andererseits aber auch flexibel und – innerhalb einer klaren Kontur – veränderbar.

5.3 Zusammenfassung Außenperspektive: Qualität ist mehr als Ergebnisqualität

Der Blick von außenhalb der Einrichtungen, aber aus einer fachlichen Perspektive, erweitert die bisherigen Beschreibungen dessen, was als Qualität stationärer

Einrichtungen verstanden werden kann. Bemerkenswert an den gesammelten Daten ist, dass Ergebnisvariablen für die Definition von Qualität eine weit geringere Rolle spielen, als mit Blick auf den Diskurs der letzten Jahre zu erwarten war. Aus der Perspektive von Jugendämtern wird immer wieder darauf Bezug genommen, dass die Erfüllung von Hilfeplanzielen selbstverständlich ein wichtiges Qualitätskriterium sei, aber zugleich auch darauf hingewiesen, dass Hilfeplanziele keinesfalls statisch zu verstehen seien und oftmals auch notwendigerweise eine gewisse Unbestimmtheit hätten.

Qualität alleine hieran zu messen, würde also nicht funktionieren. Qualität wird aus der Außenperspektive als etwas beschrieben, das zu der Erwartung berechtigt, dass eine Einrichtung in der Lage ist, mit der Aufgabe, die sich in jedem Einzelfall immer wieder neu stellt, angemessen umzugehen und den Erwartungen des Jugendamts und des Landesjugendamtes zu entsprechen. Diese Erwartungen beziehen sich zum Teil weniger auf die Bedarfe der Familien, als auf Kooperationserwartungen, auf die Einhaltung von Vorgaben und die Erfüllung von Aufträgen.

5.3.1 Klares Kompetenzprofil

Für die Außenperspektive erfüllt eine Einrichtung dann die an sie gerichteten Ansprüche, wenn sie sich selbst mit ihren Kompetenzen, Eigenheiten und Grenzen sichtbar machen kann. Jugendamt und Landesjugendamt sind darauf angewiesen, zu wissen, mit wem sie es zu tun haben. Aus der Perspektive von Jugendämtern sind klare Aussagen darüber, für welche spezifischen Bedarfe eine Einrichtung geeignete Angebote bietet und diese zuverlässig erbringen kann, für eine passgenaue Auswahlentscheidung erforderlich. Einrichtungen beschreiben diese im Idealfall in einem Kompetenzprofil, das neben Kompetenzversprechen auch plausibilisiert, wie diese eingelöst werden. Es reicht also nicht aus, anzukündigen, was man kann, sondern im Kompetenzprofil muss auch nachvollziehbar dargelegt werden, dass es wahrscheinlich ist, dass diese Kompetenzen auch abgerufen werden. Aus der Perspektive eines Landesjugendamtes hilft ein Kompetenzprofil darüber hinaus auch zu erkennen, an welchen Stellen Weiterentwicklungsbedarfe bestehen. Diese weisen dann auf Anknüpfungspunkte für Beratung und Unterstützung durch das Landesjugendamt hin.

5.3.2 Kongruenz zwischen Kompetenzprofil und Alltag

Ein weiterer Baustein, der für die Frage der Qualitätseinschätzung von Bedeutung ist, ist die Kongruenz zwischen Kompetenzprofil und dem Handeln in der Einrichtung. Einrichtungen sollten immer wieder sichtbar werden lassen, wie groß die Übereinstimmung ist. Dies ist auch ein Grund, weshalb die von der Außenperspektive geforderte Transparenz gegenüber Jugendämtern und Landesjugendämtern so wichtig für diese ist.

Transparenz von Einrichtung und Träger bedeutet in diesem Zusammenhang, dass die Informationen, die für die Qualitätsbeurteilung erforderlich sind, auch zur Verfügung stehen. Eine Strategie der Jugendämter und Landesjugendämter besteht darin, sich durch Besuche vor Ort ein eigenes Bild zu machen, das jedoch immer nur ausschnitthaft bleibt. Eine zweite besteht in der Erwartung, dass die Einrichtungen offen über Herausforderungen und Schwierigkeiten reden, so dass man nicht von negativen Entwicklungen überrascht wird. Eine dritte stellt Aufbau und Pflege von Vertrauen dar, das für eine funktionierende Kooperation unerlässlich ist (van Santen/Seckinger 2011), denn in komplexen Beziehungen und Umwelten gibt es keine Möglichkeiten alles zu kontrollieren. Vertrauen entsteht auch durch positive Erfahrungen, die relevante Dritte berichten.

5.3.3 Qualität als gemeinsame Herstellungsleistung

Eine Einrichtung zeigt Qualität, wenn sie die eigene Qualität als steten Prozess begreift, der immer wieder und von Fall zu Fall aktiv hergestellt werden muss. Qualität soll von einer Einrichtung als gemeinsame Herstellungsleistung verstanden werden, die zwischen Einrichtung, Adressatinnen und Adressaten, Jugendamt (beim Hilfeplanverfahren) und Landesjugendamt (als beratende Instanz) erfolgt.

5.3.4 Reflektion der Rollen und Anforderungen

Neben der Prozesshaftigkeit entsteht Qualität zudem durch Reflektion. Reflektion bezieht sich aus der Außensicht nicht nur auf die Reflektion pädagogischer Prozesse und Themen (z. B. Macht), sondern auch auf die Reflektion der eigenen Funktion und Rolle innerhalb der Kinder- und Jugendhilfe. Eine Einrichtung verbessert ihre Qualität, wenn sie mit den belegenden Jugendämtern eine gemeinsame Vorstellung von Qualität und Zusammenarbeit entwickelt. An diesem Punkt setzen im Prinzip auch die Qualitätsentwicklungsvereinbarungen nach § 78b SGB VIII an (siehe auch Merchel 2020). Auch wenn die personellen Möglichkeiten von Landesjugendämtern hinsichtlich ihrer beratenden Funktion gegenüber stationären Einrichtungen beschränkt sind, werden Anfragen nach Beratung in erster Linie als Ausdruck des Strebens nach Qualität gedeutet und dienen auch der Anerkennung der Rolle der Landesjugendämter.

6 Qualität – ein Konzept, um das gerungen werden muss

Die vorliegende Untersuchung hat sich der Herausforderung gestellt, sich dem vielschichtigen und multifaktoriellen Thema Qualität in stationären Einrichtungen der Kinder- und Jugendhilfe aus verschiedenen Perspektiven anzunähern. Dazu wurden qualitative Interviews mit Fachkräften der Einrichtungen (Innenperspektive), der Jugendämter und Landesjugendämter (Außenperspektive) und mit Jugendlichen (Adressatinnen- und Adressatenperspektive)[62] durchgeführt und ausgewertet.

Die Untersuchung zeigt einmal mehr, dass die Erwartungen, die aus den verschiedenen Perspektiven an stationäre Einrichtungen der Kinder- und Jugendhilfe gerichtet werden, vielfältig und teilweise widersprüchlich sind. Die Notwendigkeit, mit Ambivalenzen und Widersprüchen umzugehen, kann daher als zentrale Herausforderung für alle Beteiligten gelten, die an der Herstellung von Qualität in Einrichtungen der stationären Hilfen zur Erziehung mitwirken.

Qualität, das ein Ergebnis dieser Studie, ist nicht statisch, ist kein einmal erreichter Ist-Zustand, dessen Vorhandensein in gewissen zeitlichen Abständen zu überprüfen wäre, sondern das Ergebnis von Interaktionen und damit eine permanente Kommunikations- und Herstellungsleistung. Für viele Befragte unabhängig von ihrer jeweiligen Perspektive zeigt sich Qualität eher atmosphärisch und emotional bzw. in Kriterien, die nicht nur schwer operationalisier- und somit messbar, sondern auch kaum in eine unmittelbare Ursache-Wirkung-Beziehung zu setzen sind, z. B. ein Gefühl von Geborgenheit und Zuhause oder von Normalität.

Die Ergebnisse der Untersuchung verdeutlichen, welche Schwerpunkte in Bezug auf Qualität aus den unterschiedlichen Perspektiven gesetzt werden und wie die jeweiligen Qualitätsanforderungen aufeinander bezogen werden können. Es werden aus den drei Perspektiven die Fragestellungen und Themen herausgearbeitet, deren Reflektion wesentlich für das jeweilige Qualitätsverständnis ist. Daraus lassen sich keine standardisierten, leicht zu messenden Qualitätskriterien ableiten.

Das folgende Beispiel soll verdeutlichen, warum das so ist: Für bestimmte Angebote der stationären Hilfen ist die Herstellung von Familialität eine wichtige

62 Auch die Eltern wurden als Adressatinnen und Adressaten der Hilfen zur Erziehung nicht vergessen und mehrere Gruppendiskussionen und Einzelinterviews mit Müttern und Vätern durchgeführt. Aufgrund eines Personalausfalls im Projektverlauf konnte diese Perspektive nicht ausgewertet werden und findet daher in dieser Auswertung keine Berücksichtigung.

Bedingung für eine gute Qualität. Es gibt aber kein Set an konkreten Einzelfaktoren, die in ihrer Summe Familialität ergeben. Es werden auch im stationären Kontext unterschiedliche „Familienmodelle" gelebt, von denen jeweils angenommen wird, dass sie zur Herstellung guter Qualität beitragen. Es gibt also weder einfache Struktur- noch Ergebnisvariablen, mit denen sich das Ausmaß an Familialität messen oder dokumentieren ließe. Vielmehr ist festzuhalten, dass die Vielfalt der stationären Einrichtungen auch zu einer Vielzahl an Implikationen führt, die je nach Zielgruppe mit Blick auf die zu erreichende und die tatsächlich erreichte Qualität reflektiert werden müssen.

Über die grundsätzlichen Schwierigkeiten, überprüfbare Wirkungszusammenhänge für dieses Handlungsfeld zu formulieren, ist vielfach geschrieben worden (z. B. Merchel 2001; Wampold u. a. 2005; Seckinger 2015; Dollinger 2018). Dies befreit zwar nicht von der Aufgabe, zu begründen, warum die jeweilige Praxis eine gute und damit auch eine für die gewünschten Ziele förderliche Praxis ist. Aber es verdeutlicht, warum Zurückhaltung bei Schlussfolgerungen von scheinbar einfachen Ergebnisparametern auf die Qualität von Einrichtungen angebracht ist.

Einzelne Parameter, die möglicherweise als Hinweis auf ein gutes Ergebnis der Einrichtung gedeutet werden könnten, sind manchmal nur bedingt bzw. nicht immer eine Folge der Qualität von Einrichtungen. Am Beispiel von verbesserten Schulnoten eines jungen Menschen kann dies aufgezeigt werden: Die schulische Entwicklung des jungen Menschen kann Ausdruck einer starken Bildungsorientierung der Einrichtung sein. Sie kann auch Ausdruck eines Einbezugs von Schule in das pädagogische Konzept sein. Schule wird in dieser Einrichtung vielleicht als ein positiver Bereich kindlichen und jugendlichen Lebens gesehen, an dem die Erfahrung von Selbstwirksamkeit, von Erfolg und sozialer Anerkennung ermöglicht wird.

Die verbesserten Noten können auch Ausdruck eines effektiven Drills in Bezug auf spezifische schulische Anforderungen sein, für die das Kind oder der/die Jugendliche andere Lebensbereiche hintenanstellen muss. Die so erzielte Notenverbesserung wird möglicherweise weniger mit positiven Veränderungsimpulsen aus der Perspektive des Kindes/Jugendlichen versehen sein. Eine völlig andere Erklärung für eine verbesserte Schulleistung wäre, dass das Kind durch einen Wechsel der Lehrkraft eine andere Lernmotivation hat, und die Leistungsverbesserung völlig unabhängig von der Einrichtung ist. Eine weitere Erklärung könnte sein, dass das Kind die Vorstellung hat, wenn es in der Schule gut ist, darf es zu den Eltern und Geschwistern zurück, weshalb es sich in besonderer Weise um seine schulischen Leistungen kümmert. Eine weitere alternative Erklärung wäre, dass rein alters- und entwicklungsbedingt sich das Verhältnis zu Schule verändert und sich damit die Möglichkeit zur Leistungssteigerung eröffnet hat. Mit anderen Worten: ‚Ergebnisparameter' müssen vor dem Hintergrund des konkreten Einzelfalls und seiner Kontextbedingungen daraufhin überprüft werden, ob sie wirklich Ausdruck der guten Qualität der Einrichtung sind oder andere Erklärungen überzeugender sind.

Eine qualitativ gut arbeitende Einrichtung entwickelt also eine Konzeption, die theoretisch und empirisch begründet Wirkungsideen (Theory of Chance) beschreibt, diese in Bezug zu der konkreten Praxis in der Einrichtung und zu den Bedarfen der Zielgruppen setzt, dabei selbstverständlich rechtliche Standards einhält und immer wieder aufs Neue reflektiert, wie mit unvermeidbaren Spannungsverhältnissen und Ambivalenzen im pädagogischen Alltag umgegangen wird. Die Ergebnisse dieser Reflektionsprozesse werden für eine Weiterentwicklung der Praxis eingesetzt, ohne dabei dem Glauben zu verfallen, dass man damit eine Lösung für alle weiteren Fälle gefunden hätte. Denn der Umgang mit Ambivalenzen muss immer wieder aufs Neue ausgelotet werden. Eine Konsequenz hieraus ist, dass sich der Bewertungsmaßstab für die Qualitätsbeurteilung einer Einrichtung nicht soweit einrichtungsunabhängig konkretisieren lässt, dass er auch geeignet wäre, die Qualität angemessen abzubilden. Mit anderen Worten, eine Zertifizierung von Einrichtungen mit Hilfe eines einheitlichen Instruments erscheint hinsichtlich der Erfassung der spezifischen Qualitäten einer Einrichtung wenig hilfreich und trägt das Risiko in sich, dass die zertifizierten Bereiche nur einen geringen Einfluss auf Qualität haben bzw. kein Ausdruck von Qualität sind.

Im Folgenden werden die jeweiligen Qualitätsaspekte, Qualitätsdimensionen aus den drei Perspektiven: Adressatinnen und Adressaten, Außen- und Innenperspektive zusammengefasst und miteinander in Bezug gesetzt.

6.1 Perspektive Jugendliche: Da-Sein, Frei-Sein, Individuation

Die Jugendlichen, die für diese Untersuchung zu Wort gekommen sind, beurteilen die Qualität einer Einrichtung auf Grundlage ihrer Erfahrungen und persönlichen Erlebnisse. Dabei stehen die Gestaltung der Räumlichkeiten und die Zugänge zu virtuellen Räumen, die Möglichkeiten der Einflussnahme auf das eigene Leben, die Erfahrung als Person wahrgenommen und gerecht behandelt zu werden, nicht von dem ausgeschlossen zu sein, was alterstypisch ist sowie anerkannt zu werden und die sicheren Beziehungen zu den Betreuerinnen und Betreuern im Zentrum (vgl. Kap. 3).

6.1.1 Faktische und virtuelle Räume

Die räumliche Umgebung ist unmittelbar verschränkt mit dem Alltag und den Entwicklungsmöglichkeiten von Menschen (Delitz 2009). Dies gilt auf der Ebene von Stadtplanung (z. B. Corburn 2007) ebenso wie auf der Ebene der konkreten Ausgestaltung von Wohn-, Lern- und Arbeitsräumen (Brichetti/Mechsner 2019) und insbesondere für institutionell geprägte Lebensorte (Klatt u. a. 2017;

Welter 1997). Insofern ist es logisch, dass für Kinder und Jugendliche die Gestaltung der Räume einen wichtigen Aspekt bei der Beurteilung der Qualität stationärer Einrichtungen darstellt.

Vergleichbar mit Menschen, die eine Wohnung oder ein Haus mieten möchten, beurteilen sie die Räumlichkeiten und die Architektur nicht nur nach ihrer Funktionalität, sondern auch danach, ob sie sich dort wohlfühlen können, ob die Räume eine freundliche und helle Atmosphäre bieten und sie sich diese Räume auch als ihre Räume aneignen können und dort ihr Zuhause entstehen kann. Bietet die Architektur der Einrichtung die Voraussetzungen dafür, dass sie Sport treiben, mit Freunden zusammen sein, sich entspannen, das Internet nutzen können? Gibt es Raum für Rückzug und Erholung und wie sind diese Räume gestaltet? Den jungen Menschen ist bewusst, dass die Ausstattung der Einrichtung und die Ausstrahlung der dortigen Architektur ihr Leben prägen wird (Wohlfahrt/Schilling o. J.; Bensel u. a. 2015).

Zu den Gegebenheiten der Einrichtung zählt für die Jugendlichen auch und ganz zentral das Vorhandensein von W-LAN. Das Internet stellt einen eigenen Raum dar, der individuell genutzt werden kann. Dort sind Kontakte zu Freunden und Familie möglich, eigene Interessen können verfolgt werden. Es handelt sich um ein Experimentierfeld jenseits von pädagogischer Vorstrukturierung (Witzel 2015), das insbesondere im Jugendalter wichtige Möglichkeiten zur Persönlichkeitsentwicklung bietet. Zudem stellen das Handy und der Zugang zum Internet heute eine Selbstverständlichkeit für Jugendliche dar. Über beides verfügen zu können, ist eine Voraussetzung dafür, nicht ausgegrenzt zu sein, sich als normale Jugendliche zu fühlen. W-LAN gehört zur heutigen Welt und die jungen Menschen im Heim möchten so sein, wie andere Jugendliche auf der ganzen Welt auch, die ebenfalls vernetzt sind (Shell Deutschland Holding GmbH und TNS Infratest Sozialforschung 2015, S. 237). Ihrem Verständnis einer guten Einrichtung steht nicht entgegen, dass es angemessene Regeln für die Aktivitäten in virtuellen Räumen gibt. Diese müssen jedoch transparent, altersgerecht und im Einklang mit Kriterien, wie Einhaltung der Privatsphäre, stehen und sollen den sich verändernden Bedingungen angepasst werden.

6.1.2 Beteiligung und Beziehung

Insgesamt zeigen die Ergebnisse, dass die hier befragten jungen Menschen sich zu „eigenverantwortlichen und gemeinschaftsfähigen Erwachsenen" (§ 1 SGB VIII) entwickeln wollen und dafür Voraussetzungen suchen und benötigen. Mit Klaus Hurrelmann und Gudrun Quenzel (2016) ist die „Lebensphase Jugend" davon geprägt, „gesellschaftliche Mitgliedsrollen" (ebd., z. B. S. 6) zu erlernen und individuell auszuformulieren (siehe auch Shell Jugendstudie 2015, S. 238 ff oder 15. Kinder- und Jugendbericht).

Es verwundert deshalb nicht, dass die für die jungen Menschen zentralen Qualitätsthemen in einem engen Zusammenhang mit diesen jugendtypischen Fragen und Aufgaben stehen. Es zeigt sich in unserem Interviewmaterial, dass junge Menschen mittels Bildung und Berufstätigkeit in der Gesellschaft einen Platz einnehmen wollen, dass sie die Beziehungen zu ihren Familien und Freunden positiv gestalten möchten und an allem, was sie betrifft, partizipieren möchten. Sie wollen dabei in ihren Entwicklungsschritten anerkannt und wertgeschätzt werden und brauchen dazu verlässliche Strukturen und Beziehungen, die ihnen das Gefühl vermitteln, dass man sie „lieb hat".

Die von den jungen Menschen an vielen Stellen beschriebene liebevolle Beziehung dient einerseits der Befriedigung eines grundlegenden menschlichen Bedürfnisses und ist andererseits mit der Chance verbunden, dass die bisherigen Beziehungserfahrungen durch (weitere) positive Erfahrungen ergänzt werden. Hierdurch entstehen Beziehungsmodelle und diese prägen in ihrer Gesamtheit die lebenslängliche Bindungs- und Beziehungsfähigkeit (Schleiffer 2009; Burkart 2018; Bowlby u. a. 2005; Schröder u. a. 2017). Liebevolle Beziehungsgestaltung ist daher – und so spiegelt es sich in unseren Daten wider – für die jungen Menschen nicht nur eine wichtige Voraussetzung, um sich in einer stationären Einrichtung wohlfühlen und sich entwickeln zu können, sondern auch um ungünstige Bindungserfahrungen zu korrigieren (Schröder u. a. 2017; Walper/Kindler 2014).

Begreift man Bindung als das Ausbalancieren von Verbundenheit und Autonomie (Lux 2018, S. 61), so suchen die jungen Menschen im Heim einen Bindungsort („Save Haven", Bowlby 1968), der es ihnen ermöglicht, aus der Sicherheit der Gruppe heraus, autonome Schritte in die Welt zu gehen. Qualität, so lassen sich die Aussagen der jungen Menschen interpretieren, entsteht dann, wenn es gelingt die unvermeidlichen Spannungsfelder zwischen eigenen Bedürfnissen, denen der Gruppe und den Erwartungen der Gesellschaft auf eine Art und Weise auszubalancieren, die die individuelle Entwicklung, Teilhabe und die Herausbildung einer positiven Identität ermöglicht. Zentral für die jungen Heimbewohnerinnen und -bewohner ist dabei die richtige Kombination von ‚Da-Sein' (Verbundenheit) und ‚Frei-Sein' (Autonomie), von Sicherheit stiftender Struktur und riskanter, aber Entwicklung anregender Freiheit.

> „Taylor und McIntyre stimmen darin überein, dass nur in dem Kontext einer sozialen Gemeinschaft, innerhalb der das Subjekt bestimmte Werte mit anderen Gemeinschaftsmitgliedern teilt, [können] individuelle Freiheit und soziale Integration verwirklicht werden. Nur wenn der Einzelne sich der Zustimmung durch andere sicher weiß, kann er seine Lebensziele sozial realisieren."
>
> **Böllert 2018, S. 470**

In den Aussagen der jungen Menschen zeigt sich die zentrale Entwicklungsaufgabe des Jugendalters: die Entwicklung der eigenen Identität im Spannungsfeld zwischen den eigenen Wünschen und Bedürfnissen und den Wünschen und Bedürfnissen anderer. Werden meine Bedürfnisse wahrgenommen und respektiert? Wird meine spezielle Situation berücksichtigt? Wo gibt es Interessenkonflikte mit anderen? Welche Regeln muss ich einhalten und kann ich sie akzeptieren? Welche Rolle spiele ich in der Gruppe? Wie sehen mich die anderen und wie gehe ich auf sie zu?

Diese und weitere Fragen bewegen die jungen Menschen, und die Antworten, die sie im Heim darauf finden, prägen ihre weitere Entwicklung. Eine gute Einrichtung ist aus der Perspektive der jungen Menschen, eine Einrichtung, in der solche Fragen in den Gesprächen mit Erwachsenen, also in erster Linie mit den Fachkräften, einen Platz haben. Zeit für Gespräche zwischen den Fachkräften und Heranwachsenden zu haben, zeichnet für die Befragten eine gute Einrichtung aus, denn sie benötigen Zeit und Vertrauen, um ihre Antworten selber zu entwickeln.

6.1.3 Gerechtigkeit

Die Beziehungen zu den Fachkräften stellen daher eine verlässliche Basis für die Entwicklung der jungen Menschen dar. Gerechtigkeit ist ein weiteres zentrales Kriterium, das viele junge Befragte äußern, um die Qualität der Beziehung zu den Fachkräften zu beschreiben. Gerechtigkeit bedeutet aber nicht, dass alle gleichbehandelt werden. Die befragten Jugendlichen differenzieren hier deutlich und wünschen sich Regeln, die transparent und flexibel sind. Außerdem wünschen sie sich, dass Fehler auch verziehen werden und sie nicht nachtragend behandelt werden. Die Jugendlichen haben in etlichen Beispielen deutlich gemacht, dass es ihnen dabei nicht um eine Vermeidung von Sanktionen geht. Vielmehr soll versucht werden, Strategien des Umgangs mit Regelverstößen zu entwickeln, die den besonderen Umständen, dem Alter und den konkreten Umständen gerecht werden. Der Wunsch, gerecht behandelt zu werden, spiegelt auch ein Bedürfnis nach Verlässlichkeit und Sicherheit wider.

Gerechtigkeit wird von den Fachkräften selten thematisiert. Dies bedeutet nicht, dass Gerechtigkeit für die Fachkräfte keine Bedeutung als Qualitätskriterium hat, aber offensichtlich wird dieser ein anderer Stellenwert zugeordnet. Sie scheint aus Perspektive der Einrichtungen selbstverständlich zu sein. Möglicherweise ist diese Differenz in der Gewichtung dieses Qualitätskriteriums auch Ausdruck davon, dass die negativen Folgen ungerechter Praxis einseitig von den Kindern und Jugendlichen zu tragen sind.

Die Auseinandersetzung darüber, was gerecht und was ungerecht ist, ist auch eine Auseinandersetzung über Macht und deren Anwendung. An diesem Beispiel wird erneut deutlich, dass sich Qualität stationärer Einrichtungen nicht allein am Outcome und Output messen lässt bzw. es einer Vielzahl von sehr unterschiedlichen Ergebnisvariablen bedarf, die weit über das hinausgehen, was in Hilfeplänen als Ziele vereinbart werden. Die Fragestellung hier könnte man im Hinblick auf ihre Wirkung in der Förderung demokratischer Gesinnung und politischer Bildung, in Bezug auf den Umgang mit Minderheiten und Vorurteilen untersuchen. Ein Aspekt, der bisher in der Auseinandersetzung um Qualität stationärer Hilfen nur sehr selten thematisiert wurde.

Zusammenfassend kann gesagt werden, dass die Kinder und Jugendlichen das ‚So-Sein'-Dürfen und darin anerkannt und wertgeschätzt zu sein, als Voraussetzung für ihre eigene Entwicklung erleben. Ihr Leben und ihre Entwicklung soll frei und selbstbestimmt sein und gleichzeitig getragen von der Sicherheit der Gemeinschaft und der Zugehörigkeit zur Gruppe (Eßer u. a. 2012; Mangold/Rein 2017). Die Erfahrung machen zu dürfen, einerseits individuell und frei und gleichzeitig Teil einer Gemeinschaft zu sein, wird von den jungen Menschen gewünscht und von einem guten Heim erwartet.

6.2 Innenperspektive: pädagogische (Selbst-) Reflektion

Die befragten Fachkräfte, die in verschiedenen Funktionen in Heimen arbeiten (Gruppendienst, Bereichsleitung, Qualitätsbeauftragte, Leitungen), vertreten in erster Linie einen pädagogischen Blick, der die Erziehung von Kindern und Jugendlichen fokussiert.

6.2.1 Normalität als Erziehungsziel

In dem Datenmaterial wird immer wieder deutlich, dass die Fachkräfte bei der Explizierung ihres inneren Maßstabs zur Beurteilung, ob die Qualität stationärer Einrichtungen als hoch oder niedrig zu bewerten ist, sich an dem orientieren, was sie für ‚normal', für ‚in der Norm' halten. Zugespitzt könnte man diese Perspektive so formulieren: Einer guten Einrichtungen gelingt es, jungen Menschen zu so viel Normalität wie irgendwie möglich zu verhelfen.

So einleuchtend diese Orientierung auf den ersten Blick ist, denn warum sollen Kinder, die in institutionellen Kontexten aufwachsen, ‚unnormal' bleiben bzw. werden, so deutlich treten die damit verbundenen normativen Setzungen und die Schwierigkeiten zu bestimmen, was genau eigentlich mit „‚normal'" gemeint ist, hervor.

Argumentiert man mit Michael Winkler (2011), dass Pädagogik als Wissenschaft begründen können soll, warum eine bestimmte Verhaltensweise einer anderen vorzuziehen ist, so sind nur dann sinnvolle Antworten auf diese Frage zu erwarten, wenn Erziehungsziele definiert sind. Gemeint sind hier nicht SMARTE Entwicklungsziele, wie sie meist im Hilfeplangespräch festgelegt werden, sondern allgemeine Erziehungsziele im Sinne von übergeordneten Wertvorstellungen.[63] Wie in der Einleitung bereits angesprochen, kann es keine allgemeingültigen Erziehungsziele geben, zu unterschiedlich sind die Individuen, ihre Lebenslagen und die historisch und kulturell geprägten Vorstellungen eines gelungenen Lebens (vgl. Winkler 2011). Entsprechend unmöglich ist es deshalb für Fachkräfte, pädagogische Interventionen auszuwählen und hinsichtlich ihrer Qualität zu beurteilen, wenn der genaue Kontext und damit auch das Ziel des pädagogischen Handelns nicht konkretisiert sind.

Die Pluralität von Erziehungszielen ist dabei nicht das Problem, sondern das Fehlen einer allgemeinen übergeordneten Zielvorstellung von Erziehung. Denn für die Formulierung einer allgemein geteilten, übergeordneten Zielvorstellung, die konkret genug wäre, als Handlungsanleitung zu fungieren, müsste man wissen, welche Gesellschaft man sich wünscht. Erziehung ist laut Werner Thole und Hans Pfaffenberger (2011, S. 247) „Teil des Reproduktionsprozesses einer Gesellschaft" – ebenso wie Familien (Funktionen der Familie nach Nave-Herz, 2004). Erziehung passt sich – so Werner Thole und Hans Pfaffenberger – gesellschaftlichen Wandlungen an, kann diese aber auch befördern oder gar initiieren.

Wenn man über Erziehung reflektiert, muss man also über die Gesellschaft und wie wir darin leben möchten nachdenken. Dies findet bisher in Einrichtungen der Kinder- und Jugendhilfe kaum statt und führt letztendlich dazu, dass viele Zielvorstellungen von Gesellschaft parallel gelebt werden und daraufhin erzogen wird. Das kann zu einem Problem werden, wenn diese Unterschiedlichkeiten zu groß, nicht besprochen und nicht reflektiert werden. Beispielsweise wird in den Interviews an manchen Stellen deutlich, wie bestimmte geschlechtsspezifische Stereotypen die Erziehung beeinflussen. Haare kämmen oder Gespräche über Schminken und angemessene Kleidung dienen der Fachkraft dazu, Vertrauen mit Mädchen aufzubauen; Jungs wird ein „Herrenabend" mit Chips und Fußball erlaubt, um sie zu belohnen. An dieser Stelle sollen diese Beispiele lediglich verdeutlichen, wie Vorstellungen von Mann- bzw. Frau-Sein die Erziehungsziele beeinflussen. Eine kritische Reflektion dessen wäre lohnenswert.

Die in den Interviews immer wieder deutlich gewordene Bezugnahme auf eine „Normalität", also auf eine Lebensführung und eine Entwicklung, die sich innerhalb eines vordefinierten Rahmens bewegt, erscheint daher wie eine „Hilfskonstruktion". Erziehung ist aus dieser Perspektive dann gelungen, wenn ein junger Mensch befähigt wird, ein in diesem Sinne „normales", für seine soziale

63 Winkler (2011) verweist auf die Gefahr, Erziehung mit Wert- und Moralvorstellungen zu überfrachten und erkennt darin das gesellschaftliche Symptom, Pädagogik als „Projektionsfläche für die sozial und kulturell debattierten, zugleich uneingelösten Erwartungen" zu benutzen (S. 363). Was den Erwachsenen bzw. der Gesellschaft selbst nicht gelingt, soll die nachfolgende Generation schaffen.

Gruppe durchschnittliches Leben zu führen, ohne dabei (allzu sehr) gegen Regeln oder Erwartungen zu verstoßen.

Aus den Interviews und Diskussionen lässt sich rekonstruieren, dass die Vorstellungen über Normalität allgemein und in Bezug auf die für die Adressatinnen und Adressaten als erreichbar unterstellte Normalität unscharf sind und zwischen den Fachkräften variieren. Das Ziel eine wirtschaftlich unabhängige Lebensführung, also eine Teilhabe am ersten Arbeitsmarkt zu ermöglichen, scheint jedoch eine Gemeinsamkeit der Vorstellungen von Normalität zu sein. Diesem Ziel werden zuweilen auch weitergehende Bildungsaspirationen der jungen Menschen geopfert, deren Versuche Abitur zu machen, nicht immer unterstützt werden.[64]

6.2.2 Grundphilosophien als Orientierung zur Bestimmung von Qualität

Die Frage danach, was die Qualität stationärer Einrichtungen angemessen beschreibt, hat zum Vorschein gebracht, dass in stationären Einrichtungen mehr oder weniger ausgearbeitete konzeptionelle Überlegungen die Grundrichtung bei der Beantwortung dieser Frage bestimmen. Diese geäußerten konzeptionellen Überlegungen lassen sich zu drei Grundphilosophien zusammenfassen. Damit wird nicht ausgeschlossen, dass sich bei anderen Einrichtungen weitere Grundphilosophien finden lassen. Zwei dieser drei Grundphilosophien sind geleitet von Annahmen darüber, wie Menschen beeinflusst, verändert werden können. Sie stellen damit so etwas wie einen Vorläufer eines logischen Modells (Haußmann/Yngborn 2010) dar, das erklären soll, warum welche Veränderungen erreicht werden. Die dritte Grundphilosophie verfolgt eher eine manageriale Perspektive, die geleitet wird von einem Qualitätsverständnis, das sich eher an dem im industriellen und Dienstleistungsbereich vorherrschenden Modell anlehnt: Gut ist das, was den Anforderungen des Auftraggebers möglichst nahekommt. (vgl. Kap. 4.3).

Eine dieser drei Grundphilosophien fokussiert auf die Gestaltung des Settings (vgl. Kap. 4.2). Dahinter steht die sozialpädagogische Annahme, dass durch die bewusste und reflektierte Gestaltung des Settings Erfahrungsräume eröffnet werden, die den Adressatinnen und Adressaten neue Erfahrungen ermöglichen, und so zu der gewünschten Veränderung führen. Diese Grundphilosophie ist

64 So berichtete eine junge Careleaverin in ihrem Vortrag bei der Auftaktveranstaltung des Dialogprozesses zur Reform des SGB VIII im November 2018, wie in Einrichtungen und im Rahmen der Hilfeplanung noch immer gegen Bildungswünsche junger Menschen gearbeitet wird. Teils weil deren Verwirklichung nicht als realistische Option angesehen wird, teils weil es das Ziel ist, wirtschaftliche Unabhängigkeit vor dem Ende der Jugendhilfe zu erreichen, was jedoch einem Bildungsweg über Abitur und Studium entgegensteht.

geprägt von einem Aufgabenverständnis der stationären Hilfen, das sich ungefähr so umschreiben lässt: Die Aufgabe der stationären Hilfen ist es, Gelegenheitsstrukturen zu schaffen, die es Familien und ihren Mitgliedern ermöglichen, sich die Welt (neu) anzueignen und dabei auch die Welt im Kleinen zu verändern, um so wieder zu einer souveränen Lebensführung zu gelangen. Es lassen sich in unserem Sample wiederum drei unterscheidbare Vorstellungen von Settings finden: eine lässt sich als Herstellung einer familienanalogen Situation beschreiben, eine andere ist geleitet von der Idee, eine Hausgemeinschaft zu etablieren und eine dritte setzt auf ein Setting, in dem die Peers wesentliche Entwicklungsimpulse setzen.

Eine weitere Grundphilosophie lässt sich als „individuumsbezogene Einflussnahme“ charakterisieren (vgl. Kap. 4.3). In dieser Grundphilosophie wird eine eher klinische Perspektive verfolgt, die ausgehend von einer detaillierten Diagnostik Interventionskonzepte, die mal eher ressourcenorientiert, mal eher defizitorientiert, mal eher klinisch, mal eher pädagogisch ausgerichtet sind, entwickelt und anwendet. Innerhalb dieser Grundphilosophie, die auf das Erreichen einer oder mehrerer spezifischer Veränderungen fokussiert, ist eine Orientierung an Ergebnisvariablen, die Auskunft darüber geben, ob das Ziel erreicht wurde, naheliegend. Eine wiederholte Diagnosestellung ist deshalb in diesem Modell auch die Grundlage für die weitere Hilfeplanung.

Für die dritte Grundphilosophie ist die Vorstellung leitend, dass Verfahren Qualität herstellen und deren Einhaltung beweisen (vgl. Kap. 4.3). Zu den Verfahren gehören alle Instrumente, die im Qualitätsmanagement entwickelt wurden. Ein Teil der Verfahren bezieht sich auf gesetzliche Vorschriften, wie der Nachweis über ein Beschwerdeverfahren, der für die Erteilung der Betriebserlaubnis erforderlich ist, oder Datenschutzregelungen. Andere standardisieren häufig wiederkehrende Prozesse, wie Telefonate mit Jugendämtern, Vorbereitung von Hilfeplangesprächen, Planung von Ausflügen mit Hilfe von Checklisten oder auch Formen des Feedbacks von Mitarbeitenden und Adressatinnen und Adressaten. Solche Verfahren versprechen große Legitimationsgewinne und Handlungssicherheit, dennoch werden auch die kritischen Aspekte in den Interviews und Gruppendiskussionen herausgehoben. Zu diesen gehören der damit verbundene Zeitaufwand, die Frage, ob die wichtigen Dinge erfasst werden oder überwiegend diejenigen, die sich gut dokumentieren lassen, die Schaffung einer Vielzahl von künstlichen Situationen sowie die strukturell angelegte Überforderung durch permanente Erweiterung und Ausdifferenzierung der Verfahren.

Ausgehend von diesen drei Grundphilosophien werden die für die pädagogische Arbeit insbesondere in institutionellen Kontexten unvermeidbaren Spannungsfelder und Ambivalenzen in spezifischer Weise akzentuiert, so dass für die Beschreibung der Qualität stationärer Einrichtungen die Kombination von einer expliziten Darstellung der jeweiligen Grundphilosophie und einer Reflektion der Spannungsfelder und Ambivalenzen erforderlich erscheint. Im folgenden Abschnitt wird auf den Zusammenhang von Grundphilosophie und Ambivalenzen eingegangen.

6.2.3 Umgang mit Ambivalenzen

Pädagogisches Handeln ist unweigerlich mit unauflösbaren Widersprüchen verbunden. Dies beginnt bei dem bereits von Kant formulierten grundsätzlichen Problem, wie man durch Zwang zur Freiheit erziehen soll (Kant 1803, S. 12), geht weiter über die Widersprüche, die sich aus dem doppelten Mandat sozialer Arbeit ergeben bis zu den typischen Ambivalenzen in den stationären Hilfen. Aus dem Datenmaterial lassen sich eine ganze Reihe von Ambivalenzen rekonstruieren (vgl. Kap. 4.5). Dies sind u. a.:

- Der Anspruch, den jungen Menschen genauso anzunehmen, wie er ist und ihn auf seinem individuellen Weg zu begleiten und gleichzeitig das Ziel zu verfolgen, ihn zu verändern, in die Normalität einzupassen, ihn auf den „richtigen" Weg zu bringen.
- Jungen und Mädchen sollen im Heim Zugehörigkeit und Gemeinschaft erfahren, um ihre Persönlichkeitsentwicklung auf sicheren Boden zu stellen. Gleichzeitig ist allen bewusst, dass diese Gemeinschaft und damit der sichere Boden zerbrechen, sobald die Hilfe beendet ist. Dies gilt in besonderer Weise für diejenigen, die aus Altersgründen aus der Kinder-und Jugendhilfe fallen.
- Beteiligung der Kinder und Jugendlichen an allen sie betreffenden Fragen ist fachlich unbedingt erforderlich und gesetzlich vorgeschrieben. Ohne Partizipation gibt es keine gute Qualität. Aber Einrichtungen sind ebenso verpflichtet, bestehende Vorgabe einzuhalten und durchzusetzen, unabhängig davon, ob sie angemessen sind. Der Einsatz von Formen brauchbarer Illegalität (Luhmann 1964) ist für Einrichtungen, die im öffentlichen Auftrag arbeiten, stark beschränkt, so dass am Ende zwar Beteiligung gefordert wird, aber relevante Bereiche von Beteiligung ausgeschlossen bleiben.
- Die Einrichtungen sollen sowohl dem Einzelfall in all seinen Besonderheiten gerecht werden, als auch Handlungsstrategien und Handlungsformen finden, die nicht nur für Einzelfälle gelten, denen sich der und die Einzelne anpassen und individuelle Bedürfnisse zurückstellen muss.
- Um Entwicklung zu ermöglichen, müssen Risiken eingegangen werden. Sehr bildhaft formuliert kann nur dasjenige Kind Laufen lernen, das auch das Recht dazu hat und das Risiko eingeht hinzufallen. Einrichtungen müssen also zur Erfüllung ihres Zweckes bereit sein, Risiken einzugehen. Gleichzeitig wird von ihnen jedoch Risikovermeidung verlangt, sie werden haftbar gemacht, wenn – um in dem Bild zu bleiben – das Kind ein Pflaster braucht.

- Einrichtungen haben auch den Zweck, Kinder und Jugendliche vor den Gefahren in ihrem Lebensumfeld zu schützen; sie sollen ihre soziale Integration aufrechterhalten und fördern, was aber die Kontrolle über Gefahren beschränkt.
- Fachkräfte sollen als Person für die Kinder und Jugendlichen zur Verfügung stehen, sollen für Liebe und Freundschaft stehen und sind trotzdem Personen, die dies in erster Linie tun, weil es ihre berufliche Aufgabe ist. Sie verhalten sich nach den Zweckrationalitäten eines Arbeitnehmers, was dem durch emotionale Nähe zum Ausdruck gebrachten Versprechen widerspricht.

Auch wenn sich die Liste von Ambivalenzen und Widersprüchen noch erheblich erweitern ließe, wird bereits an dieser Aufzählung deutlich, dass sich Qualität stationärer Hilfen wohl nie konkretistisch beschreiben lässt und damit auch nicht in einem einfachen Sinne messbar sein kann. Qualität wird aus der Innenperspektive dann beschreibbar, wenn die Grundphilosophie einer Einrichtung mit den darin enthaltenen Wirksamkeitserwartungen beschrieben und die Kultur des Umgangs mit unvermeidbaren Ambivalenzen und Widersprüchen, die durch die Entscheidung für die jeweilige Grundphilosophie noch einmal akzentuiert wird, auf nachvollziehbare Weise dargelegt werden. Das Herausfordernde bei einem solchen Verständnis von Qualität ist, dass erstens Kultur etwas ist, das sich der einfachen Entscheidbarkeit, der unmittelbaren Steuerbarkeit entzieht (z. B. Pohlmann 2008) und zweitens die relative Unbestimmtheit kein Freibrief für Beliebigkeit sein kann.

6.3 Außenperspektive: spezifisches Profil und verlässliche Partnerschaft

Kommunale Jugendämter und Landesjugendämter fokussieren bei der Frage nach einer guten Einrichtung weniger auf einzelne pädagogische Prozesse, sondern formulieren Kriterien, die eher die Ebene des Organisationshandelns betreffen. Sie fragen danach, wie die Einrichtung es als Einrichtung (im Unterschied zur Addition der Einzelleistungen der Menschen, die für die Einrichtung arbeiten) organisiert, ihren Aufträgen gerecht zu werden und Transparenz hinsichtlich ihres Organisationshandelns herzustellen. Dabei werden sehr verschiedene Ebenen in den Blick genommen. Dies sind neben schwer operationalisierbaren Kriterien, wie z. B. atmosphärischen Aspekten des Wohlfühlens, Kriterien, die einerseits die Wahrnehmung der spezifischen Funktionen von Jugendämtern (z. B. Fallverantwortung, Hilfeplanung) und Landesjugendämtern (Heimaufsicht, fachliche Beratung) erleichtern, andererseits den Umgang mit Schlüsselprozessen und Formen der Zusammenarbeit betreffen.

Dazu sind vier Aspekte von besonderer Bedeutung (Kap. 5.3.1 bis Kap. 5.3.4): ein klares Kompetenzprofil der Einrichtung, die Übereinstimmung von Kompetenzprofil und Handeln, die Bereitschaft, Qualität als gemeinsame Herstellungsleistung von allen Beteiligten zu begreifen sowie die Reflektion der eigenen Rolle und Funktion innerhalb der Kinder- und Jugendhilfe.

Damit scheinen die Vorstellungen der Innen- und Außenperspektive zumindest auf einer mittleren Abstraktionsebene gut vereinbar zu sein. Denn aus beiden Perspektiven ist eine konzeptionelle Klarheit in Bezug auf das Einrichtungshandeln erforderlich, wenn über die Qualität von Einrichtungen eine Aussage getroffen werden soll. In beiden Perspektiven stellt die innere Konsistenz ein wichtiges Kriterium für die Beurteilung der Qualität dar. Dass dies nie losgelöst von gesellschaftlichen Normvorstellungen geschehen kann, wurde bereits in Kapitel 1 ausgeführt.

6.4 Qualität schillert – je nach Blickwinkel wird Unterschiedliches betont

Alles in allem lässt sich feststellen, dass sich die Kriterien zur Beurteilung der Qualität einer stationären Hilfe zur Erziehung zwischen den drei Perspektiven in wesentlichen Details unterscheiden und gleichzeitig auf einer etwas abstrakteren Ebene überraschende Übereinstimmungen aufweisen. Die Grundidee aus der Innenperspektive, nämlich Qualität lässt sich in einer Art Zweischritt aus ausgearbeiteter Grundphilosophie und deren Bewährung an dem Umgang mit Ambivalenzen erkennen, spiegelt sich in der Außenperspektive in dem Wunsch einer mit dem Einrichtungshandeln kongruenten Konzeption wider. Die Adressatinnen und Adressatenperspektive betont zwar weniger die Stringenz fachlicher Prinzipien, legt aber nichtsdestotrotz das Augenmerk auf ganz grundsätzliche Fragen pädagogischen Handelns, nämlich der Ermöglichung von Entwicklung.

Stark verkürzt kann man zusammenfassend festhalten, dass

- Kinder und Jugendliche bei der Qualitätsbeschreibung eines Heims Kriterien anlegen, die das Heim als Ort beschreiben, an dem Entwicklungsmöglichkeiten eröffnet werden. Diese sollen nicht wesentlich von denen abweichen, die sie als typisch für ihre Kohorte ansehen. Hierzu gehören ein Ausbalancieren von Da-Sein und Frei-Sein, eine räumliche Umwelt, die dieses fördert, sowohl durch ihre Strukturierung als auch durch Möglichkeiten eigene Wirksamkeit zu erfahren, sowie eine soziale Umwelt, die als gerecht erlebt wird und Chancen sozialer Teilhabe, insbesondere an alterstypischen Aktivitäten (insbesondere durch digitale Medien), eröffnet. In dem Erleben von Anerkennung und Wertschätzung sowie guter Beziehungen wird Qualität aus der Perspektive von Kindern und Jugendlichen greifbar;
- die befragten Fachkräfte in stationären Einrichtungen Qualität als das Ergebnis einer präzisen Idee von dem, was den Kern ihrer Konzeption kennzeichnet (Stichwort Grundphilosophie), und dem Umgang mit unauflösbaren Ambivalenzen im

Erziehungshandeln sehen. Aus dem im Rahmen des Projekts erzeugten Material lässt sich auch rekonstruieren, dass in Abhängigkeit der Grundausrichtung spezifische Ambivalenzen in den Vordergrund treten (vgl. Kap. 4);

- kommunale Jugendämter und Landesjugendämter von Einrichtungen erwarten, dass sie ihre eigenen Kompetenzen und Grenzen genau beschreiben können, sich fachlich weiterentwickeln wollen und sich als verlässlicher Kooperationspartner erweisen. Eine klare Profilierung der Einrichtung erscheint als Qualitätsmerkmal notwendig, ebenso wie die Bereitschaft fachliche Beratung anzunehmen. Es gibt aus dieser Perspektive nur vereinzelt Hinweise auf ein Qualitätsverständnis, das eher von den einer Einrichtung zurechenbaren Erfolgen (bei aller Schwierigkeit, hier kausale Zusammenhänge auch nur zu postulieren) als von Überlegungen zu ihrer grundsätzlichen Wirksamkeit ausgeht.[65] Wenn auf Erfolge rekurriert wird, dann wird insbesondere die Fähigkeit einer Einrichtung hervorgehoben Hilfeverläufe sicher zu leiten und Abbrüche zu verhindern.

Abb. 4: Qualitätsdimensionen im Überblick

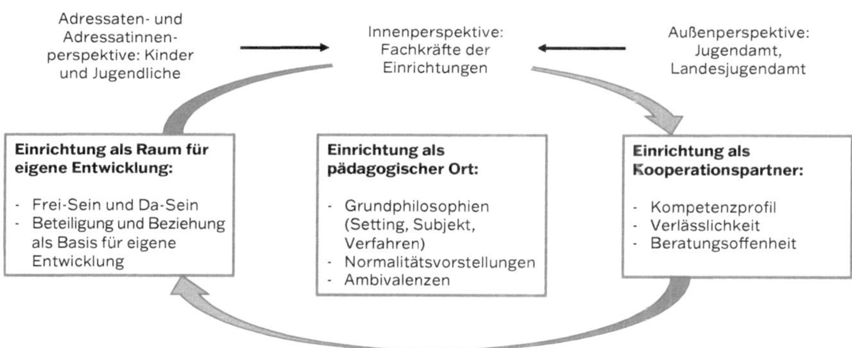

Abbildung 4 fasst die sich aus den schillernden Qualitätserwartungen ergebenden Anforderungen an die Qualität von Einrichtung der stationären Hilfen zur Erziehung noch einmal auf eine etwas andere Weise zusammen. Die Einrichtung muss ganz im Sinne des doppelten Mandats ihrer Verpflichtung sowohl dem Individuum als auch der Gesellschaft gegenüber gerecht werden. Sie hat den vielfältigen individuellen Anforderungen der Selbstwerdung der jungen Menschen und der Stärkung der Familien zu genügen und zugleich für die Durchsetzung gesellschaftlicher Interessen, die über den öffentlichen Träger der Kinder- und Jugendhilfe sowie die öffentlichen Debatten, die medial und in politischen Kontexten geführt werden, zu sorgen.

Wenn es einer Einrichtung gelingt, dies plausibel zu tun, ist sie gut. Deutlich wird hierbei ihre Zwischenposition und die Unmöglichkeit, Qualität unabhängig

65 Deutsche Vereinigung für Rehabilitation (DVfR) 2019.

von Kontextbedingungen beurteilen zu können. Das, was mit Qualität einer Einrichtung gemeint ist, bestimmt sich auch dadurch, wie es ihr gelingt, individuelle Bedürfnisse und gesellschaftliche Erwartungen durch reflexives und reflektiertes pädagogisches Handeln in eine möglichst große Übereinstimmung zu bringen. Qualität wird somit bestimmt durch die Art und Weise wie eine Kongruenz der unterschiedlichen Erwartungen an stationäre Jugendhilfe hergestellt wird.

Diese paradoxe Aufgabe ist ein weiterer Grund dafür, warum sich Qualität nicht widerspruchlos und eindeutig in unmittelbar messbare Kategorien überführen lässt. Wie lässt sich die Qualität einer Einrichtung in einer kompetitiven Gesellschaft daran messen, wie weit ihre ehemaligen Zöglinge in diesem Wettbewerb kommen, wenn gleichzeitig gewollt ist, dass diejenigen, die in diesen Einrichtungen aufwachsen, eher zu denjenigen gehören sollen, die keine zusätzliche Konkurrenz für die (berechtigterweise) Erfolgreichen darstellen. So zumindest könnte man die nach wie vor vorhandenen Stigmatisierungen, die beschränkten Ressourcen für die Förderung von Bildungsteilhabe (z. B. Soziale Passagen Heft 1/2019), die systematische Benachteiligung bei der Integration in soziale Netzwerke (Nestmann u. a. 2008) deuten.

Weniger apodiktisch formuliert erfordert eine Orientierung an Qualität von den stationären Einrichtungen der Hilfen zur Erziehung, dass sie sich der Widersprüchlichkeit der an sie gestellten Erwartungen bewusst werden, diese aushalten und ihre Umgangsweise mit dieser in den gemeinsamen Diskurs bringen. An diesem Diskurs um Qualität müssen auf jeden Fall neben den Fachkräften der Kinder- und Jugendhilfe, die Adressatinnen und Adressaten und Akteure beteiligt sein, die die Öffentlichkeit, die gesellschaftlichen Erwartungen vertreten.

In einer solche Qualitätsbeurteilung müssen notwendigerweise auch die Kontextbedingungen, angefangen von der Qualität der Hilfeplanung im Einzelfall und den sozialräumlichen Ressourcen, über die rechtlich abgesicherten Möglichkeitsräume und die Einhaltung der Rechte der an der Herstellung der Qualität Beteiligten (z. B. Kinderrechte, Elternrechte, Mitarbeiterechte), bis hin zu Ergebnissen empirischer Untersuchungen zu den Leistungen von Einrichtungen einfließen.

Vor diesem Hintergrund erscheint es illusorisch, ein einfaches, für alle Einrichtungen gleichermaßen gültiges, im Wesentlichen auf leicht messbaren Indikatoren aufbauendes System der Qualitätsbestimmung finden zu können. Qualität zu beurteilen, bleibt eine schwierige Aufgabe, die es erfordert, sich auf die spezifischen Bedingungen einzelner Einrichtungen einzulassen, ohne sich in diesen zu verlieren. Denn – auch das zeigt diese Studie – Qualität ist nicht beliebig: Gut ist von schlecht zu unterscheiden. Qualität ist ein – mit guten Gründen – unscharfes Konzept, um das zu ringen sich lohnt, weil es sowohl mit Blick auf die Verantwortung gegenüber den Kindern, Jugendlichen und Familien als auch gegenüber der Gesellschaft erforderlich ist, zu begründen, warum in der Jugendhilfe so gehandelt wird, wie gehandelt wird. Dass die Antworten nicht einfach sind, ist dabei kein Nachteil.

Literatur

Ackermann, Günter (2010): Qualitätsmanagement in der Sozialen Arbeit. Einführung in das Modul 0602. Führen in Nonprofit-Organisationen. Fachhochschule Nordwestschweiz. Olten.

AFET-Bundesverband für Erziehungshilfe e.V. (Hrsg.) (2017): Mediatisierung in der Kinder- und Jugendhilfe. Hintergrundinformationen / Studien / Positionierungen / Diskussionspapiere / Berichte aus der Praxis für die Praxis / Tipps. Ein Reader – zusammengestellt aus Fachartikeln, die in der AFET-Zeitschrift „Dialog Erziehungshilfe" erschienen sind. AFET-Veröffentlichung Nr. 76/2017. Berlin

Aichele, Valentin/Bernot, Sabine/Hübner, Catharina/ Kroworsch, Susanna/Leisering, Britta /Litschke, Peter/Palleit, Leander/Pöllmann, Kristin/Striek, Judith (2019): Wer Inklusion will, sucht Wege. Zehn Jahre UN-Behindertenrechtskonvention in Deutschland. Berlin

Albus, Stefanie/Greschke, Heike/Klingler, Birte/Messmer, Heinz/Micheel, Heinz-Günter/Polutta, Andreas (2010): Wirkungsorientierte Jugendhilfe. Abschlussbericht der Evaluation des Bundesprogramms „Qualifizierung der Hilfen zur Erziehung durch wirkungsorientierte Ausgestaltung der Leistungs-, Entgelt- und Qualitätsvereinbarungen nach §§ 78a ff SGB VIII"

Alliance for children in care and care leavers (Hrsg.) (2016): A New Vision. https://www.actionforchildren.org.uk/media/6856/alliance-for-children-in-care-a-new-vision.pdf

Armitage, Andrew (1995): Comparing the Policy of Aboriginal Assimilation: Australia, Canada, and New Zealand. Vancouver

Auernheimer, Georg (Hrsg.) (2013): Schieflagen im Bildungssystem. Die Benachteiligung der Migrantenkinder. 5. Aufl. Wiesbaden

AWO Bundesverband e.V. (Hrsg.) (2013): Prüfliste „Hilfen zur Erziehung" zur Auditierung der AWO-Qualitätskriterien

Ball, Christopher (1985): What the hell is quality? In: Ball, Christopher/Urwin, Dorma (Hrsg.): Fitness for Purpose – Essays in Higher Education. Guildford

Bauman, Zygmunt/Jakubzik, Frank (2014): Gemeinschaften. Auf der Suche nach Sicherheit in einer bedrohlichen Welt. 3. Aufl. Frankfurt am Main

Baumann, Menno (Hrsg.) (2015): Neue Impulse in der Intensivpädagogik. ‚Was tun, wenn wir nicht mehr weiter wissen …?". Dähre

Beck, Ulrich (2016): Risikogesellschaft. Auf dem Weg in eine andere Moderne. 23. Aufl. Frankfurt am Main

Behnisch, Michael (2018): Die Organisation des Täglichen – Alltag in der Heimerziehung am Beispiel des Essens. Frankfurt am Main

Behnisch, Michael/Gerner, Carina (2014): Jugendliche Handynutzung in der Heimerziehung und ihre Bedeutung für pädagogisches Handeln. In: Unsere Jugend. Zeitschrift für Studium und Praxis der Sozialpädagogik, 66. Jg., H.1, S. 2–7

Behnisch, Michael/Henseler, Christina (2012): Handynutzung in der Heimerziehung – zwischen Kompetenzgewinn und Kontrolle. Ergebnisse eines Forschungsprojekts. In: Forum Erziehungshilfen, 18. Jg., H. 4, S. 240–244

Bensel, Joachim/Martinet, Franziska/Haug-Schnabel, Gabriele (2015): Expertise: Raum und Ausstattung in Kindertageseinrichtungen und Kindertagespflege. In: Viernickel, Susanne/Fuchs-Rechlin, Kirsten/Strehmel, Petra/Preissing, Christa/ Bensel, Joachim/ Haug-Schnabel, Gabriele (Hrsg.): Qualität für alle. Wissenschaftlich begründete Standards für die Kindertagesbetreuung. Freiburg, S. 317–402.

Birtsch, Vera/Münstermann, Klaus/Trede, Wolfgang (Hrsg.) (2001): Handbuch Erziehungshilfen. Leitfaden für Ausbildung, Praxis und Forschung. Münster

Bittlingmayer, Uwe H. (2009): Gesundheitsförderung im Setting Schule und ihre normativen Implikationen. In: Bittlingmayer, Uwe H./Sahrai, Diana/Schnabel, Peter-Ernst (Hrsg.): Normativität und Public Health. Vergessene Dimensionen gesundheitlicher Ungleichheit. 1. Aufl. Wiesbaden, S. 269–299

Bittner, Günther (2010): Die Schule – Setting oder „Lebensspiel"? In: Göppel, Rolf/Hirblinger, Annedore/Hirblinger, Heiner/Würker, Achim (Hrsg.): Schule als Bildungsort und „emotionaler

Raum". Der Beitrag der Psychoanalytischen Pädagogik zu Unterrichtsgestaltung und Schulkultur. Opladen/Farmington Hills, S. 83–94

Blumer, Herbert (1954): What is wrong with Social Theory? In: American Sociological Review, 19. Jg., H.1, S. 3–10

Bogner, Alexander/Littig, Beate/Menz, Wolfgang (2014): Interviews mit Experten. Eine praxisorientierte Einführung. Wiesbaden

Boeßenecker, Karl-Heinz/Vilain, Michael/Biebricher, Martin/Buckley, Andrea/Markert, Andreas (Hrsg.) (2003): Qualitätskonzepte in der sozialen Arbeit. Eine Orientierung für Ausbildung, Studium und Praxis. Ergebnisse aus dem Forschungsschwerpunkt Wohlfahrtsverbände / Sozialwirtschaft der Fachhochschule Düsseldorf. 1. Aufl. Weinheim

Bohnsack, Ralf/Przyborski, Aglaja/Schäffer, Burkhard (Hrsg.) (2006): Das Gruppendiskussionsverfahren in der Forschungspraxis. Opladen

Bohnstengel, Lutz (2009): Der erste Tag der Inobhutnahme – Erfahrungen und Hinweise aus systemtherapeutischer Sicht. In: Lewis, Graham/Riehm, Rüdiger/Neumann-Witt, Andreas/Bohnstengel, Lutz/Köstler, Sabine/Hensen, Gregor. (Hrsg.): Inobhutnahme konkret. Pädagogische Aspekte der Arbeit in der Inobhutnahme und im Kinder-und Jugendnotdienst. Frankfurt am Main, S. 221–229

Böllert, Karin (2018): Gemeinschaft. In: Otto, Hans-Uwe/Thiersch, Hans/Treptow, Rainer/Ziegler, Holger (Hrsg.) (2018): Handbuch Soziale Arbeit. Grundlagen der Sozialarbeit und Sozialpädagogik. 6., überarb. Aufl. München

Bombay, Amy/Matheson, Kimberly/Anisman, Hymie (2011): The impact of stressors on second generation Indian residential school survivors. Transcultural Psychiatry, 48. Jg., H. 4, S. 367–391

Bowlby, John (1969): Attachment and loss. 2. Bde. London

Bowlby, John/Ainsworth, Mary D. Salter/Seemann, Ursula (2005): Frühe Bindung und kindliche Entwicklung. 5., neu gestaltete Aufl. München

Brazelton, T. Berry/Greenspan, Stanley I. (2002): Die sieben Grundbedürfnisse von Kindern. Was jedes Kind braucht, um gesund aufzuwachsen, gut zu lernen und glücklich zu sein. 2. Aufl. Weinheim

Brichetti, Katharina/Mechsner, Franz (2019): Heilsame Architektur: Raumqualitäten erleben, verstehen und entwerfen. Bielefeld

Brötz, Manfred (2009): Die Inobhutnahme als hoheitliche Aufgabe des Jugendamtes – ein komplexes Aufgabenspektrum für den ASD. In: Lewis, Graham/Riehm, Rüdiger/Neumann-Witt, Andreas/Bohnstengel, Lutz/Köstler, Sabine/Hensen, Gregor. (Hrsg.) (2009): Inobhutnahme konkret. Pädagogische Aspekte der Arbeit in der Inobhutnahme und im Kinder-und Jugendnotdienst. Frankfurt am Main, S. 125–146

Buchholz, Michael B./von Kleist, Cornelia (1997): Szenarien des Kontakts. Eine metaphernanalytische Untersuchung stationärer Psychotherapie. Gießen

Bundesministerium für Familien, Senioren, Frauen und Jugend (Hrsg.) (2017): 15. Kinder- und Jugendbericht. Bericht über die Lebenssituation junger Menschen und die Leistungen der Kinder- und Jugendhilfe in Deutschland. Berlin

Burkart, Günter (2018): Soziologie der Paarbeziehung. Eine Einführung. Wiesbaden

Burschel, Maria (2015): „Die einen sagen Ja, die anderen sagen Nee. Das ist ja auch eigentlich der Vorteil vom Team, dass man alle Eventualitäten diskutieren kann". Das Aufnahmeverfahren als Anpassungsprozess im SOS-Kinderdorf. In: Forum Jugendhilfe, H. 2, S. 56–62

Clark, Zoë (2018): No Excuses – Über das Verhältnis von Strafen und verzeihenden Care-Beziehungen in der Heimerziehung. In: Diskurs, 13. Jg., H. 1, S. 55–68

Clark, Zoe/Schwerthelm, Moritz (2017): Manualisiertes Strafen oder demokratisches Verzeihen? In: Sozial Extra, 41. Jg., H. 5, S. 15–18

Cloos, Peter/Köngeter, Stefan/Müller, Burkhard/Thole, Werner (2009): Pädagogik der Kinder- und Jugendarbeit. Wiesbaden

Colla, E. Herbert (2011): Liebe und Verantwortung. In: Thiersch, Hans (Hrsg.): Handbuch Soziale Arbeit. München, S. 894–900

Colla, E. Herbert (2018): Liebe und taktvolles Handeln. In: Otto, Hans-Uwe/Thiersch, Hans /Treptow, Rainer/Ziegler, Holger (Hrsg.): Handbuch Soziale Arbeit. Grundlagen der Sozialarbeit und Sozialpädagogik. 6. überarbeitete Aufl. München, S. 956–962

Corburn, Jason (2007): Reconnecting with Our Roots: American Urban Planning and Public Health in the Twenty-first Century. In: Urban Affairs Review, 42. Jh., H. 5, S. 688–713

Daly, Daniel L./Huefner, Jonathan C./Bender, Kenneth R./Davis, Jerry L/Whittaker, James K./Thompson, Ronald W. (2018): Quality care in therapeutic residential programs: definition, evidence for effectiveness, and quality standards. In: Residential treatment for children and youth, 35. Jg., H.3, S. 242–262

Delitz, Heike (2009): Gebaute Gesellschaft. Architektur als Medium des Sozialen. Frankfurt am Main

Der Paritätische Gesamtverband (Hrsg.) (2015): PQ-Sys® Das Paritätische Qualitätssystem. Der Paritätische und SQ Cert – Starke Partner im Qualitätsmanagement. Berlin

Deutsche Vereinigung für Rehabilitation (DVfR) (Hrsg.) (2019): Stellungnahme der DVfR zur Bedeutung der Begriffe Wirkung und Wirksamkeit im Recht der Eingliederungshilfe. Heidelberg

Deutsches Jugendinstitut (Hrsg.) (2011): Sexuelle Gewalt gegen Mädchen und Jungen in Institutionen. München

Dollinger, Bernd (2018): Paradigmen sozial- und erziehungswissenschaftlicher Wirkungsforschung: Eine Analyse kausaltheoretischer Annahmen und ihrer Folgen für die Soziale Arbeit. In: Soziale Passagen, 10. Jg. H. 10, S. 245–262

Domann, Sophie/Eßer, Florian/Rusack, Tanja/Klepp, Nele/Löwe, Carolin (2015): Jugendliche in der Heimerziehung zwischen Verboten, informellen Regeln und Klatsch. Umgangsweisen mit Körperkontakt. In: Neue Praxis, 45. Jg., H. 5, S. 503–518

Drieschner, Elmar (2011): Bindung in familiärer und öffentlicher Erziehung. Zum Zusammenhang von psychischer Sicherheit, Explorationssicherheit und früher Bildung im geteilten Betreuungsfeld. In: Drieschner, Elmar/Gaus, Detlef (Hrsg.): Liebe in Zeiten pädagogischer Professionalisierung. Wiesbaden, S. 105–156

Drieschner, Elmar/Gaus, Detlef (Hrsg.) (2011): Liebe in Zeiten pädagogischer Professionalisierung. Wiesbaden

Elezovic, Alma/Lippitz, Ingrid/Loch, Ulrike (2017): Heilpädagogische Diagnostik. Zur wissenschaftlichen Stigmatisierung von Kindern und Jugendlichen, die an den Folgen von sexualisierter Gewalt litten. In: Erziehungswissenschaft, 28. Jg., H. 54, S. 63–73

Eßer, Florian (2013): Familienkindheit als sozialpädagogische Herstellungsleistung: Ethnographische Betrachtungen zu familienähnlichen Formen der Heimerziehung. In: Diskurs Kindheits- und Jugendforschung, 8. Jg., H. 2, S. 163–176

Eßer; Florian/Köngeter, Stefan (2012): Doing Family in der Heimerziehung. Familialität als professionelle Deutungsressource. In: Sozial Extra, 36. Jg., H. 7/8, S. 37–40

Eßer, Florian/Köngeter, Stefan (2015): Doing and displaying family in der Heimerziehung. In: Neue Praxis, Sonderheft 12, S. 112–124

Equit, Claudia (2018): Organisationskulturen in der Heimerziehung. In: neue praxis, 48. Jg., H. 1, S. 16–29

Erving (2016): Asyle. Über die soziale Situation psychiatrischer Patienten und anderer Insassen. 20. Aufl. Frankfurt am Main

Faltermeier, Josef/Schäfer, Arne (2017): Care Leaver: Junge Erwachsene nach der Heimerziehung. Lebenssituation und Unterstützungsbedarfe – Ergebnisse einer wissenschaftlichen Begleitstudie. In: NDV – Nachrichtendienst des Deutschen Vereins für öffentliche und private Fürsorge e. V., 97. Jg., H. 5, S. 210–215

Fendrich, Sandra/Pothmann, Jens/Tabel, Agathe (2018): Monitor zur Hilfen zur Erziehung 2018. Dortmund

Freigang, Werner/Bräutigam, Barbara/Müller, Matthias (2018): Gruppenpädagogik. Eine Einführung. Weinheim/ Basel

Frensch, Karen M./Cameron, Gary (2002): Treatment of choice or a last resort? A review of residential mental health placements for children and youth. In: Child and Youth Care Forum, 31. Jg., H. 5, S. 307–339

Gadow, Tina/Peucker, Christian/Pluto, Liane/van Santen, Eric/Seckinger, Mike (2013): Wie geht's der Kinder- und Jugendhilfe? Empirische Befunde und Analysen. Weinheim

Galle, Sara (2016): Kindswegnahmen: das „Hilfswerk für die Kinder der Landstrasse" der Stiftung Pro Juventute im Kontext der schweizerischen Jugendfürsorge. Zürich

Gaus, Detlef/Drieschner, Elmar (2012): Prozessqualität oder Pädagogische Beziehungsqualität? Erörterungen aktueller Qualitätsdiskurse im Spiegel personaler Pädagogik. In: Soziale Passagen, 4. Jg.1, S. 59–74

Gebhardt, Miriam (2009): Die Angst vor dem kindlichen Tyrannen. Eine Geschichte der Erziehung im 20. Jahrhundert. München

Gerlach, Florian (2018): „Mit Kindern Kasse machen“ – Die Ausweisung von Gewinnmargen in Entgeltkalkulationen der Jugendhilfe. In: Sozialrecht aktuell. Zeitschrift für Sozialberatung, 22. Jg., H. 6, S. 213–219

Gertenbach, Lars/Laux, Henning/Rosa, Hartmut/Strecker, David (2010): Theorien der Gemeinschaft zur Einführung. Hamburg

Gerull, Peter (2001): Qualität und Qualitätsentwicklung in den Erziehungshilfen. In: Birtsch, Vera/ Münstermann, Klaus/Trede, Wolfgang (Hrsg.): Handbuch Erziehungshilfen. Leitfaden für Ausbildung, Praxis und Forschung. Münster, S. 440–457

Gragert, Nicola/Pluto, Liane/van Santen, Eric/Seckinger, Mike (2005): Entwicklungen (teil-) stationärer Hilfen zur Erziehung. Ergebnisse und Analysen der Einrichtungsbefragung 2004. München

Grawe, Klaus/Grawe-Gerber, Mariann (1999): Ressourcenaktivierung – ein primäres Wirkprinzip der Psychotherapie. In: Psychotherapeut, 1999 (44) H. 2, S. 63–73

Grillmeier-Rehder, Ursula (2020): Wirkfaktoren in der Psychotherapie. In: Kernkompetenzen in der Integrativen Gestalttherapie. Wiesbaden

Goffman, Erving (2016): Asyle. Über die soziale Situation psychiatrischer Patienten und anderer Insassen. 20. Auflage 2016. Frankfurt am Main:

Günder, Richard (2011): Praxis und Methoden der Heimerziehung. Entwicklungen, Veränderungen und Perspektiven der stationären Erziehungshilfe. 4., völlig neu überarbeitete und ergänzte Aufl. Freiburg im Breisgau

Günder, Richard/Müller-Schlotmann, Richard-M. L./ Reidegeld, Eckart (2009): Reaktionen auf unerwünschtes Verhalten in der Stationären Erziehungshilfe. In: Unsere Jugend, xy Jg., H. xy S. 14–25

Hajok, Daniel (2018): Verändertes Heranwachsen mit digitalen Medien. Theoretische Perspektiven auf einen neuen Sozialisationstypus. In: JMS-Report, 41. Jg., H. 2, S. 2–6

Harper, Stephen (2008): Statement of Apology – to former students of Indian Residential Schools. https://www.aadnc-aandc.gc.ca/DAM/DAM-INTER-HQ/STAGING/texte-text/rqpi_apo_pdf_1322167347706_eng.pdf (30.08.2019)

Harvey, Lee/Green, Diana (2000): Qualität definieren. Fünf unterschiedliche Ansätze. In: Helmke, Andreas/Hornstein, Walter/Terhart, Ewald (Hrsg.): Qualität und Qualitätssicherung im Bildungsbereich: Schule, Sozialpädagogik, Hochschule. Zeitschrift für Pädagogik, Beiheft 41. Weinheim, S. 17–39

Haußmann, Berit/Yngborn, Annalena (2010): Entwicklung von Logischen Modellen in der Kriminalitätsprävention im Kindes- und Jugendalter. In: Bono, Maria Laura (Hrsg.): Performance Management in NPOs. Steuerung im Dienste sozialer Ziele. Baden-Baden, S. 157–169

Helsper, Werner/Krüger, Heinz-Hermann (Hrsg.) (2019): Exklusive Bildung und neue Ungleichheit: Ergebnisse einer DFG-Forschergruppe „Mechanismen der Elitebildung im deutschen Bildungssystem“. Zeitschrift für Pädagogik, Beiheft 65. Weinheim

Hendrik Trescher (2018): Inklusion zwischen Theorie und Lebenspraxis. In: Journal für Psychologie, 26. Jg., H. 2, S. 29–49

Herrmann, Cora (2016): Thematisierungsweisen guter Arbeit. Eine empirische Untersuchung im Feld der Kinder- und Jugendwohngruppenarbeit. Wiesbaden

Höfer, Renate/Sievi, Ylva/ Straus, Florian/ Teuber, Kristin (2017): Verwirklichungschance SOS-Kinderdorf. Handlungsbefähigung und Wege in die Selbstständigkeit. Opladen/Berlin/Toronto

Homburg, Christian/Fürst, Andreas (2003): Beschwerdemanagement in deutschen Unternehmen: Eine branchenübergreifende Erhebung des State of Practice. Mannheim

Honneth, Axel (2004): Anerkennung als Ideologie. In: WestEnd. Neue Zeitschrift für Sozialforschung. 1. Jg., H. 1, S. 51–70

Honneth, Axel (1992): Kampf um Anerkennung. Zur moralischen Grammatik sozialer Konflikte. Frankfurt am Main

Hudenborn, Alexander/Sussenburger, Martina (2018): Digitalisierung in der Kinder- und Jugendhilfe. Nicht nur eine technische Herausforderung. In: Unsere Jugend, 70. Jg., H.6, S. 260–266

Hünersdorf, Bettina/Studer, Tobias (2011): Pflegefamilien zwischen öffentlicher und privater Erziehung. Eine Form professioneller Liebe? In: Drieschner, Elmar/Gaus, Detlef (Hrsg.): Liebe in Zeiten pädagogischer Professionalisierung. Wiesbaden, S. 209–235

Hurrelmann, Klaus/Quenzel, Gudrun (2016): Lebensphase Jugend. Eine Einführung in die sozialwissenschaftliche Jugendforschung. 13., überarbeitete Aufl. Weinheim/Basel

Internationale Gesellschaft für Heimerziehung (IGFH) (Hrsg.) (1987): Anne Frommann – Da-Sein in Stellvertretung. Ausgewählte Aufsätze zur Heimerziehung 1960–1986. Frankfurt am Main.
Jugendamt der Stadt Dormagen/Reinhart Wolff (Hrsg.) (2011): Dormagener Qualitätskatalog der Kinder- und Jugendhilfe. Ein Modell kooperativer Qualitätsentwicklung. Opladen/Berlin/Toronto
Jung, Carl Gustav/Jung-Merker, Lilly (Hrsg.) (1994): Über die Entwicklung der Persönlichkeit. Gesammelte Werke. C. G. Jung. Bd. 17, 8. Aufl. Solothurn
Kappeler, Manfred (2009): Zur zeitgeschichtlichen Einordnung der Heimerziehung. Vortrag in der 1. Arbeitssitzung des Runden Tisches zur Aufarbeitung der Heimerziehung der vierziger bis siebziger Jahre am 2./3. April 2009 in Berlin. http://www.gewalt-im-jhh.de/Schafer_-_Kappeler_und_sonstig/schafer_-_kappeler_und_sonstig.html (30.08.2019)
Kappeler, Manfred (2018): „Bitte nicht nach Hause schicken!" „Bitte nicht ins Heim schicken!" Aber wohin sonst? Erinnerungen an die Geschichte der Kritik am bürgerlichen Familienbegriff in der Kinder- und Jugendhilfe. In: Schäfer, Maximilian/Thole, Werner (Hrsg.): Zwischen Institution und Familie. Grundlagen und Empirie familienanaloger Formen der Hilfen zur Erziehung. Wiesbaden, S. 27–67
Keitsch, Patricia/Pooch, Marie-Theres (2017): Artefakte als empirischer Zugang zur Erforschung von Wohnräumen der stationären Erziehungshilfe. In: Meuth, Miriam (Hrsg.): Wohn-Räume und pädagogische Orte. Erziehungswissenschaftliche Zugänge zum Wohnen. Wiesbaden, S. 195–219
Kelle, Udo/Kluge, Susann (2010): Vom Einzelfall zum Typus. Fallvergleich und Fallkontrastierung in der qualitativen Sozialforschung. 2., überarb. Aufl. Wiesbaden
Keller, Reiner (2012): Das Interpretative Paradigma. Eine Einführung. Wiesbaden
Keupp, Heiner (2005): Welche Prioritäten wollen wir setzen? Psychosoziales Arbeiten in einer Gesellschaft im Umbruch. In: psychoneuro, 31. Jg., H. 1, S. 35–41
Klatt, Thimna/Suhling, Stefan/Bergmann, Marie Christine/Baier, Dirk (2017): Merkmale von Justizvollzugsanstalten als Einflussfaktoren von Gewalt und Drogenkonsum – Eine explorative Studie. In: Monatsschrift für Kriminologie und Strafrechtsreform, 100. Jg., (H. 4, S. 250–271
Knabe, Judith (2019): Wohnen und Wohnungspolitik als sozialraumbezogenes Handlungsfeld In: Kessl, Fabian/Reutlinger, Christian (Hrsg.): Handbuch Sozialraum Grundlagen für den Bildungs- und Sozialbereich. 2. Aufl. S. 635–658
Knaus, Thomas (2017): Pädagogik des Digitalen. Phänomene – Potentiale – Perspektiven. In: Eder, Sabine/Mikat, Claudia/Tillmann, Angela (Hrsg.) (2017): Software takes command. Herausforderungen der „Datafizierung" für die Medienpädagogik in Theorie und Praxis. München, S. 49–68
Knorr, Friedhelm/Halfar, Bernd (2000): Qualitätsmanagement in der Sozialarbeit. Für Sozialarbeiter, Sozialpädagogen, Sozialverwaltungen, freie Wohlfahrtsverbände. Unter Mitarbeit von Jürgen Burmeister, Harald Christa und Stefan Löwenhaupt. Regensburg
Köngeter, Stefan/Schröer, Wolfgang/Zeller, Maren (2012): Statuspassage „Leaving Care": Biografische Herausforderungen nach der Heimerziehung. In: Diskurs Kindheits- und Jugendforschung, 7. Jg., H. 3, S. 261–276
Korczak, Janusz (1967): Wie man ein Kind lieben soll. Göttingen
Korczak, Janusz (2018): Wie man ein Kind lieben soll. Hrsg. und mit einer aktuellen Einführung versehen von Sabine Andresen. Göttingen
Kuhl, Julius/Schwer, Christina/Solzbacher, Claudia (2014): Professionelle pädagogische Haltung: Versuch einer Definition des Begriffes und ausgewählte Konsequenzen für Haltung. In: Schwer, Christina/Solzbacher, Claudia (Hrsg.): Professionelle pädagogische Haltung. Historische, theoretische und empirische Zugänge zu einem viel strapazierten Begriff. Osnabrück, S. 107–123
Kuhlmann, Carola/Schrapper, Christian (2001): Zur Geschichte der Erziehungshilfen von der Armenpflege bis zu den Hilfen zur Erziehung. In: Birtsch, Verena/Münstermann, K./Trede, Wolfgang (2001) (Hrsg.): Handbuch Erziehungshilfen. Münster, S. 282–328
Landes, Benjamin (2015): Wirkungsorientierte Steuerung der Erziehungshilfen. WSE-Einführungsveranstaltung. forschen – beraten – gestalten. Institut für Sozialarbeit und Sozialpädagogik e. V. Stadtjugendamt München. München
Latour, Bruno (2007): Eine neue Soziologie für eine neue Gesellschaft: Einführung in die Akteur-Netzwerk-Theorie. Frankfurt am Main
Laudien, Karsten/Sachse, Christian (2012): Erziehungsvorstellungen in der Heimerziehung der DDR. In: Beauftragter der Bundesregierung für die Neuen Bundesländer (Hrsg.): Aufarbeitung der Heimerziehung in der DDR – Expertisen. Berlin, S. 125–298

Lessenich, Stephan (2008): Die Neuerfindung des Sozialen. Der Sozialstaat im flexiblen Kapitalismus. Bielefeld

Lingg, Eva (2019): Architektur. Eine disziplinäre Positionierung zum Sozialraum. In: Kessl, Fabian/Reutlinger, Christian (Hrsg.): Handbuch Sozialraum Grundlagen für den Bildungs- und Sozialbereich. 2. Aufl., S. 70–85

Luhmann, Niklas (1964): Funktionen und Folgen formaler Organisation. Berlin

Luhmann, Niklas (2018): Soziale Systeme. Grundriß einer allgemeinen Theorie. 17. Aufl. Frankfurt am Main

Lux, Ulrike (2018): Der Einfluss früherer Liebesbeziehungen auf das Erleben aktueller Partnerschaften. Zur Erfassung und Relevanz vergangener partnerschaftlicher Bindungen im jungen Erwachsenenalter. Weinheim

Macsenaere, Michael (2006): Wirkungen der Kinder- und Jugendhilfe sind messbar! Methoden, Ergebnisse und Empfehlungen der Jugendhilfe-Effekte-Studie (JES) und weiterer darauf beruhender wirkungsorientierter Evaluationen. In: Projekt eXe (Hg.) 2006 – Wirkungsevaluation in der Kinder- und Jugendhilfe. München,S. 49–77

Mangold, Katharina/Rein, Angela (2017): WOHNgruppe – Durchgangspassage vs. Daheim-Sein. In: Meuth, Miriam (Hrsg.): Wohn-Räume und pädagogische Orte. Erziehungswissenschaftliche Zugänge zum Wohnen. Wiesbaden, S. 221–243

Marquard, Peter (2011): Kommunale Sozialarbeit. In: Otto, Hans-Uwe/Thiersch, Hans/Grunwald, Klaus (Hrsg.): Handbuch Soziale Arbeit. Grundlagen der Sozialarbeit und Sozialpädagogik. 4., völlig neu bearb. Aufl. München, S. 803–815.

Maurus, Anna/Brater, Michael/Ackermann, Stefan/Elsäßer, Peter/Hartmann, Elisa/Hepting, Sigrid/Juraschek, Stephanie/Lang, Rolf (2016): Menschen entwickeln Qualitäten. Qualitätsmanagement nach dem GAB-Verfahren: Ein Leitfaden für pädagogische und soziale Arbeitsfelder. Bielefeld

Medienpädagogischer Forschungsverbund Südwest (MPFS) (Hrsg.) (2016): KIM-Studie 2016. Kindheit, Internet, Medien. Stuttgart

Medienpädagogischer Forschungsverbund Südwest (MPFS) (Hrsg.) (2018): JIM-Studie 2018. Jugend, Information, Medien. Basisuntersuchung zum Medienumgang 12–19-Jähriger. Stuttgart

Merchel, Joachim (Hrsg.) (2000): Qualitätsentwicklung in Einrichtungen und Diensten der Erziehungshilfe. Methoden, Erfahrungen, Kritik, Perspektiven. Internationale Gesellschaft für Erzieherische Hilfen. 1. Aufl., Frankfurt/Main

Merchel, Joachim (2001): Qualitätsmanagement in der Sozialen Arbeit. Ein Lehr- und Arbeitsbuch. Münster

Merchel, Joachim (2002): Familienähnlichkeit als Qualitätsmerkmal? Zur Notwendigkeit eines reflektierten Umganges mit familienanalogen Konzepten. In: Sozialpädagogisches Institut des SOS-Kinderdorf e.V. (Hrsg.): Glücklich an einem fremden Ort? Familienähnliche Betreuung in der Diskussion. München, S. 277–294

Merchel, Joachim (2013): Qualitätsmanagement in der Sozialen Arbeit. Eine Einführung. 4., aktualisierte Auflage. Weinheim/Basel

Merchel, Joachim (2015): Management in Organisationen der Sozialen Arbeit. Eine Einführung. 1. Aufl. Weinheim/Basel

Merchel, Joachim (2020): Kriterien für eine „gute" Heimerziehung. Qualitätsentwicklungsvereinbarungen in der kommunalen Kinder- und Jugendhilfe. herausgegeben von. Bertelsmann Stiftung. Gütersloh (Materialien zum Wissenstransfer, 8)

Meuth, Miriam (2017): Wohn-Räume und pädagogische Orte. Erziehungswissenschaftliche Zugänge zum Wohnen. Wiesbaden

Moos, Marion (2012): Beteiligung in der Heimerziehung. Einschätzungen aus Perspektive junger Menschen und Einrichtungsleitungen. Mainz

Mühlmann, Thomas (2014): Aufsicht und Vertrauen. Der Schutz von Kindern und Jugendlichen in stationären Einrichtungen der Jugendhilfe als Aufgabe überörtlicher Behörden. Münster

Mühlmann, Thomas (2016): Aufsicht und Vertrauen. Selbstverständnis und Handeln der Heimaufsicht in der Kinder- und Jugendhilfe. In: Forum Jugendhilfe, xy. Jg., H. 3, S. 8–13

Müller, Burkhardt (2002): Anerkennung als ‚Kernkompetenz' in der Jugendarbeit. In: Hafeneger, Benno/Henkenborg, Peter/Scherr, Albert (Hrsg.): Pädagogik der Anerkennung. Grundlagen, Konzepte, Praxisfelder. Schwalbach, S. 236–248

Müller, Karl Heinz (1991): Lebensort Heim. Oder was Heimkinder brauchen. Frankfurt am Main

Moen, Ronald/Norman, Clifford (2009): Evolution of the PDCA Cycle. www.researchgate.net/publication/228475044_Evolution_of_the_PDCA_cycle

Nave-Herz, Rosemarie (2013a): Ehe- und Familiensoziologie. Eine Einführung in Geschichte, theoretische Ansätze und empirische Befunde. 3., überarb. Aufl. Weinheim/Basel

Nave-Herz, Rosemarie (2013b): Eine sozialhistorische Betrachtung der Entstehung und Verbreitung des Bürgerlichen Familienideals in Deutschland. In: Krüger, Dorothea Christa/Herma, Holger/Schierbaum, Anja (Hrsg.): Familie(n) heute. Entwicklungen, Kontroversen, Prognosen. Weinheim, S. 18–35

Nestmann, Frank/Günther, Julia/Stiehler, Steve/Wehner, Karin/Werner, Jillian (2008): Kindernetzwerke. Soziale Beziehungen und soziale Unterstützung in Familie, Pflegefamilie und Heim. Tübingen

Neuweg, Georg Hans (2015a): Das Schweigen der Könner. Gesammelte Schriften zum impliziten Wissen Münster

Neuweg, Georg Hans (2015b): Kontextualisierte Kompetenzmessung. Eine Bilanz zu aktuellen Konzeptionen und forschungsmethodischen Zugängen. In: Zeitschrift für Pädagogik. 61. Jg., H 3, S. 377–383

Neuweg, Georg Hans (2002): Lehrerhandeln und Lehrerbildung im Lichte des Konzepts des impliziten Wissens. In: Zeitschrift für Pädagogik. 48. Jg., H. 1, S. 10–29

Oswald, Hans (2008): Sozialisation in Netzwerke Gleichaltriger. In: Hurrelmann, Klaus (Hrsg.): Handbuch Sozialisationsforschung. Weinheim/Basel, S. 321–332

Otto, Hans-Uwe/Thiersch, Hans/Grunwald, Klaus (Hrsg.) (2011): Handbuch Soziale Arbeit. Grundlagen der Sozialarbeit und Sozialpädagogik. 4., völlig neu bearb. Aufl. München

Peters, Ulla/Jäger, Julia A. (2014): Standards für die stationären Hilfen in der Kinder- und Jugendhilfe – fachliche Hintergründe und wissenschaftliche Erkenntnisse. Luxembourg

Petrowski, Nicole/Cappa, Claudia/Gross, Peter (2017): Estimating the number of children in formal alternative care: Challenges and results. In: Child Abuse & Neglect, 41 Jg, H.,70 S. 388–398

Pluto, Liane (2007): Partizipation in den Hilfen zur Erziehung. Eine empirische Studie. München

Pohlmann, Markus (2008): Management und Moral. In: Blank, Tobias/Münch, Tanja/Schanne, Sita/Staffhorst, Christiane (Hrsg.): Integrierte Soziologie – Perspektiven zwischen Ökonomie und Soziologie, Praxis und Wissenschaft. Festschrift zum 70. Geburtstag von Hansjörg Weitbrecht. München/Mering, S. 161–175

Power, Michael (2000): The Audit Society – Second Thoughts. In: International Journal of Audit, 4. Jg., H. 1, S. 111–119

Przylog, Adam/Stroka, Magdalena A./Engel, Susanne/Linder, Roland (2016): Bieten Pflegeheime mit besseren Pflegenoten auch eine bessere Qualität? Empirische Analyse auf Basis von GKV-Routinedaten. In: Zeitschrift Gerontologische Geriatrie, 49. Jg., H. 4, S. 308–316

QZ-online.de (Hrsg.) (o. J.): QM-System QS-9000 Qualitätsmanagement für die Automobilbranche. München. www.qz-online.de/qualitaets-management/qm-basics/recht_normen/qs-9000/artikel/qs-9000-180745.html (30.08.2019)

Rauschenbach, Thomas/Schilling, Matthias /Meiner-Teubner, Christiane (2017): Plätze. Personal. Finanzen – der Kita-Ausbau geht weiter. Zukunftsszenarien zur Kindertages- und Grundschulbetreuung in Deutschland. Dortmund

Rink, D. Friedrich Theodor (Hrsg.) (1803): Immanuel Kant über Pädagogik. Königsberg

Rodriguez, Sonia/Del Valle, Jorge D./Barbosa-Durchane, Maria (2014): Differences and similarities in children's and caregivers' perspectives on the quality of residential care in Portugal. In: International Journal of Child and Family Welfare, 15. Jg. H. 1/2, S. 24–37

Rosenberg, Marshall B. (2016): Das Herz gesellschaftlicher Veränderung. Wie Sie Ihre Welt entscheidend umgestalten können: gewaltfreie Kommunikation: die Ideen & ihre Anwendung. Unter Mitarbeit von Michael Dillo. 2. Aufl. Paderborn

Rosenstiel, Lutz von (2004): Die „lernende Organisation" als Ausgangspunkt für Qualitätsentwicklung. In: Peterander, Franz/Speck, Otto/ Arnold, Rolf (Hrsg.): Qualitätsmanagement in sozialen Einrichtungen. 3 Tabellen. 2., völlig neu bearb. Aufl. München, S. 64–85

Rudeck, Reinhard/Sierwald, Wolfgang/Strobel-Dümer, Claudia (2015): Leben und Arbeiten in der SOS-Kinderdorffamilie. München

Runder Tisch Heimerziehung (Hrsg.) (2010): Abschlussbericht des Runden Tisches Heimerziehung in den 50er und 60er Jahren. Berlin. http://www.rundertisch-heimerziehung.de/documents/RTH_Abschlussbericht_000.pdf (30.08.2019)

Sachse, Christian (2013): Ziel Umerziehung. Spezialheime der DDR-Jugendhilfe 1945–1989 in Sachsen. Leipzig
Schäfer, Maximilian/Thole, Werner (2018a): Zwischen Institution und Familie. Empirische Befunde eines ethnographischen Forschungsprojekts über familienanaloge Formen der Hilfen zur Erziehung. In: Schäfer, Maximilian/Thole, Werner (Hrsg.): Zwischen Institution und Familie. Grundlagen und Empirie familienanaloger Formen der Hilfen zur Erziehung. Wiesbaden, S. 71–94
Schäfer, Maximilian/Thole, Werner (2018b): Zwischen Institution und Familie. Grundlagen und Empirie familienanaloger Formen der Hilfen zur Erziehung. Wiesbaden
Scherr, Albert (2002): Subjektbildung in Anerkennungsverhältnissen. In: Hafeneger, Benno/Henkenborg, Peter/Scherr, Albert (Hrsg.): Pädagogik der Anerkennung. Grundlagen, Konzepte, Praxisfelder. Schwalbach, S 26–44
Schleiffer, Roland (2009): Der heimliche Wunsch nach Nähe. Bindungstheorie und Heimerziehung. 4. Aufl. Weinheim
Schmid, Marc/Schmeck, Klaus/Petermann, Franz (2008): Persönlichkeitsstörungen im Kindes- und Jugendalter? In: Kindheit und Entwicklung – Zeitschrift für Klinische Kinderpsychologie, 17. Jg., H.?, S. 190–202
Schmid, Sonja (2016): Anregungen zur Entwicklung von professioneller pädagogischer Haltung bei PädagogInnen im Kindergarten. In: soziales_kapital. wissenschaftliches journal österreichischer fachhochschul-studiengänge soziale arbeit, 9. Jg. H. 2), S. 157–170
Schmid-Obkirchner, Heike (2015): § 36. In: Wiesner, Reinhard (Hrsg.): SGB VIII Kinder-und Jugendhilfe. Kommentar. 5. Aufl. S. 671–705
Schmidt, Martin/Schneider, Karsten/Hohm, Erika/Pickartz, Andrea/Macsenaere, Michael/ Petermann, Franz/Flosdorf, Peter/Hölzl, Heinrich/Knab, Eckart (2002): Effekte erzieherischer Hilfen und ihre Hintergründe. Stuttgart
Schmidt, Sabrina (2018): Qualitätsmanagement in der Heimerziehung. Eine neo-institutionalistische Analyse organisationaler Übersetzungsprozesse der Qualitätsmanagementnorm DIN EN ISO 9001 von leistungserbringenden Einrichtungen im Bereich der stationären Erziehungshilfe. Weinheim/Basel
Schneider, Willi/Windel, Armin/Zwingmann, Bruno (2003): Die Zukunft der Büroarbeit. Bewerten, Vernetzen, Gestalten. Initiative Neue Qualität der Arbeit (INQA-Studie). Sankt Augustin
Schoneville, Holger/Thole, Werner (2009): Anerkennung – ein unterschätzter Begriff in der Sozialen Arbeit? In: Soziale Passagen. Journal für Empirie und Theorie der Sozialen Arbeit, 1. Jg., H.2, S. 133–143
Schreiner, Mario (2017): Sozialhistorischer Meilenstein oder soziale Isolation? – Werkstätten für behinderte Menschen im Zwielicht. In: Deutsche Vereinigung für Rehabilitation (DVfR) (Hrsg): Diskussionsforum Rehabilitations- und Teilhaberecht. Heidelberg
Schröder, Martin/Perez, Tania/Buderer, Corinna/Schmid, Marc (2017): Bindungsauffälligkeiten und psychische Belastung bei Kindern aus der Pflegekinderhilfe und Heimerziehung. In: Kindheit und Entwicklung – Zeitschrift für Klinische Kinderpsychologie, 26. Jg., H.2, S. 118–126
Schwabe, Matthias/Thimm, Karlheinz (2018): Alltag und Fachlichkeit in stationären Erziehungshilfen. Erkenntnisse aus dem Modellprojekt „Qualitätsagentur Heimerziehung". Weinheim/Basel
Schwer, Christina/Solzbacher, Claudia (Hrsg.) (2014): Professionelle pädagogische Haltung. Historische, theoretische und empirische Zugänge zu einem viel strapazierten Begriff. Bad Heilbrunn
Seckinger, Mike (2015): Stationäre Hilfen zur Erziehung – eine Kurzbeschreibung. In: Kinder- und Jugendschutz in Wissenschaft und Praxis, 60. Jg., H. 3, S. 75–79
Seckinger, Mike (2015): Was geht? Und geht noch mehr? Empirische Befunde über Gelingensbedingungen, Prozess- und Ergebnisqualität in den Hilfen zur Erziehung. In: Arbeitsgruppe Fachtagungen Jugendhilfe im Deutschen Institut für Urbanistik (Hrsg.): Wissen, was wirkt! Wirkungsforschung und Evaluation in den Hilfen zur Erziehung – Praxiserfahrungen und Impulse. Berlin, S. 65–82
Seckinger, Mike (2018): Einleitung. In: Deutsch-Französisches Jugendwerk/Deutsches Jugendinstitut (DFJW/DJI) (Hrsg.): Non-formale Bildung: Chance oder Herausforderung für die Jugendarbeit? Erkenntnisse einer deutsch-französischen Fachtagung. Paris/Berlin, S. 163–166
Seckinger, Mike/van Santen, Eric (2011): Die Bedeutung von Vertrauen für interorganisatorische Beziehungen – ein Dilemma für die soziale Arbeit. In: Zeitschrift für Sozialpädagogik, 9. Jg., H. 4, S. 387–403

Shell Deutschland Holding GmbH/TNS Infratest Sozialforschung (Hrsg.) (2015): Jugend 2015. Eine pragmatische Generation im Aufbruch. Unter Mitarbeit von Mathias Albert, Klaus Hurrelmann und Gudrun Quenzel. Originalausgabe. Frankfurt am Main

Sherr, Lorraine/Roberts, Kathryn J./Gandhi, Natasha (2017): Child violence experiences in institutionalised/orphanage care. In: Psychology, Health & Medicine, 22. Jg., H. 1, S. 31–57

Sieder, Reinhard (2014): Das Dispositiv der Fürsorgeerziehung. In: Wien Österreichische Zeitschrift für Geschichtswissenschaften, 25. Jg., H. 1+2, S. 157–193

Sieder, Reinhard/Smioski, Andrea (2012): Gewalt in den Erziehungsheimen der Stadt Wien (1950er bis 1980er Jahre). Wien

Solzbacher, Claudia (2017): Professionelle pädagogische Haltung. Ein viel strapazierter Begriff für eine Pädagogik der Vielfalt. In: Fischer, Christian/Fischer-Ontrup, Christiane/Käpnick, Friedhelm/Mönks, Franz-Josef/Neuber, Nils (Hrsg.): Potenzialentwicklung. Begabungsförderung. Bildung der Vielfalt: Beiträge aus der Begabungsforschung. Münster, S. 313–321

Speck, Sarah (2013): „Der anstrengendste Job der Welt". Sorge- und Liebesarbeit im SOS-Kinderdorf. In: Österreichische Zeitschrift für Geschichtswissenschaften, 24. Jg., H. 1, S. 80–108

Statistisches Bundesamt (Hrsg.) (2016): Bildung der Eltern beeinflusst die Schulwahl der Kinder. Pressemitteilung vom 08. September 2016 – 312/16. Wiesbaden

Statistisches Bundesamt (2018): Statistiken der Kinder- und Jugendhilfe – Erzieherische Hilfe, Eingliederungshilfe für seelisch behinderte junge Menschen, Hilfe für junge Volljährige – Heimerziehung, sonstige betreute Wohnform. Wiesbaden

Statistisches Bundesamt (2019): Statistiken der Kinder- und Jugendhilfe – Vorläufige Schutzmaßnahmen. Wiesbaden

Steiner, Olivier/Heeg, Rahel/Schmid, Magdalene/Luginbühl, Monika (2017): MEKiS. Studie zur Medienkompetenz in stationären Einrichtungen der Jugendhilfe. Hochschule für Soziale Arbeit. Basel/Olten

Strauss, Anselm L./Hildenbrand, Astrid (1994): Grundlagen qualitativer Sozialforschung. Datenanalyse und Theoriebildung in der empirischen soziologischen Forschung. Unveränd. Nachdr. d. 2. Aufl. 1998. München

Terhart, Ewald (Hrsg.) (2000): Perspektiven der Lehrerbildung in Deutschland. Abschlussbericht der von der Kultusministerkonferenz eingesetzten Kommission. Weinheim

Thiersch, Hans (1973): Anspruch, Wirklichkeit und Funktion der Heimerziehung. In: Theorie und Praxis der sozialen Arbeit, 23. Jg. H. 10, S. 362–365

Thiersch, Hans/Baur, Dieter/Finkel, Magarete/Hamberger, Matthias/Kühn, Axel D. (2002): Leistungen und Grenzen von Heimerziehung. Ergebnisse einer Evaluationsstudie stationärer und teilstationärer Erziehungshilfen. Forschungsprojekt Jule. 2. Aufl. Stuttgart

Thole, Werner/Pfaffenberger, Hans (2011): „Erziehung". In: Deutscher Verein für öffentliche und private Fürsorge (Hrsg.): Fachlexikon der sozialen Arbeit. Frankfurt am Main, S. 246–248

Tillmann, Angela (2018): Erziehungshilfen im Kontext der Digitalisierung: Herausforderungen und Aufgaben. In: Forum Erziehungshilfen, 24. Jg., H. 3, S. 135–140

Tietze, Wolfgang/Schuster-Lang, Käthe-Maria/Grenner, Katja/Roßbach, Hans-Günther (2007): Kindergarten-Skala (KES-R). Feststellung und Unterstützung pädagogischer Qualität in Kindergärten. 3., überarb. Aufl., Berlin.

Tönnies, Ferdinand/Lichtblau, Klaus (2012): Studien zu Gemeinschaft und Gesellschaft. Wiesbaden

Tornow, Harald (2009): Die Wirksamkeit stationärer Hilfen zur Erziehung Befunde einer Längsschnittuntersuchung im WIMES-Projekt. Hannover

Unger, Steven (1977): The Destruction of American Indian Families. Association on American Indian Affairs. New York

Walper, Sabine/Kindler, Heinz (2014): Fremdunterbringung als Chance? Zum Erwerb von Beziehungs-, Erziehungs- und Fürsorgekompetenz in Pflegefamilien und im Heimkontext. DJI-Jahrestagung, Forum 5: Intergenerationale Weitergabe von Erziehungsproblemen: Mechanismen und Interventionsansätze. DJI e.V. Berlin, 12.11.2014. Online verfügbar unter http://webcache.googleusercontent.com/search?q=cache:Efp8pk-GzpQJ:www.dji.de/fileadmin/user_upload/dasdji/news/2014/2014-JT/F5_02_Walper%2BKindler_DJI-Jahrestagung_2014.pdf+&cd=2&hl=de&ct=clnk&gl=de&client=firefox-b, zuletzt geprüft am 24.08.2017.

Wampold, Bruce. E. /Imel, Zac E,/Flückiger, Christoph (2018): Die Psychotherapie-Debatte. Was Psychotherapie wirksam macht. Bern

Wampold, Bruce E./Lichtenberg, James W./Waehler Charles A. (2005): A Broader Perspective: Counseling Psychology's Emphasis on Evidence. In: Journal of Contemporary Psychotherapy, 35. Jg., H. 1, S. 27–38

Welter, Rudolf (1997): Architektur, Gewalt und Aggression in Kliniken. In: System Familie, 10. Jg., H. 2, S. 88–91

Welter-Enderlin, Rosmarie/Hildenbrand, Bruno (Hrsg.) (2016): Resilienz – Gedeihen trotz widriger Umstände. Internationaler Kongress „Resilienz – Gedeihen trotz widriger Umstände". 5. Aufl., Heidelberg

Wensierski, Peter (2007): Schläge im Namen des Herrn. Hamburg/München

Wingenfeld, Klaus (2019): Neue Konzeption für Qualitätsbeurteilungen und die öffentliche Qualitätsdarstellung in der Langzeitpflege. In: Public Health Forum 27. Jg., H. 3, S. 183–185

Winkler, Michael (2002): Wie familienähnliche Hilfen zu beurteilen sind. Oder: Kleines Plädoyer für das Eigenrecht von Imitaten. In: Sozialpädagogisches Institut des SOS-Kinderdorf e. V. (Hrsg.): Glücklich an einem fremden Ort. Familienähnliche Betreuung in der Diskussion. Münster, S. 303–320

Winkler, Michael (2011): Erziehungs- und Bildungsziele. In: Otto, Hans-Uwe/Thiersch, Hans (Hrsg): Handbuch Soziale Arbeit. 4., völlig neu bearbeitete Auflage, S. 353–365

Winkler, Michael (2017): Qualität in der Kinder- und Jugendhilfe – Qualität aus der Sicht des Kindes. Oder: Warum reden wir nicht lieber über Pädagogik? In: Jugendhilfe, 55. Jg., H. 3, S. 209–220

Witzel, Andreas (2000): Das Problemzentrierte Interview. In: Forum Qualitative Sozialforschung, 1. Jg., H. 1. Bremen. http://www.qualitative-research.net/index.php/fqs/article/view/%201132/2519 (30.08.2019)

Witzel, Andreas/Reiter, Herwig (2012): The Problem-Centred Interview. London

Witzel, Marc (2015): Digitale Medien in der stationären Erziehungshilfe. In: Kutscher, Nadia/Ley, Thomas./Seelmeyer, Udo (Hrsg.): Mediatisierung (in) der sozialen Arbeit. Baltmannsweiler, S. 115–129

Witzel, Marc (2018): Haltung als Handlungskompetenz von Fachkräften in Mediatisierungsprozessen. In: Forum Erziehungshilfen, 24. Jg., H. 3, S. 145–148

Wohlfart, Daniela/Schilling, Gottfried (o. J.): Qualität in der Jugendhilfe unterstützen durch adäquate Raumgestaltung. Über die Gestaltung des Lebens- und Arbeitsfeldes der Jugendhilfe. Kitzingen

Wolf, Klaus (1999): Machtprozesse in der Heimerziehung: eine qualitative Studie über ein Setting klassischer Heimerziehung. Münster

Wolf, Klaus (2000): Macht, Pädagogik und ethische Legitimation. In: Evangelische Jugendhilfe., H. 4, S. 197–206

Wolf, Klaus (2002): Der Versuch glücklich zu leben: Lebensgemeinschaften als pädagogischer Ort. In: Sozialpädagogisches Institut des SOS-Kinderdorf e. V. (Hrsg.): Glücklich an einem fremden Ort. Familienähnliche Betreuung in der Diskussion. Münster, S. 108–124

Wolf, Klaus (2008): Warum Erziehung ohne Teilhabe nicht möglich ist. In: Hilweg, Werner/Posch, Christian (Hrsg.): Fremd und doch zu Hause. Qualitätsentwicklung in der Fremdunterbringung. Baltmannsweiler, S. 83–95

Wolf, Klaus (2010): Machtstrukturen in der Heimerziehung. In: neue praxis, 40. Jg., H. 6, S. 539–557

Wolff, Mechthild/Hartig, Sabine (2013): Gelingende Beteiligung in der Heimerziehung. Gute Praxis beim Mitreden, Mitwirken und Mitbestimmen von Kindern und Jugendlichen im Heimalltag. Ein Werkbuch für Jugendliche und ihre BetreuerInnen. Weinheim/Basel

Wolff, Reinhart/Flick, Uwe/Ackermann, Timo/Biesel, Kai/Brandhorst, Felix/Heinitz, Stefan et al. (2012): Aus Fehlern lernen – Qualitätsmanagement im Kinderschutz. Leverkusen-Opladen.

Woolf, Virginia (1929): A Room of One's Own. Hogarth Press, London – Ein eigenes Zimmer. Essay. In: Reichert, Klaus (Hrsg.) (2001): Frankfurt a. M.

Abbildungs- und Tabellenverzeichnis

Die Autor_innen

Dr. Maria Burschel, Jahrgang 1968, Professorin für Soziale Arbeit an der IU – Internationale Hochschule im Fernstudium, Schwerpunkte: Familie, Trennung und Scheidung, Gemeinschaftsforschung, stationäre Hilfen zur Erziehung

Dr. Kathrin Klein-Zimmer, Jahrgang 1981, wissenschaftliche Referentin bei IJAB – Fachstelle für Internationale Jugendarbeit der Bundesrepublik Deutschland e. V., mit Schwerpunkten in den Bereichen Europäische Kinder- und Jugendpolitik, Jugend(hilfe)Forschung, Jugendarbeit

Dr. Mike Seckinger, Jahrgang 1965, Leiter der Fachgruppe Strukturen der Kinder- und Jugendhilfe im DJI, mit Schwerpunkten in den Bereichen Jugendhilfeforschung, Kooperation, Gemeindepsychologie